Weinkelter, Holzschnitt aus Sebastian Münsters Cosmographey Basel 1598

HANS-HEINRICH WELCHERT

Hessische Burgen und Schlösser

Societäts-Verlag

CIP-Titelaufnahme der Deutschen Bibliothek

Welchert, Hans-Heinrich:
Hessische Burgen und Schlösser / Hans-Heinrich Welchert. /
Frankfurt am Main: Societäts-Verl., 1990
ISBN 3-7973-0452-8

Inhalt

Prolog
9

Kür der Könige · Dom und Römer zu Frankfurt
13

Zu Füßen des Turmes · Der Höchster Schloßplatz
25

Blick über das Land · Königstein und Falkenstein
32

Im Kranz der Pfalzen · Die Barbarossaburg zu Gelnhausen
40

Legende und Wahrheit · Die Abtei Seligenstadt
46

Es war einmal . . . · Das Schloß zu Steinau
54

Aus dem Bergwinkel · Burg Brandenstein
61

Blitze von der Huttensburg · Burg Steckelberg
69

Gottes Wort in Ewigkeit · Der Dom zu Fulda
76

Karolingisches Jahrhundert · Die Michaelskirche zu Fulda
81

Wo die Donareiche stand · Der Dom zu Fritzlar
88

Von einem wüsten Ort · Die Büraburg
95

Gloria Teutoniae · Die Elisabethkirche zu Marburg
100

Gerechtigkeit durch den Glauben · Das Schloß zu Marburg
110

Vom Alten und vom Neuen · Stift und Stadt Hersfeld
115

5

Inhalt

Im alten Cassel · Schloß Wilhelmshöhe
123
Burg der Jugend · Der Ludwigstein
132
An des Reiches Straße · Der Hanstein
137
Erzählenswerte Vergangenheiten · Stadt und Burg Friedberg
143
Ein Jahrtausendbild · Das Schloß zu Büdingen
149
Aus grauer Vorzeit · Glauberg und Konradsdorf
156
Denkmal der Gewissensfreiheit · Die Ronneburg
160
Gemeine der Brüder · Der Herrnhag
169
Wahrzeichen der Landschaft · Burg Münzenberg
176
Castro Aquilae Cisterciensis · Kloster Arnsburg
181
Nach redlichen Ordnungen
Dom und Reichskammergericht zu Wetzlar
187
Barocke Residenz · Das Schloß zu Weilburg
191
Durch die Jahrhunderte · Das Schloß zu Darmstadt
196
Höfische Jagd · Schloß Kranichstein
205
Aus den Reichsannalen · Kloster Lorsch
209
Burgen im Odenwald · Otzberg, Breuberg, Wildenberg
219
Lieblich und tapfer · Kloster Eberbach
226
Krone des Rheingau · Schloß Johannisberg
234
Ein Tag im Mai · Das Hambacher Schloß
241

Verlassen · Ruine Ehrenfels
248
Beschreibung deutscher Nation · Die Pfalz zu Ingelheim
252
Menschliche Schicksale · Reichenstein und Clemenskapelle
259
Krieg und Frieden · Der Rheinfels
265
Stimmen der Stille · Burg Sooneck
271
Im Bopparder Reich · Burg Maus
278
In einer alten Stadt · Dom und Burg zu Limburg
282

Prolog

Im Jahr nach dem Krieg entdeckte ich ein Land, von dem ich noch nicht gehört hatte, und ich war doch einer seiner Bewohner. In Wiesbaden las ich zum ersten Mal den Namen des Landes. Er stand an einem Haus, dessen Fenster mit Pappe statt mit dem Glas geschlossen waren und das auch sonst Spuren der Zerstörung trug. Neben der Tür die Tafel mit der Aufschrift seiner Bestimmung: »Ministerpräsident von Großhessen«, und auf amerikanisch daneben: Greater Hessen. Da es kaum Zeitungen gab und wenig Verbindung im Lande, war es unbemerkt über die Bühne gegangen, daß ein Großhessen gebildet wurde, Greater Hessen durch Proklamation der Militärregierung vom 19. September 1945.

Obgleich ein Vorgang im Nachkriegschaos, fehlt ihm nicht das Sinnvolle. Der Kulturgeschichtler Wilhelm Heinrich Riehl aus Biebrich, nach seiner publizistischen Tätigkeit in Frankfurt, Karlsruhe, Wiesbaden Professor der Universität München, Direktor des dortigen Nationalmuseums und Generalkonservator der Kunstdenkmäler Bayerns, schrieb vor bereits hundertfünfzig Jahren: »Hessenland hat ein historisches Recht auf der Karte von Deutschland.« Mit Großhessen hat es diesen Platz eingenommen, und es bewahrt ihn als Bundesland Hessen in der Bundesrepublik Deutschland. In ihm ist zusammengefaßt, was lange zerstückelt auf der Landkarte stand: Hessen-Kassel, Hessen-Darmstadt, Hessen-Nassau, Hessen-Homburg; zeitweise auch Hessen-Rheinfels und Hessen-Rothenburg. Es gab dazu die hessischen Landgrafen, die zu Kurfürsten, Herzogen, Großherzogen wurden; manche ihrer Territorien sind im Würfelspiel dynastischer Auseinandersetzungen an Preußen gefallen und zu dessen Provinzen geworden.

Auch das Bundesland mit der Hauptstadt Wiesbaden ist nicht das ganze Hessen. Das rheinische Hessenland, das Rheinhessen, und die Gebiete an der unteren Lahn, im Unter- und Oberwesterwald, wurden mit der Pfalz zum Bundesland Rheinland-Pfalz vereinigt. Geographisch ist dies der Raum von Fulda und Werra, Vogelsberg und Rhön bis zu dem Pfälzer Wald und dem Donnersberg, ein Landgürtel durch das mittlere Deutschland, an das Thüringische anschließend, die Wartburg im Osten, das Hambacher Schloß im Westen als ausstrahlende geschichtliche Stätten. Zu seiner Bevölkerung gehören Hessen (die Nachkommen der Chatti des Tacitus in seiner Beschreibung Germaniens), Franken, Alemannen und Thüringer, nun durchsetzt bis in die kleinsten Orte von den Flüchtlingen und Heimatvertriebenen aus vielen deutschen Gauen.

Um den begonnenen Satz des W. H. Riehl zu beenden: Hessenland, »es hat im deutschen Westen denselben natürlichen Beruf der Vermittlung norddeutschen und mitteldeutschen Wesens wie Sachsen im Osten«. Sebastian Münster aus Nieder-Ingelheim, der es im 16. Jahrhundert unternahm, »die gantze Welt zu beschreiben«, sagt über die Anfänge: »Es ist vor zeiten das Hessenlandt nur eine Graffschaft gewesen und hat gehört under die Herrschaft Thüringen ... aber ist darnach ein Landtgraffschaft worden und gestigen über die Landtgraffschaft Thüringen. Zuletzt ist auch darzu kommen die Graffschaft Katzenelnbogen durch des letsten Graffen einige Tochter, die Landgraffe Heinrich zu der Ehe nahm.« Münster gab dazu auch eine Landkarte, die, seiner Cosmographiae universalis von 1554 entnommen, in diesem Buch wiedergegeben wird, desgleichen sein Porträt aus demselben alten Band: Sebastianus Münsterus ad lectorem; man sieht ihn, den Gänsekiel in der Hand, schreibend am Pult.

Hier im thüringisch-hessisch-pfälzischen Raum tritt spürbarer als in anderen ehemals zu Staatswesen entwickelten Territorien die Herrschaftsgeschichte hinter der Volksgeschichte zurück, gesehen als die deutsche Geschichte in ihrem Gesamtbild. Bonifatius, Hutten, die Brüder Grimm, Goethe selbst, die Freie Reichsstadt Frankfurt am Main als Stadt der Wahl und Krönung von Königen und Kaisern im Heiligen Römischen Reich Deutscher Nation – so viele Namen und Geschehnisse, die ein Jahrtausend hindurch für das ganze deutsche Volk gültig waren, ein jedes auf seine Weise.

Ich denke auch an Matthäus Merian. Von den Kupferstichen seiner Topographien begleiten einige den Text dieses Buches. Er war ein Bürger der Stadt Frankfurt. Ich stelle ihn mir vor, wie er dort das Vorwort zu seiner Topographia Hassiae schreibt, seiner »Beschreibung der vornehmsten Stätten und Plätze in Hessen und den benachbarten Landschaften als Nassau, Wetterau, Westerwald, Wittgenstein, Lahngau und andere«. Es war Kriegszeit, wie jüngst die unsrige. Er schreibt von »unserem vielgeliebten und hochgeehrten Vatterlandt«; er möchte, daß vielen Einwohnern »des Grossen Teutschlands dieses jhr Vatterlandt besser bekandt gemacht wird«, was die Politica und Historica betrifft. Und er schreibt weiter: Der große Nutzen, so aus solcher Arbeit entsteht, sei, daß man nicht »allein den brennenden Zorn Gottes, daß so viel Ort, welche weiland eine Zierde deß Teutschlands gewesen, jetzt in der Aschen und Oed daliegen, erkennet, sondern auch seine Allmacht durch wahre Buß-Bekehrung des Lebens und eifriges Gebet demütigst ersuchet, daß sie dasjenige, so noch stehet und übrig ist, gnädigst erhalten wolle«.

Die Wanderungen, wie ich sie auch in den Bänden für den Rhein, für Schwaben, Niedersachsen und Bayern beschrieb, nannte eine Zeitung Geschichtswanderungen. Sie begnügen sich nicht mit dem Aufzeigen von Architektur und Kunst. Sie verbinden die alten Bauwerke mit den Menschen und den Ereignissen der Zeiten, in denen sie mitten im Leben sich befanden. Das ist aus heutiger Sicht Geschichte, und da es immer um das Menschliche geht, ist die Geschichte von Geschichten begleitet. Manche der Geschichten wird entdeckt und erzählt. Die alten Quellen – gemäß der Quellenforschung des Historikers – werden erschlossen und zum Fließen gebracht.

So noch stehet und übrig ist . . ., das Bild Merians mit der Bitte, daß die Allmacht dies gnädigst erhalten wolle, dies Bild paßt auch in unsere Zeit. Noch ist Deutschland an Kulturstätten ein unendlich reiches Land und auch darum liebenswert. Diese Stätten zu erhalten, ist aller Mühen wert, und sie auf Wanderungen und Wanderfahrten zu besuchen, ist ein lockendes, verlockendes Ziel.

S. Bartholomeus

Kür der Könige

Um den Anfang zu begreifen, ist es zweckmäßig, mit dem Ende zu beginnen. Der Luftkrieg brachte das Ende des alten Frankfurt. Im Bombenhagel und Feuersturm ging die Altstadt zugrunde, das Herz der Stadt, das mit seinen Gassen und betagten Häusern das Bild einer Stadt mit langer Geschichte bot. Was aus dem Mittelalter kam, in diesem Augenblick im Frühling 1944 wurde es ausgelöscht. Wenn wir in den Tagen und in den zu Jahren gewordenen trostlosen Tagen nach dem Krieg durch die Ruinenstadt liefen, ging immer der Gedanke mit uns: Frankfurt würde nie wieder das Gesicht erhalten, mit dem es im Ruf stand, eine schöne alte Stadt zu sein. Der Faden ihrer Geschichte, an dem seit den frühen Jahrhunderten, stetig fortschreitend, gesponnen wurde, schien zerrissen.

Blicke ich in jene Tage zurück, sehe ich im Ruinenfeld aber doch noch mannigfache Zeugen des Vergangenen für die Gegenwart aufragen, gezeichnet zwar, aber den Kriegssturm überlebend. Der Dom steht da noch mit seinem schweren Körper, und sein »Pfarrturm« blickt über alles dahin und ist das Wahrzeichen geblieben. Der Römer zeigt noch seine Fassade, wenngleich es hinter ihr öde und leer ist. Die nahe Nikolaikirche ist zerbrannt, aber nicht dem Erdboden gleich, und die Paulskirche steht am Straßenrand, wenn auch ein ausgebranntes Gebäude.

Mit dem Ende des Krieges ist das Viertel um den Römerberg wahrhaft auferstanden aus den Ruinen. Die Altstadt ging zwar für immer verloren, aber um Dom und Römer ist der geschichtliche Kern der Stadt, ihr Ausgang und ihr Fortgang, sichtbar. Er ist sichtbar gemacht worden. So sehr Frankfurt heute das Gesicht einer Stadt der Hochhäuser und der großstädtischen Geschäftigkeit zeigt, hier wurde im Wiederaufbau eine Insel der Besinnung geschaffen, die Vergangenheit an die Gegenwart bindet. Dom, Römer, Paulskirche, die Brücke über den Main nach Sachsenhausen, das läßt die Kaisergeschichte des Heiligen Römischen Reiches Deutscher Nation und die Volksgeschichte spüren, die nach dem Ende der Kaiserzeit die Einheit der Nation in Demokratie und Freiheit suchte.

Ausgrabungen nach der Zerstörung ließen die Spuren des Ursprünglichen suchen. Was im Boden gefunden wurde, ist jetzt der Historische Garten, der wie das Historische Museum neben den Baudenkmälern den Römerberg zu einem geschichtlichen Ort macht, eingebettet in die wiederbelebten, hier gleichfalls überlieferten Volksbelustigungen. »Historisches Denkmal. Kein Spielplatz«, so werden die zum »Garten« gestalteten Ausgrabungen vorgestellt. Schmale Gänge zwischen niedrigen Mauerzügen, das Sichtbare mit Markierungstafeln gekennzeichnet. Es sind Baureste, aus den frühen Jahrhunderten, mit wenigen gärtnerischen Anlagen durchsetzt. Römische Militärbäder (heiß, lauwarm und kalt zu gebrauchen), die zu einem »die Furt« durch den Main schützenden Erdkastell gehörten; eine karolingische Pfalz, die den Römern und den die Römer vertreibenden Alemannen folgte; spätmittelalterliche Gebäude – solche Spuren brachten die archäologischen Grabungen im Zerstörungsgebiet des Krieges zutage, 1953 bis 1955. Ein lobenswerter Beschluß wurde 1968 dahingehend gefaßt, die Funde bei der Wiederbebauung des Geländes zwischen Dom und Römer sichtbar zu lassen. Römisches Mauerwerk und Mauerwerk der karolingischen Pfalz liegen benachbart beieinander. Die Namen der Kaiser Ludwig der Fromme und Ludwig der Deutsche knüpfen sich daran. Der eine hat die Pfalz in den Jahren 815 bis 822 errichtet, der andere um 852 die Pfalzkapelle gebaut – die Salvatorkirche, deren Grundmauern unter dem Dom liegen. Von hieraus ist es überschaubar weitergegangen. Im 12. Jahrhundert trat der königliche Saalhof an die Stelle der älteren, um diese Zeit verlorengehenden Bauten, und die Bürger der Stadt, vorab die Tuchhändler, errichteten ihre Häuser zwischen den Pfalzbauten, hier nahe der staufischen Handelsstraße. Auch die Fundamente der staufischen Häuser kamen zutage, auf die im 14. Jahrhundert die spätmittelalterlichen folgten. Jetzt vereinen sich mit den alten Mauern im Historischen Garten die angrenzende U-Bahn und die Tiefgarage, der graue Beton moderner Geschäftshäuser, im Hintergrund die Silhouetten der Hochhäuser, aber auch der Turm der erneuerten Paulskirche, die nun ein Forum weltlicher Diskussion ist.

»Viel und mancherlei Sachen haben sich zugetragen«, heißt es in der Topographia Hassiae des Matthäus Merian. Er wohnte in Frankfurt im 17. Jahrhundert, als es »deß Heiligen Römischen Reichs hochberümbte Statt« war, gelegen »an dem schiffreichen vnd vornehmen Fluß Mayn, der sie in zween vngleiche Theil abtheilet, deren der kleinere Sachsenhausen genannt vnd dem Grösseren mit einer steinern Brükken, so Anno 1035 zu bawen angefangen, angehenget wird«. Daß Frankfurt »gar frühe ein Freye Reichsstatt worden, dz wollen wir mit andern gerne glauben«, fährt Merians Text fort. »Außer daß hie die Römische König sollen erwählet werden, hat die Stadt auch sonst herrliche Privilegia, so die in gantz Teutschland vornembste Jahr-Messen« – woran Merian noch die Bemerkung knüpft: »Es ist aber insonderheit der Buchhandel zu loben, der zu solcher Zeit in den Buchgassen allhie getrieben vnnd dardurch mehrers Gelt ins Reich als darauß gebracht wird, andern Nutzens, so man davon hat, zu geschweigen.« Was Merian »gern glauben« wollte, daß Frankfurt früh Freie Reichsstadt geworden, wird heute mit Gewißheit dem Jahr 1372 zugeschrieben, in dem »der Rat«, der sich nach der Ablösung des Vogtes der Königspfalz durch einen Schultheiß allmählich gebildet hatte, das verpfändete Schultheißenamt durch Kauf erwarb und damit die »tatsächliche Reichsunmittelbarkeit« erlangte. Sogleich nach der so gewonnenen Freiheit erweiterte sich die Stadt, wuchs mit der lebhaft einsetzenden wirtschaftlichen Entwicklung um mehr als das Zweifache und legte sich eine starke Befestigung zu mit Mauern, Türmen (von denen noch der 1426 vollendete Turm des Eschenheimer Tores steht), Gräben und einer weit vorgeschobenen »Landwehr«, eines Ringes von Erdwällen.

Dieses Stadtbild war noch das Frankfurt des jungen Goethe. Er erzählt, wie er als Kind so gern die Stadt durchstreift hat. »Was die Aufmerksamkeit des Kindes am meisten auf sich zog, waren die vielen kleinen Städte in der Stadt, die Festungen in der Festung, die ummauerten Klosterbezirke nämlich.« Nichts architektonisch Erhebendes sei damals in Frankfurt zu sehen gewesen, meint er. »Pforten und Türme, welche die Grenze der alten Stadt bezeichnen, dann weiterhin abermals Pforten, Türme, Mauern, Brücken, Wälle, Gräben..., alles sprach noch zu deutlich aus, daß die Notwendigkeit, in unruhigen Zeiten dem Gemeinwesen Sicherheit zu verschaffen, diese Anstalten hervorgebracht.« Aus dem, was er als Kind hier sah, folgerte er später, als er sein Leben beschrieb: »Eine gewisse Neigung zum Altertümlichen setzte sich bei dem Knaben fest.« Der alte Goethe sah dann schon nicht mehr das Frankfurt seiner Kindheit. Gleich mit Beginn des 19. Jahrhunderts, seit 1806, hat die Stadt ihre Wälle und Gräben »dem Erdboden gleichgemacht« und »in anmuthige Gartenanlagen in englischem Geschmack« verwandelt, welch Einfall dem großherzoglich-frankfurtischen Directorialrath und Maire Guillot zu danken ist, der sich dazu des Kunstgärtners Rinz bediente. Die Stadt hat ihm ein Denkmal gesetzt. Seit 1814, so ist in der Encyclopädie der Wissenschaften, Leipzig 1848, zu lesen, habe Frankfurt, das bis dahin nur eine schöne Straße, die achtzehnhundert rheinländische Fuß lange Zeil, hatte, durch eine Menge neuer, im besten Stil aufgeführter Gebäude an Ausdehnung und Eleganz sehr gewonnen und in neuerer Zeit auch ein gutes Pflaster und Gasbeleuchtung erhalten. Bis in das 20. Jahrhundert hinein hielt die Stadt mit der Zeit Schritt, aber in ihrer Altstadt bewahrte sie sich den Charakter der mittelalterlichen Bürgerstadt.

Der Dom St. Bartholomäus – wenngleich ihm ein wechselvolles Bauschicksal beschieden war, ist eine Hinterlassenschaft der Königspfalz, in der Nachfolge der mit ihren Grundmauern in seinem Boden vom Chor bis vor dem Turm liegenden Salvatorkirche der karolingischen Pfalz. Deren Langhaus begann man um 1250 zu einer frühgotischen Hallenkirche umzubauen. Die karolingische Apsis ersetzte man 1315 durch einen hochgotischen Chor, und an die Stelle des karolingischen Querhauses trat ein etwa 1369 vollendetes hochgotisches Querschiff. Diese Änderungen sollten die Stiftskirche für die ihr zugedachte neue Aufgabe geeignet machen: Wahlort der Könige zu sein. Schon Kaiser Friedrich I., Barbarossa, ist (als erster) in Frankfurt gewählt worden, am 4. März 1152. Danach wechselten die Wahlorte; die Kurfürsten berieten und wählten auch unter den Nußbäumen und auf dem die Bäume ersetzenden »Königsstuhl« bei Rhens am Rhein; wiederholt kehrten sie nach Frankfurt zurück, das schließlich durch die Goldene Bulle 1356 zum ständigen Wahlort bestimmt wurde. Von ihrer neuen Aufgabe bezog die Kirche einen Namen, der viel klangvoller war als das seit dem 18. Jahrhundert geläufige Wort Dom; sie wurde »Kaiserliche Stiftskirche des heiligen Bartholomäus« genannt.

Der Dom ist noch heute Pfarrkirche der katholischen Gemeinde. Nach der Mitte des 16. Jahrhunderts blieb der Bau durch dreihundert Jahre unverändert und auch unvollendet. Sein heutiger Außenbau entstand nach einem verheerenden Feuer im Jahr 1867, dem »großen Dombrand«, und die Innenausstattung erhielt er in der jetzigen Form nach der Zerstörung im Luftkrieg, bei der er abermals ausbrannte. Bei der Wiederherstellung in den Jahren 1869 bis 1880 ist auch der im 15. Jahrhundert vom Stadtbaumeister Madern Gertener begonnene Turm bis zu der Höhe aufgestockt worden, die ein zu Beginn des 16. Jahrhunderts wegen Geldmangels aufgegebener Plan schon vorsah. Das mit einer flachen Wölbung gedeckte Achteckgeschoß des Turmes erhielt nun mit Kuppel und Spitzhaube das ihm eigene Aussehen. Im Grundriß gleicht der Bau nach allen Änderungen einem griechischen Kreuz: ein gedrungenes dreischiffiges Langhaus zwischen Turm und Chor und zwei Querhäusern, die bei ungewöhnlicher Breite die Tiefe des langgestreckten Chores erreichen.

Trotz der wiederholten Heimsuchungen ist der Dom nicht arm an alter religiöser Kunst. Eine Kreuzigungsgruppe des Hans Backoffen von 1509, die aus dem Kirchhof in den Turmraum versetzt wurde und draußen eine Nachbildung erhalten hat; eine Kreuzabnahme der van-Dyck-Schule vermutlich von 1627; Altäre und Grabsteine, die zu Denkmälern geworden sind – am eindrucksvollsten aber der »Maria-Schlaf-Altar«, 1434 gestiftet, die erste plastische Darstellung des Marientodes in Deutschland. Er ist auch der einzige erhaltene ursprüngliche Altar dieser Kirche. Lebensgroße Steinfiguren unter einem Baldachin, so umstehen die zwölf Apostel die sterbende Maria; die Gruppe gewinnt Leben durch ihre bewegte Gruppierung. Der Stifter, Ulrich von Werstatt, hat mit Frau und siebzehn Kindern auf einem Relief an der Schmalseite einen Platz erhalten.

Diese Marienkapelle ist dem Hochchor benachbart und dabei auch dem Vierungsaltar nahe, der für die Reichsgeschichte so große Bedeutung hatte. Hier, an dieser Stelle, wurden die Könige, die meist auch Kaiser waren, gekrönt. Seit 1953 steht dort ein einfacher Altartisch aus Marmor. Man blickt über ihn in den Chor, der noch Teile des 1352 von Kuno von Falkenstein gestifteten Gestühls enthält und über diesem mit einem 1427 gestifteten Wandfries die Legende von Leben und Leiden des Märtyrers Bartholomäus erzählt. Eine Tür an der südlichen Chorseite führt in die Wahlkapelle, einen um 1425 als Bücherei gebauten einfachen Raum, in dem nach der Vorbesprechung im Römer die förmliche Wahl erfolgte, im Augenblick vor Salbung und Krönung. Neben der Tür zur Wahlkapelle ist an der Wand die Grabplatte des Günther von Schwarzburg aufgerichtet – auch er ein gewählter König, aber ein Gegenkönig, deren es nicht wenige gegeben hat. Frankfurt gegen Bonn gewissermaßen, denn während Günther von Schwarzburg in Frankfurt gewählt wurde, ist Karl iv. in Bonn gekrönt worden. Günther verzichtete und starb noch im gleichen Jahr, 1349. Der Inschrift seiner Grabplatte wird der Hinweis auf Gift entnommen – aber dies ist nur noch schwer lesbar. Der junge Johann Wolfgang Goethe hat gern »das Grab jenes braven, von Freund und Feind geschätzten Günther« besucht. Er sah dies so, wie wir es noch sehen: »Der merkwürdige Stein, der es ehmals bedeckte, ist in dem Chor aufgerichtet. Die gleich daneben befindliche Türe, welche ins Konklave führt, blieb uns lange verschlossen, bis wir endlich durch die obern Behörden auch unseren Eintritt in diesen so bedeutenden Ort zu erlangen wußten. Allerdings wir hätten besser getan, ihn durch unsere Einbildungskraft, wie bisher, auszumalen: denn wir fanden diesen in der deutschen Geschichte so merkwürdigen Raum, wo die mächtigsten Fürsten sich zu einer Handlung von solcher Wichtigkeit zu versammeln pflegten, keineswegs würdig ausgeziert.« Wie damals, so ist auch heute, weil es der Chor ist, der Ort für den Besucher des Domes nicht betretbar.

In dickleibigen Folianten ist manches Wahl- und Krönungsfest beschrieben worden, auch auf Kupferstichen dargestellt. Man mag es Zufall nennen, daß dies größte Fest des »alten Reiches« einen berichtenden Augenzeugen auch in dem größten Dichter deutscher Sprache fand, Goethe, der in »Dichtung und Wahrheit« über viele Seiten davon erzählt. »Einerseits hatte ich an diesen Dingen manche Lust, weil alles, was vorging, es mochte sein, von welcher Art es wollte, doch immer eine gewisse Deutung verbarg, irgend ein innres Verhältnis anzeigte, und solche symbolische Zeremonien das durch so viele Pergamente, Papiere und Bücher beinah verschüttete Deutsche Reich wieder für einen Augenblick lebendig darstellten. Anderseits aber konnte ich mir ein geheimes Mißfallen nicht verbergen, wenn ich nun zuhause die innern Verhandlungen zum Behuf meines Vaters abschreiben und dabei bemerken mußte, daß hier mehrere Gewalten einander gegenüberstanden, die sich das Gleichgewicht hielten und nur insofern einig waren, als sie den neuen Regenten noch mehr als den alten zu beschränken gedachten.« Nach dem streitbaren Geschäft der Aushandlung einer Wahlkapitulation, an die der zu wählende Kaiser gebunden wurde, nach erfolgter Wahl und Krönung, war der Tag ein Volksfest und der Römerberg sein Schauplatz. Erst wenn das Volk durch seinen Zuruf die Kür bestätigt hatte, war die neue Herrschaft gebildet. Das Volk bekam seinen am Spieß gebratenen Ochsen, gefüllt mit Geflügel und Wild, und dazu weißen und roten Wein aus einem mit dem Reichsadler verzierten Brunnen. Der erste Bissen und der erste Becher stand dem Kaiser zu, gereicht nach althergebrachtem Zeremoniell von den Inhabern der Reichserzämter. »Wir sollten«, so Goethe, »den Kaiser, den wir zuerst im Wagen, dann zu Pferde sitzend angestaunt, nun auch zu Fuße wandelnd bewundern; und sonderbar genug, auf das letzte freuten wir uns am meisten: denn uns deuchte diese Weise, sich darzustellen, so wie die natürlichste, so auch die würdigste.« Die Bürgerschaft hatte zuvor den Sicherheitseid geleistet, »nicht etwa durch Repräsentanten, sondern persönlich und in Masse«, das ganze Gemeinwesen auf dem Römerberg »versammelt zu dem ehrenvollen Zweck, dem Haupt und den Gliedern des Reichs Sicherheit und bei dem bevorstehenden großen Werke unverbrüchliche Ruhe anzugeloben«. Goethe nennt es ein »altertümliches Fest«, das sie auf altertümliche Weise feierten. »Alles fuhr und ging in Galakleidern, so daß man zuletzt nur die ganz goldenen Anzüge bemerkenswert fand.« Als »ziemlich modern« erschien es ihm, solange die höchsten und hohen Personen sich nur in Kutschen hin und wieder bewegten, »nun aber sollten wir sie, nach uralter Weise, zu Pferde sehen«. Schließlich der Augenblick, in dem nach der Krönung ein langer Zug vom Dom auf einer mit rotgelbem und weißem Tuch belegten Brücke nach dem Römer sich bewegte. »Nur zu sehr drängte sich am Ende die Pracht: denn die Gesandten, die Erzämter, Kaiser und König unter dem Baldachin, die drei geistlichen Kurfürsten, die sich anschlossen, die schwarz gekleideten Schöffen und Ratsherren, der goldgestickte Himmel, alles schien nur eine Masse zu sein, die nur von *einem* Willen bewegt, prächtig harmonisch und soeben unter dem Geläut der Glocken aus dem Tempel tretend, als ein Heiliges uns entgegenstrahlte.« Eine politisch-religiöse Feierlichkeit, fügt Goethe hier hinzu, habe einen unendlichen Reiz. »Wir sehen die irdische Majestät vor Augen, umgeben von allen Symbolen ihrer Macht; aber indem sie sich vor der himmlischen beugt, bringt sie uns die Gemeinschaft beider vor die Sinne.« Jubel unter dem Volk, »ein ungestümes Vivat erscholl aus tausend und abertausend Kehlen, und gewiß auch aus den Herzen«. Goethe hat zweimal solch ein Wahl- und Krönungsfest erlebt: es sei kein Frankfurter von einem gewissen Alter, der nicht diese beiden Ereignisse und was sie begleitete für den Gipfel seines Lebens gehalten hätte.

Während das Volk sich belustigte, saß im Saal des Rathauses, nun »Kaisersaal« genannt, der Kaiser mit seinem Gefolge beim Krönungsmahl. Goethes Mutter, die als junges Mädchen statt auf die Galerie sich durch die Wachen in den Saal gezwängt hatte, erzählt, wie nach dem dritten Trompetenstoß der Kaiser eintrat, Karl VII., »in einem roten Mantel, den ihm zwei Kammerherren abnahmen; er ging langsam mit gebeugtem Haupt. Ich war ganz nah und dachte an nichts, noch daß ich auf dem unrechten Platz wäre; seine Gesundheit wurde von allen anwesenden großen Herren getrunken, und die Trompeten schmetterten dazu, da jauchzte ich laut mit; der Kaiser sah mich an und nickte mir zu«. Goethe selbst sagt, den Römer habe er wie eine Maus den heimischen Kornboden genau gekannt. »Aus dem großen Kaisersaale konnte man uns nur mit vieler Mühe wieder herausbringen, wenn es uns einmal geglückt war, hineinzuschlüpfen, und wir hielten denjenigen für unsern wahrsten Freund, der uns bei den Brustbildern der sämtlichen Kaiser, die in einer gewissen Höhe umher gemalt waren, etwas von ihren Taten erzählen mochte.« Eine Weissagung ängstigte in jenen Tagen die Leute, »oder vielmehr Vorbedeutung«, die umgehe, wie Goethe sich ausdrückt; denn es sei augenfällig, daß nur noch Platz für das Bild *eines* Kaisers übrig bleibe, »ein Umstand, der, obgleich zufällig scheinend, die patriotisch Gesinnten mit Besorgnis erfüllte«. Sie dachten daran, daß zur Zeit des Kaisers Maximilian prophezeit worden war, »er werde der letzte Kaiser aus einem deutschen Hause sein; welches denn auch leider eingetroffen, indem nach seinem Tode die Wahl nur zwischen dem König von Spanien, Karl V., und dem König von Frankreich, Franz I., geschwankt habe«. Die Nischen, in welche die Kaiser als Brustbild gemalt waren, sind im 14. Jahrhundert für die lombardischen Kaufleute eingebaut worden, die darin ihre Waren auslegten und für das Haus den Namen »Zum Römer« hinterlassen haben. Es waren fünfundvierzig Nischen nach dem Maß des Saales. Victor Hugo, der französische Dichter, der den Saal besuchte, als die Weissagung sich erfüllt hatte (sei dies nun Vorherbestimmung oder Zufall gewesen), sagt es poetisch so: »Im Jahre 1794 nahm Franz ii., der fünfundvierzigste römische König, das fünfundvierzigste Fach ein. Es war die letzte Nische und er der letzte Kaiser. Als der Saal voll war, endete das deutsche Reich. Jener unbekannte Baumeister war das Schicksal; dieser geheimnisvolle Saal mit fünfundvierzig Zellen ist die deutsche Geschichte selbst, welche nach Aufhören des Stammes Karl des Großen nicht mehr als fünfundvierzig Kaiser aufweisen sollte.«

Nach der Zerstörung im Zweiten Weltkrieg ist der Römer wieder aufgebaut worden und wieder das, was er war, das Rathaus. Der Kaisersaal wird als historisches Schmuckstück zur Besichtigung geboten, gegen die Lösung einer kleinen roten Einlaßkarte im Wert von einer Mark und mit dem Aufdruck »Kaisersaal«; ich lasse dahingestellt, ob das Rot des Billetts nicht Rot, sondern Purpur darstellen soll, die Farbe der Gewänder der Herrscher und Herrschenden schon seit dem Altertum; so gering sind letztlich die Unterschiede für die Beherrschten. Der Saal ist nahezu den ganzen Tag über geöffnet. Victor Hugo beschrieb ihn als länglichen, großen, kalten, fast dunklen Saal, in einer Ecke mit Ausschuß-Geräten angefüllt (»worunter ich den Ledertisch der Kurfürsten erblickte«), auf seiner östlichen Seite von den fünf schmalen ungleichen Fenstern kaum erhellt. Für den heutigen Saal gelten nur noch die Adjektiva länglich und groß. Er ist nun ein festlicher Raum, dem drei vielkerzige Kronleuchter unter der wie einst wieder tonnengewölbten Holzdecke das ihn erhellende Licht geben. Frei in der Mitte ein Tisch, wohl an den Tisch der Kurfürsten gemahnend. Ich sah, Schmuck und Huldigung zugleich, eine blühende Azalee darauf gestellt. Den Seitenwänden entlang zieht sich eine Bank mit Sitz unter jedem der Kaiserporträts. An der östlichen Stirnseite ein Rednerpult für das, was zuweilen hier gesagt wird.

Die Kaiser auf ihren Porträts haben den Krieg überstanden.

Sie waren, es ist ein Glück, in Sicherheit gebracht und konnten
zurückkehren. Früher waren sie von Konrad I., dem ersten gewählten König (911-918) bis zu Franz II., dem Letzten (1792 bis
1806), anwesend. Jetzt, da sie in ganzer Gestalt und nicht nur im
Brustbild gezeigt werden, ist ihre Reihe ergänzt durch Karl den
Großen und seine Nachfolger; diese jedoch nur als Medaillon-
bildnisse neben einem Gemälde »Das Urteil Salomonis«. In einer
Vitrine liegen Kupferstiche von Krönungsfeiern, auch eine Seite
der Goldenen Bulle, ausgewiesen als »einziges Verfassungsgesetz
des Heiligen Römischen Reiches«, von dem sich der Rat der Stadt
ein eigenes Exemplar anfertigen ließ. Ein Stadtsiegel von 1342
verkündet mit seiner Umschrift den frühen Ruhm des Gemeinwesens: *Specialis domus imperii* Frankenvord, das heißt »hervorragende Stätte des Reiches«.

Die früheren Kaiserbildnisse, die Brustbilder, waren ohne
künstlerischen Wert. Die heutigen sind Werke namhafter Maler,
geschaffen in den Jahren 1838 bis 1853. Es ist bemerkenswert,
wie man nahezu ein halbes Jahrhundert nach dem Ende des Heiligen Römischen Reiches dieses nicht vergessen hatte und seiner
tausendjährigen Geschichte ein solches Gedenken schuf. Auch Jakob Grimm wies auf die Bedeutung der Stätte hin, als sich hier
1846 die Germanisten zu ihrem ersten Kongreß versammelten.
Jedes Kaiserbild fand seine Stifter. Bürger und Bürgergruppen
in Frankfurt, Kunstvereine in Frankfurt und Düsseldorf, das
Städel'sche Kunstinstitut, das Frankfurter Waisenhaus, der
Abendzirkel in Frankfurt, der Verein patriotischer Bürger in
Mainz, der Verein patriotischer Bayern, der Kaiser von Österreich, österreichische Erzherzöge, Fürst Metternich, die Könige
von Preußen und Bayern, der König der Niederlande und Großherzog von Luxemburg, der Herzog von Nassau, die Senate von
Hamburg, Lübeck, Bremen, Bürger in Kassel, Köln – es war das
ganze Deutschland, das sich seiner Geschichte erinnerte. Victor
Hugo, auf die Kaiserporträts blickend, nennt sie »die fünfundvierzig Schatten, welche in neun Jahrhunderten von 911 bis 1806
die Weltgeschichte durchschritten, das Schwert des heiligen Petrus
in einer und die Weltkugel Karls des Großen in der andern
Hand«. Jedem Kaiserporträt ist in lateinischer Sprache ein Spruch
hinzugefügt, der als Ausspruch ihn und seine Herrschaft kenn-
zeichnen soll. Mit wenigen Worten vermag so ein jeder noch zu

sprechen, und mancher gibt guten Rat mit beherzigenswerten Wahrheiten. Karl IV.: »Möglichst aus den Leidenschaften anderer Nutzen ziehen.« Maximilian I.: »Halte Maß und bedenke das Ende.« Schließlich schon Lothar II.: »Hör auch die Gegenseite an.«

Das Bild des Römerberges wäre unvollständig gezeichnet, fände nicht auch die Alte Nikolaikirche darin ihren Platz. Im Jahr 1264 zum ersten Mal urkundlich erwähnt, damals wohl Hofkapelle, später Ratskirche, eine zeitlang Lagerhaus, ist sie jetzt Gotteshaus der Evangelisch-lutherischen St. Pauls-Gemeinde. Von den Brandwunden, die ihr der Luftkrieg schlug, ist sie genesen. Ihr Chor, die unteren Teile des Langhauses und die drei ersten Geschosse des Turmes sind aus der ursprünglichen Bauzeit. Vom hoch hinaufgreifenden spitzen Turm läßt sie ein Glockenspiel hören, und mit ihren Gottesdiensten versucht sie jeden Sonntag durch »Alternativen« über das Herkömmliche hinaus Neues zu geben. Da ihr im Jahr 1428 der städtische »Almosenkasten«, aus dem an jedem Freitag die Armen und Gebrechlichen ihr »wochentliches Brod und Geld« erhielten, übertragen wurde, fühlt sie sich in dieser Tradition auch jetzt den Armen verpflichtet. Aber wer eintritt, kann dort in kurzer Unterrichtung auch erfahren: »Die Alte Nikolaikirche ist Frankfurts beliebteste Traukirche. Sie liegt gegenüber dem Standesamt.«

Nicht nur das Geviert der Ausgrabungen, der ganze Römerberg, wie er nun gestaltet ist, erscheint wie ein historischer Garten. Seit alters her ist er zudem die »gut Stubb«. Eingebettet in die Unrast der modernen Stadt, schlägt hier noch das Herz des »alten Frankfurt«, das mit der Vergangenheit an diesem Ort auch ein Herzschlag für ganz Deutschland ist. Im neuen Historischen Museum, am Rand des Platzes wenige Schritte von der Nikolaikirche entfernt, vermag man sich den Lauf dieser Geschichte an Gegenständen und Schaubildern vor Augen zu führen. Was vom Ursprung, den Pfalzen der Karolinger und Staufer, erhalten blieb, die Kapelle des staufischen Saalhofes in ihrer Grundform, ist in das Museum eingebaut. Auch die Reichsinsignien, die den Königen und Kaisern bei der Krönung als Zeichen der Rechtmäßigkeit ausgehändigt wurden, Krone, Zepter, Reichsapfel und Ornat, sind in Nachbildungen zu sehen. Die Krone, die schon Otto der Große trug, ihr Original in der Schatzkammer zu Wien, wird in Bildern Teil für Teil durch Automaten vorgeführt, wenn man dies durch

Knopfdruck auslöst. Eine Krone, in der Irdisches und Himmlisches vereint ist, ihre Edelsteine und Perlen in den wiederkehrenden Farben blau, grün und weiß, eine Farbsymbolik und eine Zahlensymbolik, die das himmlische Jerusalem und Rom als den Mittelpunkt der Christenheit begreift, der »römische Kaiser«, der sie trägt, der Imperator und Beschützer der Christenheit.

In dem weitläufigen, mehrstöckigen Museumsbau durch die Zeiten schlendernd, kam ich unerwartet in einen Raum, der die Gegenwart zeigt. Auf Photographien der Römerberg in seinen Trümmern. Man liest dazu: »In der Nacht des 22. März 1944 Feuersturm in der Altstadt. Er hatte eine Geschwindigkeit von sechzig Metern pro Sekunde, und das Feuer erreichte Temperaturen zwischen sechshundert und tausend Grad Celsius. Menschen, die sich retten wollten, wurden in das Feuer gesogen. Viele kamen in den glühenden Kellern um. Die Altstadt, eine der schönsten der deutschen Großstädte, wurde zu neunzig Prozent zerstört.« Bei den Photographien von der Zerstörung liegt wie aufgebahrt eine Bombe, eine Zehnzentnerbombe, die 1969 bei den Ausschachtungen für das Museum gefunden wurde. Ein Blindgänger. Eine Schar Kinder kam, als ich vor ihr stand. »Da ist die Bombe, die kenne ich schon«, rief ein kleines Mädchen, und ein Bub entgegnete: »Wieso, du warst doch nicht dabei.« Nein, diese Kinder waren noch nicht dabei. Sie schreckt die Bombe nicht, sie gehört für sie zum Kinderspiel. Die Bombe sei toll, meinte das Mädchen, und der Bub meinte, es sei vielleicht eine Atombombe – aus welcher Bemerkung auf die noch reine Kindlichkeit zu schließen ist. Wer es damals erlebt hat, weiß, daß jene Vergangenheit noch zu nahe ist, um nur Vergangenheit zu sein. Die Geschichte schien in den Ruinen ihr Ende gefunden zu haben. Aber sie ist weitergegangen und wird immer weitergehen, und wie sie weitergeht, das ist in die Hand der Menschen gegeben, derer, die regieren, aber auch derer, in deren Auftrag die Regierenden handeln, anführend oder angetrieben, klug oder unklug, so oder so.

Zu Füßen des Turmes

―――――――――――

DER HÖCHSTER SCHLOSSPLATZ

D ie Mitte von Höchst am Main ist ein Baum. Diese Behaup-
tung hat zwar ihre Mängel wie das ptolemäische Weltbild,
das die Erde für den Mittelpunkt des Alls hielt, weil es dies so
sah. Der Baum, eine breit ausladende betagte Eiche, steht auf dem
Höchster Schloßplatz, ein Nachfahre im Geiste der alten Dorf-
linden, denn eine Bank ist rund um den Stamm gezogen, gedacht,
daß man »unter der Eiche« zusammenkommt. Mag dies auch
nicht geographisch, und schon gar nicht ökonomisch, die Mitte
von Höchst für jemanden sein, der es wissenschaftlich nimmt, so
aber doch – ich bleibe dabei – die Mitte von Alt-Höchst. Denn
nimmt man auf dieser Bank Platz, hat man rundum den geschichtlichen Kern, überliefert in seinen Bauten.

Wie ein emporgereckter Finger steigt schlank und grau der
runde Schloßturm an die fünfzig Meter hoch auf. Er ist das Wahrzeichen von Höchst. Was immer es an Zerstörungen gab, er hat
es überstanden. Ihm zu Füßen spielte sich die Geschichte ab. Sie
war im Grunde eine Geschichte um den Zoll, das Geldschröpfen
von den auf dem Main nach Frankfurt fahrenden Schiffen, vom
Frankfurter Rat, wie sich denken läßt, als Ärgernis empfunden.
Jahrhunderte hindurch waren deshalb Frankfurt und Höchst als
Nachbarn einander feindliche Mächte, Frankfurt, die handels-
trächtige Freie Reichsstadt und Höchst eine einkömmliche Feste,
eben eine Zollfeste des kurmainzischen Erzbistums. In der kaiserlichen Kanzlei wurde allezeit wegen der Streitigkeiten um die Be-
hinderung der Schiffahrt an diesem Ort viel Tinte verschrieben;
das mochte angehen, wenn nicht auch zuweilen der Frankfurter
Rat zum Schwert gegriffen hätte.

Anno 1355, den 11. Februar, welches Datum als Geburtstag der
Stadt angesehen wird, erhielt das Dorf Höchst die Stadtrechte.
Erzbischof Gerlach vermochte Kaiser Karl IV. zu dieser Erhebung
zu bewegen. Wie es vor sich ging, weiß man nicht. Die in Pisa ausgestellte Urkunde war zwar gesiegelt, aber nicht unterschrieben,

und eine Unterschrift erhielt erst am 12. Januar des nächsten Jahres eine in Nürnberg ausgestellte zweite, kürzer gefaßte Ernennung. Stadtrecht bedeutete auch Befestigungsrecht. Binnen vier Jahren, begonnen vermutlich im Jahr der Goldenen Bulle 1356, umgab Höchst sich mit einer Mauer in der Länge von tausend Metern, von denen es heißt, daß noch siebenhundert Meter erhalten sind.

Die Geschichte zu Füßen des Turmes. Als Lehrbeispiel bietet sich eine »schwache Stunde«, die vom Stärkeren gegenüber dem, der eine schwache Stunde hatte, zu dessen Nachteil ausgenutzt wurde. Als nämlich der erzbischöfliche Stuhl sich in Vakanz befand und nicht handlungsfähig war, fühlte sich der Frankfurter Rat ermutigt, die Höchster Burg durch seinen Stadthauptmann Johann von Cronberg zerstören zu lassen. Man schrieb 1396. Im Jahr darauf begann der Wiederaufbau. Erzbischof Johann von Nassau, so ist in älteren Schriften zu lesen, »betrieb den Bau mit solchem Eifer, daß er, seine Hofdiener und Adeligen selbst einen Theil der Baumaterialien auf den eigenen Schultern sollen herbeigetragen haben«. Später, 1461, war ein namhafter Baumeister am Werk, Niklas Eseler, der auch die Georgskirche in Dinkelsbühl gebaut hat. Zwischen 1586 und 1608, unter Erzbischof Wolfgang von Dalberg, wurde aus der immer noch unfertigen Burg ein Renaissanceschloß. Ein Merianstich zeigt es im Jahr 1622. Es war dies das Jahr, in dem am 20. Juni bei Schloß und Stadt die Truppen Tillys und Christians von Braunschweig sich schlugen – ein »mörderisches Gefecht« nennt Schiller es in seiner Geschichte des Dreißigjährigen Krieges, mit dem der »tolle Christian« den Mainübergang unter Verlust seines halben Heeres erzwang. Mit Bezug auf das Verhalten der Kriegführenden um jene Zeit schrieb Schiller den allzeit gültigen Satz: »Schwer ist es, aus dem Geschrei erhitzter Parteien die Stimme der Wahrheit zu unterscheiden.« Das Schloß kam glimpflich davon. Aber im siebzehnten Kriegsjahr, 1635, fiel es der Zerstörungslust zum Opfer, dem »alten Haß Frankfurts«, wie es im örtlichen Schrifttum heißt. Bernhard von Weimar, obwohl er kampflos in die Stadt eingerückt war, brannte das Schloß nieder. »Gänzlich in die Asche gelegt. Seitdem ist es Ruine geblieben«, so unterrichtete zu Beginn des 19. Jahrhunderts ein Lexikon seine Leser.

Vom Schloß geht der Blick nach dem Zollturm, der als Wohn-

turm und Torturm stark und unzerstört noch immer der Durchlaß vom Main her ist. Am Balken über dem wagenbreiten Tor
trägt er die Jahreszahl 1664, dazu das Zeichen des Erzstiftes, ein
weißes Rad auf rotem Grund. In seinem Bereich, nach dem Fluß
zu, steht das Maintor, mit dem Vermerk: »Erbaut unter Dieter
von Isenburg, dem 1462 bis 1475 Höchst gehörte.« Der Isenburger hatte auf das Erzbistum verzichtet und Höchst mit Steinheim und Dieburg als Fürstentum erhalten. Sein Wappen ist noch
an der Stadtmauer zu sehen. Einige Hochwassermarken nennen
die Jahre, in denen der Main sich ungebärdig erwies. Am 22. Juli
1520 kam Albrecht Dürer auf seiner Reise in die Niederlande
hier vorüber; in sein Tagebuch schrieb er: »Also fuhr ich im Frühe-
schiff von Frankfurt am Sonntag gen Hoest, da wieß ich mein
Zollbrief, do hieß man mich fahren, auch verzehrt ich do acht
Frankfurter Pf.«

Der so alte Höchster Schloßplatz zeigte sich mir mit freund-
lichem, sauberem Gesicht. Hätte ich ein Mädchen zu beschreiben,
würde ich sagen, es habe ein dezentes Make-up aufgelegt. Einige
der Fachwerkhäuser, meist mit breiter Front dem Platz sich zuwendend und mit Schiefer gedeckt, sind in bunten Farben frisch
bemalt. Grün, gelb, lila, und auch der graue Zollturm hat ein farbiges Balkenwerk erhalten, blau, grün, rot. Der Turm steht derzeit im Dienst des Vereins für Geschichte und Altertumskunde,
der dort ein Heimatmuseum unterhält. Auch ein friedfertiges,
wenn auch kurzes Kapitel der Stadtgeschichte ist unvergessen: die
Höchster Porzellanmanufaktur, die 1746 von dem aus Meißen
geflohenen Fayencemaler Adam Friedrich von Löwenfinck gegründet wurde und bis 1798 bestand, die »dritte Porzellanmanufaktur Europas«, wie man nicht ohne Stolz betont. Dies macht verständlich, daß man sich 1947 jener so anmutigen wie friedlichen
Erzeugnisse erinnert hat und die Nachschaffung der Höchster
Figuren zu entwickeln begann: einst durch ihre Malerei aus-
gezeichnete Porzellane, die zu Meißen in Konkurrenz traten.

Den Häusern, die nach beendeter Erneuerung mit ihrer Fassade
so bunt am Platz stehen, werden noch andere folgen, denn alt
sind sie alle rundum und der Überholung wert. Auch die Gasthäuser »Zum Bären« und »Zum Schwan« stehen da, doch das
einst bedeutendste, der »Karpfen«, ist nicht mehr. Nur sein Haus
blieb erhalten, gleich neben dem Zolltor, und jetzt ebenfalls auf-

gefrischt. An diesen »Karpfen« knüpft sich neben Gastronomi-
schem auch Kulturgeschichtliches. Im Gasthof »Zum Karpfen«
pflegten die Passagiere der Marktschiffe einzukehren, und hierher
kam zuweilen auch der noch jugendliche Goethe, der sich mit dem
Modellmeister Johann Peter Melchior befreundet hatte: »Eine
der unschuldigsten und zugleich unterhaltendsten Lustpartien, die
ich mit verschiedenen Gesellschaften junger Leute unternahm, war,
daß wir uns in das Höchster Marktschiff setzten, die darin ein-
gepackten seltsamen Passagiere beobachteten und uns bald mit
diesem, bald mit jenem, wie uns Lust oder Mutwille trieb, scherz-
haft und neckend einließen. Zu Höchst stiegen wir aus, wo zu
gleicher Zeit das Marktschiff von Mainz eintraf. In einem Gast-
hofe fand man eine gut besetzte Tafel, wo die Besseren der Auf-
und Abfahrenden miteinander speisten und alsdann jeder seine
Fahrt weiter fortsetzte: denn beide Schiffe gingen wieder zurück.«

Unter den jungen Leuten, mit denen Goethe nach Höchst hinausfuhr, befand sich auch Gretchen, ein Mädchen, wenige Jahre
älter als der Johann Wolfgang. Von »unglaublicher Schönheit«
schien sie ihm, als er sie zum ersten Mal sah. »Die Gestalt dieses
Mädchens verfolgte mich von dem Augenblick an auf allen Wegen und Stegen: es war der erste bleibende Eindruck, den ein
weibliches Wesen auf mich gemacht hatte.« Das ging mit gesuch-
ten Begegnungen und scheuem Umgang so einige Zeit, und selbst
ein so großes Ereignis wie Wahl und Krönung eines Römischen
Kaisers, Josephs II., verband sich für Goethe mit der Gestalt dieses Mädchens. Was er bei dem Tage währenden pomphaften Fest
erlebte, erlebte er mit der beständigen Frage, wie er es Gretchen
berichten könnte. Sie war von großer Aufmerksamkeit »und be-
neidete, nach ihrem Ausdruck, alle diejenigen, die von den Sachen
dieser Welt unterrichtet seien und wüßten, wie dieses und jenes
zugehe und was es zu bedeuten habe.« Ja, sie wünschte sich, ein
Knabe zu sein und auf der Universität etwas Rechtes lernen zu
können. »Von den Reichskleinodien hörte sie gern erzählen. Ich
versprach ihr, daß wir diese womöglich zusammen sehen wollten.
Ich wußte, wo sie den Feierlichkeiten des Krönungstages zusehen
würde, und machte sie aufmerksam auf alles, was bevorstand und
was besonders von ihrem Platze genau beobachtet werden konnte.«
Am Abend des Krönungstages, 3. April 1764, gingen sie dann zu
vieren aneinander geschlossen auf und ab, kehrten in einem

Speisehaus ein und verbrachten dort den größten Teil der Nacht
»im Gefühl von Freundschaft, Liebe und Neigung auf das hei-
terste und glücklichste«. Sie waren die einzigen Gäste, da alles auf
den Straßen umherzog. Das Ende kam. »Als ich Gretchen bis an
die Türe begleitet hatte, küßte sie mich auf die Stirn. Es war das
erste und letzte Mal, daß sie mir diese Gunst erwies: denn leider
sollte ich sie nicht wiedersehen.« Am nächsten Morgen trat das
Ereignis ein, das allen diesen Freundschaften jäh ein Ende machte,
denn einer, der in Höchst an ihren Tisch getreten war und sich zu
ihnen gesellte, um eine Gefälligkeit zu erbitten, mißbrauchte das
Vertrauen der jungen Leute zu Unredlichkeiten. Dies war nun
an den Tag gekommen. Verhöre durch Amtspersonen, Vorhaltungen, in schlechte Gesellschaft geraten zu sein, und was so der
Aufregungen mehr waren. Gretchen reiste in ihre Heimat zurück,
nachdem sie ausgesagt hatte: »Ich kann es nicht leugnen, daß ich
ihn oft und gern gesehen habe; aber ich habe ihn immer als ein
Kind betrachtet, und meine Neigung zu ihm war wahrhaft schwe-
sterlich.« Als der Johann Wolfgang dies erfuhr, erboste es ihn.
»Denn daß sie mich für ein Kind zu den Akten erklärt, nahm ich
ganz entsetzlich übel.« Er war vierzehn. Mit dem Verstand schied
er sich von Gretchen. Er glaubte, sie verwerfen zu müssen. »Nur
ihr Bild! Ihr Bild strafte mich Lügen, so oft es mir wieder vor-
schwebte, welches freilich noch oft genug geschah.«
Im Abschnitt seines jungen Lebens (mit dem leicht entzünd-
baren Herzen und der ersten Liebe, noch vor Friederike, Lotte,
Christiane und Marianne im Lauf der Jahre) zeichnete Goethe im
Jahr 1770 das Höchster Schloß. Die Zuflucht zur Malerei hat ihm
das Gleichgewicht von Körper und Seele wiedergegeben, das ihm
durch die plötzliche Zerstörung der Freundschaften und das ab-
schiedslose Entschwinden Gretchens verlorengegangen war. »Ich
hatte von Kindheit auf zwischen Malern gelebt und mich gewöhnt, die Gegenstände, wie sie, in bezug auf die Kunst anzusehen. Jetzt, da ich mir selbst und der Einsamkeit überlassen war,
trat diese Gabe, halb natürlich, halb erworben, hervor.« Er ging
in die Wälder, zeichnete »nach der Natur« Bäume und Blumen.
»Welche Übung gehört nicht dazu, eine weite und breite Landschaft als Bild zu begreifen! Unmerklich zog es mich jedoch ins
Enge, wo ich einige Ausbeute fand: denn ich traf kein verfallenes
Schloß, kein Gemäuer, das auf die Vorzeit hindeutete, daß ich es

nicht für einen würdigen Gegenstand gehalten und so gut als
möglich nachgebildet hätte.« Vom Höchster Schloß gibt es zwei
Zeichnungen von Goethes Hand. Er sah es als eine noch umfang-
reiche Ruine, deren Steine wenige Jahre später zum Bau jenes
Palastes in dem von Erzbischof Emmerich Joseph gedachten neuen
Stadtviertel verwendet wurden, den die Brüder Bolongaro ihres
Steuerkonflikts mit der Stadt Frankfurt wegen hier auf main-
zischem Boden errichteten – noch heute der mehrflügelige Barock-
palast mit gepflegtem Park, der nun das Rathaus ist, mit dem
Standesamt in einem seiner Gartenpavillons.

Im Umkreis des Schloßplatzes, mit wenigen Schritten zu erreichen, steht noch das Alte Rathaus. Eine Tafel vermerkt seine
Daten: 1595 bis 1843, erbaut von Oswald Stupanus, Baumeister
aus einem oberitalienischen Geschlecht. Ein durch seine für die
Zeit imponierende Größe sich auszeichnender Bau schlichter Architektur, dem nun ebenfalls eine neue Farbigkeit gegeben wurde,
und auf dem Dach eine Fernsehantenne. Auch nur wenige Schritte
sind es von hier zu der Justinuskirche, einer katholischen Pfarrkirche, die ihren Gründungsbau auf das 9. Jahrhundert zurückführt. Sie enthält das Älteste: ein spätkarolingisches Langhaus mit
Säulen unter weitgespannten Arkadenbogen, die ihrer künstlerischen Meißelarbeit wegen zu den schönsten aus jener Zeit gezählt
werden. Das Historische Museum in Frankfurt zeigt eine dieser
Säulen als Nachbildung und erläutert die Eigenart ihrer Kapitelle
(mit dem umgedrehten Pyramidenstumpf als Kämpfer) durch
den Hinweis, daß sie Kapitelle nachahmen, die in den Bauten des
Römischen Reiches verwendet wurden.

Das wiederhergestellte und gleichfalls frisch aufgeputzte Schloß
hat eine neue Aufgabe bekommen. Es ist Firmenmuseum geworden und zeigt die Entwicklung jenes Unternehmens, das mit Farben und Arzneien dem Namen Höchst weltweiten Ruf gegeben
hat, aber auch die Stadtentwicklung zur Großstadt einleitete und
zur Vereinigung mit Frankfurt durch die Eingemeindung (schon
im Jahr 1928) führte. An die Stelle der Kurfürsten und Erzbischöfe sind »die Farbwerke« getreten. Der Bogen der Höchster
Geschichte, so fand ich im örtlichen Schrifttum, »spannt sich zwischen Steinbeil und Penicillin«. Bevor ich das Schloß verließ,
steckte ich ein kleines, dort angebotenes Blatt ein: »Alt-Höchst«.
Vor einigen Jahren, so wird darin berichtet, ist im Schloß eine

»Bürgervereinigung Höchster Altstadt« gegründet worden, die sich um dieses Alt-Höchst, den mittelalterlichen Stadtkern eines modernen Gemeinwesens, bemüht. Für unsere Zukunft ist es gewiß das Geringste nicht, wenn Menschen sich darum sorgen, vom Alten zu bewahren, was bewahrenswert ist.

Ich stieg dann in den tiefen, breiten Graben hinab, der einst das Schloß zu schützen hatte. Seit 1665 ist er ohne Wasser. Bäume und Bänke; ein Spazierweg zwischen vom Efeu übersponnenen Mauern aus dem 14. Jahrhundert. Durch ein spätgotisches Spitzbogentor tritt man hinaus an das Mainufer. Der Enge folgt die Weite. Freies, offenes Land, in ihm der gemächlich dahinziehende Strom, die Uferpromenade, auch hier und da die Industrie, die das Land durchsetzt. Kurz bevor damals mit der ersten Eisenbahn die neueste Zeit heraufzog, reiste der Bonner Professor Karl Simrock mit dem Marktschiff von Mainz nach Höchst. Solch ein Schiff empfand er als einen großen schwimmenden Jahrmarkt mit Menschen aller Nationen wie in einem Ameisenhaufen. »Aber die Eile hat Weile, denn erbärmlich langsam treibt er dem Ziele zu. Die Pferde, welche die großen Schiffe dem Strom entgegenziehen, schwitzen und keuchen. Geschäfte werden gemacht, Possen gerissen, Liebeshändel angezettelt.« Welch anderes Bild damals! Noch lagen die PS bei den Pferden, nicht bei den Motoren. Doch nur das Äußere hat sich geändert. Der Inhalt des Daseins mit Geschäften, Possen und Liebesgeschichten, das ist geblieben.

Blick über das Land

An das bunte Leben, mit dem Königstein im Taunus mit allen unseren Annehmlichkeiten an der Gegenwart teilhat, fügt die Historie eine Festungsruine. Die in ihr nistende Vergangenheit scheint nicht auszulöschen, denn mit ihrem hoch aus den Trümmern aufragenden Bergfried gilt sie als das Wahrzeichen der Stadt. Es ist kein langer Weg dorthin. Kaum bleiben die Häuser zurück, beginnt, von Wald umgeben, das Festungsgelände. Nach Anlage und Ausdehnung ist es jenen aus Burgen entwickelten Festungen an die Seite zu stellen, die als nicht mehr brauchbare Fortifikationen mit den Zeichen ihres Verfalls hier und da noch in der Landschaft liegen, so der Rheinfels am mittleren Rhein, der Breuberg im Odenwald, der Hohen-Neuffen in Schwaben und der Hohentwiel im Hegau.

Der Lauf durch die Jahrhunderte zeugt in Königstein von beständigem Fortgang und von der Anpassung an die Zeitverhältnisse. Erst Herrschaft, dann Grafschaft. Erst Burg zur Bewachung der Straße von Frankfurt nach Köln, dann Festung zum Schutz für ein ganzes Land, das Kurfürstentum Mainz. Jetzt, nach dem Durchgang durch das Herzogtum Nassau und das Königreich Preußen, ein hessischer heilklimatischer Kurort, der sich aus einer 1851 gegründeten Kaltwasserheilanstalt des Medizinalrates Georg Pingler entwickelte. Die Erbauer der Burg haben an die strategische Lage des Ortes auf einem Sporn nahe dem Zusammenfluß von zwei Bächen, dem Lieder- und dem Reichenbach, gedacht; jetzt sieht man die Vorzüge in den bioklimatologischen Verhältnissen, wie sie sich aus dem Südhang des Taunus ergeben, eine Umwelt der Wälder und Wiesen, auch des abendlichen Bergwindes, dem bei großer Regelmäßigkeit beruhigende therapeutische Eigenschaften zugeschrieben werden.

Als castrum Kunigestein ist die Burg 1215 zum ersten Mal in einer Urkunde in Erscheinung getreten. Sie war ein Stauferbau, errichtet von dem Reichskämmerer Kuno I. von Münzenberg.

Den Münzenbergern folgten die Herren von Falkenstein, von
Eppstein, von Stolberg. Das Aussterben im Mannesstamm oder
Kinderlosigkeit änderten die Besitzverhältnisse; durch die Heirat
von Erbtöchtern kamen die neuen Namen in die Besitzerreihe.
So wurde Graf Ludwig von Stolberg als Sohn der Anna von
Eppstein, Schwester des kinderlosen Eberhard IV. von Eppstein-
Königstein, 1535 der Erbe – ein begüterter Herr, so etwas wie ein
Großunternehmer mit Territorialbesitzungen, denn er nannte sich
Ludwig, Graf zu Stolberg-Königstein, Rochefort, Wertheim und
Wernigerode, Herr zu Eppstein, Münzenberg und Breuberg. Zu
männlichen Erben hat in vierzigjähriger Regierungszeit auch er
es nicht gebracht. Dem Erzbischof Daniel von Mainz war dies
Anlaß, bei dem Kaiser die Anwartschaft auf das auslaufende
Reichslehen Königstein zu beantragen. Der Kaiser entsprach dem
Wunsch, und nachdem der Erzbischof mit seinen Truppen nach-
geholfen hatte, die sich widersetzenden Stolberger Verwandten
zur Übergabe zu zwingen, ging die Grafschaft am 21. August 1581
in den Besitz des Erzbistums über und blieb bei diesem in den
folgenden zweihundertzweiundzwanzig Jahren bis zum Untergang des Erzbistums selbst, 1803, dem der Untergang der Festung
um ein paar Jahre vorausgegangen war. Denn in den Revolu-
tionskriegen sprengten am 10. September 1796 französische Truppen die Festung. Da aber an diesem Tag das Werk nur unvollständig gelang und das Sprengkommando dabei umkam, wurde
die Zerstörung im Jahr darauf auf Befehl des Kommandanten
fortgesetzt. Am 26. Juli 1797 begann die Versteigerung der noch
erhaltenen Bauten, die Bürger griffen willig zu, denn sie brauch-
ten Steine zum Wiederaufbau ihrer zerschossenen Häuser, und
dieser Abbruch hat sich lange fortgesetzt, erst erlaubt, dann heimlich.

Was blieb, wird nun als Sehenswürdigkeit erhalten. Es ist ein
ausgedehntes Ruinengelände. Kurmainz hatte die schon mehrfach
verstärkte Burg zu einer mächtigen Landesfestung ausgebaut, die
den Gefährdungen in den mannigfachen Kriegen ohne allzu großen Schaden widerstand, dann aber das gewaltsame Ende ohne
Gegenwehr in einem Augenblick fand, in dem die Zeit ihrer Fe-
stungseignung ohnehin abgelaufen war. Mit dem am Tor erho-
benen Eintrittsgeld leistet die Ruine noch einen Beitrag zum
Stadtsäckel. Der Besucher findet dafür das Gelände geordnet und

mit Zahlen markiert, die nach dem Lageplan die Festungs-
abschnitte zu erkennen geben. Vertieft man sich in die noch ragenden Mauern von Toren, Rondellen, Bastionen, Kasematten, vermag man in der Ruine noch das schöne, stolze Schloß zu ahnen,
das Merians Kupferstich zeigt. Beim Rundgang folgt man dem
»dunklen Bogen« und dem »hellen Bogen«, langen Gängen,
durchnäßt vom tropfenden Gestein. Die Kasematten sind nun
leere, düstere Steingehäuse. Am ältesten noch erhaltenen Tor ist
im Scheitel eines Spitzbogens ein Wappen aus der Zeit der Herren von Münzenberg-Falkenstein zu sehen. Hier war ein eisernes
Fallgitter niederzulassen, dessen Laufrinne sich erhalten hat.
Durchschreitet man das Tor und folgt dem tonnengewölbten »hellen Bogen«, erreicht man das Tageslicht wieder auf dem weiträumigen Unteren Burghof, der einst der Exerzierplatz war. In der
Ecke der runde Pulverturm, um den das Gesträuch wuchert. In
der Mitte des Hofes im Felsen liegt eine als Laufbrunnen aus dem
Wald herangeführte Wasserleitung; verfallen oder ganz ausgelöscht aber sind die Gebäude von Zeughaus, Magazin, Kasernen.
Man fand hier das Fragment eines Kaminsteines mit dem Selbst-
mord der Lucretia und ein Sandsteinrelief mit einer jagenden
Diana, die als freundliche Kunstwerke der Stolberger Zeit zugeschrieben werden. Nahe ist man hier dem staufischen Kern der
Burg um den Bergfried: ein vierkantiger hoher Turm, der die
Jahrhunderte, die Sprengung und die Schleifung überdauert hat,
doch 1819 wie im Zorn Gottes von einem Blitz getroffen wurde,
der im Dach zündete und ihn ausbrennen ließ. Auf einer 1858
eingebauten Holztreppe ist er über hundertsechzig Stufen zu besteigen, damals wie heute der berühmten Aussicht wegen empfohlen.

Blickt man nicht in die Weite (was wir uns für den Falkenstein
vorbehalten haben), sondern in die Vergangenheit zurück, mag
man im Umherwandern in der Trostlosigkeit des verlassenen Gesteins der Karoline Schlegel gedenken, einem Frauenschicksal, als
die Festung noch im Dienst stand und auch Staatsgefängnis war.
Karoline Schlegel (nach ihrer späteren dritten Heirat Karoline
Schelling) galt den Zeitgenossen als ungewöhnlich begabte Frau,
ein »Meisterstück der Geister, ein seltenes Weib von männlicher
Seelengröße, mit der Weichheit des liebevollsten Herzens«, wie
Schlegel sie ungeachtet ihrer Scheidung nach dem Tode rühmte.

Mit diesem liebevollsten Herzen war sie freundschaftlich mitemp-
findend Gottfried August Bürger in Göttingen zugetan, als dessen Schüler sie auch August Wilhelm Schlegel kennenlernte. »Sie
vor allem spornte Schlegel zur Übersetzung der Dramen Shake-
speares wieder und wieder an«, heißt es in den zeitgenössischen
Urteilen. »Romeo und Julia«, »Was ihr wollt«, die Verdeut-
schungen Schlegels, die Shakespeare, nachdem er vergessen, wieder
zum Leben erweckten, dies ging prüfend durch ihre Hand, bevor
es auf die Bühnen kam.

Solche Leistung mit dem Anspruch auf das Unvergessensein lag
jedoch noch in der Lebensferne, als sie Gefangene auf dem Königstein war. In Clausthal im Harz hatte sie als Gattin des Bergmedicus Boehmer ein friedsames, glücklich empfundenes Leben
geführt. Es wäre wohl so geblieben und am Ende im Nichts erloschen, hätte nicht der Tod des Gatten, dem bald zwei ihrer
Töchter folgten, sie in die größere Welt getrieben. Eine noch junge
Witwe, kaum dreißig Jahre, reiste sie im März 1792 nach Mainz,
um eine Zeitlang bei ihrer Jugendfreundin Therese Heyne und
deren Gatten Georg Forster zu leben. Nun erfaßte sie der Wirbel
der Ereignisse. Das Übergreifen der Revolution, die Besetzung
von Mainz durch die französischen und die Belagerung durch die
preußischen Truppen –, als sie im März 1793 allem ausweichen
und zu den Freunden Gotter in Gotha reisen wollte, wurde sie
von den Belagerern aufgegriffen und auf den Königstein gebracht.

»Ich habe da Tage gelebt, wo die Schrecken und Angst und Be-
schwerden eines einzigen hinreichen würden, ein lebhaftes Gemüth
zur Raserey zu bringen.« Sie hat Briefe von dort geschrieben, in
denen sie die Freunde bat, sich um ihre Befreiung zu bemühen.
Königstein, 29. April 1793: »Wie die Verhältniße in der Nähe
oft so ganz etwas anders sind, als sie in der Ferne scheinen. Ver-
zeihen Sie das schlechte Papier – in der Gefangenschaft giebt's
nichts beßres.« Königstein, 12. Mai 1793: »Ich höre hier im
Schloßgarten den Donner des Geschützes, und nur ein etwas naher
Berg entzieht mir den vollen Anblick des Schauplatzes selbst ...
Unser Loos wurde in so fern leichter, daß der Genuß der freyen
Luft in diesem verwüsteten Stück Garten uns zu jeder Zeit zu
Gebot stand und der Commandant menschlich gesinnt war – aber
es kommt ein anderer.« Ein »schrecklicher Aufenthalt« war es
ihr; »in einem Zimmer mit sieben anderen Menschen, ohne einen

Augenblick von Ruhe und Stille – und dann ein Herz der tiefsten Indignation gegen die gepriesene Gerechtigkeit«. Sie weiß sich schuldlos, meint, daß sie als Geisel den Haß teilen muß, den man auf Forster geworfen hat. »Über meine Schuld und Unschuld kann ich Ihnen nur sagen, daß ich seit dem Jänner für alles politische Interesse taub und todt war – im Anfang schwärmte ich herzlich, und F's Meinung zog natürlich die meine mit sich fort – aber nie bin ich öffentliche noch geheime Proselytenmacherin gewesen.« Und was Forster betrifft: »Man irrt sich in dem, was man über meine Verbindung mit ihm glaubt.« Ihre Gesundheit fühlt sie sehr geschwächt, sie fürchtet, Königstein könnte ihr Grab werden. »Ich bin wahrhaftig nur eine gute Frau, und keine Heldin.« Sie bedauert, daß sie »durch ein unbegreifliches Schicksal« aus ihrer Sphäre gerissen, aus den »Gränzen stiller Häuslichkeit«, für die sie sich geschaffen glaubt. Ihr Bruder Philipp, Doktor Medicinae zu Frankfurt, erreichte endlich ihre Befreiung. Am 1. Juli richtete er an den König von Preußen, Friedrich Wilhelm II., eine Bittschrift, und schon nach wenigen Tagen antwortete der König, mit dem Datum »Im Lager bey Marienborn d. 4ten Jul. 1793«: »Es ist ganz und gar nicht mein Wille, daß schuldlose Personen das verdiente Schicksal der Verbrecher theilen sollen, die sich die Gefangenschaft auf dem Königstein zugezogen haben.« Da er der Versicherung, daß die Wittwe des Bergmedicus Boehmer nichts verschuldet habe, allen Glauben beilege, habe er befohlen, sie auf freien Fuß zu stellen.« So geschah es.

Blicken wir auf dem Königstein mit dem Wissen um das Vergangene nicht mehr in die Zeiten zurück, sondern mit dem unserer Welt zugewandten Auge in die Weite des Landes, läßt sich auf den jenseitigen Höhen ein Turm sehen. Es ist der Bergfried der Burg Falkenstein, über dem Ort dieses Namens. Königstein und Falkenstein sind heute nahezu eins geworden, und so gehören Festung wie Burg zum Stadtbild. Ganz anders die Geschichte der Burg. Die Falken-Burg liegt auf dem Noringsberg (so im mittelalterlichen Sprachgebrauch), vorgelagert dem Altkönig. Der sie umgebende Wald wird als Hain ausgewiesen, und die Tafel »Naturschutzgebiet« am Burgzugang macht das Besondere der Landschaft noch greifbarer: ein Boden mit Vorzeitspuren menschlicher Besiedlung und Pflanzen seltener Arten, die hier noch heimisch sind. Das Burggelände ist nicht umfangreich, doch abgeschlossen hinter Tor und Mauer. Eine Fläche dreimal so lang wie breit, neunzig mal dreißig Meter, eingefaßt vom inneren Mauerring. Außer den Befestigungen, von denen noch Mauerstümpfe der Geschütztürme zeugen, befanden sich hier Wohngebäude mehrerer Familien. Allein der Bergfried, wohl um 1450 errichtet, ragt als vierkantiger Turm noch hoch auf, oben ein Wehrgang um einen runden Aufbau. Es hatte schon seinen Sinn, daß mir der Burgwart die Einlaßkarte mit dem Zuruf überreichte: »Erholen Sie sich gut auf der Burg.« Ein Ort der Erholung vermag sie zu sein, hält man sich des längeren dort auf. Das alte Gemäuer, vom Wehrgang des Bergfrieds sahen zwei Steinböcke neugierig zu mir herab, Mutter und Tochter, wie der Burgwart sie mir vorstellte, die hier zu Hause sind und gern über die Treppe auf den Turm hinaufsteigen; Vogelrufe in der Stille; ein paar Bänke hier und da im Gras, die zur Ruhe und zur Besinnung in der Ruhe auffordern. Der Ort sendet belebende Ströme des Geistes aus, unsichtbar und doch spürbar – wenn man sich zu erholen weiß.

Der Anfang liegt im Unerforschten. Unbeantwortet, ob hier oder wo in der Nähe die Reichsburg der Gaugrafen von Nürings lag, die wohl im 13. Jahrhundert verfallen ist, ohne Spuren zu hinterlassen. Das Geschlecht, im 11. und 12. Jahrhundert bekannt, erlosch schon um diese Zeit, lebte aber mit dem Nürings-Namen als Dorf bis in das 17. und als Kirche bis in das 18. Jahrhundert fort, zuletzt in den Pfarrakten und Gemeinderechnungen erscheinend. Als das Dorf den Namen der längst entrückten Reichsburg endlich ablegte, nahm es den der nachfolgenden Burg an: Falkenstein.

Als Neu-Falkenstein ist sie 1330 erstmals in einer Urkunde aufgetaucht; so genannt nach den Herren von Falkenstein aus dem Ministerialengeschlecht von Bolanden, die bereits eine Burg Falkenstein am Donnersberg in der Pfalz besaßen und das nüringsche Erbe antraten, als 1255 der »letzte Münzenberger« gestorben war. Den Falkensteinern folgten die Sponheim, Hohenlohe, Nassau, Kronberg, Hattstein, Staffel. »Der Norings, den man nennet die Nuwefalkstein«, wie einer gegen 1400 in eine Urkunde eintrug, wurde zum Typus der Ganerbenburg, einer Burg mit Besitzanteilen mehrerer Ritter. Solch Zusammenleben wollte natürlich seine Gesetze haben. »Wir, die Ritter vnd Knechte, die Ganerben alle gemeinlichen zu Nuwenfalckenstein vor der Höhe gelegen« –, diese Gemeinschaft der Burgbesitzer schloß »vff samstag nehst dem sontage Judica nach Christi Geburt dusend vierhundert fünfzig vud eune Jar« einen »Burgkfried«, der Rechte und Pflichten festlegte: Aus den Ganerben werden fünf erwählt, denen alles vertraut sein soll, was die Ganerbschaft betrifft. Unter ihnen muß immer ein Kronberger und ein Hattsteiner sein. Fällt einer aus, ergänzen sie sich durch eigene Wahl. Sie ernennen aus den Ganerben die Baumeister, denen die Aufsicht über die Burg obliegt. Deren Beschlüsse binden sämtliche Ganerben. Streitigkeiten untereinander legen die Baumeister gütlich bei oder entscheiden durch Zuziehung einiger Ganerben. Jährlich auf St. Martinstag ist ein Baugeld zu zahlen, das sechs Gulden für jeden Ganerben nicht übersteigen darf. Rechnung wird jährlich abgelegt. Verkaufen ohne Willen der Ganerben darf keiner seinen Anteil. Wer – er muß »zum Schilde geboren« sein – Ganerbschaft neu erwirbt, gibt zwanzig Gulden und den Turmhütern und Pförtnern einen Gulden. So will es dieser Burgfrieden für das gemeinsame Wohnen, eine klug bedachte Ordnung mit Wahlen und Autorität für die Gewählten. Sie dachten auch an die Strafen: »Ermordet einer den andern, so verliert der Mörder seinen Antheil am Schloß; verwundet er ihn nur, so muß er selbst mit einem Knecht und zwei reisigen Pferden in Frankfurt oder Mainz in einer Herberge ein halb Jahr Buße tun und den Verwundeten entschädigen; schlägt oder schimpft er ihn, so leidet der Beleidiger gleiche Strafe, aber nur einen Monat lang.« Es waren rauhe Zeiten. Einige Jahrzehnte zuvor, am 27. August 1420, ließ der Frankfurter Rat dem auf dem Falkenstein wohnenden Bechtram von Vilbel und seinen zwei Knechten vor dem Bockenheimer Tor den Kopf abschlagen. Bechtram, als Raubritter seit langem berüchtigt, hatte auf offener Straße einen Kaufmann aus Augsburg aufgegriffen und auf dem Falkenstein in den Turm gelegt, um Lösegeld zu erpressen. Wenige Tage darauf fiel er Frankfurter Stadtknechten in die Hände. Er mußte seiner Frau Else schreiben, den Gefangenen loszugeben, und nachdem dieser frei war, bereits am Tage danach, fiel des Landschads Haupt. Man machte kurzen Prozeß, nachdem man ihn hatte.

Das Ende der Burg ist das so vieler Burgen. Im Fortgang der Zeit wurde sie unwirtlich; die Bewohner verließen sie. Als Lehen, das sich selbst erledigte, fiel es nach 1773 an das nassauische Für-

stenhaus zurück, an das es 1385 durch Anna, eine bolandische
Erbtochter, gekommen war. Letzter Bewohner war kein Ritter,
sondern ein armer Leineweber. Er bewohnte ein letztes Haus, bis
man auch dieses abbrach, »damit es nicht von der Felsenhöhe hinab auf das an dessen Fuße liegende Dörfchen stürzen möge«. Kanz-
leirath Dr. Usener in Frankfurt, der dies berichtet (und der auch
den Inhalt des Burgfriedens von 1451 mitzuteilen wußte), beschrieb dieses hübsche Bild, wie man es im Anfang des vergangenen Jahrhunderts erleben konnte: »Jetzt liegt der Falkenstein
öde und wüst. Keine Spur von Leben rührt sich im Burgraum, es
müßte denn ein scheuer Vogel seyn, der aus dem Gebüsch auf-
fliegt, oder eine Eidechse, die durchs Gras schlüpft. Stille umgiebt
den einsamen Wanderer, der diese Trümmer besucht, das Leben
und Treiben der Menschen, tief aus dem Thale, schlägt nicht an
sein lauschendes Ohr, nur leise hallt von den Wiesen, die am Fuße
des Felsens abhängig sich ausbreiten, die Schalmei der Hirten, das
Geläute der Herden, oder das Glockengetön aus benachbarten
Dörfern.« Und der Herr Kirchenrath Dahl in Darmstadt schrieb
um eben jene Zeit: »So wie die Ruine Königstein, in ihrer Art,
die merkwürdigste ist, so ist die Ruine Falkenstein in ihrer Lage
die schönste.«

Geblieben ist, was damals wie heute dem Königstein wie dem
Falkenstein nachgerühmt wird: die Aussicht. Ein beim Burgwart
zu erwerbender Plan erleichtert es, die Welt zu erkennen, wenn
man bei hellem Wetter vom Falkensteiner Turm, 530 Meter über
dem Meer, auf sie herabsieht. Ein Blick über das Land von Horizont zu Horizont. Nach Norden Feldberg und Altkönig; nach
Osten links Vogelsberg und Rhön mit der Wetterau davor, rechts

Spessart mit Frankfurt davor; nach Süden links Odenwald und Bergstraße, der Main mit seinen Uferorten bis Rüsselsheim, und nach rechts hin Pfälzer Wald und Donnersberg; nach Westen Hunsrück, Bingerwald und Rhein. Dazu alles, was in der Nähe und Ferne ist, über siebzig Dörfer und Städte, selbst Aschaffenburg und Darmstadt.

Im Kranz der Pfalzen

DIE BARBAROSSABURG ZU GELNHAUSEN

Die Beschließerin wohne in der Burgstraße, las ich am verschlossenen Tor, als ich in zeitiger Morgenstunde in Gelnhausen vor der Kaiserpfalz Barbarossaburg stand. Obwohl von früherem Besuch her bekannt, war der Weg nach der Burg nicht ohne Aufmerksamkeit zu finden. Da die Pfalz eine Tiefburg war, drückt sie sich in das Tal der Kinzig, die ihre Wasser an den verbliebenen Ruinen vorüberströmen läßt wie einst an der auf einer Halbinsel liegenden Ringanlage mit ihrer nicht geringen Anzahl von Bauten und Türmen, mit der dem Flußlauf folgenden Umfassungsmauer – das ganze ein ministeriales Verwaltungszentrum im Kranz der Pfalzen, mit denen Kaiser Friedrich I. Barbarossa das Reich zu überziehen begann. Um Zutritt zu dieser Welt zu erhalten, hatte ich also die Beschließerin aus ihrem Haus zu klingeln. Dieses war mit wenigen Schritten erreichbar, ein kleines Fachwerkhaus, weiß mit dunklem Gebälk, von Weinlaub überzogen, eine Glocke von harmonischem Klang. Sie sei bereit, so sagte das Fräulein, außerhalb der Besichtigungszeit mit mir allein den Rundgang zu machen, im vergangenen Jahr habe die Zahl der Besucher dreiundzwanzigtausend betragen.

Durch die Torhalle, einen zweischiffigen gewölbten Raum, betritt man die Pfalz. Hier sind einige Werkstücke der Steinmetzen, die dem Schmuck dienten, abgelegt. Ein Bogenfeldstein läßt noch eine Figur erkennen, die ein erhobenes Schwert über einen vor ihr knienden bärtigen Mann hält, während die Linke einer Frau das Kreuz reicht. Man deutet es mit einigem Vorbehalt so, daß der Kaiser als Inhaber der weltlichen und kirchlichen Gewalt dargestellt werden sollte. Nach der Hofseite hin trägt eine Säule der Torhalle ein Kapitell, das sich als eines der eindrucksvollsten Beispiele staufischer Kunst in unverblaßter Schönheit zeigt: das Adlerkapitell, vier Adler mit gebreiteten Schwingen, unter denen, wie von ihnen beschirmt, ein Hase hockt. Kaiser Friedrich II., der noch heute vielbewunderte, war es, der den Adler zum Symbol wählte, Ausdruck seiner Macht als »Herr der Welt«. Damit ist auch schon das Geschichtskapitel angesprochen, dem auch die Pfalz in Gelnhausen zum Schauplatz diente.

Was davon geblieben ist, liegt beim Heraustreten aus der Torhalle auf den Hof vor uns wie ein kostbares Schmuckstück der Architektur. Der Palas, in den Längsseiten mit zwei Geschossen erhalten, ist es vor allem, der staufisches Leben noch heute auszustrahlen scheint. Da sind die Gemächer und Säle hinter den erhaltenen Rundbogenarkaden spürbar, paarweise gestellte kleine Säulen hie und da mit reicher ornamentaler Verzierung an den Kapitellen, an Gesimsen, Laibungen, Kaminhauben; gebaut mit der Buckelquader, die mit ihrem Namen den Bauten staufischer Zeit verbunden ist. Viele Steinmetzzeichen sagen aus, wer den Stein gearbeitet hat: große Lilie, kleine Lilie, Pfeil; an die fünfzig verschiedene Arbeitszeichen gibt es hier. Die Namen der Meister sind verloren gegangen, man nennt sie nur noch den Rankenmann, den Blättermann, den Bandknollenmann und wie immer das Zeichen ihrer Arbeit gewesen ist. Aus der Vielzahl der Steinmetzen, Bildhauer und Handlanger schließt Günther Binding in einer neueren wissenschaftlichen Untersuchung auf das »Menschengewimmel«, das beim Bau der Pfalz zu sehen gewesen sein muß. Nach seinem Urteil konnte bei einem so großen Einsatz von Bauleuten das Werk in verhältnismäßig kurzer Zeit vollendet werden, wohl in ungefähr zehn Jahren. Er schließt auf 1170 als Jahr der Fertigstellung. Andere Vermutungen lauten dahin, daß Friedrich I. Barbarossa in diesem Jahr den Ausbau der dort schon vorhandenen, 1158 erstmals erwähnten Burg beginnen ließ und der Ausbau 1180 beendet war. Nahe der Burg wurde die Stadt gegründet, mit dem Datum des 25. Juli 1170. Eine in jenen Tagen geprägte Münze mit der Umschrift »Beatrix Geilenhus« und dem Stadtsiegel zeigt das Kaiserpaar unter einem Architekturbogen.

Der Pfalzbau auf der Halbinsel der Kinzig ist allen Kaisern und Königen aus dem Hause Hohenstaufen vielfach Aufenthaltsort gewesen; die Schatten ihrer Geschichte, die Auseinandersetzung um die Macht von Kaiser und Papst, Welt und Kirche, legten sich auch über die Gelnhauser Pfalz. Viele Daten der Aufenthalte sind bekannt. Schon das Jahr 1180 brachte den großen Hoftag, der die Herrschaft der Welfen im Reich zerstörte. Langwierige Streitigkeiten mit menschlich bewegenden Geschehnissen um die Vasallentreue zwischen Friedrich I. Barbarossa und Heinrich dem Löwen sind vorausgegangen, und am Ende stand die vom Fürstengericht am 18. Januar 1180 ausgesprochene Achterklärung und die Aufteilung der Lehen des Geächteten am darauffolgenden 13. April in der Pfalz Gelnhausen. Das Herzogtum Bayern, zwischen Iller und Lech »altes Welfenland«, wie man noch heute dort zu hören bekommt, fiel an Otto von Wittelsbach, und bei den Wittelsbachern ist es geblieben.

Des Barbarossas Sohn Heinrich VI. hielt im Oktober 1195 in Gelnhausen jenen Reichstag ab, auf dem viele der Fürsten und Ritter sich »das Kreuz anhefteten« und mit ihm die Teilnahme am Kreuzzug gelobten. Unter ihnen befanden sich auch die Brüder Hartmann und Hermann von Büdingen, die als dem Kaiser ergebene Lehensmänner eine bedeutende Rolle in der Reichsverwaltung spielten. Hartmann führte vermutlich die Aufsicht beim Bau der Pfalz, er verwaltete das Reichsgut an der Kinzig. Die Brüder sind in dem Kreuzfahrerheer zu entdecken, das im September 1197 nach Syrien aufbrach. Dann verlieren sich ihre Spuren, sie sind nicht zurückgekommen. Kaiser Friedrich II., der schillerndste der staufischen Herrscher, weilte zwischen 1214 und 1219, als er Deutschland nach dem Zwischenregiment der Gegenkönige für sich gewann, sechsmal in Gelnhausen. Hier erfüllten die Gedanken die Pfalz, welche die Menschen bewegten, als die Auseinandersetzungen zwischen weltlichem und kirchlichem Regiment und um die Sicherung der staufischen Königsmacht ihrem Höhepunkt zustrebten. Für die Wahl seines noch kindlichen Sohnes Heinrich zum deutschen König gewährte Friedrich (und er unterschrieb dies drei Tage nach erfolgter Königswahl) den geist-

lichen Fürsten Rechte, die der Einsetzung kirchlicher Territorial-
staaten gleichkamen. »Er unterzeichnete«, so hat des Kaisers englische Biographin Georgina Masson in ihrem 1958 auch in deutscher Sprache erschienenen Buch »Friedrich II.« die Szene
geschildert, »das Privilegium in favorem principum ecclesiasti-
corum und siegelte es mit dem für die wichtigsten Urkunden vor-
behaltenen goldenen Siegel, einer Plakette aus reinem Gold, die
Friedrich, auf dem Throne sitzend, mit der Weltkugel und dem
Zepter in Händen darstellt«. Sie fügt hinzu, die Auswirkungen
der sorgfältig vorbereiteten Verordnungen seien letztlich so weit-
reichend, daß man sagen könne, die Zerstückelung Deutschlands
in Fürstentümer habe mit dem 26. April 1220 begonnen. Freilich
muß noch der bald getane nächste Schritt hinzugenommen werden, das Wormser Privileg vom 1. Mai 1231, das die weltlichen
Fürsten zu *domini terrae,* zu Landesherren erhob – der Kaiser
zahlte dafür bald mit dem Aufstand seines den Fürsten nicht
zugeneigten und die Sache der Freien Städte betreibenden Sohnes
Heinrich, des deutschen Königs, und dieser wiederum büßte für
seine Widersetzlichkeit mit dem Verlust der Krone und mit der
elenden Gefangenschaft im Gewahrsam des Vaters. Konrad IV.,
im Kindesalter an seines unglücklichen Bruders Heinrich Stelle

Gelnhausen
Bogenarkaden der
Barbarossaburg

zum König gewählt, weilte im August 1239 in der Pfalz Gelnhausen. König Heinrich VII. hatte sie noch siebenmal, zwischen 1224 und 1233, besucht.

Mit dem Glanz der Staufer verging auch der Glanz der Pfalz. Kaiser Karl IV., des Geldes bedürftig, verpfändete 1349 Stadt und Burg. Im Jahrhundert darauf schon riefen die Burgmannen König Sigismund um Hilfe an, »weil Sein und des Reichs Saal, das Meßtor und die Kapelle wollten niederfallen, sich sehr gesetzet hätten, auch gräßlich gerissen seyen; so dieser Turm falle, werde er die eine Seite des Saals mit sich nehmen und die Kapelle ihr folgen«. Im Jahr 1734 entschied das Reichskammergericht einen 1549 vom Reichsfiskus eingeleiteten Prozeß zur Feststellung der Unmittelbarkeit der Stadt Gelnhausen zugunsten des Klägers, und die dagegen vom Pfandherrn Hanau eingelegte Revision beschäftigte das Gericht weiter »bis zum seligen Ende des heiligen Römischen Reichs und wäre wahrscheinlich unerledigt geblieben, wenn man dessen elendem Leben noch einige Jahrhunderte beigegeben hätte« – so Carl Julius Weber, der noch ein Kind jenes »alten Reiches« war, in seinen Briefen eines in Deutschland reisenden Deutschen. Als dieser Reisende nach Gelnhausen (»berühmt durch die herrliche Ruine von Friedrich Barbarossas Palast und Kirche«) kam, schien ihm »das alte Nest, ohne Injurie, die tiefgesunkenste aller Städte des heiligen Römischen Reiches«. Den Jammer um Schmutz und Häßlichkeit, schlechte Wege und Straßenpflaster, welches einmalig in Deutschland, glaubte er vermehrt durch die Menge kleiner Vielherrscher ringsumher –, »hier im schönen Kinzigtal konnte man binnen sechs Stunden das Gebiet eines Erzbischofs, eines Kurfürsten, eines Landgrafen, eines Fürsten, zweier Grafen, eines Abts, einer Republik und einer freien Reichsritterschaft kennenlernen, und alles – souverän!!!«

Bald nach dem Besuch dieses Reisenden im Anfang des vorigen Jahrhunderts dürften die Bäume gepflanzt worden sein, die heute als prächtige Baumrecken auf dem Boden der Pfalz stehen. Zusammen mit dem Gemäuer, das noch so viele Zeichen staufischer Kunst trägt, geben sie dem Platz das Ansehen eines noch von der Ringmauer gegen die Außenwelt abgeschirmten Ortes, abgeschlossen auch gegenüber der Stadt, die derzeit freilich nicht mehr dem »alten Nest« gleicht, das Carl Julius Weber so traurig stimmte. Aus dieser Stadt ist mittlerweile auch Philipp Reis, der das Tele

phon erfand, hervorgegangen. Sein Denkmal steht nahe der alten
Marienkirche mit ihrem romanischen Turm aus der Zeit der
Stadtgründung und den Zubauten des Meisters Heinrich Vinger-
hut aus dem 13. Jahrhundert –, ein schönes Bild, diese Kirche
durch ein Fenster der Pfalz wie in dessen Rahmen zu sehen.

Weil die Sonne das ihrige dazutat, empfand ich im belebenden
Wechsel von Licht und Schatten ein fast märchenhaft anmutendes
Ineinanderspiel von Vergangenheit und Gegenwart in der Ruine
der Pfalz. Weymouthskiefer, Linde, Lärche, Platane mischten das
abgestufte Grün ihrer Blatt- und Nadelkleider mit dem in der
Sonne aufleuchtenden Rot des Sandsteins der Mauern. In der
Turmruine neben dem einst festlichen Saal des Palas mit seinem
noch sichtbaren Kamin zeigte eine Sonnenblume ein Spiel der Natur. Aus einer Nische im Gestein wachsend, neigte sich ihr schwe-
rer Stiel abwärts, dem Dunkel zu; dann aber, um zum Licht zu
kommen, erhob er sich und drehte die große Blüte in Spiralen
dem über der Turmöffnung sichtbaren Himmel zu – mehr als
nur ein lässiges Spiel der Natur, ein Beispiel, daß auch die Pflanzen Geschöpfe sind, die den Kampf um ihr Leben führen. Viele
kleine Vögel haben sich in der Pfalz niedergelassen. Eine Amsel
singt, ein Buchfink schlägt, ein Kleiber ruft, Grünfink, Schafstelze,
Zaungrasmücke sind anwesend, ein Zaunkönig huscht auf den
Kaminsims, auf dem berühmten Adlerkapitell zog im Frühling
ein Fliegenschnäpper seine Jungen groß –, sie alle sind wie Seelen,
denen die Natur einen von den Menschen verlassenen Ort anvertraut hat, damit sie dem Großartigen, das mit ihm verbunden
ist, die Aura des Sonntäglichen verleihen.

In solch Empfinden, während ich mich in der Pfalz aufhielt,
drang der Motorenlärm einer darüber hinfliegenden amerikanischen Militärmaschine. Das ist die Stimme der gegenwärtigen
Weltmacht, die laut die Vergangenheit übertönt. Sie erinnert daran, daß, was vor nun mehr als drei Jahrzehnten begann, für
Gelnhausen noch immer Gegenwart ist: Garnison fremder Truppen zu sein. Aber was sind dreißig oder fünfzig Jahre nach dem
Maß der Geschichte? Wer's erlebt oder erleidet, für den ist freilich
alles eine lange Zeit.

Legende und Wahrheit

S eligenstadt ist eine Reise wert. Auf dreifachem Wege, über die Autobahn und mit der Eisenbahn und auch zu Wasser ist es zu erreichen, nahe Hanau »am Mainufer malerisch gelegen«, wie es sich selbst vorstellt. Wer es besucht, ohne es zuvor gekannt zu haben, ist überrascht. Er entdeckt, nachdem er die heute den neuen Vorstädten eigene steinerne Sprödigkeit überwunden hat, ein Stadtherz voller Poesie. Der Marktplatz vermag das Entzücken hervorzurufen, ein von bunten Fachwerkhäusern betulichen Alters gerahmter weiter Platz, dem nur das Rathaus als Bausünde aus dem Anfang des vorigen Jahrhunderts (und man hatte sich den Ersatz eines Renaissancebaus durch einen Steinkasten viel kosten lassen) nicht zur stilvollen Ehre gereicht. Der Platz, so bemerkte mein Seligenstädter Begleiter, sei vordem mit Häusern bestanden gewesen, und erst nachdem diese abgerissen, sei er als das Schmuckstück hervorgetreten, das er nun darstelle. Die meisten seiner ihn rahmenden Häuser haben schon den Dreißigjährigen Krieg überstanden.

Eines der Häuser, durch Handwerkskunst zu besonderer Schönheit erhoben, trägt den Namen des Mannes, auf den die Stadt ihre Entstehung zurückführt: Einhard. Er ist der Biograph und Vertraute Karls des Großen gewesen. Im Balkenwerk ist als legendärer Ausruf des Kaisers zu lesen: »Selig sei die Stadt genannt, da ich meine Tochter Imma wiederfand.« Die Stadt soll auf diese Weise zu ihrem Namen gekommen sein, nachdem sie bis dahin Ober-Mühlheim hieß. Auch Wilhelm Busch hat dieser legendären Liebesbegebenheit eine seiner Bildergeschichten gewidmet und das Schlußwort den erzürnten Vater sprechen lassen: »Jetzt aber wird er mild und weich / Und spricht gerührt: da habt Ihr euch!«

Einhard hätte für sein Fortleben nicht solcher Legende bedurft. Genug seiner Taten gibt es, die ihm den Charakter des großen Mannes seiner Zeit verleihen, mit dem Anspruch auf das Unvergessensein. Als Schriftsteller schrieb er die Vita Caroli Magni, die Lebensgeschichte Karls des Großen, ohne die unsere Kenntnisse über Karl und sein Reich nicht so vollkommen wären, wie sie es nun über mehr als tausend Jahre hin sind. Ein Mainfranke war Einhard, im Kloster zu Fulda erhielt er seine Ausbildung, als Urkundenschreiber im Kloster trat er zuerst in Erscheinung, schließlich sandte ihn der Abt zur Vervollkommnung der Kenntnisse an den Königshof –, das war der für sein Leben entscheidende Augenblick. Einhard blieb am Hof und war in der Höhe des Lebens anerkannt als Karls vertrauter Helfer, er war sein Aufseher der Bauten und kunstgewerblichen Werkstätten und auch Helfer in den politischen Angelegenheiten. Wer von den Großen wohl größere Gaben besäße als jenes Männlein Einhard, fragte Wahlafrid Strabo 829 in seinem Gedicht über das Hofleben. Einhard war von kleiner Gestalt, doch sprach schon 796 Theodulf von einem großen Geist in einem kleinen Körper.

Vom Marktplatz sind es nicht viele Schritte bis zu der sichtbarsten Hinterlassenschaft Einhards, seiner Basilika. Das Vertrauen, das er bei Karl besaß, ist ihm auch unter dem Sohn und Nachfolger geblieben, ja, durch Ludwig den Frommen erst bekam Gestalt, was bis heute in Stein und Geist fortbesteht. Ludwig schenkte »seinem getreuen Einhard« und seiner Gemahlin Imma samt der Mark Michelstadt den Ort Ober-Mühlheim zu freiem Eigentum. Damit sind die geschichtlichen Wahrheiten nahegerückt. Die Legende löst sich auf und hinterläßt als Vermutung eine Verwechslung durch den Chronisten des Klosters Lorsch: nicht Einhard, sondern Angilbert, nicht Imma, sondern Bertha. Angilbert, Gelehrter und Dichter, der »Homer« im Hofkreis, zeugte mit Karls Tochter Bertha die Söhne Nithard und Hartnid, von denen Nithard ein Geschichtsschreiber wurde. Gewiß eine Liebesromanze, denn sie waren nicht verheiratet, und Karl ist darüber nicht böse gewesen, zumindest war er nicht nachtragend und bewahrte dem Angilbert seine Freundschaft.

Einhard, offenbar mit Wohlgefallen auf den Ort am Main blickend, gründete hier eine benediktinische Mönchsgemeinschaft und übertrug ihr die Gebeine der Heiligen Marcellinus und Petrus, die sein Notar auf etwas abenteuerliche Weise der Kirche des heiligen Tiburtius vor den Toren Roms entnommen und eilig über die Alpen entführt hatte. Am 16. und 17. Januar 828 kamen sie nach kurzem Aufenthalt in Einhards Basilika zu Steinbach im Odenwald in Ober-Mühlheim an, und wundertätig, wie sie sich erwiesen, zogen sie eine große Volksmenge an und veranlaßten Einhard zum Bau einer den beiden Heiligen geweihten Kirche großen Ausmaßes. Da nach Einhards Worten der seine materiellen Kräfte übersteigende Bau »der Erhöhung und dem Schutz des Reiches« dienen sollte, veranlaßte der Kaiser mehrere Bischöfe, ihm zu helfen. In die Bauzeit fiel mit den Aufständen der Söhne Ludwigs des Frommen gegen den Vater und dem Streit der Söhne untereinander der beginnende Verfall des Reiches, doch wußte Einhard auch den Sohn Ludwig, der wenig später, 843, im Teilungsvertrag von Verdun Ostfranken erhielt und damit als Ludwig der Deutsche der erste deutsche König wurde, für die Unterstützung seines Baus zu gewinnen.

Wohl zwischen 831 und 834 ist der Bau der Basilika begonnen worden. Am 30. Juni 833 wurde die Schwere der aus den Teilungen kommenden Zerwürfnisse in der königlichen Familie durch ein nahezu kriegerisches Ereignis sichtbar: auf dem Rothfeld nahe Colmar, fortan im Volksmund Lügenfeld genannt, ging auf ein Wort des zur Schlichtung erschienenen Papstes das Heer Ludwigs des Frommen zu den Heeren der Söhne über, und die Söhne nahmen den Vater gefangen, setzten ihn ab und brachten ihn nach verleumderischer Anklage und Verurteilung zur lebenslangen Kirchenbuße nach Soissons ins Kloster. Seine Gemahlin Judith, die er in zweiter Ehe geheiratet hatte, verbannten sie nach Tortona in Italien und den Sohn aus dieser Ehe, Karl, in das Kloster von Prüm in der Eifel –, die Auseinandersetzungen nahmen trotzdem mit wechselnden Parteiungen, da alle wieder auf der Bühne erschienen, ihren Fortgang bis zu dem für alle Zukunft folgenschweren Teilungsvertrag von Verdun. Auch dieser Vertrag der Brüder war nur eine Herrschaftsteilung in der Königsfamilie und betonte die Einheit des Reiches mit der Verpflichtung zur gemeinsamen Wahrung der Reichsinteressen, doch gewann er jenes geschichtliche Eigengewicht, das ihn rückblickend zur Teilung des Reiches Karls des Großen werden ließ. Einhard hat dies und die sich auch hieran noch anschließenden Bruderkämpfe nicht mehr erlebt. Drei Jahre zuvor, am 14. März 840, ist er gestorben und in seiner nun fertigen Kirche beigesetzt worden. Seine Gemahlin Imma ging ihm 836 im Tod voran. Der König selbst, Ludwig der Fromme, ist damals nach Seligenstadt gekommen, um ihm das Beileid zu bezeugen.

Ähnlich dem karolingischen Stadtkern von Lorsch ist auch jener von Seligenstadt heute ein weiträumiges, mauerumfriedetes Geviert, eine geschützte Insel des Überlieferten im Straßenverkehr. Einhards Gründung hat sich schnell zur Abtei entwickelt, der Geschichtsstrom brachte sie 1063 in den Besitz des Erzstiftes Mainz und schlug sie 1803 Hessen-Darmstadt zu. Neben der Basilika sind es die Klosterbauten des Barock samt den Gärten mit den Putten, die erhalten geblieben sind. Nähert man sich der Anlage, sieht man sich zunächst dem Erzengel Gabriel gegenüber, der am Freihof einen Eckplatz an der Klostermauer einnimmt, seit er zu Beginn des 18. Jahrhunderts als Steinskulptur vermutlich von Burkard Zamels geschaffen wurde. Auf den breiten Stufen zum Kirchenportal stehen Marcellinus und Petrus, Schöpfungen des gleichen Bildhauers, den sich ein kunstfreudiger Abt aus Mainz hatte kommen lassen. Die Basilika ist naturgemäß nicht mehr in allen Bauformen die Kirche Einhards. Nach ihm (und vor 1253) wurde der Chor verlängert und der Vierungsturm aufgesetzt. Die Zweiturmfront aus dem Anfang des 11. Jahrhunderts wich im 19. Jahrhundert der heutigen Fassadenfront, die gleichfalls zweitürmig, aber in ihrem Steinbaukastenstil nicht als glücklich empfunden wird. Im Innern vermag man sich jedoch im Gründungsbau zu wähnen. Von Einhards dreischiffiger Pfeilerbasilika mit weit vorspringendem Querhaus sind die Mittelschiffwände und das Querhaus bis zum Dachansatz erhalten, auf der westlichen Seite des nördlichen Flügels blieb als »Fischertür« ein karolingisches Portal. Es ist also die Kirche Einhards, erfüllt von dem Geist seiner Zeit für den, der sich in diese zu versetzen weiß. Ein schlichter Raum. Neun Rundbogenarkaden ruhen auf vierkantigen Pfeilern, die sich in grauem Verputz zeigen. Ihre einfachen Kämpfer fügen dem eintönigen Grau ein wenig Rot hinzu, und in leuchtendem Rot flammt in der Ferne, im Abschluß des Chores, ein farbiges Fenster auf. Man blickt zu ihm durch ein kunstvolles schmiedeeisernes Gitterwerk, das Chor und Langhaus wie ein Lettner trennt. Zur Ausstattung gehören ein barocker Marmorhochaltar von 1715, zwei barocke Wandelaltäre, ein das Chorlesepult tragender barocker Marmorengel, Grabmäler von Äbten und Alabasterfiguren biblischer Gestalten, als de-

49

ren Schöpfer wiederum Burkard Zamels gilt. Dies alles vermag jedoch das Gefühl nicht so zu berühren wie das einfache Mauerwerk, das an einigen Pfeilern durch Beseitigung des Verputzes in kleinen Flächen freigelegt wurde: das ursprüngliche Mauerwerk des karolingischen Baues, flache, sehr breite rötliche Ziegel, verbunden durch hohe Mörtelfugen, wie dies als Mauertechnik der Spätantike in der karolingischen Zeit wieder auflebte, Steine, zur Zeit Einhards aufeinandergeschichtet.

Einhard und seine Gemahlin Imma waren ursprünglich in Särgen in einem kleinen Raum der Ringkrypta, nahe dem Märtyrergrab, beigesetzt. Heute weist man einen prunkvollen barocken Sarkophag als Grablege des Stifterpaares aus. Dies ist der Ort, die Gedanken noch einmal zu Einhard zurückkehren zu lassen. Seltsam zeitnah erscheinen seine letzten Lebensjahre. Er sieht und empfindet die Gefährdung des Reiches. Im Jahr 813 hat er als Wortführer der versammelten Großen Kaiser Karl veranlaßt, seinen Sohn Ludwig zum Mitkaiser zu bestimmen. Nun erleben sie Ludwig als einen zwar frommen, aber schwachen Herrscher. Einhard, nachdem er sich im Jahr 830 im Auftrag Ludwigs noch um die Verhinderung der offenen Empörung der Söhne bemüht hatte, bittet um Entlassung aus dem Hofdienst und zieht sich, entgegen dem Befehl der Kaiserin, nach Seligenstadt zu seinen Heiligen zurück. Er beschäftigt sich nun mit religiösen Themen, schreibt über sie und stellt eine Auswahl aus den Psalmen für Gebete zusammen. Vom Glauben an die heilende Kraft seiner Reliquien ist er so erfüllt, daß er sie für einige Zeit nach Aachen bringt, um sie am Sitz des Reiches wirksam werden zu lassen. Seine Briefe, in seinem Kloster zu Gent verwahrt, zeugen von dem Bangen um die Zukunft. Er sieht das Fränkische Reich von Auflösung bedroht.

Was vorging und Einhard wie viele seiner namhaften Zeitgenossen beunruhigte, hat der zum Geschichtsschreiber gewordene Nithard, der Sohn Angilberts und Berthas, in »vier Büchern« beschrieben. Er verfaßte sie im Auftrag des herangewachsenen Karl, des Sohnes aus Ludwigs des Frommen zweiter Ehe mit Judith, dem Kaiser Karl dem Kahlen der Geschichtsbücher, geboren am 13. Juni 823 in Frankfurt am Main, und nach der Teilung der erste König Frankreichs. Dies war ja die eigentliche Ursache der Zerwürfnisse, daß nach der Geburt von Karl in der zweiten Ehe

der Vater seine Nachfolgeordnung von 817 für die drei Söhne
aus erster Ehe änderte. Karl wurde in das Erbe einbezogen, die
Mutter hat für ihr Kind gesorgt. Nithard sagt selbst, er schreibe
ohne Freude, in dem Gefühl, daß die handelnden Menschen wie
von einem Wirbelwind, von der *fortuna,* umhergetrieben würden. Am Anfang des dritten Buches gibt er zu verstehen, er habe
eigentlich nicht mehr weiterschreiben wollen, weil er doch nur
Unglück zu berichten gehabt hätte. Er habe nur weitergeschrie-
ben, um zu verhindern, daß jemand die Dinge anders berichten
würde als sie tatsächlich gewesen, er wolle durch sein Werk den
Nebel des Irrtums vertreiben. Nithard brauchte nicht mehr den
Teilungsvertrag von Verdun aus dem August 843 zu erwähnen,
denn wenige Wochen vorher, am 15. Mai, ist er im Kampf mit
den Normannen gefallen. Man fand im 11. Jahrhundert im Kloster St. Riquier seinen Leichnam im Grab bei seinem Vater Angilbert, ganz in Salz gelegt und am Kopf die für ihn tödliche Wunde
noch sichtbar.

Am Freihof, einst der Markt des Klosters, gibt ein 1701 ent-
standenes, von Säulen flankiertes und wappengeschmücktes Portal Einlaß in die Abtei. Es ist dem Erzengel Gabriel benachbart
und der Hauptdurchlaß durch die Mauer. Diese, um 1725 erneuert, zieht sich mehr als mannshoch um die gesamte Anlage.
Ein kleineres Portal mit drei barocken Skulpturen auf seinem
Rundbogen und der Jahreszahl 1720 steht in der Längsachse des
Konventgartens, in den man von der Straße her durch eine dieses
Gartenportal verschließende kunstvolle Gittertür hineinblickt.
Alles ist weiträumig, der Garten, der Hof, die Rasenrabatten,
umgeben von den Bauten, die sich in der Grundordnung an die
Basilika und den Kreuzgang anlehnen. Da steht auch noch frei
auf dem Platz die Klostermühle mit ihrem spitz ansteigenden
Treppengiebel über fensterlosem Erdgeschoß, gebaut 1574.
Freundlicher, mit vielen Fenstern, zeigen sich die zweigeschossige
Alte Abtei von 1686 und die im Winkel als Prälatur sich an-
schließende Neue Abtei von 1699, in deren Räumen bis zum Aus-
gang des 18. Jahrhunderts immer wieder durch Handwerker und
Künstler verbessert, verschönert und verändert wurde. Diese Prä-
latur mit der Abtswohnung enthält heute das Museum mit mancherlei Zeugnissen aus der Vergangenheit von Stadt und Kloster.
Die Besichtigung ist an Führungszeiten gebunden. Im Erd-

geschoß treten wieder Einhard und Imma hervor, auf einem großformatigen Gemälde aus den Jahren um 1760, das eine ähnliche Darstellung aus dem 17. Jahrhundert wiederholt. Man sieht das Stifterpaar in würdevollem Sitz unter einem von kleinen Engeln gelüpften Baldachin, und die Inschrift bezeugt die Hartnäckigkeit der Legende, indem sie von »Egenhard dem Ersten Herrn zu Erpach« spricht und von »Imma sein Gemahel, des Grossen Kaysers Caroli Ehliche Dochter«. Handfester ist die Historie, der man im Kaisersaal und im Bibliothekssaal begegnet, zu denen man aus dem Parterre der Abtswohnung über eine Steintreppe mit schmiedeeisernem Gittertor von 1730 aufsteigt. Zu dem Mobiliar und den Schaustücken unter figurenreichen Stuckdecken, Täfelungen und dekorierenden Gemälden gesellen sich hier Porträts römisch-deutscher Kaiser aus dem Hause Habsburg und Geschenke, die diese hinterließen, wenn sie auf ihrer langen Fahrt von Wien nach Frankfurt zu Wahl und Krönung in Seligenstadt noch einmal Aufenthalt nahmen. Manches ihrer Geschenke ist aus böhmischem Glas, und hier ausgesprochen, mahnt das Wort Glas an die Zerbrechlichkeit aller Macht. Im Gegensatz zu den mit Annehmlichkeiten ausgestatteten Räumen des 18. Jahrhunderts ist die Klosterküche von eindrucksvoller Schlichtheit, so wie sie zum einfacheren Leben der Zeit um 1620 gehörte. Ein mächtiger spätgotischer Rauchfang, unter der Decke ein Laufgang, der von der Krankenstube in die Bibliothek führte. Man hatte schon einen Einbauschrank in der Wand und Durchreichen für die Speisen in das Refektorium, in die Krankenstube und hinaus auf den Hof zur Armenspeisung. Ich verspürte noch den Geruch erkalteten Rauches, und draußen im Gebäudewinkel zwischen Alter Abtei und Prälatur, wo den Armen die Speise gereicht wurde, entzifferte ich am Gewände, daß dies das »Herbey zum Haberbrey« genannt wurde, und ich las den Spruch von 1620: »Hie in der Suppen hast du der Gersten drey / In dem anderen Plechle den Habernbrey / An dem Braden dich gantz nit Kehr / Droll dich hinweg dir wird nit mehr.«

Wenn es Abend geworden ist, gewinnen die kleinen alten Städte ihr traulichstes Gesicht. In Dunkelheit und Stille belebt sich ihre Vergangenheit. Ich lief durch die Straßen, die mit ihren Namen aussprechen, was war. Die Römergasse kreuzt die Palatiumstraße und zweigt von der Kleinen Maingasse ab. Die Römer, die alten Kaiser, der Main, alle gaben sie im Fortgang der Zeit dem Ort seine Bedeutung. Der Main fließt zu Füßen der Basilika dahin; dort legt die Fähre an, setzt das Leben mit Motorenlärm von Ufer zu Ufer über. Schemenhaft blicken von der Höhe über dem Strom die Mauern des Palas mit Fenstern und Säulen, die von der Pfalz Friedrichs II. von Hohenstaufen geblieben sind, gebaut um 1235. Aus dem Gewinkel der roten Dächer steigen die Türme auf. Die Gassen neigen ihr Pflaster der Mitte zu, eine Rinne bildend für den Abfluß des Unrats im einstigen Alltag. Ein Vogelbauer hinter einem Fenster machte mich auf ein Haus aufmerksam, an dem ich im betrachtenden Verweilen die Inschrift entdeckte: »Dies Haus erbaut aus festem Holz ist heut noch unser aller Stolz. Erbaut 1698.« Es ist ein Haus, dessen Tor mit weitgeschwungenem Bogen die halbe Breite seiner Front beansprucht, in frischen Farben legte sich das rote Gebälk um die weißen Felder des Fachwerks.

Vor Zeiten gingen zwei durch diese Gassen, deren Namen hier ebenso fortleben wie der des Einhard: Mathis Gotthard Neidhard, genannt Matthias Grünewald, der Mathis der Maler des Isenheimer Altars, und der Hans Memling, der von hier nach Brügge wanderte und in Flandern seine Andachtsbilder schuf. Mich wunderte nicht, als ich, durch die Gassen streifend, zu einem Gasthaus kam, das »Zum römischen Kaiser« heißt. Die Kaiserkrone, ihrem Original in der Schatzkammer zu Wien nachgebildet, ist über der Tür in die Straße hinausgehängt. Ein in ihr verborgenes System elektrischer Birnen läßt sie in der Dunkelheit leuchten. Ein profanes Gebilde, ein Symbol am Straßenrand, das Vergangenes in die Gegenwart ruft, Zeichen, daß die Vergangenheit in den Herzen der Menschen bewahrt bleibt.

Es war einmal ...

DAS SCHLOSS ZU STEINAU

Der Ort heißt Steinau an der Straße. Den geographischen Zusatz entnimmt er der uralten Handelsstraße von Frankfurt am Main nach Leipzig, die jahrhundertelang mitten durch ihn hindurchführte. Schon 1290 durch Rudolf von Habsburg mit den Stadtrechten versehen, ist er doch über ein Mittelmaß nicht hinausgekommen. Die Faunsfratze am Torbogen eines Fachwerkhauses, die einst die Fuhrleute der schwerfällig und klappernd dahinrollenden Wagen der Kaufleute anblickte, sieht heute auf die Automobile, wenn diese von zwei nahen Autobahnen in den Ort abgewichen sind. Steinau ist der »Abfahrt« wert, auch der Anreise mit dem Zug, denn es hat seinen Bahnhof an der Strecke von Frankfurt nach Fulda – eine Fahrt, entlang der Kinzig in ihrem noch anmutigen Tal zwischen Spessart, Rhön und Vogelsberg. Der Ort birgt auch ein ansehnliches Kapitel Geschichte, wenn auch eines besonderer Art, denn hier ist der Quell der Märchen, die auf ihre Weise die Welt bewegten und noch immer bewegen.

Was an Geschichtlichem zu sehen ist, liegt nahe beieinander. Es gruppiert sich um den Stadtberg: das Schloß, das Rathaus, die Katharinenkirche und das Amtshaus. Ich begab mich, einer Frage wegen, zunächst in das Rathaus, das Meister Asmus, der Architekt der Schloßbauten, 1561 als mächtiges Steinhaus mit offener Kaufhalle gebaut hat. Was von früherem Besuch nicht im Gedächtnis geblieben war, überraschte deshalb aufs neue: die Einzigartigkeit dieser Halle, die nun als Vorhalle des Rathauses ein eingefügter geschlossener Raum ist, von außerordentlicher Weite und auf ihrem schweren Gebälk das Alter von nun schon vierhundert Jahren tragend. Kein anderes Rathaus kann sich einer solchen Halle rühmen. Ein paar Tische dienen dem heutigen Nutzen der Bürger. Eine Wandtafel sah ich bedeckt mit Photographien von Personen und Dokumenten: die Familie Grimm mit Vorfahren und Verwandten, zu der Jakob und Wilhelm gehören, die Märchensammler und Erforscher der deutschen Sprache, die Begründer des heute so großen Wissenschaftsfaches der Germanistik. Steinau nannten die Brüder Grimm ihr Jugendparadies.

Wenige Schritte den Stadtberg hinan, und man erreicht das Schloß, das zusammen mit der Vorburg fast ein Drittel der alten Stadt einnimmt. Mauern und ein nun trockener Graben, der Hirschgraben, umfassen die ausgedehnte Bautengruppe und machen ihren festungsartigen Charakter sichtbar. Ein Festungsbaumeister, Reinhart von Solms, war denn auch am Werke. Er hat um die Mitte des 16. Jahrhunderts unter zwei Grafen Philipp von Hanau eine ältere Burg durch das wehrhafte Schloß ersetzt, das den hanauischen Besitz im Kinzigtal zu sichern hatte. Um den noch mit seinem alten Pflaster belegten fünfeckigen Innenhof stehen die mehrstöckigen Gebäude und Treppentürme, aufgelockert durch anmutige Erker, und über alles steigt in der Südostecke des Hofes ein vierkantiger Bergfried hoch hinaus, der als ältester Bauteil von einer um 1290 durch Ulrich von Hanau ausgebauten Burg erhalten blieb. Durchweg sind es Jahre des 16. Jahrhunderts, die als Baujahre hier und da genannt sind, am Saalbau (1528), Küchenbau (1546), Tortrakt (1551) und Turmtrakt (1553). »Wir haben mit gottes hilff vnd sege gebaut vnd Ihm darumb von hertzen vertraut«; es steht nebst 1556 über der Tür eines Eckpavillons, in dem sich einst die Kanzlei befand. Das im vergangenen Jahrhundert vernachlässigte Schloß ist nun wiederhergestellt. Es untersteht als Landesbesitz der Verwaltung der Staatlichen Schlösser und Gärten, ein Kastellan bewohnt es, der durch seine Räume führt.

Da gibt es die gewölbte Hofstube mit schlichten Säulen als Deckenstützen im Erdgeschoß des Saalbaues, den Raum mit Ruhebett am Hirschgang des Saalbaues und an gleicher Stelle den Raum mit Landschaftsgobelin, beide mit Balkendecken und Balkenstützen. Es gibt den Blauen Saal und den Gelben Saal, wie der Besucher sie vorgestellt bekommt. Witwensitz der Hanauer Gräfinnen, verwüstende Degradierung zu Stall und Scheune in den napoleonischen Kriegen, herabgekommenes Arbeitshaus im Großherzogtum Frankfurt, das waren die wechselvollen Verwendungen des Schlosses, bis es nun nach den Jahrzehnten der Vernachlässigung als kulturgeschichtliches Denkmal vorgewiesen wird. Möbelstücke früherer Jahrhunderte sind wieder hineingestellt, einige der Ha-

nauer Grafen sind als ganzfigurige Porträts anzutreffen. Es haben
sich auch Reste von Malereien erhalten. Von einigen figürlichen
Szenen erzählt die Überlieferung, sie seien »höchst lasziven In-
haltes« gewesen; dies schon im 16. Jahrhundert, in welchem die
vier am Hirschgang liegenden Räume bilderreich ausgemalt waren.

Der beste Einfall zur neuen Verwendung des Schlosses war jedoch zweifellos, in ihm eine Brüder-Grimm-Gedenkstätte einzurichten. Durch ein Treppenhaus mit breiter Holztreppe im
nördlichen Tortrakt steigt man auf, und vorbei an einem Wurzel-
holzschrank des 18. Jahrhunderts, ein paar Kommoden des Biedermeier und dem Porträt des Grafen Johann Reinhart II. von
Hanau erreicht man diese Zimmer, die nun ein Kapitel Lokal-
geschichte aus dem 19. Jahrhundert, das zugleich deutsche Geistes-
geschichte war, mit zahlreichen Hinterlassenschaften sichtbar
macht. Es sind kleine Räume mit Stuckdecken, an den Wänden
Porträts aus der Grimmschen Familie und in Vitrinen Erstdrucke
und Briefe der Brüder Wilhelm und Jakob. Die kleinen Ge-
brauchsgegenstände sind nicht vergessen, deshalb birgt ein Glasschrank Nähzeug, Ringe, Kämme, Fächer, Tassen aus dem Besitz
von Nora Hassenpflug, geborene Grimm. Die ungeheure Viel-
falt der Leistungen der beiden das ganze Leben hindurch in gemeinsamer Arbeit verbundenen Brüder wird hier spürbar. Ein
dritter Bruder kommt hinzu, der Maler Ludwig Emil Grimm, der
mit seiner auf einem Biedermeiertisch ausgelegten drehbaren
»Reiserolle« immer wieder das Entzücken der Besucher hervorruft, wenn sie mit einer Kurbel diese Rolle seiner Zeichnungen
abdrehen, auf denen er eine Reise nach Steinau im Jahr 1850 mit
ihren kleinen Unterwegs-Erlebnissen gleich einem Film ablaufen
läßt. »Die Stadt Steinau«, so schrieb Ludwig Emil Grimm in seinen Lebenserinnerungen, »liegt sehr malerisch; auf dem höchsten
Punkt liegt die Kirche, das Schloß und das Rathaus, und von
jeder Seite, woher man kommt, nimmt sie sich gut aus. Wenn in
Kassel die Veilchen noch selten sind, blühen sie dort überall. All-
gemeiner Jubel war, wenn die Störche ankamen und ihr altes Nest
auf dem Stadttor neben dem Amtshaus wieder bezogen.«

In den Vitrinen sah ich die frühen Drucke der Bücher, die
Schriften über Sprache und Wörter, dünne und dickleibige Ausgaben – und dann die Märchenbücher in mancherlei Übersetzun-
gen, so wie sie ihren Weg durch die Welt genommen haben. Mit-

ten unter ihnen eine russische »Gesamtausgabe« mit dem Druck-
vermerk Minsk 1957. Dies schien mir fast selbst ein Märchen, und
ein schönes obendrein, abgelesen an Druckort und Jahr. Der Kastellan, mein Erstaunen bemerkend, erzählte, eine Delegierte aus
Moskau, die zu einem Kongreß von Puppenspielern nach Steinau
gekommen war (denn im Marstall des Schlosses wird ein weithin
bekanntes Puppentheater unterhalten), habe berichtet, die Grimmschen Märchen seien in Sowjetrußland in Millionen Exemplaren
verbreitet und fehlten in keiner Familie – was mir wieder märchenhaft erschien. Doch wie gern läßt man sich Märchen erzählen
und will sie gern, wenn sie gut sind, für die reine Wahrheit halten. »Wo sie noch sind, da leben sie so, daß man nicht daran
denkt, ob sie gut oder schlecht sind, poetisch oder abgeschmackt,
man weiß sie und liebt sie.« Die Brüder Grimm schrieben dies in
der Vorrede zum ersten Band der Kinder- und Hausmärchen und
versahen es mit dem Datum Kassel, 18. 10. 1812. Es war der gleiche Tag, an dem weit dahinten in Rußland Napoleon seinen Rückzug aus dem brennenden Moskau antrat, das gleiche Datum, an
dem ein Jahr später die Völkerschlacht bei Leipzig geschlagen
wurde. »Weil«, so fügten die Grimms ihrem Vorwort hinzu,
»diese Poesie dem ersten und einfachsten Leben so nah liegt, so
sehen wir darin den Grund ihrer allgemeinen Verbreitung, denn
es gibt wohl kein Volk, welches sie ganz entbehrt.«
Das Bild widerspricht der in der Gegenwart gern ausgesprochenen Zumutung an die Dichter und Schriftsteller, sie sollten ihre
Fanfare im Tageslärm für die Weltverbesserung blasen. Ein hüb-
sches Bild fürwahr: Während der gigantischste Völkerkampf zur
Niederringung des Kaisers der Franzosen, des »großen Würgers«
im Urteil seiner Zeitgenossen, ebenso blutig wie langsam seiner
Entscheidung zuging, in eben diesen Jahren 1811 bis 1813 trieben
die Brüder Grimm »altdeutsche Studien«, und im Jahr der großen
Geschichtswende, 1812, in dem sie die Märchen wieder in die Welt
setzten, veröffentlichten sie aus ihrem »beträchtlich angewachsenen
Vorrat altdeutscher Poesien« das Hildebrandslied und das Wes-
sobrunner Gebet, und sie bereiteten ihre mit Beginn des Jahres
1813 erscheinende Zeitschrift »Altdeutsche Wälder« vor. »Wir«,
so teilten sie mit, »wollen dazu beitragen, wie ein alter Dichter so
schön sagt, daß die schlafende Schrift wieder erweckt, die süße
Lehre, die beschattet war, wieder aufgeweckt werde!« Ein freund-

liches Bild in der Tat auf dem Hintergrund der Schlachten. Die Brüder Grimm sammeln Märchen. Ein mühseliges Beginnen, wie sie empfinden. Aus Marburg schreibt Wilhelm an Jakob: »Mit den Märchen geht es mir exemplarisch schlecht. Die Flemming hat nichts hervorgebracht als das Schneewittchen, worüber man sich freuen könnte, wenn es ein neues wäre. Leb wohl, lieber Jakob.« Wer nach Steinau kommt, befindet sich auf dem Boden, auf dem Schneewittchen, Rotkäppchen und wie die Glücks- und Sorgenkinder alle heißen, noch in der Erzählung der Leute lebten. »Alles ist mit Ausnahmen fast nur in Hessen und den Main- und Kinzig-Gegenden der Grafschaft Hanau, wo wir her sind, nach mündlicher Überlieferung gesammelt«, teilen die Brüder in ihrem Vorwort mit.

An einer Mauer zu seiten der Hauptstraße, in der Nachbarschaft modern gestalteter Läden, ist zu lesen: »Ehemaliges Amtshaus, Wohnstätte des Amtmanns Grimm und seiner Familie, 1791-1796. Jugendparadies von Jakob und Wilhelm Grimm.« Man blickt über die Mauer hinweg auf das Amtshaus, das da auf einem Hof im Schutze alter Bäume liegt, ein Fachwerkhaus mit einer äußeren Treppe. Es ist 1562 gebaut. Ludwig Emil Grimm hat es beschrieben: »Das Amtshaus ist von Stein und alt, hat eine hohe Treppe, vor der zwei Linden stehen, und einen runden Turm, worin eine Wendeltreppe in die Amtsgerichtsstube und den oberen Stock führt. Das Haus ist groß und geräumig, hat einen großen eingeschlossenen Hof mit Scheune, Ställen für Pferde und Kühe, Holzschuppen und allem, was zum Landbau gehört.« Da hat sich kaum etwas geändert. Jedermann kann in das Haus eintreten, denn noch nistet die Behörde in ihm, und neuerdings wurde als »Heimatstube« ein noch bescheidenes Museum aufgetan, das ebenfalls Erinnerungsstücke an die Grimms zeigt. Als diese darin wohnten, hatte das Leben bescheidene Züge. Ludwig Emil erzählt von dem Wohnzimmer, in dem die Familienbilder an der Wand hingen, und von der Stube des Vaters mit seinem Schreibtisch und Schränken für »die saubergehaltenen Bücher«. Im Wohnzimmer wurde gewöhnlich gegessen, »es wurde jedesmal vor und nach dem Essen gebetet, wir Kinder mußten laut beten«. Der alte Kutscher Müller trug auf, der Vater legte vor, manchmal war der Herr Oberförster Müller zu Gast. Jakob Grimm gedachte gern des Christbaums, »überhangen mit goldenen und silbernen Äpfeln, daneben standen Teller mit Nüssen, Äpfeln, wohl auch eine Schaumünze«, und noch in seinen späten Jahren schrieb er in der Erinnerung hieran: »Welche wahre Freude, ich dachte nichts anderes, alles war vergessen.« Aus diesem Paradies wurden die Grimms vertrieben, als sie den Vater allzu früh verloren. Die Mutter siedelte in die »alte Kellerei« über, bis sie nach Jahren weiter nach Kassel zog.

Ein Herr, der mein betrachtendes Verweilen an diesem Ort beobachtet hatte, sprach mich an. Er stellte sich als ein Geschichtskundiger für Steinau vor, doch war er kein Steinauer der Geburt nach, sondern ein Ostpreuße, der als Heimatvertriebener hier ein neues Zuhause gefunden hatte. Wie schon verschiedenenorts, erfuhr ich auch hier: es sind häufig Vertriebene, die zu Geschichtsforschern an ihren neuen Wohnorten geworden sind, längst kenntnisreicher als die Eingesessenen, verlockt wohl durch die Neugier, zu erfahren, wohin das Schicksal sie verschlagen hat. Alles war für sie fremd, alles war neu, nichts hatten sie durch lange Gewohnheit schon sich leidgesehen, und was sie nun sahen, das war für sie Entdeckung, in die sie sich mit forschender Neugier verstrickten.

Herr H. wies auch auf die dem Amtshaus benachbarte Feldmark. Dort gäbe es, als Flurnamen, auch den »Biengarten« noch. Der Biengarten ist für die Grimmschen Buben ein Stück ihres Paradieses gewesen. »Dieser liebe Biengarten war meist der Tummelplatz unserer Kindheit. Unser ganzer Hausbedarf wurde im Garten gezogen«, erzählt Ludwig Emil. Er schildert ihn als einen sehr großen Garten mit rotgestrichener Tür, in der Mitte eine »lebendige Laube« und ein steinerner Tisch, von Bänken rings umgeben. Als er in späteren Jahren in Steinau zu Besuch war, bekam er vom Bruder Wilhelm einen Brief aus Frankfurt, der ihn zu einer Rheinreise einlud und, um ihm dies verlockender erscheinen zu lassen, die Anwesenheit von Goethe und der Familie von Savigny in Frankfurt erwähnte. Goethe und Savigny – doch nicht ohne Abschied von dem Biengarten. »Am Tag meiner Abreise«, so erzählt Ludwig Emil, »bin ich morgens in aller Frühe in den lieben Biengarten gegangen. Das war alles wie in den Kinderjahren: das hohe Gras mit seinen tausend und tausend Blumen, die Tautropfen blinkten wie Diamanten in der Morgensonne, die Goldammer, der Buchfink, der Hänfling, die Amsel,

Lerche und die Schwalben unterbrachen mir die feierliche Stille.«
Nun müsse ich auch die Katharinenkirche noch besuchen, forderte mich mein freundlicher Ostpreuße auf. Er führte mich dorthin. Das Kirchenschiff sahen wir als eine stauberfüllte Baustelle.
Abgedeckt war die Kanzel, von der Großvater Grimm durch siebenundvierzig Jahre seine Predigt gehalten hat. Wilhelm Grimm, als er einmal nach langer Trennung in Steinau Einkehr hielt, ließ sich den Schlüssel zu der Kirche bringen. »Ich ging ganz allein hinein. Die Sonne schien durch die hohen Fenster auf den ganz mit Leichensteinen bedeckten Fußboden der Kirche, wovon mehrere in das 16. Jahrhundert gehörten. Auf dreien, gerade vor dem Altar, fand ich die Namen meiner Familie. Zwischen dem Altar und der Kanzel lag die Großmutter, und so war der Großvater zwanzig Jahre lang jeden Sonntag über ihr Grab zur Kanzel geschritten.« Zögernd, vom Baulärm umgeben, tasteten wir uns ein wenig in die Kirche hinein. Wilhelm Grimm ist damals noch auf den Kirchhof zum Grab seines Großvaters gegangen und las vom Leichenstein »die kurze Erzählung seines Lebens« ab. »Wie beneidenswert schien mir dieses Los: ein segensvolles Amt, Liebe und Achtung der Gemeinde, Muße zur Betrachtung und zum Nachsinnen und ein lebendiges und freudiges Gefühl des Daseins.«
Was nun noch zu erzählen ist, das wissen die älteren Leute, weil sie es selbst erlebt haben, zu erzählen. Im Krieg fand die letzte Nachkommin der Grimms, Fräulein Nora Hassenpflug, Zuflucht in Steinau. Die Stadt Hanau verschickte sie, nachdem sie »aus-

*Die Brüder Grimm
Zeichnung von
Ludwig Emil Grimm*

gebombt« hierher. »Sie war hier ganz fremd«, erzählen die Leute, die mit ihr im Luftschutzkeller saßen und die Bomben fürchteten. Nora war die Urenkelin der Lotte Grimm, verehelichte Hassenpflug, die Ludwig Emil Grimm 1820 mit einer Radierung porträtiert hat. Wenn die Leute hiervon erzählen, finden sie den Schluß, daß Steinau am 1. April 1945 von den Amerikanern eingenommen wurde. Auf dem Schloßturm wurde ein weißes Bettlaken gehißt, als Zeichen für die Flieger, daß die Stadt nicht mehr feindlich war. Es klingt beinahe wie der Ausklang der Märchen, die zum Schluß das Böse zum Guten wenden.

Aus dem Bergwinkel

BURG BRANDENSTEIN

Der Wirt des Gasthauses in Schlüchtern bat uns auf die Terrasse, um zu zeigen, welche geographische Eigentümlichkeit dem Ort eigen. Man hat, beim Fernblick, drei berühmte Gebirge im Gesichtskreis: Spessart, Rhön und Vogelsberg, die hier an das Tal der Kinzig herantreten. Der Volksmund spricht vom Bergwinkel, und der alljährlich von Schlüchtern mit seinem nun in ein Kulturhaus umgewandelten Kloster ausgehende Heimatkalender läuft als »Bergwinkel-Bote« in die nahe und ferne Welt. Zu diesem Bergwinkel gehören von alters her drei Burgen, Brandenstein, Steckelberg und Schwarzenfels. Nur der Brandenstein ist noch eine bewohnte Burg und mit dem ihr 1970 erneut zugesprochenen, gewissermaßen amtlichen Namen »Burg Brandenstein« eine tätige Burg im gegenwärtigen Leben.

Die Anfänge liegen im Dunkeln. Sie werden in der ersten Hälfte des 13. Jahrhunderts vermutet, wo sich die Edlen von Steckelberg auf dem »brandestein«, dem steinigen Hügel, eine Burg bauten und sich nun »von Brandenstein« nannten. Schon damals verknüpften sich die Familiennamen Brandenstein und Hutten, die gemeinsam in einer Urkunde vom 21. Juni 1300 erscheinen, mit der Konrad von Brandenstein den Brüdern Hutten eine Vogtei bei Elm als Lehen übertrug. Und schon bald danach schien die Geschichte der jungen, kaum hundert Jahre alten Burg Brandenstein wieder zu Ende – woran jedoch die Bemerkung zu knüpfen ist, daß entgegen dem Anschein gerade sie ausersehen war, ein langes, noch immer fortdauerndes Leben zu gewinnen.

Nach Konrads Tod, 1306, blieb die Burg unbewohnt und verfiel. Rettung und Erneuerung erfuhr sie durch die Grafen von Hanau, die »an deme nesten fritage nach deme osterdage, 1316 April 16« Brandenstein und Schlüchtern vom Grafen Ludwig von Rieneck und seiner »ehelichen Wirtin frauwen Aleit« erworben haben. Das Schlüchterner Kloster half beim Wiederaufbau und erhielt dafür das Zugangsrecht, verbrieft im »Burgfrieden« vom 16. April 1399. Die Hanauer Grafen, die fortan dreihundert Jahre Lehnsherren des Brandenstein blieben, wird die Lage hoch über dem Tal des Schwarzbaches, in der Umgebung ihres Schlosses zu Steinau, zur Befestigung verlockt haben; dem Kloster wiederum lag an einem »festen Haus«, in dem man bei Gefahr Schutz finden konnte.

Aus dem Gestein der Nachbarschaft wurde die Burg gebaut. Buntsandstein, Muschelkalk, Basalt, diese drei finden sich im Gemäuer. Einige eingemeißelte Jahreszahlen bezeugen die Geschichte. Die älteste, 1419, ist im Inneren Burghof zu lesen; damals wurde die Burg von den Hanauer Grafen dem Mangolt von Eberstein, aus der Rhön kommend, übergeben, mit der Auflage, sie gut instand zu halten, auch das Dach der Kemenate zu erneuern. Brandenstein wurde dabei selbständiges Amt mit eigener Gerichtsbarkeit. Über der Turmtür zur Burg steht: 1562; aus dem Jahr sind Rückschlüsse auf einen Ausbau des »alten Hauses Brandenstein« zu ziehen, der im August 1543 mit Kaiser Karl v. während des Aufenthaltes in Steinau beraten wurde, nachdem man einen Kundschafter dorthin entsandt hatte. Im zweiten Torbogen oberhalb der einstigen Zugbrücke deutet »1633« auf Bauarbeiten nach Zerstörungen durch Blitzschlag im Jahr 1630. Das Jahr 1692 ist am Abdeckstein des Eselsbrunnens vermerkt, der als düstrer gemauerter Schacht erhalten ist.

Nicht in den Stein gemeißelt, sondern in die Akten geschrieben ist jenes Ereignis, das als »Mangolt von Ebersteins Vehd« oder auch Brandensteiner Fehde ein buntes Kapitel für das mittelalterliche Geschichtsbuch geschrieben hat – wohl die letzte große Fehde eines Ritters nach dem Fehderecht überhaupt. Mangolt II. war nach Zeugenaussage »ein langer geroniger Mann, ernstlich mit einer schneidenden Red und wohl beredt«; er hatte »sein Sach mit dem Reiten in guter Achtung« und »führte stets Armbrust«. Anno 1516 ließ er sich in zunächst papierne Händel ein, die ihn schließlich in Fehde mit der Reichsstadt Nürnberg verwickelten. Dem Nürnberger Rat ließ er durch seinen »reisigen Knaben«, der sein Neffe und Ulrich von Huttens Bruder war, einen Zettel überbringen, mit dem er Forderungen zugunsten seiner »verwandten Unterthanin« Agathe Odheimer erhob; über diese ist aus den Akten zu erfahren, daß sie »eine schöne gerade Tochter«, Helena, hatte. Beide stritten in einer Erbschaftssache um ein Haus in Nürnberg und ein Gut in Farrnbach. Mangolt hatte sie in den Brandenstein aufgenommen, nachdem »Matthes Preuß und einige verwegene Gesellen« das Gut Farrnbach überfallen und »hausratt, varendt hab, pferdt vnd anders gen Nürnberg gefürt«. Der Rat, sobald er Mangolt als Absender des von ihm nicht unterschriebenen Zettels ermittelt, antwortete diesem, er »lege seine Sichel in einen fremden Schnitt«. Den höflichen Anreden an den »Erbarn Rat« und »Lieben freundt« wie auch an den »Erbarn vnd vesten Mangolten von Eberstein zu Brandenstein« in Schreiben hin und her folgte die Ansage der Fehde durch Mangolt und die Odheimerin, die sich und ihre Tochter in ihrem Veindsbrief »arm wittbe vnd wais, di got clagen vnnd anruffen« nennt. Mangolt hatte sicherlich Gedanken ritterlichen Schutzes für ihm anvertraute Frauen. Er gewann als Helfer an die dreißig Ritter, darunter die Hutten zu Steckelberg und die Brüder Nebucadnezar und Marsilius Voit von Salzburg, ein geographisch weitgesteckter Raum, in dem von ihnen allem, was nürnbergisch war, aufgelauert wurde. Wer aufgegriffen wurde, von zwei, mitunter auch vier Reuttern, »die gespannte armbrost vnd pfeyl vor der sennen«, wurde auf eine der Burgen gebracht und »in gefencknus« geworfen, bis er Schatzgeld und das Geld für die Atzung zahlte.

Die Aussagen ausgelöster Gefangener vor der Nürnberger Kriegsstube haben ein umfangreiches Aktenbild von dieser Fehde hinterlassen, die um die gleiche Zeit geführt wurde, da der Mönch

Martin Luther die größere Welt mit dem Ruf nach Reformation der Kirche in Aufregung versetzte, aber auch Kaiser und Reichsregiment auf den Landfrieden drangen. »Dann es ist ein gros geschrey Im Landt zu Francken, das diser kaiser den Raubern veind sey vnd das er vyl Schlosser vnd Raubheuser woll zerstorn, das die Francken eins tails nit gern horen«, wie das auch als Aussage in den Nürnberger Akten steht. Und während die Protokolle der Kriegsstube im ungeordneten »gemeinen Deutsch« geschrieben wurden, saß auf der Wartburg Martin Luther und schrieb in der Übersetzung des Neuen Testaments mit Wortbildung und Stil ein »neues Deutsch«, den Anfang eines neuen Abschnitts in der Entwicklung der deutschen Sprache, die nun zur geordneten Schriftsprache werden konnte. Am 4. Mai 1521 ist Luther zu seinem Schutz von Reitern aufgegriffen und auf die Wartburg gebracht worden; im Jahr 1522 erschien das »Neue Testament deutsch«.

So, wie Johann Grafen, Gerichtsschreiber, und sein Substitut aussagten, ist es in Mangolts Fehde gewöhnlich hergegangen. »Als sie bey Rot neben der Stadt hingeriten, nit ferr dauon, hetten sich zween Reutend stümpff Im Ruckh angesprengt vnd geschrien, wer Sy wern. Sie gesagt ›nürmbergisch‹. Der Reuter dawider: ›sein die Rechten‹. Sie mußten mit ihnen in das holtz reiten, und einer, der sich Mangolt von Eberstein nannte, aber Cunz von Rosenberg war, hat wider sie geredt: ›Darumb, das Ir Nürmbergisch seyt, so wyll ich euch jetzo gefenngklich annemen.‹ Er sagte: »Bin der von Nürnberg abgesagter veind von wegen einer frawen, haist Agatha. Darum müst Ir mein gefangen sein vnd mit treuen an aids stat geloben, mit mir zu Reytten, von mir nit zutrachten durch flucht, geschray, wincken oder teutten oder wie sich das machen mocht, so leut vff vnns stießen.‹ Noch ›mit mer Reutterischen Worten‹ sprach Cunz, sagte auch: ›Die großen Federhansen die in den Steten wern lüstig vnd Im zu geschickt. Wann sie vber lannd zugen, nemen sie zehen oder zwölf pferd mit, damit wern sy Im zu starck.‹« Die »Sager« gaben, wenn sie aus der Gefangenschaft befreit, vor der Kriegsstube eine Beschreibung der Reiter, ihrer Pferde und des Ortes ihres Gefängnisses, soweit sie das vermochten. Alle auflauernden Reiter waren bunt gekleidet, wie auch der Mangolt von Eberstein. »Hat einen starcken henngst gerytten, fuchsfarb, der hat auf dem fordern

Rechten fuß auf dem saum ein weys pletzlein gehabt. Er hat eine groene Rockh, grün zerschnitten hosen, ein schwartzen hut vnd ein federlein vnd ein gantz Rote kappen mit gelben zotlein vnd daran vier silberne vergulte pilder gefurt vnd kein harnisch anders dann pantzer vnd goller angehabt.« Sagt der Schneider Heintz über sein Gefängnis: »Dasz schlozlein leit nit weit von Sulztell vnd pej dem schloßlein ist ein flecken, es sein ein stettlein oder merktlein oder dorff da pej, darijn man alle tag zo der mesz vnd zo zeiten zo der vesper leut vnd singt. Und haben auss der gefenknus gesehen, das man auff dem hoff holz hakte.« Der Jorg Ayd schrieb vom Brandenstein seiner herzen liben hauszfrau, er sei in dje eysen gelet, sie solle ihn auslösen, »ich musz Sunst Sterben.« Jorg Flocken schrieb zum drittenmal seiner Hausfrau, er läge in elende schwere harrte gefencknus, »vnd du hast dir es, got wol es erparmen, nit zu herten lassen wollen geen«; sie solle selber das Geld zum Brandenstein bringen, eher würde sie ihn nicht wiedersehen. Steffen Geygers und Sygmund Heckels hörten, daß die Odheimerin »in einer andern kamer seer geweint vnd zu Irer tochter gesagt: ›das es got erparm, das die gutten leutt souil gelts geben müszen vnd mir noch dir keins dauon wirt.‹« Mangolt von Eberstein kam samt seiner Hausfrau, die »ein Rot, dick stark weib« war, zu einem seiner Gefangenen und klagte: »Lieber freundt, Ir ligt gefencklich hie, das ist mir nit lieb, es ist euer hern schuld, die thun der odheimerin vnd Irer tochter gewalt vnd vnrecht, kan sie zu keinem vertrag oder austrag bringen, vnd nachdem Sy Ir sachen an dem Camergericht erlangt, hab ich Ir hilff vnd beistandt zugesagt, sy ist nun Mer ein alt verlebt weib vnd ist sy vnd Ir tochter des Iren notdurfftig, darum secht, das die schatzung pald gefall.« Den Ruprecht Zurcher schlossen Knechte des Cunz von Rosenberg, zwei Brüder, in den Stock. Der eine sagte: »Das ist der landtfrid, den der kayser zu Wurms gemacht hat«, und der andere des weiteren, »er wolt, das er den kayser in stock hett.«

Die »ungegründdte Vehd« kam vor den Kaiser. Dieser, Karl der Fünfft, ließ Mangen von Eberstein und seine Helfer zu Landfridbrechern »auf vnnser vnd des heiligen Reichs strassen« erklären; er erteilte dem Hauptmann des Fränkischen Kreises, Graf Georg von Wertheim, Befehl, Mangolt »zu überziehen« und dessen Habe und Güter einzuziehen, »wiewol wir auf jüngst gehaltenem Reichstag zu Worms die Räuberreyen und plackereyen so hin und wider Im heilgen Reich beswerlich erscheinen, sünderlich betracht«. Mangolt und die Odheimerin kamen in die Reichsacht. Am 17. April 1522 wurde der Brandenstein durch den Grafen von Wertheim genommen. Mangolt war tags zuvor entwichen, zunächst auf die Steckelberg, deren er sich in Fehdezeiten als Waffenplatz bedienen durfte, von dort schlug er sich in die Pfalz zu Franz von Sickingen durch, dem er »beystandt gethan«, in jener letzten Auflehnung der Ritterschaft gegen den Untergang ihres Standes in der neuen Zeit der Feuerwaffen. Vor St. Wendel wurde Mangolt, der Ritter mit der Armbrust, von einem Schuß getroffen, der ihn tötete. Und das Ende von dem Leide? Agathe starb 1529, ihre »gerade Tochter« heiratete den Jörg Dietz (nun auch Georg Dietzel geschrieben), und als am 29. September 1534 der ganze Streit endlich mit einem Vergleich beschlossen wurde, fand der Rat von Nürnberg, daß die Ansprüche der Agathe Odheimer doch nicht so ganz aus der Luft gegriffen seien.

Der Kreishauptmann hat im Auftrag des Reichsregiments den Brandenstein beschossen und teilweise niedergebrannt. Aber die Burg erhob sich wieder, wurde nacheinander noch einmal hanauisch, dann kurhessisch und preußisch, galt zeitweise als Waldgut, zeitweise als Staatsdomäne, so wie die Jahrhunderte sie den sich wandelnden Lebensordnungen anpaßten. Die jüngste, noch fortdauernde Geschichte begann am 23. Juli 1895. An jenem Tag fuhr Gustav von Brandenstein, nachdem er als General in württembergischen Diensten seinen Abschied genommen, mit Frau und Kindern in einem Pferdewagen über holpriges Pflaster zur Burg hinauf, um sie sich anzusehen. Der Stammsitz seines Zweiges der brandensteinschen Familie, Zöschen bei Merseburg, war verkauft, und nun lockte der Gedanke, an einem Ort wieder seßhaft zu werden, der den Namen Brandenstein trägt und vielleicht als Stammsitz aller zum Uradel gehörenden Brandensteins gelten kann. Die heute von der dritten Generation dort wohnende Burgherrin, Isa von Brandenstein, nennt es in ihrer Beschreibung der Burg einen seltenen Zufall, der den Brandenstein nach nahezu sechs Jahrhunderten wieder in die Hand einer Familie Brandenstein gebracht habe. Sie erzählt, wie die Familie Gustavs von Brandenstein im März 1896 bei starkem Schneetreiben von Dresden auf die Burg umgezogen ist, an einen um jene Zeit vernachlässigten, unwohnlichen Ort – »nicht leicht, denn es gab kein Licht, sondern nur Kerzen und Petroleumlampen; die Weintrauben an der Burgmauer mußten den Essig liefern; immerhin plätscherte im Hof ein Brunnen an einem jungen Lindenbaum«.

Im Jahr 1900 wurde über der Turmtür das Brandensteinsche Familienwappen eingelassen, ein springender Wolf mit einer am Hals gepackten Gans, das nun dort nach den Hanauer Wappensteinen aussagt, wer jetzt der Burgherr ist. Noch lange blieb es bei Kerzenlicht, Petroleumlampe und den mit den Buchenscheiten geheizten Öfen – ein fortwährendes Mühen um die Burg durch nun drei Generationen, über die beiden Weltkriege hin bis in die Gegenwart, die schließlich auch für den Brandenstein Elektrizität und Heizung in wohnlicher gewordenen Räumen brachte, darunter der durch Versetzen der Wände wohnlich gemachte Rittersaal mit seinen Eichensäulen und der Jahreszahl 1747 am Gebälk.

Hier nun konnte ich einen Folianten aus dem Familienarchiv zur Hand nehmen, in den zu schreiben 1648 begonnen wurde: das Familienbuch, in das sich eintrug, wer an den Familientagen teilnahm. Die ersten, im Jahr des Friedensschlusses nach dem Dreißigjährigen Krieg, drückten mit ihrem Ring ein kleines rotes Siegel neben den Namenszug; die jüngsten, nach dem Zweiten Weltkrieg, an Zahl um viele mehr, zeigen sich über den Erdball verstreut. Einer ist Indianerhäuptling geworden. Aus der Familiengeschichte kommen auch die beiden Ereignisse, die den Brandenstein, der da so abseits der ehemaligen Reichsstraße in der Stille des Bergwinkels liegt, mit einem Hauch der Welt erfüllen.

Mathilde, Gemahlin Gustavs von Brandenstein, erste Burgherrin in der 1895 begonnenen jüngsten Geschichte der Burg, war die Tochter des Würzburger Arztes Philipp Franz von Siebold, den ein Gedenkstein an der Küste von Nagasaki den »wissenschaftlichen Entdecker Japans« nennt und dazu sagt: »Dieser Ruf ist wohlbegründet.« Er bereiste unter Abenteuern das Land, und was er beobachtete, trug er in einer schwankenden Sänfte, seiner »kleinen fliegenden Studierkammer«, heimlich in sein Tagebuch. Sein Buch »Nippon« ist die Beschreibung des Landes kurz vor dem Augenblick, da es nach vielhundertjähriger Abschließung unter der »mißtrauischsten Regierung der Welt« aus dem Stillstand des Feudalstaates auf den Weg zur Wirtschaftsmacht hinüberwechselte. Denkmäler für Siebold stehen auch in Wien, Lei-

den, Würzburg, und die Sowjetunion gab 1960 eine Briefmarke
mit der »Iris Kaempferi Sieb.« heraus – zwei Deutsche, Kaemp-
fer und Siebold, auf die Bundespräsident Theodor Heuss verwies, als er vor dem japanischen Kaiser bei dessen Staatsbesuch
in Bonn von den alten Bindungen zwischen Deutschland und
Japan sprach. So manches aus Siebolds Sammlungen und Besitz
wird nun auf dem Brandenstein verwahrt.

Ein zweites Ereignis aus dem Familienkreis, das mit jenem
Hauch von Welt die Burg erfüllt, brachte das 20. Jahrhundert.
Eine Photographie läßt es bildhaft sehen: Das Luftschiff »Schwaben« über dem Brandenstein, der »Zeppelin« in dem Augenblick,
da er sich mit seinem langen, zigarrenhaften Körper in geringer
Höhe über der Burg befindet, 1911, im Sommer. In diesen Jahren,
1909 und 1915, kam der Erfinder, Ferdinand Graf von Zeppelin,
selbst auf den Brandenstein, denn seine Tochter Hella war als
Gemahlin von Alexander von Brandenstein, dem Sohn des Burg-
erwerbers, nun die zweite Burgherrin – dazu auf einem Familien-
photo die Enkelkinder, um den Großvater geschart. Natürlich,
daß die Erfindung des Luftschiffes, das »wie ein Schiff in seinem
Element liegt und fährt«, hier auf dem Brandenstein auch mit
mancherlei Erinnerungen gegenwärtig ist – dieses phantasievolle,
den menschlichen Geist immerfort bewegende Verlangen, sich in
die Lüfte erheben zu können, das der schwäbische Graf mit Genie
und Beharrlichkeit im »lenkbaren Luftschiff« zu verwirklichen
verstand. Die Stimme des Grafen ist auf dem Brandenstein noch
zu hören, wenn die Schallplatte aufgelegt wird, die seinen Aufruf
an das deutsche Volk, sein Werk zu unterstützen, wiedergibt,
eine Stimme im Jahr 1905, und auf der die Veteranen vom
»Luftschiffbau Zeppelin« von der Zeppelinzeit erzählen.

Nach dem Krieg hat das »Brandensteiner Südhang-Obst«, das
zu gewinnen an die zweitausend Bäume gepflanzt waren, manchen Ausstellungspreis erhalten und dem bäuerlichen Obstbau An-
regungen gegeben. In einem Pionierdorf in Kanada kam der
Burgherrin der Gedanke, auf dem Brandenstein ein bäuerliches
Gerätemuseum einzurichten. Das entstand dort 1970 und zeigt
museal geordnet, was alles der Mensch für seinen Gebrauch aus
Holz hergestellt hat, bevor mit der Industrie die Metallzeit kam
und die Zeit der Kunststoffe. Mit dem Holz und von dem Holz
lebte der Mensch. Manches, was aus Ecken bäuerlicher Scheunen

in das Museum gekommen ist, verrät nicht mehr seinen Verwendungszweck, sein Gebrauch ist vergessen. Vieles, wie der mit Zuckerwasser arbeitende Lockenwickler, hat für immer ausgedient. Die Frage, ob wirklich die an Geld armen Leute aus dem Stammstück des Weihnachtsbaumes nach dem Fest einen Quirl für die Küche zurechtschnitten, hat jemand bestätigt, der es noch konnte und solch einen Quirl »nur für das Museum« fertigte. Wiege, Spielzeug, Ackergerät, Butterfaß und Latwergerührer, die Gänselieselklapper und das Vogelbauer, die Kämme für den Flachs (damit nicht alles »über einen Kamm geschoren« werde), vieles wird hier verwahrt und vor dem Untergang im Wegwerfen bewahrt.

Die Natur umfängt die Burg. Mächtige Bäume, die auf frühen Photographien noch als kleine Bäumchen zu sehen sind. Von jedem ist bekannt, wann und von wem er gesetzt wurde, denn es war Brauch, daß, wer zu Besuch kam, einen Baum pflanzte. Kastanie, Linde, Ahorn, und im Garten Lavendel, Kerbel, Pfefferminze. Der Turmfalk hat seinen Horst im Gemäuer über der Tür des Turmes, und im undurchdringlichen Dickicht des emporkletternden Efeu hockt die Eule. Sie bleibt unsichtbar, doch von Zeit zu Zeit läßt sie ihren dumpfen Ruf hören.

Blitze von der Huttensburg

BURG STECKELBERG

E in Fragebogen, mit dem Bodo Ebhardt zu Beginn unseres Jahrhunderts eine Bestandsaufnahme der deutschen Burgen begann, wurde auch für Steckelberg beantwortet, die Burg, von der Ulrich von Hutten kam. Frage: Ist die Burg bewohnt oder Ruine? Antwort: Alles Ruine. Frage: Was ist erhalten? Antwort: Vom Palas Nord- und Ostwand, Ringmauer, Rondell, Verließ,

Keller, Wallgraben, Cisterne, Kalkofen. So als Ruine sieht der Wanderer Steckelberg auch heute, wenn er bei Schlüchtern aus dem Kinzigtal zu ihr aufgestiegen ist. Heute gehört sie zu dem waldartigen Park des Schlosses Ramholz mit seinen meilenweiten Wegen, einem Besitz der Familie von Kühlmann-Stumm.

Ich erblickte die Ruine zuerst mit einer ihrer ragenden Mauern, als diese wie eine Kulisse durch das Laub einer mächtigen Buche zu sehen war, einem Baum, der sich mit zutage tretendem Wurzelwerk an einen Hang klammert und in dieser Weise eine Sehenswürdigkeit ist. Den freien Raum zwischen den Ruinen hat das Gras erobert, und hie und da am Gemäuer hat sich Gesträuch angesiedelt. Schon vor Jahrzehnten wurden im grünen Burghof Tisch und Bank aufgestellt, auch der Stumpf eines Turmes der Aussicht wegen über eine Treppe besteigbar gemacht, aber erst 1975 ließ man sich einfallen, mit einer Bronzetafel am Tor die Stätte dem Besucher vorzustellen. Der liest darauf diese wenigen Zeilen über Burg Steckelberg: »1131 zuerst genannt, 1276 auf kaiserlichen Befehl geschleift, 1388 neu gebaut, 1488, 21. 4. Ulrich von Hutten geboren.«

Conrad Ferdinand Meyer hat für den Ort die Verse gefunden: »Burg Steckelberg hie von der Höhe schaut / Von Frankens schönen Hügeln rings umblaut.« Und C. Krollmann schrieb in einer in »Deutsche Warte«, Berlin, 3. Juli 1899, veröffentlichten Betrachtung zur Geschichte der Burg den klangvollen Satz: »Hart und ernst ragt das alte Gemäuer aus den dunklen Fichten und helleren Buchen hervor, aus der Ferne gesehen mehr einem alten, gewaltigen Marksteine gleichend als den Resten einer stattlichen menschlichen Behausung.« Einer der Steine ergreift selbst mit einer Inschrift das Wort und gibt Auskunft: »Anno Dom. 1509 Vlrich v. Hutten.« Das ist in den glatt behauenen Spitzbogen über der Pforte eines Geschütztturmes gemeißelt, den Ulrich von Hutten der Ältere, der Vater, bauen ließ. Ist eine weihevollere Stelle in der Ruine denkbar als diese? Der junge Hutten muß diese Inschrift schon gelesen haben, so, wie wir sie noch immer lesen können, und sie ging wohl in seinen Gedanken ein und aus mitsamt seinen Gedanken über die Gebresten seiner Zeit. Im Sommer 1515 wird er sie zum erstenmal gesehen haben, denn damals, zehn Jahre nach seiner Flucht aus dem Kloster in Fulda, ist er zum erstenmal nach Steckelberg zurückgekehrt, sicher nicht an

Anerkennung für den immer noch zürnenden Vater sparend, daß er den neuen Turm errichtet wie überhaupt zweihundert Gulden an der Burg verbaut habe – was der Vater sicher dem Sohn erzählt hat, so, wie er es dem Bischof von Würzburg, seinem Lehnsherrn, mitteilte.

Zehn Jahre lang war Ulrich von Hutten umhergezogen, ein fahrender Schüler und zuweilen in Kriegsdiensten. In Köln, Erfurt, Frankfurt an der Oder, Leipzig, Greifswald, Rostock ging er den Wissenschaften nach, besuchte Wittenberg, Wien, begab sich nach Pavia, Rom, Bologna, war ständig mittellos und kam schließlich nach Mainz, wo ihm der Erzbischof Albrecht von Brandenburg seine Hilfe lieh. Der heimgekehrte Sohn fand auf der väterlichen Burg nur frostige Aufnahme; die Familie fand, daß er es zu nichts gebracht habe. Sie unterstützten ihn aber gleich dem Erzbischof, als er im Herbst noch einmal nach Italien aufbrach, um in Bologna das Studium der Rechte fortzusetzen. Von dort kehrte er im Sommer 1517 wieder auf Steckelberg zurück, zwar immer noch ohne akademische Würde, aber von Kaiser Maximilian in Augsburg mit dem Dichterlorbeer gekrönt. Das war auch den Eltern Anlaß, sich versöhnt zu zeigen.

In einem Brief an Pirckheimer in Nürnberg hat Ulrich von Hutten geschildert, wie man sich das Leben auf solch einer Burg vorzustellen habe, um die Zeit, die mit »Anno Domini 1509« noch am Gestein steht. Hajo Holborn hat in seinem Buch »Ulrich von Hutten«, erschienen zu Leipzig 1929 und zu Göttingen 1968, das Latein des Humanisten in deutscher Übersetzung zitiert: »Die Burg selbst, mag sie auf dem Berge oder im Tal liegen, ist nicht gebaut, um schön, sondern um fest zu sein: von Wall und Graben umgeben, innen eng, da sie durch die Stallungen für Vieh und Herden versperrt wird. Daneben liegen die dunklen Kammern, angefüllt mit Geschützen, Pech, Schwefel und dem übrigen Zubehör der Waffen und Kriegswerkzeuge. Überall stinkt es nach Pulver, dazu kommen die Hunde mit ihrem Dreck, eine liebliche Angelegenheit, wie sich denken läßt, und ein feiner Duft. Man hört das Blöken der Schafe, das Brüllen der Rinder, das Hundegebell, das Rufen der Arbeiter auf dem Felde, das Knarren und Rattern von Fuhrwerken und Karren; ja wahrhaftig auch das Heulen der Wölfe ist im Hause wahrnehmbar, da der Wald so nahe ist.« Holborn, der amerikanisch-deutsche Historiker, sagt von Hutten: »Und indem die Geschichte in dem Augenblick, wo das Rittertum endgültig zurücksank, einen aus diesem Stand an den großen Entscheidungen mitwirken, mitsorgen und mitleiden ließ, überlieferte sie einen Teil der ideellen Waffen, an denen sie jahrhundertelang gebildet hatte, einer neuen Zeit als Pflugscharen der Zukunft.«

Manche seiner Schriften, die er »Blitze von der Huttensburg« nannte, kamen von dieser Burg, die einer seiner Vorfahren, der auch Ulrich hieß, 1387 zu bauen begann – im Winter und heimlich, so daß die Grafen von Hanau zu spät bemerkten, daß ein wichtiger Platz mitten in ihrem Lehnsbereich befestigt wurde. »Daz slosze Stechelnberg, daz ich nuwelich vor dato dieses brieffs uffgeslagen und han tun buen«, so unterrichtete jener Hutten den Bischof von Würzburg, von dem er sich das Schloß zu Lehen geben ließ und für den er es öffnete, ganz gegen den Protest von Hanau und der Stadt Frankfurt, aber abgesichert wohl schon zuvor durch die Bischöfe von Würzburg und Mainz.

Hier auf Steckelberg schrieb der junge Ulrich von Hutten die erste seiner Streitschriften. Auch sein erstes Werk in deutscher Sprache, die Übersetzung des lateinischen Dialogs »Febris«, ging von hier aus. »Wie konnte ich etwas Würdiges schreiben ohne Bücher, ohne Ruhe, ohne festen Aufenthalt«, teilte er sich nach der ersten Rückkehr in die väterliche Burg einem Freund in Würzburg mit. Er war auch jetzt noch bald hierhin, bald dorthin unterwegs, um für den Vater Schulden einzutreiben, denn »die uns ernähren sind bettelarme Bauern, denen wir unsere Äcker, Wiesen und Wälder verpachten. Der Erwerb, der daraus eingeht, ist im Verhältnis zur Arbeit, die er kostet, schmal«, klagt er Pirckheimer. »So habe ich den größten Teil der Rede zu Pferde komponiert, manches im Walde, manches auf der Burg.« Zu seinem Werk von der »römischen Dreifaltigkeit« schrieb er seinem Schwager: »Dies Gespräch haben mir die Ruhe hier und unsere Berge gegeben.«

Man gewinnt ein Gefühl der Zeitnähe, nimmt man die Originale Huttenscher Schriften in die Hand, von denen etliche noch in Bibliotheken zu finden sind. Es sind Drucke, die schon von Huttens Zeitgenossen gelesen wurden, als sie dem Vorhaben ihres Verfassers dienten, die deutsche Nation wachzurütteln und durch geistige Freiheit von der »bäbstlichen Tyrannei« zu erlösen. »Der sunde seyn worden vill zu vill« lasen sie in der Trias Romana, einem Gedicht wider Rom, sechs bedruckte Seiten und geziert mit dem einköpfigen und zweiköpfigen Adler auf dem Titelblatt. Dann: »Ain Anzaygung / wie allwegen sich die Römischen Bischoff oder Bäpst gegen den Teutschen Kaysern gehalten haben / durch hern Ulrichen von Hutten auff das kürtzest / auß Croniken vn Historien gezogen.« Es ist ein historisches Pamphlet, das zeigen sollte, wie sich seit Otto I. die Kaiser und Päpste gegeneinander verhalten haben, gedacht als Aufzeigung »sonderlich Kayserlicher Maiestat zu eeren vn nutz«. Eine deutsche Geschichte aus Huttens Sicht war es. »Also ist es diesem tewren helden ergangen«, so fühlt Hutten mit Heinrich IV., der in so langer Fehde mit dem Papsttum lag und den »Gang nach Canossa« tat. »Friedericus primus Barbarossa genant. Denselben achte ich nach Keyser Heinrichen dem vierdten / für den allerstreitbarsten Deudschen Keyser der je gelebt hat.« Nach ihm Friedrich II. von Hohenstaufen: »Nun ist er vom leib vnd gemuet der massen geschickt gewest / das sich billich die Welt eins solchen Fürsten frewen solle. Aber bey alten vnparteyischen geschichtsschreibern, auch in seinen Keyser Friedrichs briefen (der ich ein gantz buch vol habe vnd ob gott wil bald werde trucken lassen) findet sich die warheit / das je die Bepst schendlich vnd lesterlich gehandelt haben.« Ein kleines Schriftchen, vier Blatt an Umfang, ist »Eyn klag über den Luterischen Brandt zu Mentz«, in dem er für Luther zeugt: »Man thut gewalt dem gottes knecht / Umb das er warheyt gepredigt hatt / Ach herrgott gyb vnß hülff vnnd radt / Es ist gewüttet yhe genug.« Zum Beschluß ist das berühmte Wort gesetzt, mit dem er noch heute so viel zitiert wird, dieses »Ich habs gewagt. Ulrich vonn Hutten«. Zur Hand nahm ich auch »Ein sinreicher Pasquillus«; in diesem läßt Hutten den Kaiser zum Paulus sagen: »Es ist aber kein prophet angenem in seine vatterlandt.« So, wie dies Hutten an sich selbst erfuhr. Als sein Freund Sickingen, auf dessen Ebernburg er vor der Nachstellung durch die römische Kurie Schutz gefunden hatte, in seinem Aufstand, dem letzten Aufstand der Ritter gegen die neue Macht der Landesfürsten, unterlegen war, gedachte Hutten nach Steckelberg zurückzukehren, aber der Weg war unsicher, und es blieb ihm nur die Flucht, die ihn auf die Insel Ufenau im Zürichsee verschlug. Ein paar Wochen bemühte sich gleich dem barmherzigen

Samariter der heilkundige Pfarrer Johannes Klarer um ihn, dann starb Hutten, wohl am 1. September 1523. Der Pfarrer, nachdem die Leute erfahren hatten, wen er beherbergt hatte, mußte sich eilends davonmachen. Mütterliche Liebe indessen hatte auch Ulrich von Hutten empfangen und erwidert. Wenn es schlecht gehe, solle es der Mutter verschwiegen werden, hat er einmal geäußert. Seine Mutter war Ottilie von Eberstein von der benachbarten Burg Brandenstein. »Mein fromme Mutter weint / Da ich die Sach hätt' g'fangen an / Gott woll sie trösten / es muß gahn.«

Weil er's gewagt, ist er nicht vergessen. Immer wieder ist über ihn geschrieben worden, auch von David Friedrich Strauß und von Conrad Ferdinand Meyer. Der 487. Geburtstag, der 21. April 1975, sah eine Schar seiner Freunde auf der Steckelberg. Den Tag nahmen sie zum Anlaß, jene Tafel am Tor feierlich zu enthüllen, welche jetzt die Burg mit ein paar Zeilen vorstellt. In seiner Ansprache, einer Geburtstagshuldigung für Ulrich von Hutten, 487 Jahre, nachdem er auf die Welt kam, erzählte der Lehrer Wilhelm Praesent aus Schlüchtern, der wie viele aus der Lehrerschaft sich in der örtlichen Heimatforschung verdient gemacht hat, ein Geschichtchen, das auch hier erzählt werden soll.

Lehrer P. hat einmal ein betagtes Ehepaar nach der Steckelberg begleitet. Ihn wunderte es, daß die alten Leute den für sie beschwerlichen Weg auf sich nahmen. Schließlich gab der alte Herr die Aufklärung, indem er sagte: »Mir hatte es in jungen Jahren Ulrich von Hutten angetan, und eines Tages als Student beschloß ich, nach seinem Geburtsort zu wandern. Mit leichtem Gepäck, nur David Friedrich Strauß und Conrad Ferdinand Meyer im Rucksack und mit bescheidener Barschaft, führte ich meinen Plan aus. Ein wilder Kirschbaum bot mir das Abendessen, und ich übernachtete hier oben in einer milden Sommernacht, in einen Mantel gehüllt, an der Burgmauer.« Anderntags begegnete er im Eisenbahnzug einem jungen Mädchen, das ihm über Hutten Rede und Antwort zu geben verstand. Seiner Verwunderung darüber half sie dadurch ab, daß sie sagte, ihr Geschichtslehrer, Professor der Universität Bonn, habe das Thema vor kurzem behandelt, und sie habe interessiert aufgepaßt. Kurz und gut, auch er hats gewagt, und sie hats gewagt, und nun war der Tag ihrer Goldenen Hochzeit, an dem nach der Steckelberg zu pilgern sie beschlossen hatten. »Denn wir hatten gelobt, nie zu vergessen, daß Ulrich von Hutten unser Ehestifter war.«

Der Fragebogen, den ich erwähnte, könnte noch die Frage enthalten: Lebt die Burg noch? Denn viele Burgen stehen mit neuen Aufgaben im gegenwärtigen Leben. Die Antwort könnte für Steckelberg lauten: sie lebt, wenngleich sie Ruine ist. Ihre Steine zeugen für einen, der ein großer Deutscher war, und die Geschichte nistet in ihrem Gemäuer. Manches immergültige Wort ist hier geboren worden. So Leute sind, die Wahrheit vorzubringen (so schrieb Hutten für den Kaiser), soll man sie nicht allein nicht verfolgen, noch daran hindern lassen, sondern soll sie fördern, ihnen helfen und raten.

Burg Steckelberg und Ramholz
Zeichnung 2. Hälfte des 17. Jahrhunderts

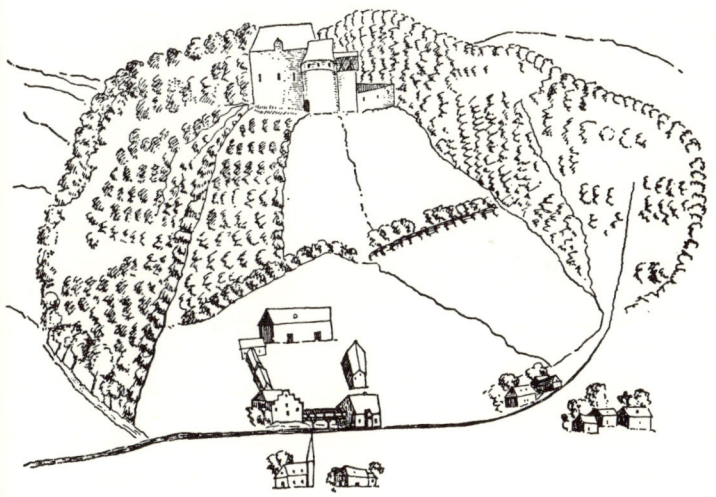

Gottes Wort in Ewigkeit

DER DOM ZU FULDA

Vor dem Dom zu Fulda fühlt der Besucher sich gering im Angesicht der Monumentalität eines ungewöhnlichen Bauwerkes. Er fühlt sich und alle die Menschen, die sich über den weiten, dem Dom vorgelagerten Platz bewegen, zur Winzigkeit zusammengeschrumpft. Dieser Dom hebt sich von vielen seinesgleichen schon durch seinen Standort ab: Er ist nicht in das verkehrsumbrandete Straßengewirr moderner Städte gezwängt oder bedrängt durch die Enge schmaler Gassen, er steht in einem Raum großer Freiheit, durch eine breitgelagerte Treppe, die aus der Straßenhast zu ihm hinunterführt, zudem abgeschirmt gegen den Alltag der Welt.

Allmählich, wenn man über den Platz auf ihn zuschreitet, wächst der Bau heran; nun bringt sich noch einmal seine ungewöhnliche Größe zur Geltung, die betont wird durch zwei eng gestellte Türme. Beträchtlich ragt das Mittelschiff aus den Seitenschiffen heraus, tief sitzt die Kuppel in den Dächern von Türmen und Türmchen. Zwei an der Vorderfront neben die Haupttürme gestellte Kapellen erweitern die Fassade zu außerordentlicher Breite und geben dem Bau eine unverkennbar eigenartige Gestalt.

Im Gegensatz zu der Orientierung der Kirchen nach Osten ist dieser Dom nach Westen ausgerichtet; er erhebt sich, und dies ist die Erklärung, über dem Grundriß einer vorangegangenen, in ihren Maßen noch monumentaleren Basilika. Der Dom unserer Zeit, geweiht am 14. August 1712, ist ein Werk des Bamberger Architekten Johann Dientzenhofer, den Fürstabt Adalbert von Schleifras nach dessen Rückkehr aus Rom zum Hofbaumeister bestellt hatte. Die ältere und von der Baulust des Barock verdrängte Basilika ist eine Schöpfung der Karolingerzeit gewesen, errichtet um das Jahr 800, ein gewaltiges Gebäude, zu ihrer Zeit das größte Gotteshaus nördlich der Alpen, eine geistliche Willensbekundung am Anfang der Reichsgeschichte. Der Wille entsprach dem Wort, das an dem Standbild des Bonifatius nahe dem Dom

zu lesen ist: Verbum Domini manet in aeternum, Gottes Wort
bleibt in Ewigkeit. Mit ihren Resten ist die ursprüngliche Stiftskirche in den Dom übergegangen.

Trotz der Reichhaltigkeit an barocken Gemälden und Altären
ist es nicht die Ausgestaltung des Kircheninneren, die hier sehens-
würdig ist. Kleinod des Gotteshauses ist das Grab des Bonifatius,
des heilig gesprochenen »Apostels der Deutschen«, der aus dem
englischen Wessex herüberkam, um das christliche Kreuz in den
germanischen Wäldern aufzurichten. Eine Treppe führt hinab in
seine Gruft. Es ist weihevoller und historischer Boden, heißt es in
einer kunstgeschichtlichen Betrachtung, nur in tiefster Ergriffen-
heit werde der Besucher diese heilige Stätte betreten. Im Halb-
dunkel des Raumes gehen die Gedanken zurück an den Anfang.
Da war im 8. Jahrhundert dieser Bonifatius, der seinem christlichen Bruder Sturmius die Weisung gab, hier zur Ehre Gottes
Kirche und Kloster zu bauen. Wir kennen das Datum der Aufrichtung des ersten Kreuzes, der 12. März 744. In das »Buchen-
land« solle er gehen, war dem Sturmius gesagt worden, an einen
Platz, den Bonifatius genau beschrieb: das Gelände, auf dem
heute der Dom steht und das in jener Zeit das Ruinenfeld einer
verlassenen fränkisch-merowingischen Siedlung war. Eiloha, so
hieß der Ort; nach dem Plan des Bonifatius sollte er zu einem
religiösen Mittelpunkt für die im Umkreis christianisierten Volks-
stämme werden.

Beim Gang durch die Kirche, die dem Auge wie eine weite und
hohe, mit dem Reichtum religiöser Kunst gefüllte Halle erscheint,
sah ich viele betende Menschen; vor einem Beichtstuhl standen
sie wartend in langer Reihe. Die Frömmigkeit schien mir hier be-
tonter zur Schau getragen als andernorts. Schließlich sind es Gebete an einem Ort, der auch Karl den Großen, Ludwig den Frommen, Ludwig den Deutschen sah und an dem der letzte Karolinger, der Franke Konrad I., der erste deutsche Wahlkönig, sein
Grab fand – im Dom ruht er irgendwo, doch nur eine Gedenktafel
erinnert an seine Beisetzung im Jahr 918. In der Krypta des Bonifatius befindet sich vor der mit Goldmosaik belegten östlichen
Wand das Grab des Apostels: Ein Altar aus schwarzem Marmor,
mit Alabasterbildwerk reich geschmückt, eine Arbeit des Johann
Neudecker. Ein Relief stellt den Augenblick dar, in dem der Apostel während seines Aufenthaltes unter heidnischen Friesen vom

Schlag des Mörders getroffen wird. Eindrucksvoller noch der Altartisch, an dem der Künstler die Stunde des Jüngsten Gerichts anruft. Der Apostel, von Engeln gestützt, ist im Begriff, die Sarkophagplatte zu heben und auferstehend dem Ruf der Posaune des Weltgerichts zu folgen. Neben dem Grabmal brennen am siebenarmigen Leuchter die Kerzen; gelb ihre kleine helle Flamme, rot der Schein der Ewigen Lampe, und rote Nelken stehen in Vasen auf dem Sarkophag, auch Blumen mit weitgeöffneten weißen Blütensternen, die zum steinernen Denkmal das Lebendige fügen. Nicht zu übersehen eine Tafel vor dem Grabesbezirk, deren Aufschrift den Toten anruft: »In kraftvollem Wirken hast du den Stämmen unseres Volkes den christlichen Glauben gebracht. Hilf uns, das heilige Erbe zu wahren ... Du hast die Kirche Deutschlands geordnet und ihr Wachstum gegeben ... Hilf uns, die verlorene Einheit im Glauben wiederzufinden.«

Das von der Krypta aus zu erreichende Dommuseum birgt Schätze, die zu dem Zeitalter des Bonifatius und zum Anfang seiner Klostergründung noch eine mit den Augen wahrnehmbare Verbindung herstellen. Die tägliche Besuchszeit näherte sich schon ihrem Ende, als ich die Einlaßkarte löste. In einer Viertelstunde werde das Museum geschlossen, bekam ich gesagt. »Aber kommen Sie morgen früh wieder, die Karte gilt dann noch, hier haben sich manche schon drei Tage aufgehalten und waren noch nicht fertig mit der Besichtigung.« Der Fülle mich verschließend, hielt ich mich mit um so größerer Anteilnahme vor dem Ragyntrudiscodex aus dem Besitz des Bonifatius auf. Diese Pergamenthandschrift, in die um das Jahr 700 im westlichen Frankreich Werke der Kirchenväter geschrieben wurden, hatte der Apostel bei sich, als er am 5. Juni 755, dem Donnerstag nach Trinitatis, bekehrte Friesen taufen wollte, sich aber einer Schar bewaffneter Heiden gegenübersah; vergeblich versuchte er, mit diesem Buch die Schläge seiner Mörder abzuwehren. In einer Vitrine wird der Pergamentband aufbewahrt, ein dickleibiger Foliant, die einzelnen Blätter aufeinandergeschichtet und am Rücken gebunden, das Titelblatt mit einer Randleiste verziert. Tiefe Einschnitte haben die Beil- oder Schwerthiebe hinterlassen. Ein Tuch von rotem Samt, mit dem die Vitrine zu bedecken ist, betont die Feierlichkeit des Augenblicks, in dem, hebt man es auf, solche Kostbarkeit enthüllt wird. Selbst ein Kind, neben mich tretend, konnte sich dem

Eindruck nicht entziehen; durch die vor den Mund gepreßte Hand entrang sich ihm ein kindlich erstauntes »ooch«.

In unseren sechziger Jahren hat jene erste wissenschaftliche Untersuchung des Bonifatiusgrabes stattgefunden, zu der entstandener Schaden Anlaß gab. Was nie zuvor möglich gewesen ist, geschah nun: Eine anatomisch-medizinische Bestimmung der Gebeine, die sich in einem Schrein aus Eichenholz befanden. Man hob diesen, nachdem in einem aus Sandstein aufgemauerten Altarkern durch Beklopfen ein Hohlraum festgestellt und durch Herausbrechen eines Steins Einblick gewonnen war. Es geschah am 1. April 1966. Der Bischof öffnete das Behältnis, dessen Deckel aus früherer Zeit die Inschrift *Reliquiae Sanctorum* trägt, und sie sahen, daß es bis an den Rand mit Gebein gefüllt ist, mit größeren Knochenstücken und vielen kleinen Partikeln, von denen ein Teil durch Brandspuren gezeichnet war, auch fanden sich in einer aschenartigen Masse kleinste Teilchen von Knochensubstanz. Nach der Untersuchung durch eine Ärztegruppe faßte das Gutachten das Ergebnis dahin zusammen, daß die Skeletteile von einem hünenhaften, zwischen 185 und 195 Zentimeter großen, außerordentlich muskelstarken älteren Mann stammen. Wir erfahren, daß dieser Mann unter einer starken Arthrose litt, auch hat die Untersuchung zwei Gallensteine und acht Uratsteine des Nierenbeckens nachgewiesen. Dies fügt sich in das überlieferte Bonifatiusbild, das den Apostel als einen Mann von großer Gestalt schildert, der furchtlos im Jahr 723 die uralte heilige Eiche des Donar bei Geismar fällte, um den Heiden die Ohnmacht ihrer Götter zu beweisen, und der in seinen späteren Jahren sich von Leiden beladen fand. Sein Körper, so schrieb er 751 an Papst Zacharias, sei durch hohes Alter gebeugt; die heutige ärztliche Diagnose erklärt es als »erhebliche Arthrose der Brustwirbelsäule«. Noch ein weiteres ist der Untersuchung zu danken: Eine zweite Gruppe von Gebein läßt darauf schließen, daß es zu einer kleinwüchsigen und zartgliedrigen Frau gehörte, vermutlich der Lioba; diese bei ihm zu bestatten, ist als ein von Bonifatius geäußerter Wunsch bekannt. Lioba, seine Verwandte, ist mit ihm aus England gekommen. Als Äbtissin von Tauberbischofsheim starb sie 782, fast drei Jahrzehnte nach des Bonifatius Ende, als Heilige jetzt beide von ihrer Kirche verehrt.

Nun ruht das Gebein in einem neuen Metallbehältnis wieder

in der Grabkammer. Der ost-westlichen Ausrichtung der Kirche war es zu danken, daß, während ich dort verweilte, die sinkende Sonne mit einigen Bündeln ihrer Strahlen durch das Fenster in die Gruft dringen konnte. Im Gegeneinander von Licht und Schatten gewann der Raum einen Anschein freundlichen Lebens, von dem auch die in Wandnischen stehenden sechzehn Sandsteinfiguren von Päpsten und Bischöfen, erschaffen von Andreas Balthasar Weber im Anfang des 18. Jahrhunderts, ihren Vorteil zogen. Alle sind sie Statuen von Heiligen und Märtyrern, die dem Bonifatius nahestanden oder in die Geschichte seines Klosters verflochten sind, zu ihnen gehört ein Mann mit bärtigem Antlitz, der mit einem aufgeschlagenen Buch in der Hand dargestellt ist. Dies ist Hrabanus Maurus, Praeceptor Germaniae – der »Lehrer Deutschlands«. Unter ihm, dem fünften Abt der schnell zu berühmter Bedeutung aufgestiegenen Abtei in den »buchonischen Wäldern«, entfalteten sich um das größte Gotteshaus Wissenschaft und Kunst; er war der große Schriftsteller und Poet, der große Theologe und Pädagoge, »das Genie, das das gesamte geistliche und geistige Wissen seiner Zeit in seiner Person vereinte«, wie ihn die Stadt Fulda noch heute vorstellt. Dem Mittelalter war sein Bildgedicht zum Lobe des Heiligen Kreuzes eins der begehrtesten Bücher, und im Gesangbuch steht noch sein Hymnus *Veni Creator Spiritus,* der »im Rahmen der christlichen Liturgie das Erdenrund eroberte«, wie man zu lesen bekommt – dieses von Luther ins Deutsche übertragene »Komm, Gott Schöpfer, Heiliger Geist, besuch das Herz der Menschen dein«. In der Schule des Hrabanus Maurus formten die schreibenden und malenden Mönche das Deutsche zur Schriftsprache, sie schrieben das Hildebrandslied, es entstanden der Krist des Otfried von Weißenburg und der Heliand eines unbekannten niedersächsischen Dichters. Und sie verfaßten als notwendige Werke des Alltags die Totenbücher. In ein solches hineinsehend (wozu die Landesbibliothek Gelegenheit gibt), sah ich die Unbekannten jener karolingischen Zeit in ihren Namen Gestalt gewinnen. Einige hießen schon Erhart oder Hermann, andere, klangvoll wie das Wipfelrauschen ihrer Wälder, sind mit der althochdeutschen Sprache dahingegangen, die Adalbald, Engilger, Gozbrath, Frittag, Oftag, Anthad, Erpholt, Fridurih, Thiotuuig, Uuolfbraht, Eggihart.

Dieser Anfang und was daraus in stetem Wachsen an Kirchen,

Klöstern und fürstabtlichem Regiment wurde, an geistlichem Einfluß heute so mächtig wie ehedem, ist eingebettet in eine lebhafte
Stadt, bekränzt von den Höhen der Rhön und des Vogelsbergs.
Ich sah Fulda auch bald nach dem Krieg und fand bemerkenswert, daß die Namen seiner Straßen noch mit gotischen Buchstaben und in der Orthographie des vergangenen Jahrhunderts
geschrieben wurden, auch daß an des Bonifatius Grab Ablaß zu
erwerben war. Jetzt regeln auch hier die dreifarbigen Ampeln
den Verkehr, und alles hat seinen Fortschritt. In den Gedanken
ließ ich mich auch von einem Reisenden begleiten, der Fulda bald
nach den napoleonischen Kriegen besucht hat. Dieser Carl Julius
Weber schrieb in seinem Buch »Deutschland oder Briefe eines in
Deutschland reisenden Deutschen«, die Abtei zu Fulda habe wie
ein Stern erster Größe die Nacht des alten Buchenwaldes erhellt,
wenngleich er fand, daß »die übertriebene Ergebenheit des Bonifatius gegenüber Rom« Deutschland viel geschadet habe. Er war
auch zu Gast bei den Mönchen des Franziskanerklosters auf dem
Berge und sah in ihnen die heitersten unter allen Mönchen, »vielleicht darum, weil sie arm waren, jedoch nicht im Mangel, und
einfach lebten«.

Karolingisches Jahrhundert

DIE MICHAELSKIRCHE ZU FULDA

Zwei der vergangenen Jahrhunderte weisen in Fulda ihren
Stil mit Zeugnissen der Baukunst in enger Nachbarschaft
zueinander vor. Man erfaßt sie beide mit einem einzigen Blick:
das barocke und das karolingische, das 18. und das 9. Jahrhundert. Auffallend, wie in der Silhouette der barocke Bereich des
Domes und der romanische der Michaelskirche sich voneinander
abgrenzen, als seien sie Sinnbilder zweier Welten, und wie sie

doch zugleich sich zu einem Bilde zusammenfügen, beide vereint im Gottes-Dienst auf diesem kleinen Erdenfleck durch mehr denn tausend Jahre.

Der Professor der Architectur Doktor J. F. Lange, vor hundert Jahren im Auftrag des Kurfürstlichen Ministeriums des Innern Restaurator der St. Michaelskirche, sagt von dieser in seiner »zum Besten der Armen der deutschen Volkshalle« 1855 gedruckten Schrift, obgleich klein von Umfang und von einfacher Anlage, gehöre sie doch wegen ihres hohen Alters zu den merkwürdigsten Denkmälern christlicher Kunst, es gebe in den Ländern Europas diesseits der Alpen nur die von Kaiser Karl dem Großen gegründete Münsterkirche zu Aachen, welche sich in dieser Hinsicht mit ihr messen könne. Das gleiche Prädikat erkennt auch die heutige Wissenschaft diesem Gotteshaus zu, das Eigil, der vierte Fuldaer Abt, »nördlich von der Klosterkirche auf einer Anhöhe« hat errichten lassen.

Auf keinen anderen als Hrabanus Maurus geht der geistige Entwurf zurück, nach dem der Baumeister-Mönch Racholf das Werk ausgeführt hat. Zunächst war die nach dem Jerusalemer Vorbild geformte Grabeskirche eine Rundkirche im Friedhof der Mönche. Der Mainzer Erzbischof Heistolf hat sie am 15. Januar 822, »als er die Gaue Thüringens bereiste«, geweiht. Das 11. Jahrhundert hat durch Hinzufügung eines westlichen Langhauses und kleiner Seitenarme nach Norden und Süden aus der *ecclesia rotunda* eine Kirche in Kreuzesform gemacht. Die folgenden Jahrhunderte haben daran weitergebaut, auch dem viereckigen Wehrturm zur Abschreckung der Dämonen einen nadelspitzen gotisch-freundlichen Turm beigesellt. Das 18. Jahrhundert war nahe daran, sich an der Überlieferung zu versündigen, als die Bauherren so viel Barock hinzutaten, daß das Kirchlein in Gefahr geriet, seinen romanischen Kern ganz zu verlieren. Das 19. Jahrhundert begann daraufhin umfassend zu restaurieren und sich auf die ursprüngliche Form zu besinnen. Jener schon erwähnte Professor J. F. Lange, »als Kenner der mittelalterlichen Kunst rühmlichst bekannt«, nannte als sein Bestreben, »daß wie die eigentliche Rundkirche im karoling'schen eben so die Zusätze des 11. Jahrhunderts im ernsten und würdigen Style dieser Zeit, welcher dem karolingischen Style nicht störend gegenübertritt, wiederherzustellen waren«. Das 20. Jahrhundert hat gleichfalls seinen Beitrag zur Bewahrung geleistet, einmal, weil nach neuerer Auffassung der Versuch des Professors Lange nur unzulänglich geglückt ist (denn er habe zuviel des Guten getan), zum anderen, weil 1944 eine Fliegerbombe das Kirchlein traf und zur raschen Schadensbehebung zwang. Nach mühseliger, schon in den dreißiger Jahren begonnenen Kleinarbeit ist der Zustand des Kirchenbaus von 1092 wieder hergestellt und die Krypta der ersten karolingischen Rundkirche als ein Baudenkmal von höchstem kunstgeschichtlichem Wert erhalten geblieben. Eine Mauer grobschlächtiger Steine, an der sich ein paar blaue Glockenblumen angesiedelt haben, umfriedet die Kirche wie ein fester Wall und grenzt sie mit der sie emporhebenden Erderhöhung des Michaelsberges gegen den benachbarten Dom und die nahegelegenen Barockpaläste ab.

Ich nehme es als Zeichen ihrer Zugehörigkeit zur lebenden Zeit, daß in dem Augenblick, da ich mich der alten Kirche näherte, sie mit dem Geläut der Glocken ihre Stimme erhob. Der Einlaß zur Besichtigung wollte dann freilich nicht sogleich gelingen, denn der mit der Fremdenführung beauftragte Geistliche gedachte mich zurückzuhalten mit dem Bemerken, er habe diesen Tag bereits zwölf Führungen gehabt, jedesmal fünfundzwanzig Minuten sprechen müssen, nun sei er es müde. Schließlich ließ die Führung sich aber doch noch einrichten, da ich nicht der einzige späte Besucher blieb.

Sobald die Kirche uns aufgenommen hatte, ward das Gefühl mächtig, aus unserem Jahrhundert in eines der weitentfernt liegenden zurückgekehrt zu sein. In der Turmhalle eine gotische Kreuzigungsgruppe aus dem 15. Jahrhundert, auffallend, weil Christus an den Lebensbaum geschlagen ist, denn das Kreuz ist in der Form des Lebensbaumes nach der Lebensrune Y gestaltet. Im frühromanischen Langhaus, dem ein steiles Dach aufgesetzt ist, gotische Figuren aus der Zeit um 1500, unter ihnen die einzige spätmittelalterliche Darstellung der heiligen Lioba, der Gefährtin des Bonifatius. Im nördlichen Seitenschiff eine »Armenbibel« des 13. Jahrhunderts, eine Steintafel, die in Bildern die Leidensgeschichte Christi berichtet, ohne Worte erzählt für Menschen, die weder lesen noch schreiben konnten. Außer dieser ist nur eine zweite ihrer Art erhalten und in Fritzlar zu sehen. Es drängt sich der Gedanke auf, daß die Comic Stripes späte und sehr weltliche

Nachfahren sind, Bildergeschichten für arme Leute im 20. Jahrhundert, die zwar lesen und schreiben können, aber es nicht wollen. Einer der Altäre (das erwähnt ein gedruckter Kirchenführer) wurde 1507 von dem Erfurter Weihbischof Johannes Laasphe von Bonemilch konsekriert, wenige Tage bevor er im Erfurter Dom den Augustinermönch Martin Luther zum Priester weihte. Alles tritt hier aber zurück hinter dem Raumeindruck, der vom Herzen des Kirchleins ausgeht, seiner Rotunde, die sich so zeigt, wie sie um 820 unter Abt Eigil gebaut wurde, getragen von acht im Kreis errichteten Säulen mit bemerkenswerten, durch Ornamente verzierten Kapitellen. Und dies ist das Wunderbare des Ursprünglichen: Die Säulen sind ohne Statik dahingestellt, sie wurden nicht ausgerichtet, sie neigen sich, sie sind nicht dem Gleichmaß regelmäßigen Abstandes unterworfen; von wo man auch auf sie blickt, immer sind sie alle zu sehen, keine tritt der anderen in den Weg.

Eine Treppe führt in das Unterirdische hinab, in die Krypta. Dort ist noch das 9. Jahrhundert; nichts vernehmen wir um uns als diesen letzten Klang karolingischer Zeit. Denn zweifelsfrei, dies hat die Kunstwissenschaft nachgewiesen, treffen wir die Krypta an, wie sie unter Eigil gebaut wurde. Niedrige Einlässe in niedrige Gänge, einen Meter fünfundsechzig hoch nur, kaum mehr als mannsbreit; wir kriechen fast hindurch. Als Mitte eine kurze, starke Säule – diese eine Säule trägt auf ihrem jonischen Kapitell das runde, den Raum umschließende Gewölbe; sie trägt die gesamte runde Kirche. Es wird uns erzählt, wie von dieser einen Säule die dem Gotteshaus zugeschriebene Sinngebung sich ableite, so, wie schon der Mönch Candidus (mit seinem weltlichen Namen Bruun, gestorben 845) es aufgezeichnet hat, in Prosa und im Vers. »Mit diesem Gebäude wird etwas Großes angedeutet; es wird unter der Erde, wo sich eine geräumige Gruft befindet, durch eine in der Mitte stehende Säule, an welche sich zu beiden Seiten Bögen anschließen, getragen, oberhalb aber ruht es auf acht Säulen und wird an der Spitze durch einen einzigen Stein abgeschlossen. Der Urheber und Erbauer dieses Gebäudes ist Christus Jesus, nämlich die Grundlage und die immer unerschüttert bleibende Säule der ewigen Majestät. Die acht Säulen, welche in diesem Tempel des Herrn stehen, bedeuten passenderweise die acht Seligkeiten, welche der Herr selbst im Evangelium zusammenfaßt, da-

mit jeder, der diese acht Aussprüche Jesu erfüllt, als Stütze dieser
Kirche angesehen würde. Der Ring der Kirche aber, der kein
Ende hat, bedeutet nicht unpassend das Reich der ewigen Majestät und die Hoffnung auf das immerwährende Leben.« Gesagt
im Versmaß des Candidus, das der Dompfarrer Schleichert im
19. Jahrhundert in das Hochdeutsche übertragen hat, lautet dies:

> Eigil baute daselbst ein zirkelförmiges Kirchlein:
> Wahrlich sehr fromm! Auf einer unterirdischen Kapelle,
> Deren umgängliches Gewölbe auf Einen Pfeiler sich stützet,
> Steigt dasselbe über der Erde prächtig zur Höhe.
> Denn acht Säulen und Bogen tragen das künstliche Turmwerk,
> Dessen Dachung mit Einem großen Steine sich spitzet.
> Eigil dachte die Christen als Gottes lebenden Tempel,
> Dessen Größe auf einer Säule, die Christus ist, ruhet.
> Und als lebende Steine meißelt und ordnet der Glaube;
> Dieser tätig durch Liebe, kittet und fuget an Christum.
> Zweimal vier Säulen bilden schmuck des Heiligtums Hallen.
> Sie bezeichnen, was Christus achtmal selig gepriesen.
> Das Gebäude sollte nur Ein Stein wie gründen auch decken;
> Schönes Bild des Stifters und Vollenders der Kirche!
> Was er hienieden so gnädig begonnen, will er vollbringen
> Droben im Himmel dereinst mit endlos sich häufenden Gütern.
> Dies Letzt're bedeutet die runde Gestaltung des Kirchleins.

Dem Aufenthalt des Mönches Candidus in einer entlegenen
Niederlassung, wo er unter den Mitbrüdern keinen fand, mit dem
er hätte disputieren oder die Schrift lesen können, ist es zu danken, wenn über die frühe Fuldaer Klostergeschichte so viel Ge-
schriebenes erhalten ist, daß die karolingische Zeit in der Krypta
von St. Michael nicht nur in ihren Steinen, sondern auch in ihren
Gestalten greifbar nahebleibt. Denn Abt Hraban, Eigils Nachfolger, antwortete dem Mönch auf seine Klage über die ihm feh-
lende Disputation: »Übe dich selbst im Lesen und füge noch etwas
Nützliches hinzu durch Schreiben.« Hierdurch ermuntert, schrieb
Candidus zwei Bücher über das Leben Eigils, das eine in Prosa,
das andere im Vers. »Ich ließ aber beide zusammenheften, damit
bei der Erzählung eins durch das andere ergänzt würde.«
Es war Sturmius, der Begründer des Klosters, den Bonifatius

seinen Einsiedler nannte, am 17. Dezember 779 gestorben; »als hochbetagter Greis wanderte er in Frieden von diesem zeitlichen Lichte, wie wir glauben, zu dem Lichte, das ohne Ende leuchtet«. Ihm folgte Ratgar, ein strenger Herr, Architekt der gewaltigen neuen Basilika; unter seinem Regiment klagten die Mönche. Sie sandten dem Kaiser eine Beschwerde, und als diese ohne Antwort blieb, verließen sie allesamt das Kloster. Darauf rührte sich auch die kaiserliche Verwaltung; zwei Sendboten überbrachten den Mönchen die Erlaubnis, sich einen neuen Abt zu wählen.

Candidus, in einiger Breite berichtend, vermittelt eine Vorstellung, wie der Wechsel vom Regiment der harten Hand Ratgers zu dem Eigils, des »wahren Vaters«, sich vollzog, nach nicht geringen Meinungsverschiedenheiten in den Ansichten vor der Wahl. »Wen die eine Partei verlangte, den verwarf die andere, und bei all diesem Hin- und Her-Reden wurde immer die Rücksichtslosigkeit des verlorenen Abtes als Beispiel aufgestellt.« Schließlich fiel die Wahl auf Eigil »wegen der Reife seines Alters und noch mehr wegen der Würde seines Wandels« – Eigil schien ihnen standhaft und sehr verständig, hart und streng gegen die Zuchtlosen, aber sanft gegen die Sanften und, was sie für eine seiner Tugenden hielten, er »hörte gerne den Rat der Brüder und pflegte sich oft mit ihnen zu unterreden, weil er den Ausspruch kannte: Tu Alles mit Rat«.

Auch die »dem heiligen Michael und den übrigen Engeln« geweihte Kapelle, dieses bescheidene Kirchlein auf dem Friedhof neben dem von Ratgar begonnenen gewaltigen Gotteshaus, von dem heute nur noch wenige Spuren künden, hat Eigil nicht aus eigener Macht, sondern nach gemeinsamen Überlegungen errichten lassen. Es berichtet Candidus: »Eigil erbaute nach dem Rate und mit Bestimmung der Brüder eine kleine runde Kirche, in welcher die Leichen der verstorbenen Brüder begraben liegen, was man Ruhestätte nennt.« Unsere in den steinernen Gängen der Krypta gesprochenen Worte klingen dunkel, als würden sie in der Enge des Raumes ihres lebendigen Lautes beraubt; ich vernahm daraus die Stimme der fernen karolingischen Welt. Im 11. Jahrhundert, als die Rundkirche zu einer Kreuzeskirche erweitert wurde, ist der innere Kryptaraum mit einem Kranz von Zellen umgeben worden, kahl heute, nacktes Gestein, in die wir den Fuß setzen. Während Kunstbeschreibungen diese Zellen als Begräbnis-

stätten bezeichnen und andere Deutungen der Volksphantasie zu-
schreiben, hörten wir während unseres Rundganges doch von jener Phantasie, nach der die Zellen Kammern von Reklusen
gewesen sind, von Mönchen, die sich aus der Welt für kürzere
oder längere Zeit zurückzogen. Auch der schottische Mönch und
Schriftsteller Marianus Scotus hat hier gelebt und Geschichte geschrieben, wurde gesagt. Mich berührte, daß er mit den Begriffen
unserer Zeit, Schriftsteller und Geschichtsschreiber, vorgestellt
wurde, so als sei er einer von uns. Nach seinen eigenen Angaben
hat er hier unten zehn Jahre in immer der gleichen Zelle ein
gleichbleibendes Leben geführt.

Im Jahre 1058 kam Marianus Scotus nach Fulda, 1069 wurde
er vom Erzbischof nach Mainz gerufen, wo er sein Klausner-
dasein fortsetzte. Seine »Weltchronik«, nach älteren Quellen mit
großem Fleiß bis 1082 geführt, war von den Zeitgenossen sehr
geschätzt und hat einige Nachrichten von lokaler Bedeutung hinterlassen. In der Krypta der Michaelskirche verrichtete er seine
tägliche Andacht an den Gräbern seines Landsmanns Animchadus
und des Abtes Eigil, die hier unten seine toten Nachbarn waren.
Eigil (so berichtet Candidus), »als er erkannte, daß die Zeit seiner Auflösung herannahte«, ließ sich, um sein Gebet zu sprechen,
in die Gruftkirche führen. Darauf nahm er eine Hacke in die
Hand, bezeichnete die Stelle seines Grabes und grub, so weit es
ihm seine Schwäche erlaubte, als der erste die Erde auf. Sein Tod
ist am 15. Juni 822 verzeichnet. Marianus Scotus starb wohl 1086.

Noch stehen in der Krypta, in der östlichen Zelle hinter dem

Fulda, Krypta
der Michaelskapelle

Altar, die Steinsärge Eigils und des Schottenmönches Animchadus; nebeneinander sind sie in den Fußboden eingelassen. Wir
zwängen uns heran, um einen Blick darauf zu werfen. Längst
vergangen alles? Die Welt ist Welt geblieben, wie es den Anschein
hat, wenn wir im Buch des Candidus über jene Zeit geschrieben
finden, was wir auch heute als gültig drucken können: »Denn so
wie wir uns in dieser gefahrvollen Welt gleichsam auf einem
Meere befinden, wo es niemals an Stürmen fehlt und, wenn einmal keiner ist, doch immer die Furcht vor einem solchen besteht.«

Wo die Donareiche stand

DER DOM ZU FRITZLAR

Den schönsten Blick gibt das Tal, aus dem die Straße breit,
offen und automobilbefahren stadtwärts führt. Der Punkt
der schönsten Sicht läßt sich genau bestimmen: in der Ederau,
dort, wo die Spitalsbrücke über den Mühlgraben führt. Der Orts-
prospekt nennt es einen »faszinierenden Blick«. Es ist der Punkt
für die Kamera. Droben die Stadt, auf einem Bergrücken lang
ausgestreckt. Mit ihrer zum guten Teil noch erhaltenen Mauer
und zwölf Türmen, vor allem aber mit dem hochgreifenden Bauwerk des Domes ist ihre Silhouette noch jener auf Merians
Kupferstich von 1646 ähnlich.

Das also ist Fritzlar. Da die Straße sich lang hinzieht, hat, wer
bummelnd zu Fuß geht, Muße genug, sich der Gegenwart mit den
Gedanken an die Vergangenheit zu nähern. Es war ein unvor-
stellbares Reisen damals, als Bonifatius aus Rom mit dem Auftrag
zurückkehrte, in Germanien die christliche Botschaft zu verkün-
den, und als er zu diesem Zweck in das Edertal kam, wo die
Chatten den Gott Donar verehrten, »bei Baum und Quelle im
Freien«, wie ich in einer Schrift von Pater Gallus Haselbeck las.

Es ist jene Geschichte von der Donareiche, die bei Geismar stand, uralt und von den Menschen heilig gehalten. »Um eine rasche Entscheidung zu erzwingen« – mit diesen Worten, wie aus einem neuzeitlichen Kriegsbericht, begründet Pater Gallus den bekannten Entschluß des Bonifatius, die »heilige Donareiche« einfach zu fällen. Der Pater fügt hinzu, was bis heute fortwirkt: »Daß er es ungestraft vollbrachte, war für die Christen eine Bestätigung ihres Glaubens, für die Heiden ein Zeugnis der Ohnmacht Donars. Die Geismartat bedeutete die Bekehrung der Hessen.«

Ist man schließlich an einer Ampelkreuzung von der Straße nach links abgebogen, erreicht man das Herz der Stadt. Sie ist unter den Folgen der »Geismartat« herangewachsen. Zwar nicht ihr frühes, aber ihr mittelalterliches Gesicht konnte sie sich bewahren. Sie zeigt es besonders eindrucksvoll rund um den Markt, einem »langrechteckigen« Platz mit bunten Fachwerkhäusern und auch gotischen Steinhäusern, die im 14. Jahrhundert gebaut wurden, vor den Bürgersteig gerückt der Rolandsbrunnen von 1564 mit steinernem Becken und einer aus seinem Wasser aufsteigenden figurenreichen Säule und dem Roland mit erhobener Standarte obenauf. Vom Markt gehen strahlenförmig die Straßen aus, so, wie die Stadt nach der Zerstörung einer älteren Siedlung im Sachsenaufstand neu angelegt wurde. Sie war unter die Herrschaft der Mainzer Erzbischöfe gekommen, wohl schon 1066, und das prägt sie noch heute. Fritzlars Stadtgeschichte verzeichnet jahrhundertelange Auseinandersetzungen zwischen Kurmainz und den Landgrafen von Hessen, in denen das Erzbistum sich diesen Stützpunkt auf dem Weg zu seinem Besitz im Eichsfeld bewahren konnte: heute eine katholische Enklave in einem mit der Reformation protestantisch gewordenen Umland.

Vom Markt sind es wenige Schritte durch den schmalen Gang einer Gasse zu der Stiftsfreiheit mit dem Dom St. Peter; das geistliche Leben einst zu Hause in den ihm benachbarten Kurien. Eine Rekonstruktion des mittelalterlichen Stadtplanes enthält hierzu den Vermerk: vor 800. Westlich schließt sich der Pfalzbereich an, mit dem Zusatz: vor 1000. Dieser geschichtliche Boden ist heute ein weitläufiger Platz mit altem Baumbestand und gärtnerischen Anlagen, aber auch Verkehrsstraße und Parkplatz. Der Dom selbst: Gebaut am Ausgang des 12. Jahrhunderts, mit einem spitz hinaufgreifenden, sechsgeschossigen westlichen Turmpaar, vor das

nach 1232 die für diesen Bau charakteristische Halle gesetzt
wurde, ein von Romanik und früher Gotik geformtes »Paradies«.
Die Türme verbindet ein Zwischenbau und gibt eine Westfassade
von Kraft und Ruhe, wie sie die Romanik verströmt. Die Turm-
helme sind 1873 aufgesetzt worden. Anders das Bild von Osten
her. Da verwinkeln sich steile Dächer ungleicher Anbauten; ja,
der Meister Hofert hat auf die nördliche Nebenapsis des 12. Jahrhunderts im Jahr 1560 unbekümmert ein Fachwerkgeschoß gesetzt. Daneben die als Fünfeck herausragende Hauptapsis, freundlich gelockert durch eine Zwerggalerie ähnlich jener, die der Dom
zu Worms zeigt. Werkleute der Wormser Bauhütte waren es
hauptsächlich, die diese Kirche als dritten Bau auf den Grundmauern von zwei Vorgängerinnen und unter Verwendung erhaltenen Bestandes so errichtet haben, wie sie noch zu unserer Zeit
gehört.

Es ist eine dreischiffige Gewölbebasilika mit einem Querhaus,
deren Südseite durch ein viertes Schiff erweitert wurde. Der romanische Bau, im nördlichen Schiff schwer auf der Erde ruhend,
vereinigt sich mit den himmelanstrebenden gotischen Stilelemen-
ten im südlichen Schiff und der barocken Ausstattung. In Wulst-
kapitellen, Überfangbögen und zwei in der Westwand auf Säulen
übereinander gestellten Drillingsarkaden erkennt die Kunstwissenschaft wormsisch-oberrheinisches Schulgut und Zusammen-
hänge mit dem romanischen Dom von Osnabrück und der Stiftskirche von Oberkaufungen, die Kaiser Heinrich II. bauen ließ.
Christus herrscht mit dem Triumphkreuz, das zwanzig Jahre
nach ihrer Fertigstellung in die Kirche kam: Das Kreuz romanisch mit den dafür charakteristischen Quadraten an den Balken-
enden, der Corpus des Heilands jedoch so, wie ihn die Gotik
empfand; es ist der leidende Christus, der sein Haupt schmerzvoll
neigt. Der steinerne Altartisch am Hochaltar ist noch aus der Bauzeit. Romanisch sind vor dem Hochaltar die steinernen Altar-
tische des Peter-Paul-Altars und des Dreifaltigkeitsaltars mit
Aufbauten aus dem 17. Jahrhundert. Ein zierliches Sakraments-
häuschen des 14. Jahrhunderts, mittelalterliches Chorgestühl,
spätgotische Gemälde, eine barocke Kanzel, ein Sakramentshaus
des westfälischen Meisters Bernd Bunekemann, gegen 1524 aus
Kalkstein geschaffen, aber Holz vortäuschend und bis zum Ge-
wölbeansatz emporstrebend – es ist viel alte religiöse Kunst in der

Ausstattung. Manches hat seine Geschichte wie der gotische Flügelaltar im südlichen Seitenschiff, der im Hühnerstall eines Gutshofes bei Karlshagen unbeachtet lag, bis er 1880 erkannt wurde. Die Himmelskönigin, vor der die Kerzen angezündet sind, ist als barocke Figur 1724 vom Meister Johann Neudecker d. J. für den Pfarraltar geschaffen worden. Ein Diakon aus Stein, aus dem 13. Jahrhundert, trägt das Lesepult, und da er lebensgroß und lächelnd am Umgang des Kirchenbesuchers steht, verlockt er, in sein Buch zu schauen und zu lesen, was da aufgeschlagen ist. Ich las zum 14. Sonntag nach Pfingsten, was Paulus an die Galater geschrieben hat, 5,16-24: »Ihr dürft also nicht alles tun, was ihr wollt.« Der Apostel meint die Gelüste des Fleisches, denen er die Taten des Geistes entgegenstellt, die Liebe, die Freundschaft.

Unsichtbar, doch mit den Erkenntnissen wissenschaftlicher Forschung vorstellbar, ist das Älteste dieses Domes. Es ruht verborgen in seinem Boden, unter dem Steinbelag des Kirchenschiffes, man geht auf einem roten Teppich im Langhaus darüber hin. Grabungen bei Restaurierungen 1916 und bei dem Einbau einer Fußbodenheizung 1970 haben Mauern freigelegt, die zu dem Ursprung gehören, der Niederlassung des Bonifatius. Zuerst baute Bonifatius ein kleines Kirchlein aus dem Holz der geschlagenen Eiche. Schon dieses Oratorium des Jahres 723 weihte er dem heiligen Petrus. Er siedelte, damit die Mission betrieben werde, beim Gotteshaus eine Gemeinschaft von Klerikern an und gab ihnen seinen Gefährten Wigbert zum *presbyter*. Wigbert ersetzte die hölzerne Kapelle durch ein steinernes Haus. Als Bonifatius dieses 732 weihte, sagte er scherzend zu Wigbert, was dann in den fränkischen Reichsannalen als seine Prophezeiung fortlebte: »Diese meine Kirche wird immer vor Feuer behütet bleiben.« Man glaubte es in Erfüllung gegangen, als 774 die Sachsen in ihren Kämpfen mit Karl dem Großen Fritzlar verwüsteten, die Kirche aber von Feuer nicht ergriffen wurde. Noch einmal fielen die Sachsen über Fritzlar her, in ihrem Aufstand gegen Kaiser Heinrich IV. Dreihundert Jahre waren inzwischen vergangen, man schrieb 1079, und diesmal brannte auch die Kirche. Also ein Neubau: die zweite Kirche an dieser Stelle, die nach hundertfünfzig Jahren in der Fehde zwischen dem Mainzer Erzbischof und den Schwägern der heiligen Elisabeth von dem thüringischen Landgrafen samt der Stadt in Schutt und Asche gelegt wurde. Man schrieb

1232. Der dritte Bau, das ist die heutige Kirche, wurde sogleich begonnen. In ihn konnten die zwei Türme bis zum fünften Stock und die sie verbindende zweigeschossige Halle übernommen werden, auch Mauern des Querschiffes, des nördlichen Seitenschiffes und der nördlichen Nebenapsis; darunter die Krypta. Was die Grabungen 1916 und 1970 für eine Weile an den Tag brachten, sind Mauerteile des ältesten Steinbaues, die ein gelblicher Mörtel zusammenhält, und des vermutlich zweiten Kirchbaues. So jedenfalls sind sie in den Grundriß eingezeichnet, wenn auch die wissenschaftliche Deutung von einer endgültigen Zuordnung absieht. Kein Zweifel aber, daß auf diesem gleichen Boden seit der Zeit des Bonifatius das Gotteshaus steht, das aus dem Kirchlein vom Holz der Donareiche zu dem heutigen, nun jahrhundertealten Dom herangewachsen ist, umgeben von einer Stadt, die ihm ihre Entwicklung verdankt und nicht vergaß, 1974 als das Jahr ihres 1250jährigen Bestehens festlich zu begehen.

Es war mir eine vergnügliche Vorstellung, wie diese frühe Geschichte gewissermaßen unter dem roten Teppich liegt, der im Dom den Gang des Langhauses bedeckt. Vergnüglich auch, was man sich von Einhard erzählt, Karls des Großen Vertrautem, der um 830 Ansprüche an das zu fränkischem Reichsbesitz gewordene Fritzlarer Kloster hatte. Warum er eigentlich, so schrieb er dem dortigen Vicedominus, dieses *beneficium* innehabe, wenn er keinen größeren Nutzen daraus haben könne, als ihm bisher zuteil geworden. Er (der Vicedominus) habe Brot- und Braugetreide, das er nach Seligenstadt habe liefern sollen, nicht geschickt, und im übrigen habe er nur dreißig Schweine, die nicht einmal fett, sondern nur mittelmäßig waren, und drei Scheffel Hülsenfrüchte abgeliefert. Während dieses Geschichtchen aus dem menschlichen Alltag (und ein jeder wollte leben und möglichst gut leben, der große Einhard nicht ausgenommen) mitsamt der Klage über das Gewicht der Schweine (wie sie noch heutigentags zu den Gesprächen hessischer Bauern gehört) getreu überliefert wurde, so ist doch das größte geschichtliche Ereignis an diesem Ort nur unzulänglich aufgezeichnet worden: die Erwählung des Herzogs Heinrich von Sachsen zum König, im Jahr 919, hier zu Fritzlar.

»Herr Heinrich sitzt am Vogelherd ganz froh und wohlgemut« – in Quedlinburg, wo noch eine Gasse »Am Vogelherd« heißt, soll es gewesen sein, daß die Boten ihn beim Vogelfang trafen und ihm die Königskrone boten. »Herrgott, du gabst mir guten Fang!« Das ist die balladeske Legende. Die Geschichtsquellen sagen wenig aus, wie dieses für das Werden des Reiches so bedeutsame Ereignis vor sich ging. Hier zu Fritzlar geschah es. Gemeinsam berichten die Chronisten, daß König Konrad I., als er sich dem Tod nahe wußte, Herzog Heinrich der Krone für würdig hielt und ihn als seinen Nachfolger vorschlug. Eine aufregende Wende! Denn der karolingische Franke tritt die Herrschaft einem Sachsen ab, die Besiegten übernehmen in der Führung die Stelle der Sieger. Herr Heinrich war nach Verhandlungen zwischen den Großen der Stämme bei der Zusammenkunft in Fritzlar bereits im Besitz der Symbole des Königs, von Krone und Insignien; es kam mehr darauf an, ihn vorzustellen als zu wählen. Thietmar von Merseburg spricht von Krönung, aber Widukind weiß davon nichts und berichtet nur, daß der neue König vom Bruder des alten Königs, Eberhardt, vorgestellt worden sei: »allem Volke der Franken und Sachsen«, und daß die Menge jubelnden Beifall gab. Es war ein Akt weltlicher Erhebung: nicht aus der Hand eines Bischofs empfing Heinrich die Königskrone, und es nimmt nicht wunder, daß im Klerus lange über Heinrichs Verweigerung der kirchlichen Salbung gesprochen wurde. Otto von Freising, der bayerische Bischof und Geschichtsschreiber, schließlich sagt zu diesem Tag von Fritzlar in seiner Chronica: »Von da an rechnen manche nach dem Reich der Franken das der Deutschen.« Wir wissen nicht mehr, wo sich dies in Fritzlar zugetragen hat, doch wird dafür der Platz westlich des Domes und der Vorgängerbau des Domes selbst in Frage kommen.

Steigt man in die Unterkirche hinab, kehrt man in das Steingehäuse des 12. Jahrhunderts ein. Mehrere Krypten fügen sich an- und übereinander. Unter dem Hochchor die dreischiffige Hauptkrypta, ihr Gewölbe getragen von je sechs Säulen in zwei Reihen, das vordere Säulenpaar von einem Wormser Werkmeister nach 1171 geschaffen, die anderen noch von dem nach 1085 geweihten Bau. Hier ist nach der Restaurierung im Jahr 1963 wieder kirchliches Leben eingezogen, die Krypta wurde zur »Wochentagskapelle«. Man blickt auf das Hochgrab Wigberts: hinter dem Altar unter einer Fensteröffnung. Während der Restaurierung fand man darin in einem Bleibehälter Gebein mit Resten von Stoff und Kräutern. Über dem Grab stellt ein Relief den Heiligen sitzend mit dem Modell seiner Kirche dar. Durchgänge und Treppen führen in die Nebenkrypten, deren eine nun als Beichtkapelle dem Bekenntnis gegenwärtiger Sünden dient: ein viereckiger Raum mit sechs Kreuzgewölben auf zwei gedrungenen romanischen Säulen. Er gehört zu dem ältesten Teil der Kirche. Einem gotischen Schmerzensmann ist aufgetragen, die Beichtenden der Buße geneigt zu machen. Im Kreuzgang, im Stiftssaal und in einer Schatzkammer ist ausgestellt, was die Jahrhunderte an kirchlicher Kunst zusammengebracht haben. Der Überlieferung nach ist das kostbarste Stück aus der Zeit, in der Fritzlar ein Ort der Versammlungen von Reichs- und Kirchenfürsten, von Reichstagen und Konzilien war, das Kaiser-Heinrich-Kreuz, ein mit Edelsteinen, Perlen, griechischen und römischen Gemmen und Bergkristall besetztes Kreuz mit einer »Partikel des Kreuzes Christi« – der heilige Kaiser Heinrich soll es der Kirche vermacht haben, als er 1020 in Fritzlar an einem Provinzialkonzil teilnahm. Eine Treppe führt in das »Lapidarium« hinab. Hier »im Keller« ist aller Glanz erloschen, es herrscht Düsternis, hier steht der leere Steinsarg Wigberts neben Steinsärgen des 8. und 9. Jahrhunderts. Auch die Totenleuchte des 15. Jahrhunderts bringt kein Licht mehr hierher.

Ich verweilte bei dem Dom den Tag über und auch noch am Abend. Am Tag umflogen ihn ein, zwei Schwalben, der Not ausgesetzte Geschöpfe in jenem Herbst mit früher Kälte, der ihnen den Flug über die Alpen verwehrte. Abends dann brannte an der Turmspitze ein rotes Licht, ein Markierungszeichen für die Flugzeuge. Die Turmuhr schlug sechs. Die Glocke begann zu läuten. Ein Falke schreckte auf und flog von seinem Schlafplatz im Gemäuer, doch beruhigte er sich und kehrte in den Schutz des Gesteins zurück. Der Kaplan, der im Dom eine Gruppe von Kurgästen aus dem nahen Bad Wildungen führte, ließ mich durch einen Satz aufhorchen: »Bonifatius bemerkte die geistige Macht, die von dieser Eiche ausging.« Darum fällte er sie und glaubte ihre Macht damit ausgelöscht. Ist sie ganz erloschen? Wo die Donareiche gestanden haben soll, steht wieder eine junge Eiche, gepflanzt als Nachfolgerin einer jahrhundertealten Eiche – und welches Baumes Nachfolgerin war diese? Den Germanen war der Baum heilig. Die Donareiche lebt fort in den Gedanken der Menschen.

Von einem wüsten Ort

Als Bonifatius an den Ort kam, an dem er die Donareiche fällte und mit dem Bau einer Kirche aus ihrem Holz die Gründung der Stadt Fritzlar einleitete, fand er in der Nähe eine Schutzburg des Frankenreiches vor, eine mächtige Anlage für die damalige Zeit, von strategischer Bedeutung im Grenzsaum gegen das Sachsenland. Bonifatius bezeichnete sie als *oppidum*, Stadt, ein nicht ganz treffender Vergleich mit den volkreichen Römerstädten in Germanien nach der Meinung der heutigen Wissenschaft. Aber von nicht wenigen Menschen bewohnt war die befestigte und weitläufige Siedlung dennoch. Schon der Name läßt darauf schließen: Büraburg, abgeleitet aus dem althochdeutschen bur für Haus, als Häuser-Burg zu deuten. Dieser in den karolingischen Schriften des 8. und 9. Jahrhunderts zu findende Namen hat sich bis heute, über zwölfhundert Jahre hin, erhalten. Von Fritzlar aus gesehen, liegt sie jenseits der Eder.

Der Büraburg bediente Bonifatius sich, als er sich anschickte, im Lande der Hessen und Thüringer seine Mission zu beginnen. In seinem Brief an Papst Zacharias taucht im Jahr 742 der Name der Burg zum erstenmal auf: »Wir müssen auch Eurer Väterlichkeit mitteilen, daß wir für die Völker Germaniens drei Bischöfe bestellt und die Provinz in drei Sprengel eingeteilt haben.« Er nennt Würzburg, Erfurt und »die Stadt, die Buraburg heißt«, in *oppido quod nominatur Buraburg.* Eine Nachricht, die heute Schlagzeilen machen würde, denn mit dem Sitz in der Büraburg hatte Bonifatius das Hessenbistum gegründet, grenzend im Westen an das Bistum Mainz, im Süden an Würzburg und im Osten an Erfurt. Dies bleibt als Geschichtsakt von Bedeutung, wenngleich Bonifatius schon nach wenigen Jahren das hessische Bistum wieder aufhob und mit Mainz vereinte, wo er mittlerweile Bischof geworden war. Der nunmehrige Mainzer Bischof Bonifatius mußte es hinderlich empfinden, wenn ein selbständiges Hessenbistum sich zwischen den Mainzer Sprengel und die Gebiete der

Sachsen und Thüringer schob, deren Bekehrung sich Bonifatius bis an sein Lebensende angelegen sein ließ. In dieser Entscheidung lag freilich auch der Kern langer Auseinandersetzungen, denn nachdem das Erzbistum Mainz sich in den hessischen Raum ausgeweitet hatte, stieß es auf die Gegnerschaft der aufsteigenden Landgrafschaft: ein jahrhundertelanges Ringen, das unvergessen mit vielen Kämpfen die Landesentwicklung beeinflußt hat.

An einem Tag, an dem ich im Fahrtenbuch vermerkte: Sonne!! und die zwei Ausrufungszeichen setzte, besuchte ich den Büraberg. Eine schier endlose Regenzeit sah ich durch das plötzliche Hervorkommen des Gestirns zu Ende gehen, während ich im Hochzeitshaus weilte, einem Großbau des 16. Jahrhunderts, das jetzt als Museum dient. Der Kastellan beschrieb mir den Weg nach Büraberg. Den Dom im Rücken, bog ich in die Ritterstraße ein und stieg die Stufen des Ziegenberges hinab, warf dem am Ortsausgang stehenden Winterturm einen Blick zu, in dessen Nachbarschaft der Stadtplan die Bezeichnung *valva hospitalis 1280* trägt, ging weiter die autobefahrene Straße, die als »mittelalterliche Wegespur« verzeichnet ist, las »Am Siechenrasen«, überschritt den Mühlgraben auf der Hospitalbrücke, hatte nun zur Linken das Heilig-Geist-Spital von 1308 und erreichte schließlich die Ederaue. Dem Fluß folgend, kam ich an den Fuß des Büraberges. Die lebhafte Autostraße war dort zu überqueren, dann ging es durch Laubwald auf erdigem Weg allmählich bergan.

Der Büraberg ist eine Anhöhe über der Eder, die nach Norden und Süden mit Steilhängen etwa hundert Meter abfällt, nach Osten hingegen sich zunächst allmählich senkt, dann aber doch abstürzt. Nur nach Westen hin läuft ein Sattel, der in Kriegszeiten verwundbar machte. Diese Lage mit dem großen Gipfelplateau hatte in karolingischer Zeit zur Anlage eines *castrum* verlockt, eines Stützpunktes in der Zeit des nach Osten ausgreifenden Frankenreiches und seiner Kämpfe mit den noch heidnischen Völkerschaften. Ausgrabungen in den Jahren 1926 bis 1931 und 1967 bis 1973 lassen auf das Aussehen der Burg schließen: von unregelmäßiger Gestalt in der Form einer Birne, in der Ostwestrichtung 340 Meter lang, in der Nordsüdrichtung bis 300 Meter breit, eingefaßt von einer elfhundert Meter langen Mauer. Mehrere rechteckige Türme, breite und tiefe Spitzgräben, streckenweise ein dreiteiliges Grabensystem, dienten der Sicherung.

Für das Innere haben die Grabungen viele Häuser nachgewiesen: ebenerdige Pfostenbauten, Holzbauten auf Steinfundamenten und Fachwerkhäuser. Eine Kirche, wie sie Witta, der von Bonifatius eingesetzte Hessenbischof, als Bischofskirche besaß, stand vermutlich an dem gleichen Platz, an dem heute eine Kirche des 13. Jahrhunderts steht, mit einem für das Jahr 1000 datierten Triumphbogen zwischen Schiff und Chor als ältestem sichtbaren Bauteil. Wittas Bischofskirche war der irischen Fürstin Brigida geweiht, Patronin der Bauern und des Viehs, 529 gestorben. Man hatte an jenem Platz wohl schon eine Kirche vorgefunden, gebaut vor 742. In ihr wird die erste Kirche in Hessen gesehen, die »Urkirche«, die noch des befestigten Schutzes vor dem heidnischen Sachsenvolk bedurfte. Die heutige Kirche ist Kapelle in einem Friedhof, der Totenehrung dienend in der Nachfolge der Wallfahrtskirche.

Den mit dem Gold des Herbstlaubes bestreuten Waldweg hinangestiegen, erreichte ich die Büraburg bei ihrem Südosttor, nahe der Zwölften Station des Leidensweges Christi, über den noch alljährlich die Prozession zieht. In der Südostecke ist die Burg früher Christen am weitgehendsten erschlossen. Der Wanderer findet auf einer Tafel verzeichnet, was die Grabungen ermittelt haben. Hier stand das dritte Tor, das nur einen schmalen Durchlaß gewährte. Dem Zufahrtsweg wurde durch zwei Gräben ein gewundener, das Eindringen erschwerender Verlauf aufgenötigt. Ein nahegelegenes zweites Tor flankierte den engen Torweg. Für den Bereich des Südosttores wiesen die Grabungen eine dichte Bebauung nach, geschützt durch anfänglich einfachere und später erweiterte Befestigungen. Pfostenlöcher und Feuerstellen lassen in Reihenhausbauweise gesetzte Häuser nachweisen, jedes Haus mit zwei Räumen und Wänden aus Pfosten der Eiche und Rotbuche, verbunden durch Flechtwerk. Ein etwa drei Meter breiter Schotterweg führte an der Schmalseite, an den Türen, vorüber. Nach Aufschluß des Grabungsbefundes wurden diese kleinen Reihenhäuser zu Anfang des 8. Jahrhunderts im gleichen Maßverhältnis gebaut. Ihnen folgten bald einige größere, freistehende Häuser in unmittelbarer Nachbarschaft.

Die zweite Nachricht, die von der Büraburg gekommen ist, folgte der Ersterwähnung nach zweiunddreißig Jahren. Die am fränkischen Königshof geführten Reichsannalen verzeichnen für

das Jahr 774 (das zweite Kriegsjahr in Karls des Großen Sachsen-
kriegen): »Die Sachsen selbst aber fielen mit großer Heeresmacht
ein in die Grenzgebiete der Franken und kamen bis zu einer Festung mit Namen Buriaburg. Aber die Grenzlandbewohner ge-
rieten darüber in große Bestürzung und zogen sich, als sie das
sahen, in die Burg zurück.« Die Büraburg, wiederholt Fluchtburg,
ist nie erobert und mutwillig zerstört worden; eigentlich ist die
Zeit über sie hinweggeschritten, denn mit dem Fortgang der Jahrhunderte entfiel der Sinn, dort zu wohnen. Der Ort wurde durch
die allmähliche Abwanderung seiner Bewohner verlassen und war
schließlich 1340 »wüst«; nur Pfarrer und Küster hielten noch bis
in den Anfang des 17. Jahrhunderts aus. Was blieb und in der
Erde gefunden wurde, das war Besitz der Bewohner der Büraburg zur karolingischen Zeit, Werkzeug, aber auch Schmuck: Messer, Scheren, Schlüssel, Meißel, Nägel, Nadeln, Lanzenspitzen,
Pfeilspitzen, und dann, was sie der Schönheit willen liebten: silberne Gürtelbeschläge, Glasperlen mit farbigen Fadeneinlagen,
eine Mosaikperle mit Schachbrettmuster, ein vergoldetes Teil vom
Pferdezeug, eine Heiligenfibel aus Email mit bunter Glaseinlage.

Das Menschendasein – im Hochzeitshaus, dem Museum, ist es
an mir vorübergezogen. Ich sah es als Vorspiel zu meiner Wan-
derung nach der Büraburg. Jahrhunderte vor des Bonifatius Zeit
lebte schon der Hund, dessen Skelett in einem gläsernen Sarg
liegt, bei ihm noch der Rinderknochen, der ihm mit in das Grab
gegeben war. »Es muß der Hund eines Vornehmen gewesen sein,
vielleicht eines Fürsten«, meinte der Kastellan. Der Hund verließ
mich nicht. In den Gedanken begleitete er mich auf dem Weg
nach dem Büraberg, dieser wohl älteste Hund der Welt. Bismarck
sagte einmal, unsere deutschen Vorväter hätten eine freundliche
Religion gehabt, sie glaubten, sie würden nach dem Tode in den
himmlischen Jagdgründen alle die guten Hunde wieder antreffen,
welche ihre treuen Gefährten im Leben gewesen waren – er
wünschte, er könnte das glauben. Solchen Glaubens war vielleicht
auch der merowingische Krieger des 7. Jahrhunderts, dessen Skelett nahe dem Hund im Glassarg liegt, ihm beigegeben seine
Waffen.

Das Leben, wie im Museum zu verfolgen, ist weitergegangen.
Kurfürstliche Gnaden schrieben Lehnsbriefe aus und vergaben
Burgen und Höfe, wenn sie frei wurden, zu »echten Mannlehen«.

In einem Liederbuch des 15. Jahrhunderts las ich die Verse: »Ek enweyt wes ik vroude hen / doch hebbe ek guden mod – ich weiß nicht, warum ich mich freue, doch so habe ich guten Mut.« In ein Buch des Jacobus de Voragine schrieb jemand: »Elisabeth hat die Macht, den Eheleuten Vertrauen zu schenken, weil sie selbst als Ehefrau Wunder tat. Was die Natur vorenthielt, vermag sie zu gewähren.« Die Handwerksgesellen erhielten ihr Wanderbuch, das ihnen erlaubte, zu wandern, wohin sie wollten, »mit Ausnahme der Schweiz, Belgien und Frankreich«. Dann die vielen Gegenstände des täglichen Gebrauchs, Zeugnisse, wie beschwerlich der Mensch noch bis in die jüngste Zeit lebte. Ich besah alles inmitten einer Schulklasse halbwüchsiger Mädchen. Da diese die Gerätschaften nicht erkannten, mit denen noch ihre Großmütter sich im Haushalt abplagten, rief ihnen die Lehrerin schließlich zu: »Ihr seid armselige Kinder, ihr wißt nichts mehr!«

Ich verweilte auf dem Büraberg, bis die Sonne sank. Es war »so still und feierlich«. Die Natur hat mit Wald und Feld von der karolingischen Ansiedlung Besitz ergriffen. Eine von Laubgehölz eingefaßte weite Lichtung ist jetzt das einst dichtbesiedelte Geviert um das Südosttor. Ein paar Mauerzüge hier und da, zum Teil bei den Ausgrabungen bis zu wenigen Metern Höhe neu aufgestockt, damit sie über der Erde davon künden, was hier gewesen. Der Lageplan spricht für sie auch zu denen, die ohne Führung suchen. Ein paar Rehe, durch mein Nahen gestört, springen ab; ich sehe ihre weißen Spiegel in das Holz wippen.

Gloria Teutoniae

DIE ELISABETHKIRCHE ZU MARBURG

Die Geschichte jener Kirche zu Marburg, die ihren Namen nach Elisabeth, Landgräfin von Thüringen, führt, beginnt mit dem aus den Chroniken bekannten »Krieg zu Wartburg«. Diesen Sängerkrieg als Schiedsrichter zu schlichten, war Niklas Klingsor aus Ungarn nach Eisenach gerufen. Er war Vorsteher der Bergwerke des Königs der Ungarn und in diesem Amt mit Silber hoch bezahlt. Zugleich war er Minnesänger und Schwarzkünstler. Auf der Wartburg, wenn es auch mühevoll war, vermochte er die im Liede streitbaren Poeten zu versöhnen, las aber auch »als er die Sterne beschaut mit großem Fleiß« aus den Gestirnen, was sich in der Thüringischen Chronik des Kanonikus an der Marienkirche zu Eisenach Johann Roth um die Wende des 14. zum 15. Jahrhundert so anhört:

Er sprach »wisset das in dieser nacht
Deme könige von Ugern wird bracht
Ein Dochter auf das erdrich
Der vf erden nicht lebet dr gleich
Die sal diesem fürsten werden gegeben
Und seinem soene zu Ehishem lebenn
Von irer großen tugend vnd heyligkeit
Kommt alle diesem lande seligkeit
zu freuden vnd zu Erenn«
Dyß horten gerne die landisherren
Beyde von Hessen vnd von Duringen
Die doe kaemen zu diesen dingen
Uf das sie ouch den Meister sehen
Und das wunder das dae was gescheen

Wer in Marburg die Elisabethkirche besucht, darf dieser Weissagung beim Wettstreit der »Meyster Synger zu Wartpurg« gedenken, denn die Schriften heben hervor, daß daraus, »wye Klingsor weyssagte von Sanct Elisabethenn geburt«, das ganze Schicksal Elisabeths, Thüringens, der Stadt Marburg hervorgehe.

Dies nun ist geschehen: Im Jahre 1207 wurde dem König Andreas von Ungarn und seiner Gemahlin Gertrud eine Tochter geboren, die sie Elisabeth nannten. Im vierten Lebensjahr legten sie das Kind in eine silberne Wiege, schmückten es mit Krone und Geschmeide und ließen es auf die Wartburg holen, denn es sollte gemeinsam mit Ludwig, dem Sohn des Landgrafen von Thüringen, erzogen und später dessen Gemahlin werden. So geschah es denn auch; sei es, daß die Sterne nicht logen oder die Eltern durch Klingsors Wort dazu veranlaßt wurden. Wie es aber auch gewesen sein mag, was hier in die Welt gesetzt wurde, das wirkt noch hinein in die heutigen Tage.

Ein Frauenleben von nur vierundzwanzig Jahren, und welche Ausstrahlung! Die Chroniken haben schon bald nach dem Geschehen begonnen, von Elisabeth zu berichten, und das setzt sich fort bis in die gegenwärtige Literatur. Da war dieses Kind, schön, sanft, liebevoll und selbst für seine dem Religiösen zugetane Zeit überschwenglich in der Frömmigkeit, gewillt, durch Entsagung und Mildtätigkeit in der Gnade Gottes zu stehen. Die Mutter ihres Verlobten und viele Hofleute, geängstigt durch so viel Weltferne, schlugen vor, sie in ein Kloster zu tun oder heimzusenden nach Ungarn, doch der Bräutigam hielt zu ihr, und sie heirateten, als Ludwig im 21., Elisabeth im 14. Jahre war. Mit vielen Geschehnissen ist dies überliefert: Die schwärmerische Abneigung der jungen Frau gegen die Welt, ihre Lust zur Selbstpeinigung, die verschwenderische Wohltätigkeit, die Klage bei ihrem Vater, daß sie nicht für würdig erachtet worden sei, ihre Jungfräulichkeit zu bewahren. Derart bereitete sich vor, was eintrat, als Ludwig auf dem Kreuzzug der Seuche erlegen war, im achtundzwanzigsten Jahr seines Lebens. Sein Bruder, Heinrich Raspe, nunmehr Landgraf, vertrieb Elisabeth von der Wartburg; ihm war sie »die Närrische«. Es ist herzbewegend überliefert worden: So wanderte sie im Winter, das jüngste Kind auf dem Arme, die andern an der Hand, keine Hilfe findend, dahin. Die von ihr Wohltaten empfangen hatten, verleugneten sie. Die Worte sind mitgeteilt, die sie bei der Nachricht vom Tod des Gemahls sprach: »Ach mir armen trostelosin witwen, ach mir enelendin Frowin, nu troste mich der, der wetwen unde weisin mit synen gnadin nicht vorlessit.«

Erst nach kummervollen Wochen fand Elisabeth Hilfe bei dem

Bruder ihrer Mutter, dem Bischof Ekbert von Bamberg, der sie aufnahm. Und als bei der Beisetzung des heimgebrachten Leichnams ihres Gemahls dem Schwager ins Gewissen geredet war, durfte sie auf die Wartburg zurückkehren. Doch die Burg war nicht mehr der Ort, an dem sie zu bleiben wünschte. Sie ließ sich nach Jahresfrist die Stadt Marburg an der entlegenen Grenze der Landgrafschaft und fünfhundert Mark Silber im Jahr zuweisen, und dorthin begab sie sich. In ihrem Gefolge war außer ihren vier Dienerinnen Guda, Isentrud, Elisabeth und Irmgardis ihr Beichtvater, der Magister Konrad, jener Konrad von Marburg, der von den einen als Morgenstern der Geistlichkeit gerühmt wurde, von dem jedoch der Kaplan Berthold, der ihn kannte, gesagt hat: »Wer kann sagen, ob er des Hasses oder der Freundschaft Gottes werth sei? Alles wird aufbehalten zum ewigen Leben, da es erkannt werden wird.« Dieser Konrad, in der Härte seiner Religiosität ein Ketzerrichter und Hexenverfolger, fand in Elisabeth sein Medium, durch das er nach ihrem Gelöbnis des Gehorsams im Katharinenkloster zu Eisenach offenbaren konnte, wie nach seinen Regeln ein vollkommenes Leben zu führen sei. Elisabeth hat geäußert, daß sie den Meister Konrad sehr fürchte, aber an Gottes Statt. So verbunden war sie ihm, daß Argwohn aufkam, ob denn die beiden, die jung waren, nicht auch in jenem Verhältnis zueinander standen, das für Mann und Frau gegeben ist. Rudolf von Vargel, bekannt durch den Freimut in seiner Sprache, fragte Elisabeth gerade heraus danach. Sie wies ihm ihren Rücken, der war blutig zerfleischt, und antwortete: »Das ist die Liebe, die der heilige Priester und Diener Gottes zu mir dregt, oder mer dardurch mich zu sich zeyhet die Liebe Gots.« Unablässig im Dienst der Armen und Kranken, betend, fastend, lebte Elisabeth, häufig »in frommen Beschauungen vertieft«. Von ihren Einkünften baute sie ein Hospital, das an das von ihr bewohnte einfache Haus grenzte. Nach Franziskanerart trug sie ein graues Gewand von grobem Tuch und verrichtete selbst die häuslichen Arbeiten. Bald war sie am Ende ihrer Kräfte. In der Mitte des November 1231 verschied sie nach kurzem Kranksein, im vierundzwanzigsten Jahr ihres Lebens. Wie die Zeitgenossen sie sahen, beschreibt Ursinus in seiner thüringischen Chronik: »S. Elisabeth war vollkommen an dem Leybe, braun an dem Angesicht und schön, ernst ynn Wandel, zuchtig ynn den Sitten.« In der

Kapelle nahe ihrem Hospital wurde sie beigesetzt, noch im Tode lieblich anzuschauen. Bereits das Jahr 1235 brachte die Heiligsprechung. Zuvor schon war Magister Konrad seiner Ketzerverfolgungen wegen bei Kappel nahe Marburg von einigen Rittern erschlagen.

Der Boden, auf dem Elisabeth lebte, ist heute ein Geviert inmitten der modernen Stadt. Es ist der Raum um die Elisabethstraße, einer breiten Hauptverkehrsstraße mit der Elisabethkirche. Auch die Universität und ihre Kliniken grenzen an. Elisabeth hatte hier in der Niederung der Lahn, unterhalb der am Hang liegenden Stadt, einen Fronhof vorgefunden, zu Füßen zweier Berge, die heute Augustenruhe und Kirchspitze heißen. Es war ein abgeschlossenes, mauerumwehrtes Gelände zwischen dem Ketzerbach und dem Mühlgraben. Ihr Hospital baute sie des reinigenden Wassers wegen an den Graben; die schon verfallende Kapelle des Gutshofes ließ sie als Fachwerkbau erneuern; sie ging als capella modica in die Urkunden ein. So kurz das Leben der Landgräfinwitwe an diesem Ort auch war, kaum länger als zwei Jahre, so unvergänglich erwies sich schon vom Tage ihres Todes an ihr Werk. Es lebte am gleichen Ort fort und wuchs. Im Jahr 1234 wurde ihre Hospitalstiftung durch die thüringischen Landgrafen dem Deutschen Orden übertragen, der sogleich begann, die noch bescheidene Anlage zur Größe zu entwickeln. Er baute sein »Deutschhaus«, neben dem Hospital, bestehend aus Brüderhaus und Komturhaus, Herrenhäusern, Wirtschaftsgebäuden und Stallungen, insgesamt eine von starken Mauern umfriedete Niederlassung. Mitten darin die Kirche, die Kirche St. Elisabeth, die unzerstört diesen Namen Tag für Tag in unseren Alltag ruft.

In der Kunstgeschichte gilt die Elisabethkirche als das Hauptwerk der frühen deutschen Gotik. Am 14. August 1236 wurde der Grundstein gelegt, am 1. Mai 1283 das fertige Gotteshaus geweiht; nur die Türme wuchsen langsamer. Die Bauleute haben aus dem Vorbild der französischen Kathedralen eine eigenständige Hallenkirche entwickelt, die von der Kunstwissenschaft als früheste rein gotische Kirche in Deutschland bezeichnet wird, von maßgeblichem Einfluß auf die weitere Entwicklung der deutschen Gotik. Um die gleiche Zeit, aber schon früher begonnen und nach achtzigjähriger Bauzeit 1290 geweiht, haben freilich die Zisterziensermönche von Walkenried am Harz ihre frühgotische Kirche errichtet, ein gleich großartiges Bauwerk, aber heute nur noch Ruine.

Von der Elisabethstraße, die nahe der westlichen Front der zwei Türme verläuft, führen einige Stufen auf den Vorplatz hinab. Wenige Schritte sind es aus dem Verkehrsgewühl der Gegenwart in die stillere Vergangenheit. Diese ruft auch jene, die vorüberhasten, durch die unübersehbare Muttergottes an, die »jungfräuliche Königin« zwischen Weinlaub und Rosen im Bogen des Portals, ihr zu Füßen zwei Engel, die eine Krone tragen. Dies kunstvolle Portal unter hohem Spitzbogen besitzt noch seine ursprünglichen Beschläge. Strebepfeiler umklammern in gleichmäßigem Wechsel mit den Fenstern den ganzen Bau; auch begehbare Umgänge führen in zwei Höhen wie Galerien am Mauerwerk entlang. Innen ist die Kirche eine dreischiffige Halle, in der noch der Chor durch die steinerne Schranke des Lettners abgeschlossen ist. Rundpfeiler trennen bei gleicher Raumhöhe in rascher Aufeinanderfolge das breite Mittelschiff von den Seitenschiffen; um die Vierung weitet sich das Langhaus in die Querschiffarme und den Chor mit der Sakristei. Ein Christus steht als Kunstwerk unserer Zeit auf dem Kreuzaltar: der Kruzifixus von Ernst Barlach, der 1918 für Soldatengräber im Osten entworfen wurde und 1931 in diese Kirche kam.

Das Querhaus gleicht mit Elisabethchor, Vierung und Landgrafenchor einem Kirchraum eigenen Charakters. Es birgt auch die geschichtlichen Werte und kann nur nach Entrichtung einer Gebühr besucht werden. Im Landgrafenchor befinden sich achtzehn Grabmäler hessischer Landgrafen vor Altären männlicher Heiliger. Es sind schwere, graue Sarkophage, die in zwei Reihen den Boden bedecken. Das schlichte, noch romanische Grabmal des 1240 gestorbenen Landgrafen Konrad, der ein Schwager der Elisabeth war und hier den Deutschen Orden ansiedelte, auch dessen Hochmeister wurde, zeigt den Toten als einen Mann mit breitem Backenbart, gekleidet in ein langes Gewand, in der Hand die Geißel des Büßers. Die Gräber setzen sich fort bis in das 15. Jahrhundert. In der Vierung zwischen Landgrafenchor und Elisabethchor steht noch das dunkle Chorgestühl der Deutschordensritter. Von hier erreicht der Blick den Hochaltar, aus Stein geschaffen, geweiht 1290; ihm zu Seiten zwei Bronzeleuchter des 13. Jahrhunderts, übermannshoch schlank aufsteigend. Und rundum die figurenreichen Glasfenster des 13. und 14. Jahrhunderts, romanisch noch die einen, gotisch die anderen, in vielen Szenen darstellend, was in dieser Kirche in künstlerischer Gestaltung so vielfach wiederkehrt: die Lebensgeschichte Elisabeths und ihr Dienen im Kleid der Armut, »ihre Liebe«. Sie speist Hungrige, spendet Almosen, besucht einen Kranken, kleidet Bedürftige, besucht Gefangene, beherbergt Obdachlose und tränkt Durstige.

Die weihevollste Stätte, an der Elisabeth am gegenwärtigsten scheint, ist der ihren Namen tragende nördliche Querschiffarm. Ein hoher Raum, der heute als Taufkapelle dient. Hier befand sich im Erdreich das Grab der Landgräfin. Denn hier stand die *capella modica,* in der sie beigesetzt wurde. Sie war unter dem Lehmestrich in eine steinerne Umfassung gebettet, überdacht von einem niedrigen Hochgrab. Noch Konrad von Marburg hat diese einfache Kapelle durch ein steinernes Kirchlein ersetzt, das statt des Lehmestrichs einen Plattenbelag als Boden hatte. Es wurde Franziskuskirche genannt, aber schon nach achtzehn Jahren wieder abgerissen, da der Nordchor der gotischen Kirche an seine Stelle trat – eben jener Raum, in dem man sich heute befindet.

Über dem Platz des ursprünglichen Grabes steht jetzt ein hoch aufsteigendes Mausoleum. Verzierte Spitzbogen wölben einen Baldachin gleich einem Himmelsdach über einem Sarkophag, dessen lateinische Inschrift Elisabeth als Gloria Teutoniae preist, als den Ruhm Deutschlands. Ein Relief an der Sarkophagwand stellt dar, wie sie aufgebahrt ist, umgeben von Christus und Maria, dem Landgrafen Konrad, der das Deutschordenskleid trägt, und ihnen zu Füßen Bettlerin und Krüppel und ein an die Kette gelegter Geisteskranker, »die geringsten Brüder Christi«. Ein Engel entführt ihre Seele in den Himmel. Durch drei hohe Fenster, in deren Winkel das Mausoleum steht, fällt Licht auf dieses Denkmal, das nach 1250 errichtet wurde und noch in seinen alten Farben leuchtet; nur der Sarkophag ist um hundert Jahre jünger. Eine Malerei unter einer Kreuzigungsgruppe vom Ende des 15. Jahrhunderts zeigt das größte der weltlichen Ereignisse an diesem Ort: die Öffnung des ersten Grabes und die Neubettung Elisabeths im Beisein des Hohenstaufenkaisers Friedrich II.. Der Kaiser trägt den Purpurmantel, seine Rechte ist erhoben und weist auf Elisabeths Leichnam.

Ein großer Augenblick, jener 1. Mai 1236. Als nach sorgsamer Vorbereitung die Erde und der deckende Stein über der Gruft fortgeräumt waren, erblickten sie Elisabeth. Sie lösten das Haupt ab und legten es in ein Reliquiar. Was vom Körper blieb, wurde in Purpur gehüllt und in einen Bleisarg gelegt. Der Kaiser setzte auf das Haupt der Toten eine goldene Krone; er schrieb am nächsten Tag dem Ordensgeneral der Franziskaner hierüber und rühmte die Heilige als von königlichem Blut. Unter denen, die mit geistlichen und weltlichen Fürsten und unter dem Zulauf vieler Pilger der zuvor angekündigten glanzvoll feierlichen Translation beiwohnten, befand sich auch der Zisterziensermönch Christian von Heisterbach. Heimgekehrt in sein Kloster am Fuße des Siebengebirges, überbrachte er dem Bruder Caesarius, berühmt als Schriftsteller, die Bitte des Deutschordenspriors Ulrich, er möge das Leben Elisabeths beschreiben, und er übergab ihm zur Benutzung hierfür ein Scriptum mit den Aussagen der vier Dienerinnen. Caesarius schrieb dann die *veritate historie servata*, die »wahrhafte Historie« der Heiligen, die für alle Zukunft die bedeutendste Wissensquelle über ihr Leben blieb. Nachdem er selbst nach Marburg gepilgert war, hielt er am 2. Mai 1237 vor seiner Heisterbacher Klostergemeinde auch die nicht minder aufschlußreiche Predigt zum Ruhme Elisabeths, von der es heißt, daß ihre Symbolik das Thema der alten Glasfenster in der Elisabethkirche geworden sei: das Bild der Stadt Jerusalem und ihrer sechs ebenso viele Werke der Barmherzigkeit symbolisierenden Tore. Des Caesarius Predigtgedanken begannen und endeten vor dem Amen mit dem Wort aus Matthäus 5, 14: »Ihr seid das Licht der Welt. Es kann die Stadt, die auf einem Berge liegt, nicht verborgen sein.«

Eine Zeitlang lag Elisabeths Gebein in jenem goldenen Schrein, der für diesen Zweck gleich nach 1235 angefertigt wurde und jetzt in der Sakristei zu sehen ist. Ein Meisterwerk der Goldschmiedekunst. Er hat die Form des Langhauses einer Kirche mit kurzem Querarm, überaus reich geschmückt mit Figuren unter Arkaden, mit Christus, den zwölf Aposteln, der Gottesmutter und wiederum Elisabeth mit ihren Werken. Gerühmt wird der Schrein aus vergoldetem Kupfer auf Eichenholz der Kostbarkeit seines Schmuckes wegen. Er ist mit Perlen, Kameen, Gemmen über und über besetzt. Allein 824 Edelsteine wurden zur Ordenszeit gezählt, viele von den Kreuzzugsrittern als Gabe zur Ehre Elisabeths gestiftet. Jetzt ist dieser prunkhafte Sarg für die im Armutskleid lebende Heilige leer. Elisabeths Gebein wurde im Lauf der Zeiten Teil für Teil als Reliquie verschenkt und auf diese Weise verstreut. Was zur Reformationszeit noch vorhanden war, wurde unter dem Landgrafen Philipp, der sich zu Luthers Erneuerung aus dem Evangelium bekannte, der weiteren Anbetung entzogen. Nach älteren Schriften ist das im Reliquiar in der Sakristei liegende Haupt am Sonntag Exaudi 1539, als der evangelische Gottesdienst eingeführt wurde, unter einem Stein der Kirche begraben worden, unbekannt wo.

So wie das Gebein verstreut wurde, erging es auch dem Schmuck des Schreins, nur hatte das eine den Glauben, das andere die Habgier zur Ursache. Bis in unser Jahrhundert hinein ist der Schrein vieler seiner Kostbarkeiten beraubt worden, nicht ausgenommen eine Kreuzigungsgruppe, die seit 1806 fehlt. Es ist daher verständlich, daß der »goldene Schrein« des Schutzes vor den Dieben unserer Zeit bedarf. Man betritt die Sakristei durch sichernde Türen. Sie ist ein Raum des 13. Jahrhunderts, am Boden kunstvoll mit kleinem, bunten Mosaikgestein belegt, und wie dieses schon der Bauzeit angehörte, so auch seine Farbgebung. Den Schrein schützt ein mit Figuren und Ranken verziertes hohes Gitter, und eine Glasglocke bedeckt ihn, unter der er im elektrischen Licht glitzernd leuchtet. Wer mit Diebsgedanken naht, würde die Alarmglocke auslösen. Nahebei steht vor der Wand eine mannshohe Truhe, ebenso schwer wie schwarz im Holz und mit Eisenband beschlagen, ausgewiesen als Ablaßkasten des 14. Jahrhunderts. Da hinein tat man also das Geld, damit die Seele in den Himmel springt. Auch heute nimmt der Kasten noch Geld auf, doch für einen Zweck, der auch der Elisabeth wohlgefallen würde, denn von der evangelischen Kirchengemeinde ist daran geschrieben: »Wir bauen gemeinsam mit unserer katholischen Nachbargemeinde ein ökumenisches Sozialzentrum. Dafür erbitten wir Ihre Spende.«

Der Gang hierher führt durch den Elisabethchor, und er führt auch wieder durch ihn zurück. Einmal an diesem Ort, vermag man nicht lange genug zu verweilen. Gestühl lädt obendrein zur Meditation ein. Dort, nahe dem Mausoleum, der Grabstein für »Herr Conrad Klos, Landcommenthur«, mit dem Spruch:

»Wann mein Gott will So ist mein Ziel«; es ward ihm gesetzt im Jahr 1638 den 6. Septembris. Mitten im Raum eine große dunkle Glocke: »Um 1320 goß man mich / 645 Jahre läutet ich / Am 30. Dezember 1965 sprang ich / Auf a 2 erklang ich / 82 Zentimeter Höhe meß ich / 47 Kilo wieg ich / Verstummt steh ich hier – doch ich bitt: Menschen vergeßt das Beten nicht.« Und im Fußboden eine Inschrift, die junge Vergangenheit, aber auch noch Gegenwart ist: »Hier ruhten von 1945 bis 1952 die Könige von Preußen Friedrich Wilhelm und Friedrich II.«

Eine Odyssee am Ende des Krieges, die zum Geschichtsinhalt der Elisabethkirche geworden ist. In den Stollen des Salzbergwerkes Bernterode in Thüringen entdeckten am 27. April 1945 Soldaten der amerikanischen Feldgendarmerie hinter einer frisch verputzten Mauer vier Särge, auf die sichtbar hastig zur Kennzeichnung geschrieben war: Friedrich der Große, Friedrich Wilhelm I., Hindenburg, Frau Hindenburg. Die Amerikaner nahmen die Särge mit nach Marburg, wo sie neben Akten und zwei Millionen Büchern der Staatsbibliothek Unterkunft in dem Landgrafenschloß fanden. Im April 1946 gab das amerikanische Außenministerium Anweisung, sie auf angemessene und würdige Weise beizusetzen. Drei Offiziere, Theodore Heinrich, Everett P. Lesley und Francis W. Bilodeau, mit Namen, die auf deutsche, englische und französische Abkunft schließen lassen, wie ich meine, sei diese Zusammenstellung nun Zufall oder Bedachtsamkeit gewesen – diese drei suchten einen würdigen Beisetzungsort und fanden die Elisabethkirche. Die Zeitschrift »Life« wußte dazu in den USA zu berichten, Vertreter der hessischen Regierung hätten gegen die Beisetzung in Marburg protestiert, das Für und Wider habe erst geendet, als die Offiziere, von General Clay unterstützt, sich weiteren Einspruch verbaten. In der Dunkelheit am 19. August wurden die Särge aus dem Schloß in die Kirche gebracht; heimlich, niemand wußte, was geschah, nach der Aussage eines der wenigen Augenzeugen, des Betreuers des Kirchenarchivs, Hermann Bauer. Am 21. August war die »Grabesweihe« im Beisein von Angehörigen des Hauses Hohenzollern und amerikanischer Offiziere. Eine Odyssee, welche die toten Könige später weiterführte auf die Burg Hohenzollern und Hindenburg und seine Frau in der Elisabethkirche zurückließ, für ihre nun wohl endgültige Ruhe.

In den letzten Wochen des Krieges: Der Hauptmann der Reserve Dorss, Kunstmaler und Bauer aus dem Rheinland, hatte Befehl erhalten, die Särge Hindenburgs und seiner Frau aus dem Tannenbergdenkmal zu bergen. Erst gegen den Strom der Flüchtlingstrecks, dann auf der Flucht vor den russischen Heeren ein Hin und Her, bis der einzige Ausweg aus dem eingekesselten Ostpreußen gefunden war. Pillau wurde erreicht und ein Torpedoboot veranlaßt, die beiden Toten an Bord zu nehmen. Sie ruhen nun in der nördlichen Turmhalle, der Feldmarschall, der 1914 in der Schlacht von Tannenberg (der zweiten der Geschichte) den deutschen Osten noch einmal für Deutschland gesichert hatte, und seine Gemahlin. Ihre neuen Gräber sollten »bündig mit dem Fußboden« sein, doch das mittelalterliche Fundament erwies sich als so fest, daß keine Spitzhacke eindringen konnte. Deshalb sind sie zu Hochgräbern gekommen, nach einem Plan des Universitätsbauamtes. Sie liegen unter einem breiten, wie gemeinsamen Sarkophag aus rotem Sandstein, der die enge Halle nahezu ausfüllt und keinen anderen Schmuck trägt als die Inschrift: Paul von Hindenburg 1847-1934, Gertrud von Hindenburg 1860-1921. Rings an den Wänden die Wappen von Deutschordensrittern, am Pfeiler eine Gedenktafel: »Wir gedenken der Opfer von Krieg und Gewalt. Wir haben erfahren, Du bist Herr, das ward uns Trost im Gericht. Mache uns zu Boten Deines Friedens.«

Im Rücken der Kirche stehen noch Gebäude des Deutschordens. Brüderhaus und Komturhaus gehören dazu; wenn auch später umgestaltet, so kommen sie doch aus dem 13. Jahrhundert. Ich überquerte vor dem Turmpaar die laute Elisabethstraße und trat in den Pilgerfriedhof. »St. Michaelskapelle auf dem mittelalterlichen Pilgerfriedhof, geweiht 1270«, so wird das alte Kapellchen vorgestellt, das noch in Elisabeths Jahrhundert gebaut wurde. Denn schon gleich nach ihrem Tod begannen Pilger zu ihrem Grab zu wandern; sie kamen auch aus fernen Diözesen, Köln, Bremen, Magdeburg. Die zeitig kamen, vor der Umbettung, entnahmen Erde der Grabstelle, Heilerde für sie, der sie Wunderkraft zuschrieben. Ist dort nicht schon am Tag nach ihrer Bestattung ein Zisterziensermönch, dessen Seele vierzig Jahre verdüstert war, sogleich genesen? Und geschah es nicht, daß Gichtbrüchige gesund, Blinde sehend wurden? Berichtete Caesarius in seiner Elisabeth-Predigt nicht auch von dem Wunder des Öls, das aus den Gliedern floß? Das Wunder, so sagte er, werde nicht zur Erbauung des Predigers und seiner Zuhörer vom Herrn gezeigt, wie überhaupt die Wunder nicht für die Heiligen, sondern für die Welt notwendig seien – »denn nicht die Heiligen, sondern wir sollen durch sie gebessert werden, indem wir die Werke, durch welche sie die Wunder verdienten, nachahmen«.

Es war eine große Volksmenge, die nach Marburg kam, ein »Zusammenstrom der Pilger«, welche die Stadt und ihre Umgebung füllten nach dem Augenzeugenbericht des Caesarius. Da nicht alle einer Wunderheilung gewürdigt, dafür aber vom Tode ereilt wurden, bedurfte es auch des Friedhofes neben der Kirche. Er ist heute ein Park mit schönen Bäumen und Bänken zwischen verwitterten Grabsteinen, auch einem Sandspielkasten für die Kinder aus den modernen Wohnhäusern gleich neben dem Pilgerfriedhof. »Ao 1661« entzifferte ich auf einem der Steine. Vom Dach der Kapelle tropfte der Regen in langsamem Rhythmus.

Gerechtigkeit durch den Glauben

DAS SCHLOSS ZU MARBURG

Eine Studentin der frühen Nachkriegssemester, die Marburg in den siebziger Jahren wiedersah, meinte im Tonfall leichter Wehmut, es sei nicht mehr das alte Marburg, das altstädtische, beschauliche. Auch Marburg ist größer geworden, moderner, lebhafter, erfüllt mit all den Lebensformen, die derzeit kennzeichnend für unsere Städte sind. Blickt man vom Landgrafenschloß droben auf der Felskuppe herab, hat man die Stadt zu Füßen, ein fast bilderbuchmäßiges Stadtbild, in dem die aus seinem Anfang kommende Elisabethkirche sich mit ihrem spitzen Turmpaar über Häuser und Gassen frei und hoch erhebt, das Häusergewinkel durchzogen von dem hellen Band der Lahn.

Caesarius von Heisterbach war der erste, der Marburgs Bedeutung rühmte, als er in seiner Predigt zur Ehre der Elisabeth am 2. Mai 1237 berichtete, er sei selbst in Marburg gewesen und habe gesehen, was dort sich begebe: ein Pilgerstrom, welcher die Stadt und ihre Umgebung erfülle. Die Wallfahrt war das Zeichen, in dem der geringe Ort, der schon seit gut hundert Jahren am Berghang lag, den Aufstieg begann: von dem 1130 zum erstenmal in einer Urkunde erscheinenden Marcburg über die Landgrafenresidenz des Mittelalters zu dem »Marburg an der Lahn« unserer Zeit. Geistesgeschichtlich ist es die Entwicklung vom Wunderglauben zur Wissenschaft, die den Ort prägte. Allezeit kamen viele Fremde hierher, zuerst jene, die der Wunder teilhaftig werden wollten, danach die, denen es um Wissen und Erkenntnis geht.

Als Elisabeth, die Landgrafenwitwe von Thüringen, sich im Tal unterhalb der Bergsiedlung niederließ, stand auf der Höhe schon eine kleine, nach 1122 gebaute thüringische Burg. Im Schloßmuseum ist an Modellen zu sehen, wie an ihr gebaut wurde und mit Gotik und Renaissance ein stattlicher Dreiflügelbau an ihre Stelle gesetzt wurde, der namentlich im vierzehnten und fünfzehnten Jahrhundert seine noch heute gültige Gestalt erhielt. Wie die Mutter der Patronin für die religiöse, so ist die Tochter für die weltliche Entwicklung des Ortes zu nennen, denn es war Elisabeths Tochter Sophie, vermählt mit dem Herzog von Brabant, die mit der Erweiterung der ersten Burg begann und den Grund zu der Landgrafschaft Hessen legte. Anders als die gottselige Mutter, war sie nicht voll entsagender Demut; sie war kämpferischen Geistes und sich der Macht der Welt bewußt. Nach dem Aussterben der thüringischen Manneslinie brachte sie durch langjährige Kämpfe Hessen in ihren Besitz; ihr Sohn Heinrich wurde als Landgraf zum Stammvater des hessischen Hauses. Unerschrocken, voll Ausdauer war die Tochter der Heiligen, auch mit der Waffe in der Hand ihr Ziel für sich und den vierjährigen Sohn verfolgend. In der Schlacht bei Wettin an der Saale fiel am 28. Oktober 1263 die Entscheidung, die Thüringen und Hessen trennte. Die Wartburg ist noch Sophies Geburtsort gewesen, an dem sie 1224 als Elisabeths älteste Tochter auf die Welt kam; in der Abtei Villers in Löwen ruht sie seit ihrem Tode im Jahr 1284 an der Seite ihres Gemahls, den sie 1248 verlor; vergebens hatte dieser kurz zuvor auf der Wartburg versucht, die Erbschaft zu regeln.

Das Marburger Schloß, so wie es heute als Besitz des Landes Hessen gezeigt wird, ist ein weitläufiger, doch verhältnismäßig leerer Bau. Leer an möblierter Einrichtung, aber erfüllt doch vom Atem einiger geschichtlicher Ereignisse. Nachdem man durch Gassen aufgestiegen ist, führt eine steinerne Brücke, die einst Zugbrücke war, zu dem westlichen »Frauenbau« des fünfzehnten Jahrhunderts, der mit zwei Wohngeschossen über einem hohen Unterbau mächtig aufragt. Der nördliche Flügel ist der nach 1292 errichtete »Saalbau« mit zwei Geschossen über einem Kellergeschoß. Über dem Tor zum Schloßhof befindet sich die Sakristei, an die sich die Schloßkapelle (im Grundriß von der Elisabethkirche beeinflußt) anschließt. Es gibt östlich vom Schloß noch den dreigeschossigen »Wilhelmsbau« vom Ende des fünfzehnten Jahrhunderts und am äußeren Schloßhof den Marstall mit einem prunkhaften Renaissanceportal, das aber erst 1898 von einem 1573 gebauten Privathaus hierher versetzt wurde. Rund und dick steht an der nordwestlichen Ecke der Hexenturm, der von der mittelalterlichen Befestigung geblieben ist; schon im Namen liegt die Anrüchigkeit furchtbaren, wenn auch vermeintlich gottgefälligen Aberglaubens. Über alles ragt der Schloßturm hinaus, auf den über einem Rundgang noch ein Türmchen gesetzt ist, mit der Wetterfahne, die mit einem Pfeil anzeigt, wie der Wind weht.

Man geht, nach dem Lösen der Einlaßkarte, allein durch das Schloß. Besonderer Führung bedarf es auch nicht. Eine Halle von mächtigem Rauminhalt ist der Rittersaal, der nach seinen Maßen als der größte seiner Art in Deutschland gilt, zugleich als eine der schönsten Schöpfungen gotischer Innenarchitektur. Vier starke achteckige Pfeiler teilen ihn in zwei Schiffe; das Tageslicht erhält er durch hohe spitzbogige Fenster mit Maßwerk. Man geht beim Rundgang auf der einen Seite in den Saal hinein und auf der anderen wieder hinaus. Die Türen zeigen reiches Intarsien-Schnitzwerk; ich las dort Ano DNJ 1573, das Jahr, in dem der Türenschmuck durch Nikolaus Hagenmüller geschaffen wurde. In einer Kapellennische steht ein Christophorus aus dem dreizehnten Jahrhundert.

Für längeres Verweilen mit geschichtlichem Rückblick eignet sich allein das Landgrafenzimmer, in dem Dokumente und Porträts an jenes Ereignis der Reformationsgeschichte erinnern, das hier seinen Schauplatz hatte. Denn hier wurde das »Marburger Religionsgespräch« geführt, mit dem Landgraf Philipp der Großmütige versuchte, Luther und Zwingli in der Lehrmeinung zu einigen, vornehmlich in der Lehre vom Abendmahl, in der Luthers Christuswort »Dies *ist* mein Leib« und Zwinglis »Dies *bedeutet* meinen Leib« sich gegenüberstanden – unversöhnlich, wie sich zeigen sollte.

Würde der Mensch nur nach seiner frühen Jugend und deren Umwelt geprägt, aus diesem Philipp von Hessen-Marburg hätte nichts werden können. Er war fünf, als er den Vater verlor. Für die Entwicklung von Körper und Geist des Kindes wurde kaum etwas getan, vielleicht sollte er nach den Plänen jener, die für ihn regierten, unbedeutend gehalten werden. Aber angeboren waren ihm Verstand und Mutterwitz – mächtig genug, ihn gegen alle Widerstände zu einem bedeutenden Fürsten seines Landes und des Reiches werden zu lassen. Luther, den Philipp, gerade sechzehn Jahre alt, während des Reichstages zu Worms in seiner Herberge besuchte, nannte ihn einen Kriegsmann. Er zog für Luthers Sache das Schwert, nachdem er eine von ihm angeforderte Abhandlung Melanchthons studiert hatte: »Summe der christlichen Lehre, die Gott jetzt wiederum der Welt gegeben hat.« Die Gerechtigkeit durch den Glauben steht darin im Gegensatz zu dem Verdienst durch gute Werke – eigentlich auch eine Abkehr von dem Christentum der heiligen Elisabeth, das durch die guten Werke Gott wohlgefällig sein wollte. Aber man schrieb nicht mehr 1224, sondern 1524.

Im Landgrafenzimmer ist in einer Vitrine unter Glas ausgebreitet, was an Urkundlichem von dem Religionsgespräch geblieben ist. In den ersten Tagen des Oktober 1529 waren Luther und Zwingli der Einladung des Landgrafen gefolgt. Das Zimmer ist nicht groß, hat zur Stadtseite hin zwei tiefe Nischen unter Rundbogen mit dreigeteilten Fenstern und eingebauten Bänken. Kantige Säulen stützen das Gewölbe. Ein langer Tisch, um den sich hochlehnige Holzstühle drängen; daneben in einer Wandnische Luther und Zwingli auf kleinen Porträts, Luther in der Kutte des Augustinermönchs, wie das allein das wahre Bild des Reformators ist, denn er war ein Mönch, der gegen den Verfall von Kirche und Glauben protestierte. In einem Schrank Bücher, dabei die »Biblia«, die Heilige Schrift, um die es ging. Unter dem Glas der Vitrine die Porträts der Teilnehmer, in ihrer Mitte Landgraf Philipp mit einem Bildnis von 1567 und der Umschrift »Hoffnung last nicht zu Schanden werden«. Alle sind sie hier noch einmal versammelt, die Euricius Cordus so charakterisierte: »der scharfsinnige Luther, der sanfte Oekolampad, der großherzige Zwingli, der beredte Melanchthon, und bei ihnen Schnepf, Brenz, Hedio, Osiander, Jonas, Crato, Menius, Myconius.« Neben ihnen ausgebreitet die so sorgfältig geschriebene und im Text so übersichtlich geordnete Handschrift, ihr Protokoll, das sie zum Schluß unterzeichneten. »Zum andern glauben wir das...«, so formulieren sie Artikel für Artikel, nur der fünfzehnte und letzte Artikel spricht ihre Nichteinigung darüber aus, ob der wahre Leib Christi auch leiblich im Brote sei. Luther konnte aussprechen, die Heftigkeit der Streitschriften werde sich nun legen.

Vom Schloß führt der Weg an der Lutherischen Pfarrkirche, einem Bau des dreizehnten bis fünfzehnten Jahrhunderts, vorbei hinunter in die Stadt. Das ist nun das alte Marburg, eine Altstadt der Fachwerkhäuser im Umkreis von Markt und Rathaus. Das Rathaus, spätgotisch in den Jahren um 1520 gebaut, mit einem 1581 vorgesetzten Treppenturm und Renaissancegiebel, stand wie das schöne Hochzeitshaus von 1528 schon, als die Begebenheiten der Reformation die Menschen erregten. Das gotische Steinhaus gegenüber reicht mit seinem Ursprung sogar in das dreizehnte Jahrhundert zurück, das Jahrhundert Elisabeths. Die Heilige ist auch im Wappen über der Rathaustür zu sehen, auf der Hand ein Kirchenmodell, umgeben von Bettlern. Die Justitia, denn um »das Recht« ging es allezeit, zeigt sich, die Waage haltend, am figurengeschmückten Treppenturm.

Die Stadt ist volkreich. Den Marktplatz fand ich mit Automobilen bedeckt. Einige langgezogene Gassen sind zur Fußgängerzone geworden. Der Abend kam und mit ihm die Dunkelheit. Angestrahlt und so im Licht herausgehoben Elisabethkirche und Rathaus. Ich stand beim Brunnen am Markt, den auf einer Säule der Ritter St. Georg auf sich bäumendem Roß ziert, und las am Beckenrand die Inschrift: »Herzogin Sophie von Brabant, Tochter der heiligen Elisabeth, gründete 1248 an dieser Stelle das Land Hessen.« Die Uhr am Renaissancegiebel schlug die neunte Stunde. Sogleich hob der weiße Hahn auf der Giebelspitze seine Flügel und krähte sich verbeugend und flügelschlagend den Hahnenschrei. Eine Glocke begann zu läuten. »Es ist die Lutherkirche«, sagte eine der beiden alten Frauen, die ich beim Abendplausch im Häuserschatten traf. Neunuhrläuten. Es sei schon in ihrer Kindheit so gewesen, sagten beide fast zugleich, und es sei schön, daß es noch immer so wäre. Marburg ist wohl doch immer noch Marburg.

Vom Alten und vom Neuen

STIFT UND STADT HERSFELD

Als ich durch eine Pforte in der Klostermauer den Stiftsplatz betreten hatte, wurde ich des Vorteils gewahr, den nur ein spätherbstlicher oder winterlicher Tag gewähren kann. Die alten Bäume hatten ihr Blattkleid abgelegt, und was den Sommer über durch ihr Laub verdeckt ist, das erblickte ich durch ein Filigranmuster kahler, dunkler Äste: die Stiftsruine. Plötzlich lag sie vor mir.

Vor das romanische Westportal führen die ersten Schritte. In seinem weitgeschwungenen Bogen wechseln rote und weiße Steine, wie das hier und da im Mauerwerk zu den Eigenheiten der Hersfelder Kirche gehört. Eine Säule rechts und links vom Portal, von Würfelkapitellen gekrönt, die denen der ältesten Säulen in der Michaelskirche zu Hildesheim gleichen. Man kennt ihre Form seit dem zehnten Jahrhundert. Eine Tafel stellt das Bauwerk vor: »Stiftsruine Hersfeld. Ehemals Klosterkirche der im Mittelalter hochberühmten Benediktinerabtei Hersfeld.« Ein paar Geschichtsdaten greift der Text heraus, dann schließt er: »Durch kriegerische Ereignisse 1761 eingeäschert. Seitdem Ruine.« So zurückhaltend, ohne Vorwurf gegen den damaligen Feind, wird die Zerstörung des großen Werkes abendländischer Baukunst erwähnt. Die Franzosen hatten im Siebenjährigen Krieg (dem europäischen Kriegsschauplatz ihres Krieges mit England um Amerika) das Gotteshaus zum Kornmagazin gemacht und angezündet, als das

Vorrücken preußischer Truppen gemeldet wurde. Es brannte lichterloh und schwelte noch viele Monate. In manchen Stunden, bei gewissem Sonneneinfall, so sagte mein ortskundiger Begleiter, glühe das vom Feuer gezeichnete Gestein, als brenne es noch immer fort.

Durch eine Eingangshalle erreicht man das Kirchenschiff – ein nun ruinenhafter weiter Raum ohne Dach (oder mit dem Himmel als Dach), der aber dennoch das Gefühl hervorruft, man befände sich in einem abgeschlossenen Haus. Hoch ragen noch die Außenmauern von Langhaus, Querhaus und Westwerk, doch die Säulen, die einst das Mittelschiff von den Seitenschiffen trennten, sind gefallen. Einige der Kapitelle sind dekorativ auf dem nun nackten Erdboden aufgereiht, so, als lägen sie dort stellvertretend für die gestürzte Säulenreihe. Jetzt ist dies der Ort der »Bad Hersfelder Festspiele«, und für das Theaterspiel mußte diese Ruine, so wie sie erhalten blieb, sich wohl anbieten, sobald ein unternehmender Kopf die Eingebung dazu erhielt.

Im Anbeginn aber war Sturmius, der hier 736 eine Einsiedelei betrieb, das von ihm geplante Kloster aber wegen der Nähe der heidnischen Sachsen auf den Rat des Bonifatius weiter stromaufwärts anlegte, bei dem heutigen Fulda. Solche Bedenken hielten Lullus (in Bad Hersfeld mit seinem Namen noch auf vielerlei Weise im Stadtbild erscheinend) nicht ab, die ihm zum Eigentum gewordene kleine Steinkirche der Einsiedelei des Sturmius dennoch zum Kloster zu entwickeln. Karl der Große wußte es zu schätzen, als Lullus ihm 775 dieses Kloster vermachte, als Ersatz für das im Jahr zuvor von den Sachsen zerstörte Fritzlar und als ein Stützpunkt seiner Bekehrungskriege. Ein reizvoller Zufall: die Schenkung eines Zehnten am 3. August 775 ist die älteste erhaltene Urkunde, in der Karl in seinem Titel die Schutzherrschaft über Rom ausdrückt: *Carolus gratia dei rex Francorum et Langobardorum nec non et patritius Romanorum* – der Anfang des römisch-deutschen Kaisertums. Dem Kloster jene Bedeutung zu geben, die es zur Reichsabtei werden ließ, erteilte Kaiser Karl 780 die Erlaubnis, die Gebeine des wundertätigen Wigbert aus Fritzlar nach Hersfeld zu bringen –, und sollte der heilige Wigbert auch sonst keine Wunder vollbracht haben, so doch dies, daß das Hersfelder Kloster durch ihn für mehrere Jahrhunderte Ansehen und Einfluß in geistlichen und weltlichen Dingen gewann.

Es ist aus der frühen Zeit, freilich schon dem elften Jahrhundert, auch des Mönches Lambertus zu gedenken, bekannt als der Chronikschreiber Lambert von Hersfeld. Er gilt als ein Stilist, der glänzend zu schreiben und zu unterhalten wußte, wenngleich er der Voreingenommenheit gegenüber Kaiser Heinrich IV. bei der Schilderung des sächsischen Aufstandes seiner Zeit geziehen wird. Im übrigen weiß man wenig von ihm. Er war Priester und trat am 15. März 1058 als Mönch in das Hersfelder Kloster ein. Vermutlich kam er aus Bamberg. Um nicht (wie er selbst sagt) auf dem Wege Gottes zu schwer belastet zu sein, habe er die häuslichen Angelegenheiten von sich geworfen. Eigenwillig im Denken und Handeln blieb er auch als Mönch. Nach Jerusalem pilgerte er ohne Erlaubnis des Abtes. Als italienische Reformmönche ins Land kamen, zu deren Studium er die Klöster Siegburg und Saalfeld besuchte, wandte er sich gegen die im Volk verbreitete Neigung, die Mönche »alter Ordnung« zu verachten und die neuen »nicht für Menschen, sondern für Engel, nicht für Fleisch, sondern für Geist« zu halten. Nachdem er mehrere Viten und seine »Annalen« als sein wichtigstes Werk geschrieben hatte, legte er die Feder nieder. Er fühlte sich »überwältigt von der Masse des ungeheuren Stoffes«, und »nach Art eines kraftlosen Dichters«, so sagt er, beendete er seine Arbeit.

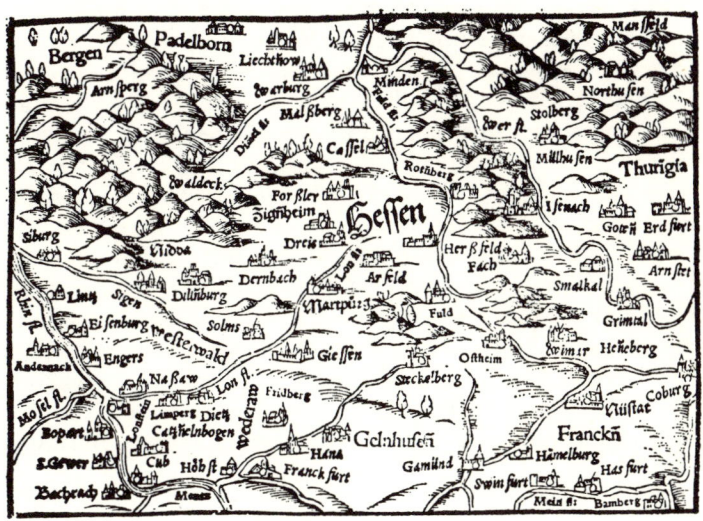

Die Hersfelder Stiftskirche gilt der Kunstwissenschaft als romanisches Bauwerk. Doch gibt es die neueren Forschungen des Kunsthistorikers Otto Bramm, nach denen die älteren Teile karolingisch sind. Ich urteile darüber nicht, aber es wird ja vieles lange Zeit so obenhin angesehen, bis dann einer kommt, der gründlicher nachschaut. Der Hersfelder Westbau ist zweifelsfrei frühromanisch, neu und dabei verkürzt errichtet nach einem Brand im Jahr 1038, der das Hochschiff des Langhauses zum Einsturz brachte. Die Eingangshalle konnte erhalten werden. Ein zweiter, nordwestlicher Turm, ist nur im Ansatz vorhanden; er stürzte des wasserführenden Bodens wegen während des Baues ein. Ihn ersetzt ein gesondert abseits gestellter Glockenturm, in den die für den Nordwestturm vorgesehen gewesenen Klang-Arkadengeschosse eingebaut wurden. Dieser vierkantige Turm steht da unversehrt, und in seinem Haupt, hinter seinen romanischen Mauern, hängt die uralte Glocke in Bienenkorbform, die Lullusglocke, die 1038 unter dem Abt Meginhar gegossen wurde.

Wir standen im Freiraum der Kirche, unter dem offenen Himmel, umgeben und von der Welt getrennt durch die hochragenden Mauern des verfallenen Gotteshauses, des »Großbaues«, der im neunten Jahrhundert auf den Grundmauern der vorangegangenen kleinen Sturmiuskirche und der ihr folgenden Lulluskirche errichtet wurde. Hrabanus Maurus hat ihn 850 geweiht. Im Jahr 1038 wurde er von einem Feuer heimgesucht, doch nicht, wie zuweilen angenommen, gänzlich zerstört. *Reparata ecclesia* schreibt Lambertus, wiederhergestellte Kirche. Was zunächst nicht sichtbar, dann aber als das stimmungsvolle Herzstück der Ruine erscheint, ist die Krypta unter dem Langchor. Über ein paar Stufen steigt man hinab und befindet sich in einer im Ursprung einräumigen Kirche, einem karolingischen Oratorium, dessen gerader Ostabschluß nach iroschottischem Vorbild trotz späterer Vorbauten im Gemäuer erkennbar geblieben ist. Von 850 an war der Kirchraum Krypta, diese erhielt nach 1038 eine Neuwölbung, und der Langchor wurde aufgestockt. Im Boden ein Taufbrunnen, 1957 entdeckt und von Otto Bramm ausgegraben. Er weiß anschaulich zu erzählen, wie bei der Grabung Fundstücke gemacht wurden, die über die vergessene Vergangenheit dieses Ortes Aufschluß gaben. Im Museum sind die Stücke zur Schau gestellt – ein Stilleben von eigenartigem Reiz. Scherben zweier Krüge, die unter einer fünfundfünfzig Zentimeter dicken Brandschicht von 1038 lagen, darüber »begann eine Scherbenchronologie ab etwa 1000 bis 1430«. Damals, so folgert Otto Bramm, müsse der Brunnen zugeschüttet und in Vergessenheit geraten sein. Der runde Brunnen ist nicht tief. Durch die breiten Maschen eines abdeckenden Rostes blickt man auf den Wasserspiegel.

Das Museum befindet sich im Ostflügel der ehemaligen Klausur, einem Bau mit der Kernsubstanz aus dem elften bis zwölften Jahrhundert, im Erdgeschoß der Kapitelsaal mit dem Portal zum Kreuzgang vom Ende des zwölften Jahrhunderts, im Obergeschoß das Dormitorium und die tonnengewölbte Hauskapelle mit romanischen Fresken. »Warum stehen sie davor / Ist nicht Türe da und Tor? / Kämen sie getrost herein / Würden wohl empfangen sein.« Mit diesem Wort Goethes am Gemäuer wird ermuntert, einzutreten. Die Tür mit der Jahreszahl 1586 im Bogen fand ich schon geöffnet, der freundliche Empfang entsprach der Verheißung im Poetenwort. Es ist ein Heimatmuseum mit einer Fülle an altem Gebrauchsgut und an Resten aus jenen Jahrhunderten, in denen das Territorium der Reichsabtei das »Fürstentum Hersfeld« im Römischen Reich war. Aus dem elften Jahrhundert kommt ein kleiner, kunstvoller Bronzecruzifixus, den ein Bauer im Acker fand. Er erinnert an den um jene Zeit in Hildesheim entwickelten Bronzeguß unter dem Bischof Bernward, dessen Nachfolger Godehard wurde, der zuvor Abt in Hersfeld war. Dieser Godehard wirkte in Hersfeld reformierend; in der Westwand des südlichen Querhausflügels ist noch der jetzt zugemauerte Ausgang zum Kreuzgang zu erkennen, den er einfügen ließ.

Stift und Stadt haben nicht immer friedlich beieinander gelebt. Davon zeugt eine Sturmhaube, die in einem weißen Schrank zu sehen ist, nachdem sie jahrhundertelang als Siegestrophäe am Rathaus hing, dort, wo sie jetzt durch eine Nachbildung vertreten wird. Das zu ihr gehörende Kapitel der Stadtgeschichte ist unvergessen und will auch hier erzählt werden.

Die Vitalisnacht des Jahres 1378, der 28. April. Den Brauch, die Wahl von Bürgermeister und Ratsschöffen mit Gelagen zu feiern, wollte sich der Abt im Verein mit einigen Rittern zunutze machen, die Stadt im Augenblick der Sorglosigkeit zu überfallen und dem Stift zu unterwerfen. Ein heimtückischer Plan. Doch einer der

Ritter, Simon von Haune, der seine Burg auf dem Stoppelberg hatte, gedachte wohl des Fehderechts, das die Fehde erst durch die förmliche Ansage rechtens machte, vielleicht hielt er den Überfall auch für unritterlich. So sandte er denn am Mittag des Vitalistages der Stadt seinen Fehdebrief, ganz wie vorgeschrieben: »Wisset, ihr Hersfelder, daß ich, Simon von Hune, Ritter, eurer und der euren Feind sein will, mit meinen Mithelfern, und ich will euch nicht allein nach Gut, sondern auch nach Ehr, Leib und Leben stehen, ehe es Morgen wird. Danach habt ihr euch zu richten. Datum unter meinem Insiegel, am Vitalistag im Jahre 1378.« Die Hersfelder wußten es nun, und so konnten sie die Angreifer abschlagen. Dem, wenn auch unfreiwilligen, Retter ist später in den Anlagen des Finsterthals ein Denkmal gesetzt, die erbeutete Sturmhaube des im Kampf getöteten Anführers des Ritterbundes der Sterner, von Engern, wurde durch den Aushang am Rathaus das allzeit sichtbare Symbol der »bürgerlichen Freiheit«. Es muß ein mächtiges Getümmel gewesen sein. Die Haube, ein Eisenhut auf dem Entwicklungsweg zur Form des Stahlhelms, zeigt einige im Kampf erhaltene Löcher, und ein paar andere hat der Rost der Zeit hineingefressen.

Das Nebeneinander von Stift und Stadt ist noch heute erkennbar. Von der Klostermauer umfriedet der Stiftsbereich; die Stadtmauer schließt sich an. Anlagen mit Baum und Gesträuch um die Ruine auf der einen, belebte Straßen auf der anderen Seite. Der Platz am Kloster heißt denn auch »Im Stift«. Ich sah ihn am Abend im Dunkel neben dem Licht der Stadt, und es erschien mir sinnvoll, daß darauf verzichtet war, die Ruine nach derzeit verbreitetem Brauch anzustrahlen. Aber was wäre Hersfeld ohne die Stiftsruine? Natürlich ein Bad mit einem Kurviertel und einem sehenswerten alten Stadtkern – indessen jenes Kleinod der Ruine verhilft ihr mit den Festspielen zu weltweitem Ruf. Doch wie erschreckend! Im Jahr 1828 erhielt der Landbaumeister und Ingenieur Leonhard Müller den Befehl, die schadhaften Teile der Ruine abzubrechen. Nicht viel, vielleicht nichts wäre heute von der Hersfelder Stiftskirche noch vorhanden, wenn jener Leonhard Müller rückschauend und vorausschauend sich nicht Gedanken gemacht hätte. »Nach« – so sagt er selbst aus – »sorgfältiger Prüfung aller hier in Betracht kommenden Verhältnisse verwandte ich die mir zur Verfügung gestellten Geldmittel nicht zum Abbruch wertvoller Teile dieser ehrwürdigen Trümmer einer längst vergangenen Zeit, sondern im Gegenteil zu deren Erhaltung. Hierdurch wurden diese schönen Baureste gerettet.« Noch zu Lebzeiten, 1834, erhielt er den Ehrenbürgerbrief der Stadt und 1904 wurde ihm eine Gedenktafel nahe dem Uffhäuser Tor gesetzt — einem Manne, der allen ein Vorbild sein kann, die, wann immer, zum Abbruch geschichtserfüllter Bauwerke aufgefordert werden.

Alt-Hersfeld, so wie es in früheren Jahrhunderten war, ist im Museum auf einigen zeitgenössischen Bildern zu sehen. Dilich zeichnete es 1591. Von ihm gibt es einen Kupferstich, der die Vorlage für Merians Kupferstich bildete. Eine Stadtrechnung von 1696 vermerkt eine Zahlung an Conrad Schnuphasen »für verfertigung eines abrisses und mahlung der hiesigen stadt Herssfeld mit ihrer umliegenden gegendt«. Wer Schnuphase war, ist nicht bekannt. Sein für die Audienzstube des Rathauses angekauftes Ölbild zeigt die Stadt mit noch geschlossenem Mauerring; die Stiftskirche war noch nicht durch den großen Brand zerstört, in den Stadtkirchturm hatte noch nicht der Blitz eines Wintergewitters eingeschlagen und des gotischen Helmes beraubt, der Neubau der Klosterkirche war im Jahr zuvor beendet worden. Was von der alten Stadt blieb, trägt auch heute noch um Rathaus und Marktplatz das Gesicht des Mittelalters.

Immer wieder zog es mich zu dem Marktplatz, der verlockte, ihn zu umschreiten. Ein langer Weg, und nirgends hatte ich noch einen Markt von solcher Weite gesehen. Eher ein Freiraum in der Stadtmitte als nur ein Platz. Es ist die »Ebenheit«, die nach der Mutmaßung aus einer Fliehburg hervorgegangen ist und hieraus ihre Geräumigkeit erklärt. Fachwerkhäuser vom fünfzehnten bis achtzehnten Jahrhundert rahmen den Platz ein, und auch einige Gasthäuser, die hier Schänken heißen, umstellen ihn. Zwei gotische Steinhäuser stehen an der Ecke der Kaplansgasse, mit den Hausnummern 28 und 29, das erste aus dem vierzehnten, das zweite aus dem späten dreizehnten Jahrhundert. Zu Anfang des siebzehnten Jahrhunderts gehörten sie dem landgräflich-hessischen Amtmann und Schultheiß Antonius Winter; dieser schrieb 1623 in sein Testament: »Weil ich dan mit meinem gottseligen ersten Weibe meine beiden steinern heuser schwerlich erkaufft, auch mit grosser muhe und uncosten von grundt auf erbawet, so wolte ich gern, daß dieselben bey meinen kindern erster ehe, so viel muglich,

verbleiben mochten« – eine Verfügung von Familiensinn und Ehr-
erbietung gegenüber der Frau, mit der das Gut gemeinsam erworben, eine über den Tod hinaus fortklingende eheliche Liebe
und Treue. Durch ein Tor mit der Jahreszahl 1600, bei der
»Kirchtorschänke«, führen wenige Schritte auf den »Kirchplatz«,
wo sich die Häuserzeilen mit dem ältesten hessischen Fachwerkhaus, dem Haus Kirchplatz 5 aus dem vierzehnten Jahrhundert,
eng an die Stadtkirche St. Vitus und Antonius schmiegen. In seiner Enge ein heimelig anmutender Winkel neben dem weitläufigen Marktplatz. Die gotische Hallenkirche, an der Stelle einer
romanischen Marktkirche im vierzehnten Jahrhundert errichtet,
hat ihre Schicksale. In der Weihnachtszeit 1760, am 20. Dezember, zündete ein Blitz und setzte den Turm in Flammen; heute
noch trägt er die ihm danach gegebene Nothaube. Im März 1945
trafen Granaten und Bomben die Kirche, und am 16. März 1952
brannte sie aus. Im Jahr darauf war sie wiederhergestellt. Ich sah
sie im frühen Dunkel eines Novembertages. Bußtag. Stille. Licht
hinter ihren schlanken bunten Fenstern. Mächtig steigt der Turm
auf. Durch zweihundert Jahre gebaut, gilt er als Zeugnis »vom
Stolz bürgerlicher Gemeinschaft im Wetteifer mit der Abtei-
kirche«.

Am Marktplatz umherschlendernd, begegnete ich auch dem
seitwärts am Weg nach der Stiftsruine stehenden Standbild eines
Soldaten, der sich auf hohem Marmorsockel aus der Mitte eines
Blumenrondells erhebt und als der badische Major Johann Bap-
tist Lingg vorgestellt wird. Zu seiner Linken der Säbel, die Rechte
gebeugt erhoben und die Hand wie beschirmend ausgebreitet. So
ist es symbolisch gemeint. Napoleon, auf der Höhe seiner Macht,
hatte 1807 Befehl gegeben, die Stadt an allen vier Ecken anzu-
zünden. Der Oberstleutnant Lingg gab das Beispiel, wie der Soldat dem Befehl gehorchen und doch zugleich dem Unmenschlichen
zuwiderhandeln vermag. Er legte den Brand – aber zog sogleich
mit seiner Truppe ab und ließ die Bürger löschen. So rettete er
die Stadt, wie es ihm bis heute unvergessen blieb. Er bekam 1896
sein Denkmal, lebt mit seinem Namen im »Linggplatz« fort und
bekommt in jedem Jahr seinen frischen Kranz.

Unvergessen ist aber auch Lullus, der Luell in der Dialektik
des Volkes, wie gegenwärtig noch nach einem Jahrtausend. »An
dieser Stelle«, so überrascht in einer Ecke des Marktplatzes eine

Inschrift, »brennt während des Lullusfestes, das in der Woche des Todestages von Lullus (16. Oktober) seit 852 zu Ehren des Stadt-gründers gefeiert wird, das Lullusfeuer.« Dieses Feuer darf wäh-rend des Festes nicht erlöschen, würde dies geschehen, müßte es künftig in Fulda brennen. Das will man nicht, denn dem Lullus glaubt man es schuldig, ihn nicht dem Kloster des Sturmius zu überlassen. Selbst die Stürme des Weltkrieges waren nicht heftig genug, das kleine Lullusfeuer vergessen zu machen oder gar, es zu löschen; es brannte auch während der Verdunkelung, abgedeckt gegen die Sicht der Flugzeuge.

So gibt es mancherlei um die Stiftsruine von Bad Hersfeld und aus der alten Stadt zu erzählen. Im Kryptabrunnen der Stifts-kirche, darauf wurde ich noch hingewiesen, fanden sich in der untersten, weichen Sandschicht von sechzehn Zentimetern Höhe zwei einwandfrei karolingische und eine merowingische Scherbe – die ältesten Scherben am Ort.

Ich wurde auf den Balkon des Hauses geführt, in dem ich Be-such machte. Ich sollte hinüberschauen. Drüben, das Tal begren-zend, ein Höhenzug. »Von dort können Sie die Wartburg sehen. Es sind nur vierzig Kilometer.« Nur vierzig Kilometer bis zur Wartburg.

Im alten Cassel

SCHLOSS WILHELMSHÖHE

W er das »alte Kassel« sucht, wird es nicht mehr finden. Der Luftkrieg hat es zerstört. Nur das Familienalbum vermag noch die Altstadt zu zeigen, die alt war und zugleich neu mit ihrem randvollen Leben, eine geliebte Welt der Gassen und des Fachwerks. Nur Erinnerung ist noch die Untere Karlstraße im Stadtherzen mit dem Fischbrunnen; die Straße ist zersprengt und verbrannt; dem Brunnen wenigstens geschah ein Wunder, er hat in Teilen überlebt und weitab als Gänselieslbrunnen einen neuen Platz erhalten. Nicht wenige können sich noch des kaiserlichen Hofzugs erinnern, der im Bahnhof stand. Aber das war die Welt vor 1914. Wer heute jung ist, sieht Ruinen, die zu Denkmälern in öffentlichen Anlagen geworden sind. Der Stadtarchivar Paul Heidelbach mag recht haben, wenn er sagt, nicht alle zerstörten Städte seien so im Innersten getroffen wie Kassel, hier sei das Leben selbst in Trümmer gegangen.

Aber auch Kassel hat sich wieder erhoben. Geblieben ist »der Blick«, der zu Kassels Eigentümlichkeiten gehört: der Blick über Kilometer hin die Wilhelmshöher Allee hinauf bis zu dem Monument des Herkules und dem Schloß Wilhelmshöhe, die am Habichtswald über die Stadt gesetzt sind. Steht man da oben, hat man das ganze Kassel zu Füßen, weithin gelagert im Talbecken der Fulda, eine Großstadt mit allen Zeichen unserer Zeit. Es ist ein eigentümliches Zusammentreffen, daß das erste Jahrtausend dieser Ansiedlung in jenem Jahr endete, das zum letzten Friedensjahr für Europa wurde. Die von dem Direktor der Landesbibliothek Professor Dr. Hugo Brunner im Auftrag des Magistrats zum Jubiläum geschriebene Festschrift nennt im Titel den Zeitraum »913-1913«. Niemand vermochte zu ahnen, daß dieses 1913 für lange Jahrzehnte das letzte Jahr ohne Krieg und Revolution sein würde, und tausend Jahre zuvor, 913 – am 18. Februar 913 –, dem urkundlichen Stadtbeginn, weilte König Konrad hier, wo sich ein Königshof befand, und stellte zwei Urkunden aus, von denen die eine den Ort Chassalla, die andere ihn Chassella nennt. Von diesem Datum hat sich entwickelt, was heute zu sehen ist.

Im Jahr 1826 gab die Encyclopädie der Wissenschaften von der jetzt zerstörten Altstadt dieses Bild: »Ein Chaos von kleinen, schmalen, aber sehr hohen Häusern, die ganz den Geschmack des Mittelalters, in welchem sie ihre Entstehung fanden, beurkunden und in engen unregelmäßigen Straßen stehen; die öffentlichen Plätze sind bis auf den Schloßplatz eben so klein als unregelmäßig. Die Straßen werden durch die Druseln, die zur Nachtzeit eröffnet werden, durchaus rein erhalten und aller Unrath, selbst der der heimlichen Gemächer, in die Fulda abgeführt.« Zusammen mit dem »neuesten Stadtteil«, der Oberneustadt, weist die Encyclopädie Cassel für jene Zeit »einen Platz unter den schönsten

Städten Teutschlands« an: so antik alles in der Altstadt, so modern erscheine die Oberneustadt, mit nach der Schnur geführten und rechtwinklig sich durchschneidenden Straßen, großen Plätzen und Palästen, die jeder Königsstadt zur Zierde gereichen würden. Ein halbes Jahrhundert später, 1883, findet sich in der Encyclopädie die Bemerkung, seither seien mit Kassel bedeutende Veränderungen vorgegangen, wie denn überhaupt die stille kurfürstliche Residenz sich in einen lebhaften Handels- und Industrieplatz verwandelt habe.

Aus der kurfürstlichen Residenz kommt das Schloß Wilhelmshöhe. Es ist eine langgestreckte Bautengruppe mit zwei Flügeln und einem Mitteltrakt, deren freistehende Teile durch gangartige Terrassen verbunden sind. Mit der Schrägstellung ihrer Flügel, und damit abweichend von den rechtwinkligen barocken Schloßanlagen der Zeit, gilt sie als einmalig auf dem Kontinent. Simon Louis du Ry ist der Architekt der Flügelbauten, Heinrich Christoph Jussow der des Mitteltraktes; in Teilen mußten die Pläne beider ihre Vereinigung suchen. Durch Jussow, der aus England zurückgekehrt war, erhielt vor allem der Mittelbau den Stil eines strengeren Klassizismus. Man begann 1786 zu bauen, errichtete die drei Gebäude nacheinander und zügig, doch erst 1829 war mit der Aufstockung der Verbindungsteile bis zur vollen Höhe jene Gesamtansicht erreicht, in der Schloß Wilhelmshöhe sich in der Grundanlage noch heute zeigt. Der südliche Weißensteinflügel hat noch ganz seine ursprüngliche Form, der nördliche Kirchflügel und das Corps de logis als Mittelbau hingegen wurde bei der Behebung der Kriegsschäden durch Änderungen den jetzigen Zwecken angepaßt. Sie nahmen die Staatlichen Kunstsammlungen und die berühmte Gemäldegalerie der Landgrafen auf.

Ich sprach noch nicht von dem Bauherrn Landgraf Wilhelm IX. Er ist im Namen des Schlosses zu finden. Ihm erfüllte sich der langgehegte Wunsch, in die Reihe der Kurfürsten aufzusteigen und als Kurfürst Wilhelm I. von Hessen-Kassel zu den Königswählern zu gehören. »Solches von dem gesamten Reich beschlossen und von Seiner Römisch-Kaiserlichen Majestät allergnädigst ratificirt, im Hinblick auf das Alter des hessischen Fürstenhauses sowie dessen Verdienste um das Reich«, wie das öffentlich verlesene Manifest es kundgab. Grund, drei Tage glanzvoll zu feiern. Glockengeläut, Salutschüsse, Umzug mit Trompeten- und Paukenschall, »und nun rollt feierlich Serenissimi Electoris Staatskutsche, mit acht Schimmeln bespannt, heran«. Dann Galatafel im Schloß, am dritten Tag Maskenball, abends die Stadt illuminiert, und an einem Häuschen der Altstadt das Transparent: »Hier wohnt ein armer Schuster / drum brennt sein Licht so duster.« Doch es war für solchen Aufstieg zu den Königswählern zu spät. Das Heilige Römische Reich Deutscher Nation, zu dem Titel und Königswahl gehörten, lag in seinen letzten Zügen. Das Fest, so sagt des Professors Brunner Jubiläumsschrift, »war der einzige greifbare Nutzen, den der Erwerb der Kurwürde für das Haus Hessen und die Residenzstadt Cassel mit sich gebracht hat«. Den Kurfürsten schreckte die Revolution. Selbst das Beifallklatschen im Theater fürchtete er als Bekundung nicht gebilligter Gesinnung. Um sich aus Napoleons Kriegen herauszuhalten, ließ er an allen in sein Land führenden Straßen Pfähle mit der Aufschrift setzen: »Electorat de Hesse, Pays neutre«. Jeder Franzose sollte es lesen können, aber kein Franzose beachtete es.

Die Neutralität, wie zu erwarten, schützte nicht. Nachdem Napoleon Preußen niedergeworfen, schnitt er aus der deutschen Landkarte das »Königreich Westfalen« zurecht, zusammengesetzt aus Hessen, den angrenzenden Gebieten von Westfalen, Südhannover und Braunschweig sowie der preußischen Provinz Sachsen, ein stattliches Land und Cassel die Hauptstadt! Am 6. Dezember 1807 traf auf Wilhelmshöhe sein König ein: Jérôme Bonaparte. Dem glänzenden Fest des Kurfürsten, der nun außer Landes war, folgte ein Einzugsschauspiel des napoleonischen Königs. Der junge Mann, 23 Jahre, liebenswürdig und von Herzensgüte, meinte es nicht schlecht mit den Untertanen. »Indem ich den Thron besteige, verpflichte ich mich, euch glücklich zu machen. Das Gesetz ist euer Herr«, versicherte er in seinem ersten Manifest, und als die Stände ihm huldigten, sagte er ihnen: »Eine große Aufgabe harret meiner, und Deutschland sieht mit Erwartung auf die ersten Schritte, die wir tun werden.« Was ihm eine Gallenkolik einbrachte, war die unwirsche Antwort seines Bruders hierauf. Zum einen äußerte Napoleon, so drücke sich wohl ein Deputierter der Landstände aus, aber nicht die Königliche Majestät, und das andere fand er lächerlich, denn das Ziel, Deutschland zu revolutionieren und alles nach dem Vorbild Westfalens austragen zu wollen, sei zu deutlich.

Wilhelmshöhe hieß nun Napoleonshöhe und der Zugang Napoleonshöher Straße. Es gab manch neues Gesetz zur Änderung der Lebensgewohnheiten, wie man dies gemeinhin dem »Fortschritt« zuschreibt. Der Segen ausgiebig verstreuten Geldes führte in der Stadt »zum frohen Genießen«, und wenn bislang nur die Wilhelmshöhe der Spazierweg der Bürger war, so fanden sie jetzt nach dem Vorbild des Hofes Gefallen an den Landausflügen und reisten in die Nachbarschaft. Der junge Mann auf dem Thron hatte indes bald den ernsten Willen zu seinem Herrscheramt verloren. Die ihm gleich der Liebenswürdigkeit angeborene Faulheit verführte ihn zum Genuß des Lebens. »Morgen wieder lustik«, dies von ihm beliebte Wort machte ihn zum »König Lustik«. Die Zahl seiner Liebschaften ließ seinen Minister Jollivet an Napoleon berichten: »Die Casseler Mütter, welche hübsche Töchter haben, fürchten, sie zu den Hoffestlichkeiten zu führen. Le tout va fort mal.« Das ganze geht sehr schlecht! Der Segen reichen Geldes ließ denn auch bald den Unsegen hervorblicken, der in ihm steckt. Überfluß führte zum Überdruß. Die Fremdherrschaft rief den Widerstand hervor. Vier Erhebungen gab es gegen Jérôme, eine jede angesichts der noch ungebrochenen Macht Napoleons aussichtslos und für die Verschwörer mit dem Tode endend. »Schließlich ein wahrer Terrorismus in der Stadt. Das Kastell bald zu eng für die Menge der Gefangenen, und trostlos war es, die Frauen und Kinder jammernd davor zu sehen, noch schrecklicher aber, wenn allmorgendlich der Wagen nach dem Forst hinausfuhr, beladen mit den Gefangenen, die dort bluten sollten.« Der Professor Brunner fügt hinzu, unbeschreiblicher Ingrimm gegen dieses bis dahin unbekannte Institut der geheimen Polizei habe die damalige Generation ergriffen. Das Große Kasino, der Sammelpunkt der vornehmen Gesellschaft, so ist zu hören, sei daran zugrunde gegangen, daß jeder den anderen für einen Spion und Söldling der geheimen Polizei hielt.

Eingebettet in die Weltlage, aus der sie geboren, ging Jérômes Herrschaft durch eben die Weltlage zugrunde, als diese sich änderte. Am Abend des 25. Oktober 1813 traf die erste Nachricht von Napoleons Niederlage bei Leipzig in Cassel ein. Am Morgen des 26. reiste Jérôme ab, und seine vielen Franzosen, die mit ihm Herrschaft und Terror geteilt hatten, folgten ihm. Ein Dekret der Sieger erklärte sofort das Königreich Westfalen für aufgelöst.

Welch ein Elend! Von fünfundzwanzigtausend Mann westfälischer Truppen, die Jérôme und Napoleon in ihren russischen Feldzug schickten, kehrten nur vierhundert zurück. Die Zeit ist über dies alles hinweggegangen. Das Vergessen ist eine dem Menschen gegebene Gnade, und diese will es, daß das Böse von ihm schneller abgetan wird als das Gute.

Die bonapartische Geschichte hatte Wilhelmshöhe ein halbes Jahrhundert später noch einmal zum Schauplatz, ja sie erlosch dort. Nach »Napoleons-Höhe« wurde sie im Volksmund zu »Napoleons-Erniedrigung«, denn nachdem er im siebziger Kriege Gefangener der preußischen Truppen geworden war, wurde dem dritten Napoleon Schloß Wilhelmshöhe zum Aufenthalt angewiesen. Am 5. September, abends zehn Uhr, traf er, im Extrazug über Köln und Gießen kommend, auf Station Wilhelmshöhe ein. In einer Chaise fuhr er zum Schloß hinauf, in elf weiteren Wagen saß das Gefolge. Am Portal wurde er mit der Meldung empfangen, daß alles zum Souper bereit sei. Königin Augusta hatte angewiesen, ihn nicht als Gefangenen, sondern als Gast zu behandeln. Der preußische Hof erwies ihm viele Artigkeiten. Er bewohnte Zimmer und Säle sowohl nach dem Park wie nach der Stadt hinaus. Über seine Hofhaltung konnte er frei verfügen, er hatte französische Generale, Offiziere und Dienerschaft um sich und empfing viele Besucher. Gewöhnlich stand er früh auf und machte weite Spaziergänge im Park, auch las und schrieb er viel. Aus einigen gedruckten Führern informierte er sich über die Geschichte des Schlosses. Eines Tages erschien unerwartet eine in tiefe Trauer gekleidete Dame, die Einlaß begehrte. Als sie den Schleier ablegte, erkannte man die Kaiserin Eugenie. Der Kommandant räumte ihr nach eigenem Ermessen im Schloß einige Zimmer ein und fand dafür nachträgliche Billigung. Als der Kaiser in Paris des Thrones verlustig erklärt wurde, ließ er seinen an den Präsidenten der Nationalversammlung gerichteten Protest unter Kreuzband an die in Deutschland gefangenen Offiziere und Unteroffiziere verschicken, nannte die Absetzung ungesetzlich und verwahrte sich gegen den Vorwurf, den Krieg veranlaßt zu haben. Schon am 13. März kündigte ihm Bismarck von Versailles aus an, daß er seine Freiheit wiederhabe. Er selbst konnte den Tag der Abreise bestimmen. Er wählte den 19. März. Als er sich im Vestibül von dem Personal verabschiedete, sagte er unter Tränen: »Nun gehe ich ins Exil.« Für das preußische Königspaar, das seit ein paar Wochen das deutsche Kaiserpaar war, übergab er zwei Briefe mit Worten des Dankes. Noch militärische Ehrenbezeugungen vor der Rampe, dann fuhr er durch den Park davon. Eine soeben eingelaufene Depesche wurde ihm nachgebracht; sie meldete den Aufstand der Kommune in Paris. Frankreich war nun Republik und blieb es.

In dem auf den Krieg von 1870 folgenden Frieden war Wilhelmshöhe ein von den Hohenzollernkaisern geliebter Aufenthalt. Im Jahr 1878 huldigten neuntausend Schulkinder dem zweiundachtzigjährigen Kaiser Wilhelm I. und der Kaiserin, die Mädchen trugen Kornblumenkränze im Haar, die sie zu Füßen des Kaisers niederwarfen – die Kornblume, die in die Geschichte Preußens verflochtene blaue Blume, seit die Königin Luise sie auf der Flucht vor Napoleon am Wegrand gepflückt hatte. Der letzte Kaiser, Wilhelm II., weilte, nachdem er in Kassel die Schule besucht hatte, seit 1891 alljährlich einige Zeit auf Wilhelmshöhe, bis in den Weltkrieg hinein. Oft sah man ihn mit seinen beiden Dackeln auf langen Fußwanderungen. Schon den Prinzen hatte der Arzt über die Wilhelmshöher Luft gesagt: »Jeder Atemzug ist einen Taler wert.« Am 14. August 1907 war der König von England, Eduard VII., Gast auf Wilhelmshöhe, zum dritten Mal. Menschenmassen von Schaulustigen im Park, wie sie zuvor in solcher Zahl hier nie gesehen wurden. Trinkspruch des Kaisers auf die »alten Beziehungen«, welche nach dem Trinkspruch des Königs »die besten und angenehmsten bleiben sollen«. Sie blieben es nicht. Noch einmal war Wilhelmshöhe in die Geschehnisse verflochten. Das »Große Hauptquartier« fand hier, im November 1918, seinen letzten Standort. Von hier aus leitete Hindenburg den Rückzug der Truppen. Das Schloß mied er, denn er sah in ihm das Eigentum des Kaisers und begnügte sich mit einem benachbarten Hotel für die letzten Befehle. Doch im Park machte auch er lange Spaziergänge.

Jetzt befindet sich Wilhelmshöhe im Besitz des Landes Hessen. Unter der Verwaltung der Staatlichen Schlösser und Gärten ist es für den Besuch geöffnet. Es sind »die Kasselaner«, die seit eh und je hierher ihren Spaziergang machen, und die Touristen, die in großer Zahl kommen. Wenn nicht der eigene Wagen, fährt sie die Straßenbahn bis an den Fuß des Berges. Im Mittelbau befindet sich die Gemäldegalerie. Die Bilder »in's rechte Licht« zu hängen, sind beim Wiederaufbau weiträumige Säle mit großen Fenstern geschaffen worden. Der Weißensteinflügel ist wieder eingerichtet, als sei er von den Fürsten bewohnt. Mobiliar im Stile zunächst unter französischem, dann unter englischem Einfluß, woraus sich auch ablesen läßt, wie nach der napoleonischen Ära die Bedeutung Frankreichs für Europa sank und England als neue Weltmacht zu Einfluß kam. Von der ursprünglichen Einrichtung, die jetzt durch Gaben aus benachbarten Schlössern bereichert ist, blieben hauptsächlich Sitzmöbel, Wandtische, Ofenschirme »und eine einzelne Bettstelle«, wie zu erfahren ist.

Viele Porträts sind über die Zimmer verteilt. Man begegnet unter ihnen der von Marées porträtierten Landgräfin Marie, geborener Prinzessin von Großbritannien, die als Gemahlin Friedrichs II. die Mutter Wilhelms I. war, und sieht, 1763 für den jungen Wilhelm gemalt, die Stammschlösser beider Familien: Marburg und Windsor. Es ist bei der Vorstellung der Herrschaften auch zu erfahren, daß die »Königsstraße« in Kassel einen König von Schweden meint, denn Landgraf Friedrich I. war seit 1720 auch König von Schweden. Das beherrschende »Braunschweigische Familienbild« des Johann Heinrich Tischbein d. Ä. zeigt neben einem jugendlichen Prinzen in Uniform zu Roß als Gruppe den Herzog Karl I. von Braunschweig-Wolfenbüttel mit seinen Angehörigen, im Hintergrund Tochter Anna Amalia am Spinett; mit ihren Kompositionen zu Goethes Singspielen und als Mutter Karl Augusts hat diese ja ihren redlichen Anteil an der Goethezeit. Der junge Prinz ist nahe Kassel in einem Gefecht mit den Franzosen gefallen, das die Stadt vor feindlichem Zugriff bewahrte. Darin, daß dieses Gemälde stets einen Ehrenplatz einnahm, wo immer es in hessischen Schlössern hing, sieht man einen Akt der Dankbarkeit und eine Bekundung eingekehrten Friedens zwischen Hessen und Braunschweig, nachdem deren Fürsten zuvor wiederholt um Land und Burgen stritten. Die von den Porträts erzählte Dynastengeschichte lockert sich auf durch Landschaftsbilder und Genrestücke. Eine Prinzessin (ein Kind noch, in dem man die spätere Herzogin von Anhalt vermutet) auf Schmetterlingsjagd; von Tischbeins Meisterhand der wundervolle Blick auf Kassel mit der Karlsaue, den keine Kamera nachbilden könnte. Viele Veduten, die als Kupferstiche auch in die Bürgerstuben ein-

gewandert sind, zeugen ganz allgemein von der Beliebtheit der
Wilhelmshöher Landschaft für malerische Gestaltung.

Die parkartige Landschaft überhaupt ist es, die »auf Wilhelmshöhe« gesucht und besucht wird. Der Habichtswald – der lockte
vor Zeiten auch den Landgrafen Moritz, sich ein Jagdschlößchen
zu bauen, wo bis dahin das Augustinerinnenkloster Weißenstein
stand und später sein »Moritzschloß« dem heutigen Schloß Wilhelmshöhe weichen mußte. Landgraf Carl hat hundert Jahre nach
ihm, gleich zu Beginn des achtzehnten Jahrhunderts, das Monument des Herkules mit dem Phantasieschloß errichten lassen, das
vom Kamm des Höhenzuges herabblickt, umspielt von über Felsen herabstürzenden Wasserläufen. Aus dem ursprünglich barock
gedachtem Bergpark ist ein Englischer Park geworden, an den
sich mit dem Begriff unserer Zeit der Naturpark Habichtswald
anschließt. Das Schlößchen Löwenburg liegt verschwiegen im Stil
einer gotischen Burgruine dort irgendwo. Wilhelm I. hat es für
die Schäferstündchen mit seiner Geliebten bauen lassen und die
ihm angefügte Kapelle zu seiner Grabstätte bestimmt, zum ewigen
Schlaf am Platz der Liebe. Er hat, wie auch sein Nachfolger Wilhelm II., viel geliebt, und so wird er gehofft haben, daß ihm auch
viel vergeben werde. Zunächst aber hat Goethe, der wie so viele
den Weg hierher fand, den »Weißensteiner Lustpark« im Auge
gehabt, als er Mephistopheles dem Faust, um diesen aufs neue zu
verderben, den Ort der Sinnenlust so recht verführerisch schildern
ließ. Vertraut-bequeme Häuslein für allerschönste Fraun. »Ich
sag Fraun; dann ein für allemal denk ich die Schönen im Plural.«

Burg der Jugend

DER LUDWIGSTEIN

Nachdem die Ranken der wilden Rosen etwas beseitigt waren, habe ich das Tor mit dem Sechskantschlüssel knarrend geöffnet. Erste Besichtigung. Den Schlüssel hatte der Oberamtmann in Wendershausen in Verwahrung. Dort hatten wir ihn abgeholt.« Ich fand diese Zeilen im Archiv auf der Burg Ludwigstein, unterzeichnet »H.«, – das ist Professor Dr. Henkel, Bundesleiter des Alt-Wandervogel, der sie nach der Besichtigung der Burg im Jahre 1911 schrieb. Eine wahre Dornröschengeschichte. Da liegt auf der Höhe über der Werra die alte, verlassene und verfallene Burg, so dem Ruin preisgegeben, als sei für sie die Lebenszeit für immer vorbei. Doch für sie, die immer nur von örtlicher Bedeutung war, nur eine »kleine Geschichte« hatte, beginnt nun erst die große Geschichte.

Man muß unter ihren Erweckern auch Enno Narten nennen. Dieser erzählt, daß er Pfingsten 1908 auf einer geologischen Exkursion der Technischen Hochschule Hannover auf die Burg Hanstein kam, und wie sie von dort hinüberblickten nach dem benachbarten Ludwigstein, wandte der sie führende Professor sich ihm zu mit den Worten: »Das wäre doch etwas für Sie und Ihren Wandervogel, so eine verlassene Burg!« Doch es kam der Weltkrieg, aber es zeigte sich auch, daß der Gedanke nicht starb, der so dahingeworfen war. Heiligabend 1914. In der Wohnung des Curé der Kathedrale von St. Quentin saßen ein paar Wandervogel-Soldaten beisammen; denen erzählte Narten von dem Ludwigstein und davon, daß die Burg ein Erinnerungsmal für die gefallenen Freunde werden könnte, wenn alle anpackten. Als sie sich spätabends trennten, »war es wie ein heiliger Schwur: der Gedanke sollte unaufhörlich weitergetragen werden«.

Der Krieg ging vorüber. Der Gedanke, hier und da, so und so erwogen, überlebte den Krieg; er wurde, wie immer es sich auch anschickte, zu einer geistigen Macht, die zur glücklichen Verwirklichung dessen führte, was im Ursprung die Idee gewesen ist. Natürlich bedurfte die Idee, um wirksam zu werden, der Hilfe des nüchternen Verstandes und der unaufhörlichen Tatkraft derer, die nach dem Ziel strebten. Am Anfang standen ein von Enno Narten, der nun Student mit einem Stipendium war, ins Leben gerufener Arbeitsausschuß und ein Postscheckkonto, das die Spenden sammeln sollte, die im Januar 1920 ein Aufruf erbat. Deutschland lag mit ungewisser Zukunft in seinen Nachkriegswirren. Wer seine Zeitung las, las von Straßenkämpfen, Hungersnot, Geldentwertung, aber in solchem Wirrwarr fand er auch das Anliegen junger Leute, ihnen Mittel zu beschaffen für den Erwerb, eine sachgemäße Wiederherstellung, den Ausbau und die Unterhaltung einer Burg – der Burg Ludwigstein bei Witzenhausen an der Werra, aus der man eine Jugendherberge als Erinnerungsmal an die im Weltkrieg gefallenen Angehörigen der Jugendverbände machen wolle.

Die Spenden kamen. Viele gaben ihren kleinen Beitrag, aber auch die preußische Behörde in Kassel und das Ministerium in Berlin halfen. In der Burg wird ein Handschreiben des Reichspräsidenten Friedrich Ebert verwahrt, aus Bad Mergentheim, dem 31. Mai 1921, das in der Bibliothek als Fotokopie und Wandbild von jedermann zu lesen ist: »Gemeinsame Pflege und Verbreitung der Schätze deutscher Kultur in allen Schichten des heranwachsenden Geschlechts, Stärkung der Schaffenskraft unseres Volkes und Erstarkung unserer Volksgemeinschaft sind die Ziele, denen Ihre selbstlose und verdienstvolle Arbeit uns näher führen möge.«

Am 1. Mai 1920 zog »mit Erlaubnis der Regierung« der erste Burgwart auf dem Ludwigstein ein, Hans Schneidewind, junger Soldat im Krieg, nun ein Einundzwanzigjähriger. Über seinen Einzug ist zu lesen: »Er führte einen Handwagen voll Bretter, Stroh, Zeltbahnen und was sonst nötig war, um in einer Ruine sein Leben zu fristen, mit sich.« Mit Hilfe der Freunde, die ihn begleiteten, baute er sich eine Ecke aus, abgedeckt mit Zeltplanen, um sich gegen Wind und Regen zu schützen. Denn, so heißt es: »Die Burg bot einen trostlosen Anblick: kein Fenster, keine Tür, kein Fußboden. Das Dach war verfallen. Es fanden sich ab und zu Wanderer ein, die ihm beim ersten Aufräumen der Burg halfen.«

Bald darauf, es mochten ein oder zwei Jahre vergangen sein, sah ich den Ludwigstein zum erstenmal. Mir prägte sich als Bild der Burg in das Gedächtnis: ein Turm, eine Treppe, ein Gelaß aus rauhem Gestein, in dem wir hockten, unwirtlich das Ganze. Der heute, nach fünf Jahrzehnten, Rittersaal genannte schöne Raum war ein verfallener Pferdestall, gleich ruinenhaft wie ihm gegenüber der Landgrafenbau, an dem eine Außentreppe in den ersten Stock führt, zu dem Kaminzimmer und dem Landgrafenzimmer, die jetzt so wohnlich sind. Zum Wandschmuck gewordene großformatige Photographien zeigen im Rittersaal jene Zeit des Anfangs noch in Momentaufnahmen. »Jungen bringen Baustoffe auf die Burg«, oder »Der Graben für die Strom-, Wasser- und Telephonleitungen wird ausgehoben«. In dieser Weise wird vorgestellt, wie in den zwanziger Jahren durch Selbsthilfe von Jungen und Mädchen der Aufbau begonnen hat. Lange Ketten junger Menschen, die aus dem Tal bis hinauf zur Burg sich von Hand zu Hand reichen, was an Baustoff gebraucht wird. Noch tragen Esel über den »Eeselsweg« das Wasser auf die Burg; heute fließt es in jedem Zimmer aus der Leitung.

Im Archiv der Burg bediente der Zufall sich weiblicher Aufmerksamkeit, mir ein Heft der Zeitschrift »Wandervogel« in die Hand zu geben, jener von ihnen so geliebten gelben Monatsschrift. Das Heft bot sich zur Einsichtnahme an, da es gerade neu gebunden und greifbar war. Ich warf einen Blick darauf: August 1914. Das Schicksalsdatum der alten Welt, der Beginn der Umwälzungen unseres Jahrhunderts. Wie begegnete dem Krieg der Wandervogel, August 1914? Kriegsgefahr bedrohte ja Europa, seit dem 28. Juni. Dieses Monatsheft spricht nicht davon. Dabei hat, als seine Leser das Heft bekamen, der Krieg schon begonnen! Die Titelzeichnung zeigt einen Schnitter im Ährenfeld, es ist Sommerszeit, Erntezeit. Das Bild ist friedlich gemeint; zu ihm gehört der Geleitvers des Ferdinand Avenarius: »Bist Du wohl im Kornfeld schon gegangen / wenn die vollen Ähren überhangen / durch die schmale Gasse dann inmitten / schlanker Flüsterhalme hingeschritten?« Das August-Heft also ist noch Frieden. Was ist darin zu lesen? Sollen Wandervögel auch in die Tatra, die ungarische Pußta, nach Siebenbürgen wandern, dorthin, »wo keine fetten Quartiere winken und weite Scheunen, wo ein heiliger Ernst sich über jede Stunde des Tages legt«, das seien für Reisende noch unerschlossene Gebiete. Schon hat der Wandervogel sein Generationsproblem. Die Jungen der Gründerzeit sind schon Alte. Es genügen, um alt zu werden, wenige Jahre. »Die Gesamtbewegung hat sich hinaufgeschraubt von der Durchschnittsentwicklungsstufe des Fünfzehnjährigen, der tollen und sich austoben will, zu der Entwicklungsstufe des Zwanzigjährigen, der den Rätseln des Lebens nachsinnt und in dem das Kulturgewissen erwacht ist.« Kein Wort vom Krieg, im August 1914. Dann aber ergreift der Krieg auch die gelbe Zeitschrift »Wandervogel«. Er halbiert sie sogleich. Sie erscheint nur noch jeden zweiten Monat. Ihre Ausgabe September/Oktober 1914 wird mit großen Lettern als »1. Kriegsheft« bezeichnet – und so fort.

Die Anlage eines »Archivs« auf dem Ludwigstein war von Beginn an Teil des Planes. In der »Wandervogelburg« sollte vereinigt werden, was geschrieben, gedruckt, gezeichnet die Jugendbewegung begleitet hat. Das liegt nun mit Tausenden von Dokumenten geordnet in langen, hohen Regalen und Kästen, und immer noch bedingen Neueingänge neue Einordnungen. Wie im Anfang, so hat die Burg auch nach dem zweiten Krieg selbstlose Freunde gefunden, die sich als Vorsitzende der »Vereinigung Jugendburg Ludwigstein e. V.« um Neubeginn und Fortführung des Ausbaus verdient gemacht haben: Hermann Schafft, Karl Vogt, Walther Ballerstedt, in dessen Amtszeit für die Vermögenswerte der Vereinigung die Rechtsbasis einer privaten Stiftung des öffentlichen Rechts in der »Stiftung Jugendburg Ludwigstein und Archiv der deutschen Jugendbewegung« geschaffen wurde. Erweiternd wurde ein Meißnersaal gebaut. Das Archiv, von Hans Wolf geleitet, erhielt größere Räume.

Als Bild einer lebenden Burg tritt heute der Ludwigstein dem Wanderer entgegen, der aus dem Tal der Werra zu ihm aufsteigt. Bei einer Linde, die mit mehreren Stämmen eine breite Krone bildet, zeigt er sich mit seinem runden Bergfried und den aus Steinquadern gefügten Gebäudewänden, deren breite Fläche nur von wenigen Fenstern durchbrochen ist. Im Gemäuer zwei von den Steinmetzen ausgehauene Köpfe, die »Neidköpfe«, deren einer »der Rufer« genannt wird, mit vor dem Mund zum Trichter geformten Händen scheint er in das Tal hinunterzurufen. Der andere schneidet dem gegenüberliegenden Hanstein eine Fratze. Landgraf Ludwig i. von Hessen hatte seinen Ludwigstein 1415 als Grenzfeste gegen das kurmainzische Eichsfeld und gegen den Hanstein mit seinen kurmainzischen Lehnsmännern bauen lassen, als eine der späten, letzten Burgen. Aufregende Ereignisse sind deshalb von ihr nicht zu berichten. Es hat zwar Fehde mit einem der Hansteiner gegeben, aber meist war der Ludwigstein ein Amtssitz, von dem aus verwaltet wurde.

Am Burgtor befindet sich eine Tafel: »Jugendburg Ludwigstein. Ehrenmal der gefallenen Wandervögel.« Ist man eingetreten, gibt eine dem grauen Gemäuer des Bergfrieds anvertraute Inschrift diese Auskunft: »7000 Kameraden aus allen Bünden der deutschen Jugendbewegung haben im Weltkrieg 1914-18 treu ihrer Gesinnung den Eid für das Vaterland mit dem Tode besiegelt. Ihnen zum Gedenken bauten ihre Freunde und Gefährten in den Notjahren 1919-1933 die Trutzburg Ludwigstein als Mahn- und Ehrenmal aus.« Dreizehn lange Jahre wurde an einem Gedenkraum gebaut, der jetzt zur Seite des Bergfrieds die stille Weihestätte ist. Viele Fahnen und Wimpel sind in ihr vereint, gesenkt ihr Tuch. Droben auf dem Turm dreht sich der »Greif« als Wetterfahne. Viele Gäste hat die Burg, vom Wanderer bis zu den Schulklassen, die hier ein paar Tage Freizeit und Lernen verbinden. Es ist ein ständiges Kommen und Gehen, ein Treffpunkt junger Menschen aus vielen Völkern.

Beschaulich ist es, im Hof auf dem alten Pflaster auf und ab zu wandeln, wenn eine stille Stunde ist und nur die Stimmen der Dohlen vom Dachfirst zu hören sind. Viele Dohlen bewohnen die Burg. Meist hocken sie »zu zweit« aneinandergeschmiegt, ein Bild der Verbundenheit von Geschöpfen, denn die Dohlen halten in Paaren getreu zueinander. Dort auf dem Hof dachte ich auch an das, was ich im Archiv als Eintrag im Gästebuch gelesen hatte. »Dem Archiv der deutschen Jugendbewegung ins Stammbuch: ›Tradition ist nicht das Sammeln von Asche, sondern Weitergabe einer Flamme. Jean Jaurès, 1859-1914‹. Beim Ordnen von Zeitschriften fand ich diesen Spruch.« Jean Jaurès! Der französische Sozialist, in Paris von einem Attentäter ermordet, Juli 1914, mußte sterben, damit er den Krieg nicht aufhielt. Nach dem Erzherzog ein Arbeiterführer. Sie waren die ersten Menschenopfer der Kriege und der Gewalt, die unser Jahrhundert erfüllen.

Wer weiterwandert, begegnet einem späteren Kapitel in diesem Völkerdrama. An der von der Burg hinunter zur Bundesstraße führenden Fahrstraße verzeichnet ein Stein, daß Soldaten der belgischen und amerikanischen Armee, der deutschen Bundeswehr und des Bundesgrenzschutzes beim Ausbau dieser Straße, die zuvor ein einfacher Weg war, geholfen haben. Freund und Feind der Kriege vollbrachten in Eintracht das Werk, das »Straße der Besinnung« genannt wird. Zur Seite der Straße ein Friedhof mit Gräbern zu Füßen eines hoch emporgreifenden Kreuzes. Gefallene des Zweiten Weltkrieges und Opfer der Verfolgung, die im Umkreis der Burg sterben mußten. Das Tor dieses Friedhofes hat die Symbolgestalt eines Turmes, der zweigeteilt und ohne das die Teile verbindende Dach ist. Der Architekt wählte dies als Ausdruck des geschichtlichen Augenblicks, nachdem er die nahe Zonengrenze gesehen hatte, die Deutschland auch zwischen dem Ludwigstein und dem Hanstein teilt. »Kreuz an der Grenze / die Bruder vom Bruder getrennt / weise zum einen Himmel / öffne die Herzen dem Frieden.« Dies ist, Klage und Hoffnung zugleich, in den Stein der zwei Teile des Einen Turmes geschrieben.

An des Reiches Straße

DER HANSTEIN

D er anhalt-bernburgsche Assistenzrath Gottschalck in Ballenstedt schrieb zu Beginn des vorigen Jahrhunderts, mit freudiger Erinnerung gedenke er noch immer der fröhlichen Stunden, die er als Jüngling unter den Ruinen des Hanstein einst verlebte.

»Wie oft sah ich im traulichen Zirkel ihre hohen, schlanken Thürme, wie oft lagerten wir, ein lustiger Kreis, vor des Tores Öffnung, verzehrten ein einfaches Abendbrot, und schauten, zufrieden mit der ganzen Welt, ins weite Blaue.« Seine geographische Einordnung der Burg »bei Witzenhausen auf dem Eichsfelde« ist noch heute gültig, denn Berge und Täler ruhen fest in Gottes Ordnung. Nicht so die von Menschen gezogenen Grenzen. Die Staatszugehörigkeit »im Kurfürstenthum Hessen« ist vergangen, so wie alle Staatsordnungen der Vergänglichkeit unterliegen.

Es war ein Junitag, Sommer 1945. Sonne über der Flur, die Heckenrosen blühten, und die fremden Panzer rollten, und alle hundert Schritt sang vom Telegraphendraht eine Goldammer ihr Lied. Dort also der Hanstein, dachte ich, verband seinen Anblick eine Weile mit dem Bild von einst und lief weiter meine Straße. »Des Reiches Straße« wurde früher der Weg genannt, der vom Rhein und Main durch »der Franken Furt« in das Hessenland, von dort nach Thüringen und weiter nach Osteuropa führte.

Der Volksmund spricht vertraut vom »alten Hanstein«. Und alt ist er auch. Die Burg gehörte zuerst Otto von Northeim; in dessen Kämpfen mit Kaiser Heinrich IV. wurde sie zerstört; wie man sagt durch den Kaiser selbst. Wieder aufgebaut, kam sie durch Heirat an die braunschweigischen Welfen und von diesen durch Kaiser Otto IV. im Jahr 1209 an den Erzbischof von Mainz. Um diese Zeit ist zum ersten Mal der Name »de Hanensteede« in den Urkunden zu lesen, denn dem Heidenricus de Hanensteede gab »im Jahr der Gnade 1241 am 26. März Siegfried, durch Gottes Gnaden des heiligen Mainzer Stuhles Erzbischof und des heiligen Reiches Erzkanzler in Deutschland« das Amt des Vizedominats Rusteberg zu Lehen »für alle Zeiten«. Unter den Nachfolgern kam es wegen des Vizedominats zum Streit, und da die von Hanensteede sich das erzbischöfliche Verwaltungsamt nicht nehmen lassen wollten, verfiel das Erzstift auf den trickreichen Gedanken, einfach ein neues Amt zu bilden und dem alten auf solch unblutige Weise seine Aufgaben zu entziehen.

Den Hansteinern verblieb die Burg ohne Amt. Sie bauten sie zu Beginn des 14. Jahrhunderts neu. Von diesem dritten Bau zeugt die heutige Ruine. Daß alles nach Ordnung und Gesetz ging, ist aus dem im Bayerischen Staatsarchiv verwahrten, zu Fritzlar am 4. Oktober 1308 geschlossenen Vertrag zu ersehen. »Wir Hein-

rich der Ältere und Luppold gen. von Hansteyn, Brüder, bekennen hiermit öffentlich: daß wegen des Baues auf dem Berge Hansteyn, der dem Erzbischof Peter von Mainz, unserem Herrn, gehört, folgendes Übereinkommen zwischen unserem Herrn und uns
geschlossen worden ist: Wir werden dort eine Burg bauen, zuerst
aus Holz, dann aus Stein auf unsere Kosten, doch werden wir in
ihr, wenn sie gebaut ist, kein Recht haben, außer daß wir auf
ewig erbliche Beamte und Burgmannen dieser Burg sein werden,
wir und unsere lehnsfähigen männlichen ehelichen Nachkommen.«
Sie kamen überein, daß die Burg der Mainzer Kirche eine »ge-
öffnete Befestigung« sein solle »wie andere ihr eigentümliche Befestigungen« und daß die Mainzer Kirche sie in der Not schützen
solle, während sie, die Burgmannen, verpflichtet sind, der Kirche
in allem beizustehen und ihr treu zu dienen. Von den Aufgaben
der Wächter auf den Türmen (»wenn sie erbaut sein werden«)
bis zu den Strafen, falls man treubrüchig und meineidig genannt
werden könne, ist alles geordnet und durch »körperlichen Eid«
bekräftigt, schließlich durch mehrere Ritter und Knappen bezeugt: »Wir die Zeugen und Bürgen bekennen, daß wir unsere
Siegel auf Bitten der Brüder Heinrich und Luppold von Hanstein haben anhängen lassen.« Luppold ließ einfügen, daß er kein
eigenes Siegel habe.

In den Fehdezeiten kam es zu mehreren Belagerungen. Im Jahr
1470, als Werner von Hanstein, Ritter, mit Hans von Dörnberg,
Hofmeister des Landgrafen von Marburg, und dem Grafen von
Schwarzburg, Amtmann von Rusteberg, Händel hatte, wurde die
Burg mit zwei Karthaunen und Steinbüchsen beschossen. Sie abzuwehren, ließ Ritter Werner einige Gefangene auf den Dächern
anbinden – und alles wegen einer schönen Frau, wie die Chronik
vermerkt. Die stattliche Zahl von 541 Urkunden im Niedersächsischen Staatsarchiv, beginnend 1145 und endend 1771, läßt noch
die Alltagsangelegenheiten erkennen: Kauf und Verkauf von Hufen Landes oder Dörfern, auch halben Dörfern, Bürgschaften,
Vergleiche, Verschreibungen, Leibrenten, Ehebereden – und unter
den Rittern ist plötzlich ein Sänger zu entdecken, denn 1352 am
Mittwoch vor Frauentag heißt es: Dieterich von Hardenberg,
Sänger, zu Fritzlar und Heinrich von Hanstein, Amtmann daselbst, sprechen als Schiedsrichter Recht zwischen dem Stift Fritzlar und dem Herrn Herman Hund. Bei dem Landgrafen Her-

mann von Hessen führte Thilo von Hanstein Beschwerde, daß
er, der Landgraf, seinen Armen Leuten das Ihre bekümmert habe
zu Witzenhausen und zu Allendorf: hundert Acker Korns und
Weizens und hundert Acker in der Brache wüste gelegt in dem
Felde zu Hanstein, gegen vier Acker Flachses zertreten. Thilo
von Hanstein macht die Rechnung auf, was die armen Leute verloren und an Schaden genommen in elf Ortschaften, auch Heinrich Michahel »myn arme Mann gebrannt worden, der an siner
Suren Arbid begreffen wart by syme pluge«. Danach kam es
zum dauernden Frieden mit dem Landgrafen, denn »Donnerstag
nach St. Michaelis-Tag des heil. Erzengels«, dem 1. October 1377,
bekannte Landgraf Hermann, daß er mit Hern Tylen, Hern Hen-
rich, Rittern, Lippold, Wernher und Ditmar alle von Hansteyn
gründlich und gänzlich gerichtet und gesühnet sey »wegen aller
Krieg und Zweiungen zwischen uns und unsern Helfern und
Unterthanen«.

Im Bauernkrieg blieb die Burg ungeschoren, im Dreißigjährigen
Krieg kam sie glimpflich davon. Es war 1683, am 7. Dezember,
als der Kirchendiener Thomas Eichenberg vor Gericht aussagte,
der Hanstein sei »wüste und unbewohnt«. Auf die Frage, ob er
nicht wisse, daß der Hanstein früher bewohnt gewesen, antwortete er: Ja, solches wisse er wohl. Bald nach dem Dreißigjährigen
Krieg haben die Hansteiner die schon baufällige und zu eng gewordene Burg verlassen und sind, mehrere Familien, auf ihre
Höfe in den Dörfern gezogen. Die Burg blieb dem Verfall preisgegeben. Dennoch haben die Hansteiner eine noch heute fortdauernde Anhänglichkeit an ihre Burg sich bewahrt. So lange es möglich war, hielten sie ihre Familientage »auf dem Hause Hanstein«
ab; sie ließen dafür 1838 in der Ruine einen Saal und zwei Zimmer herrichten, und in den Jahren 1904 bis 1907 wurde eine
Halle unter dem Saal und ein Turmzimmer gebaut, Tore, Mauerwerk und Ringmauern gefestigt. Da liest man denn im Bauplan:
»Gotische Wand verzwickt, ausgegossen und verankert; Keller
ausgegraben und ausgebaut; Kapellenraum ausgegraben und dabei zwei große Steinkugeln gefunden; das Verließ, Semmelmanns-
loch genannt, freigelegt; der Burgbrunnen zwanzig Meter tief
ausgegraben.« Man fand einen Wappenstein von 1414, einen
Teuerungsstein und erneuerte einen Neidkopf. Mit vielen Angehörigen leben die Hanstein noch in der Gegenwart.

In einer hansteinschen Stadtwohnung, fern der Burg, begegnete mir der Hanstein mit mehreren Ansichten als Wandschmuck, umgeben von Porträts und Erinnerungsstücken, die ebenso Geschichte wie Geschichten erzählen. Zu den Geschichten gehört ein Porträt des Landgrafen Wilhelm von Hessen und das einer jungen Frau in vergoldetem Oval, die aus einem hübschen Gesicht mit kecken, leuchtenden Augen blickt, in der Hand ein Buch, auf dem Kopf ein mit Blumen, Schleifen und Federn garnierter Hut. Es ist Rosalie Ritter, als Freifrau von Lindenthal dem Landgrafen »zur linken Hand« angetraut. Ihr Fächer aus Elfenbein und Gold, mit einer Landschaft verziert, liegt nun hier nach dem Ende aller höfischen Kabalen unter Glas. Wenn er erzählten könnte, könnte er von Wilhelmine Rosalie erzählen.

Eins der Kinder von Wilhelm und Rosalie war Wilhelmine Rosalie, die durch ihre Heirat eine Freifrau van Hanstein wurde, Gemahlin eines Ministers von Hessen-Kassel. Ein Porträt, zu denen der Eltern gesellt, zeigt sie als alte Dame. Ich las, was sie rückblickend über ihr Leben geschrieben hat. Mademoiselle Echer war ihre Lehrerin, eine Dame aus einer protestantischen Familie von Refugiés, die auch vier Kinder einer verstorbenen Schwester bei sich aufzog. Dies, von ihrer Hand geschrieben, ist eine Szene aus der Französischen Revolution, eins der unzähligen Geschehnisse am Rande dieses Dramas, das noch keinen Eingang in die Literatur gefunden hat: »Eines Tages muß ich noch erwähnen, der einen unauslöschlichen Eindruck auf uns Kinder machte. Es war der 21. Januar 1792, wo König Ludwig XVI. guillotinirt werden sollte. Mademoiselle Echer weckte uns bei Tagesanbruch, wir schliefen alle vier mit ihr in einem sehr großen Zimmer, und sprach: ›Venez, mes enfants, prosternez vous à genoux fevant Dieu, et priez d'accorder à mon voi le devouement e le courage, qui lui faut pour mourir par se assassins.‹ Wir knieten also alle vier um ihr Bett und weinten unsere kindlichen Tränen. Philippine, die Ältere, sprach ein Gebet, der ganze Tag war ein Trauertag. Gottlob, später durfte gelacht werden.« Dies hatte Mademoiselle Echer gesagt: »Kommt, meine Kinder, werft euch vor Gott auf die Knie und bittet ihn um die Ergebenheit und den Mut, die er braucht, um durch seine Mörder zu sterben.«

In jenem Jahr 1792, als der König von Frankreich zur Guillotine geführt wurde und die Große Revolution Mengen von Blut vergoß – im Sommer jenes aufgeregten Jahres war es, daß der Assistenzrath Gottschalck in lustigem Kreise am Hanstein lagerte, »zufrieden mit der ganzen Welt«. In das erste Fremdenbuch der Burg schrieb 1799 (und das Blut floß noch immer) ein Besucher:

Fröhlich hallte der Pokale Läuten
Dort, wo wildverschlungne Ranken sich
Über Uhunestern schwarz verbreiten,
Bis der Sterne Silberglanz verblich.
O der Wandlung! Nacht und Graun umdüstern
Nun den Schauplatz jener Herrlichkeit.

Die Revolution ging dahin, Napoleon ging dahin. Im Mai 1815 schrieb ein Überlebender in das Fremdenbuch: »Wieder frei kann der Deutsche von des Hansteins altersgrauer Ruine in die nun wieder frei sich ihm zeigenden Gaue schauen.«

Ein drittes Mal sah ich den Hanstein. Der »Eiserne Vorhang« war niedergegangen, der Todesstreifen durch Deutschland gezogen. In Werleshausen ist der hölzerne Wegweiser mit der Aufschrift »Hanstein« nur noch Erinnerung an eine einst nahe Nachbarschaft. Schon löscht das Wetter die Lesbarkeit, doch ich folgte dem Wegweiser, als wäre nichts geschehen. Bald jedoch steht am Straßenrand: »Zur Zonengrenze.« Unmittelbar zu Füßen des Hanstein zerschneidet der von Baum und Strauch entblößte Streifen der Trennung Wald und Weide. Der Feldstecher überwindet ihn und holt die Burg nahe heran. Ich sehe die beiden Türme, den runden Bergfried und den vierkantigen Wachtturm, die dem Hanstein seine Silhouette geben. Ein Kasten ist oben darauf gesetzt, mit Sicht nach allen Seiten. »Ein Auslug zur Überwachung«, sagen die Leute. Am ragenden Gemäuer die Fensterhöhlen. »Jugend soll sich in der Ruine einen Raum hergerichtet haben«, sagen die Leute. Genaueres über »drüben« wissen sie nicht. Ich wendete mich um und sah den Ludwigstein und, sich aus dem Dunstkreis des Horizontes schiebend, den Hohen Meißner. »Zweiburgenblick« heißt es auf einer Ansichtskarte, und auch die alte Zeichnung aus dem Jahr 1600 zeigt in der Sicht des Auges Hanstein und Ludwigstein vereint. Am Abend geht in den Dörfern unter den Burgen das Licht an. Das ist das Gemeinsame, das man spürt: wenn sie drüben, wenn sie hüben das Licht anmachen, zur gleichen Zeit. Im Ausgang jeden Tages dringt das Licht in die Nacht dort wie hier.

Erzählenswerte Vergangenheiten

A ls Einführung in Friedbergs Vergangenheit und Gegenwart bietet sich »die Straße«. Es ist jener einem Boulevard ähnliche, langgestreckte und ungewöhnlich breite Straßenzug mitten durch die Stadt, der im örtlichen Schrifttum die imposanteste Sehenswürdigkeit Friedbergs genannt wird. Und sehenswert, ja erlebenswert ist er auch in seiner neuzeitlichen Geschäftigkeit mit der Fassade des Alten im Zug seiner Häuser. Auch in Merians Topographie ist dies als bemerkenswert hervorgehoben: »Es hat die Statt eine weite schöne durchgehende Gassen, als man irgend in einer Statt finden mag.« Bemerkenswert auch die Hintergründe ihres Namens. Die in ihrer Breite für die Märkte angelegte Straße (neben lauter Gassen) hieß das Mittelalter hindurch, wie sie 1245 zum erstenmal im Sprachgebrauch erscheint, später allenfalls noch Breite oder Große Straße. Erst das neunzehnte Jahrhundert verlangte das Klangvolle. So wurde sie zur Ludwigstraße, nach Ludwig III., Großherzog von Hessen, doch seit 1874 heißt sie Kaiserstraße, nun schon über ein Jahrhundert zum Gedenken an den Aufenthalt Kaiser Wilhelms I. am 11. September jenes Jahres, als er in Friedberg Manövergast war. Der Gedanke drängt sich hervor, daß die Bürger das Partikulare des Großherzogtums dem Ganzen des Reiches unterordneten, wie es in dem neuen Kaiser drei Jahre zuvor Gestalt gefunden hatte, und daß sie dies im Namen der Straße über alle Kriege erhalten haben.

Die Kaiserstraße – eine lebhafte Geschäftsstraße. Die Häuser, meist Bauten aus mehreren Jahrhunderten, kehren in geschlossener Front ihre Giebelseiten der Straße zu. Nur vereinzelt hat die moderne Architektur Einbrüche erzielt. Hinter vielen Hausnummern verbirgt sich ein Stück Vergangenheit. Das Rathaus zeigt im Giebelfeld das Wappen der Reichsstadt, den doppelköpfigen Adler mit Reichszepter und Reichsapfel und den Stadtfarben Silber-Schwarz im Brustschild. »Diese deß H. Römischen Reichs Statt« heißt sie bei Merian. »Man findet in den Historien, daß die

Römische Kayser zum offtermal ihre Residentz, Zu- vnnd Eintritt daselbsten gehabt haben.« An der Stelle von Nr. 32, »Lutherhaus« genannt, befand sich das Haus »Zum Grünberg«, in dem am 28. April 1521 Martin Luther, vom Reichstag zu Worms zurückkehrend, übernachtete und zwei Briefe schrieb, an den Kaiser und an die Reichsstände. Nr. 118 ist das älteste Haus der Stadt, aus dem Ende des zwölften Jahrhunderts; neben dem starken Mauerwerk besitzt es aus jener Zeit, in der es das »Steinerne Haus« genannt wurde, noch seinen romanischen Torbogen. Im Haus »Zum kleinen Sonnenberg« von 1533 befindet sich jetzt ein Blumengeschäft, denn alle diese Häuser haben noch ihre Aufgaben. Zwanzig und einige Häuser mit Vergangenheiten sehen dich hier an; ich blicke nur noch auf Nr. 33, das in Deutschland als einziges Haus solchen Namen trägt: »Zur Zit«. Tiefgründig mag der Sinn sein, der ihm damit um 1610 gegeben wurde: Zur Zeit. Die Bürgerfamilie Dietwein hat es gebaut, ein trauliches Fachwerkhaus mit schönem Erker, verzierten Eckbalken und dem Wappen, das einen Vogel auf einer Pflanze zeigt.

Das Haus hat kaum gestanden, als jene Zeit über Deutschland hereinbrach, die mit dem dreißigjährigen Glaubenskrieg den Menschen zur Geißel wurde. »Es hat dieses Friedberg, drey Meilen von Frankfurt vnnd drey von Giessen gelegen, von beyden kriegenden Theilen viel außgestanden.« In dieser traurigen Zeit schrieb Merians Mitarbeiter seinen Beitrag für die Topographie und schloß ihn mit dem Blick auf seine Gegenwart, nachdem er zuvor sich in der Stadtgeschichte umgetan und darin das Anekdotische nicht übersehen hatte. Anno 1447 war eine große Feuersbrunst, die siebenhundert Gebäude eingeäschert haben soll, »welches grosse Fewer auß einem Spiel zwischen zween Bürgern umb drey Pfenning willen solle entstanden seyn, daß einer dem andern auß Rach das Hauß angezündet«. Trotz des Dreißigjährigen Krieges, man lachte noch über den trunkenen Schmiedeknecht, der – »es hat die Statt neben andern gemeinen Brunnen mitten in der Strassen drey schöne vnd tieffe Brunnen« – sich auf einen Brunnenrand legte, einschlief und, als er sich umwendete, in die Tiefe stürzte, wo das Wasser über ihm zusammenschlug. »Darvon er erwacht ist vnnd im Schrecken die Mawrer mit den Händen ergriffen, geschryen vnnd endlich von den Wächtern gehöret worden, welche vermeynet es sey Fewersnot vorhanden. Haben an-

gefangen zu blasen vnnd die Bürger auffzuwecken, welche dem
Brunnen zugeloffen, Wasser geschöpfet, vnd sich der Schmidt-
Knecht an dem Brunnen-Seyl gehalten, daß er schier den Schöp-
ffer zu sich hinab gezogen, der von jhme nichts gewust; weil er
aber hefftiger geschryen vnd sich zu erkennen gegeben, hat man
ihn endlich heraußgezogen vnd bey Leben erhalten nach dem er
schon drey gantzer Stunden in dem Brunnen gesteckt vnnd wol
gebadet hatte.«

Wo »die Straße« endet, beginnt die Burg. Zwischen Stadt und
Burg ein tiefer Graben, der Hirschgraben genannt. Heute in die
Spazierwege des Burggarten einbezogen, betonte er einst abweh-
rend das Trennende. Obwohl beide, Burg und Stadt, gegen Ende
des zwölften Jahrhunderts durch Kaiser Friedrich I. Barbarossa
als ein Gemeinsames gegründet wurden, kamen sie doch mehr im
Nebeneinander als im Miteinander zu eigenen Geschichten.
Schließlich ein auch bei Merian erwähnter Streit »zwischen der
Adelichen Burg vnnd der Statt, ob nemblich diese ein vnmittel-
barer Statt deß Reichs oder aber besagter Burg Burggraffen vn-
derworffen seye«. Es lief darauf hinaus, daß beide gesonderte
Gemeinwesen wurden, diesseits des Grabens die Stadt, jenseits die
Burg, die eine Adelsrepublik eigenen Gepräges bildete, aber
schließlich das Mitreden im Rat erzwang.

Ohne Hinderung gehen heute Stadt und Burg ineinander über.
Die steil ansteigenden Zwingerwände und starken Türme mit
ihren Schießscharten sind nur noch Sehenswürdigkeiten beim
Rundgang. Geblieben ist der Eindruck des Geographischen: die
Burg ist »ein weitläuffige Vestung auff einem Felsen erbawet«.
Nach drei Seiten fällt der Fels steil ab, er war für jene Zeiten ein
natürlicher Schutz. Nur nach Süden, der Stadt zu, ist das Gelände
flach und deshalb der einst heikle Gefahrenpunkt. Im Grundriß
ist die Burg ein ausgedehntes Rechteck und in dieser Form ungewöhnlich für das zwölfte Jahrhundert. Das Ungewöhnliche
wird dadurch erklärt, daß die Hohenstaufen ihre Reichsburg auf
den Grundmauern eines römischen Kastells errichtet haben.

Ich vermag nicht dem Kunstführer zuzustimmen, wenn er sagt,
das verträumte Innere der Burg mache den Eindruck einer kleinen
Stadt. Wohl eine kleine Stadt nach Ausdehnung und Zahl der
Bauten, doch verträumt gibt sie sich nicht. Wie könnte sie auch
verträumt sein, wenn die Weite ihres Hofes zum Parkplatz ge-

worden ist und in ihren alten Bauten sich Behörden und Schulen niedergelassen haben? Das Tor, das im Süden in die Burgstadt einläßt, ist um 1500 gebaut; was sonst steht, kommt aus dem siebzehnten und achtzehnten Jahrhundert. Das Staufische ist untergegangen, geblieben sind Renaissance und Barock, die sich mit einem kunstreichen Tor als Zugang zu einer um mehrere kleinere Höfe liegenden Gebäudegruppe eindrucksvoll zur Geltung bringen. Heute heißt dies das Schloß, zur Zeit des Großherzogtums war es das Großherzogliche Schloß; zuvor ist es als »der Kronberger Hof« Burgmannenhaus und später als »Burggraviat« Amtssitz der Burggrafen gewesen, ein Bauwerk der Hochrenaissance, 1604 errichtet. Zu der Gruppe gehören Kavalierhaus, Marstall, Deutschordenshaus. Hier ein Wappen, dort eine Jahreszahl; an einem Hofportal steht 1611. Aber auch anderes läßt sich sehen. Burg Nr. 2 war die barocke Burgwache, Nr. 3 das Renthaus von 1696 mit dem ältesten Wappen der Burg im hintersten Winkel seines Hofes, dem Ritter St. Georg mit dem Reichsadler auf seinem Schild und der Jahreszahl 1496; Nr. 4 die Burgkanzlei mit dicken Mauern, die bis in das sechzehnte Jahrhundert »der Saal« hieß und vermutlich auf den Palas der Stauferburg zurückzuführen ist. Dazu noch eine Anzahl der Burgmannenhäuser, von denen sich Nr. 34 in ein Mädchengymnasium verwandelt hat, über seiner Tür das Ehewappen des Johann Brendel, des bedeutendsten der Burggrafen und Ritterhauptmanns der Mittelrheinischen Ritterschaft im sechzehnten Jahrhundert. Neben Brendels Zickzackbalken die Rose seiner Frau Apollonia von Stein. Ein Kapitel der Burggrafengeschichte läßt sich auch aus dem St. Georgsbrunnen ablesen, der frei inmitten der Burg steht, ein barockes Kunstwerk von 1743, das in aufgesetzten Wappen die Mitglieder des Burgregiments jenes Augenblickes vereint, den Burggrafen mit den zwei Burgbaumeistern als seinen Verwaltungsbeamten und den zehn Regimentsburgmannen. Um dies abzulesen, bewegt man sich im Kreis um die weite Brunnenschale, über der St. Georg den Drachen tötet. Der prunkhafte Brunnen in den reichen Schmuckformen des Barock gilt als Ausdruck der Vollendung jener Republik, die aus der Reichsburg durch Landerwerb zu einem seltsamen kleinen Staatswesen herangewachsen ist. Burgmann »der kaiserlichen und des Reichs Burg Friedberg« zu sein, war verlockend für den Adel; sie waren zuletzt an die hundert Burgmannen, die nach

1   Der erste Frankfurter Dampfer am Mäuseturm, 1844

2   Mainzer Marktschiff am Gutleuthof vor Frankfurt am Main, 1844

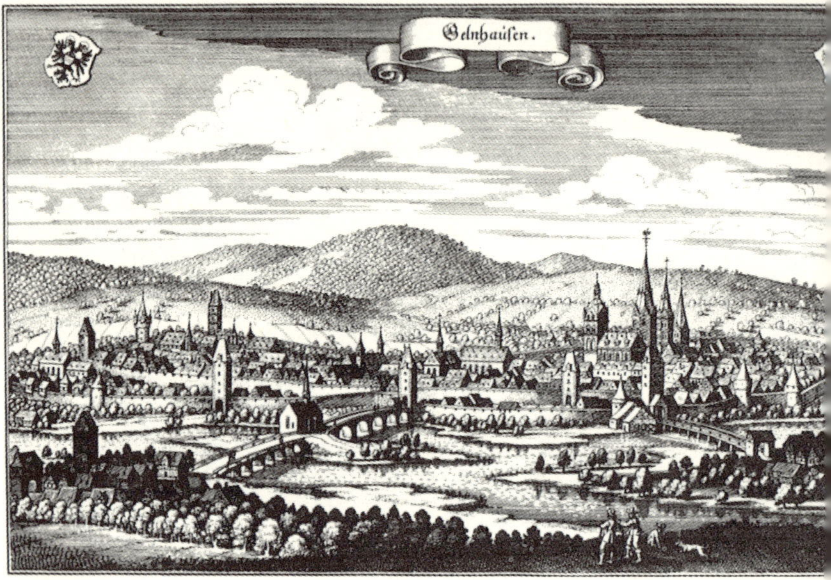

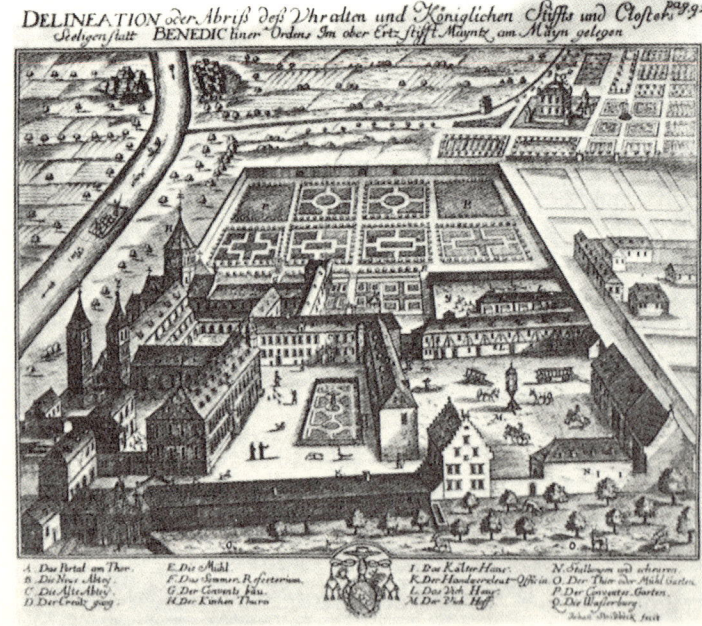

3 Gelnhausen, Stich von Merian

4 Seligenstadt, Basilika und Kloster, 1700

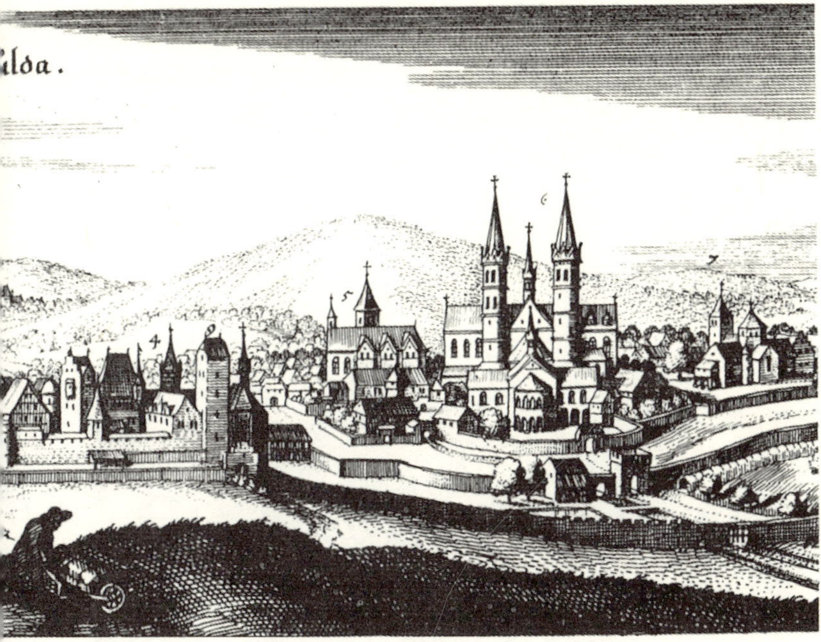

5   Fulda, Stich von Merian (Ausschnitt)

6   Fritzlar, Stich von Merian

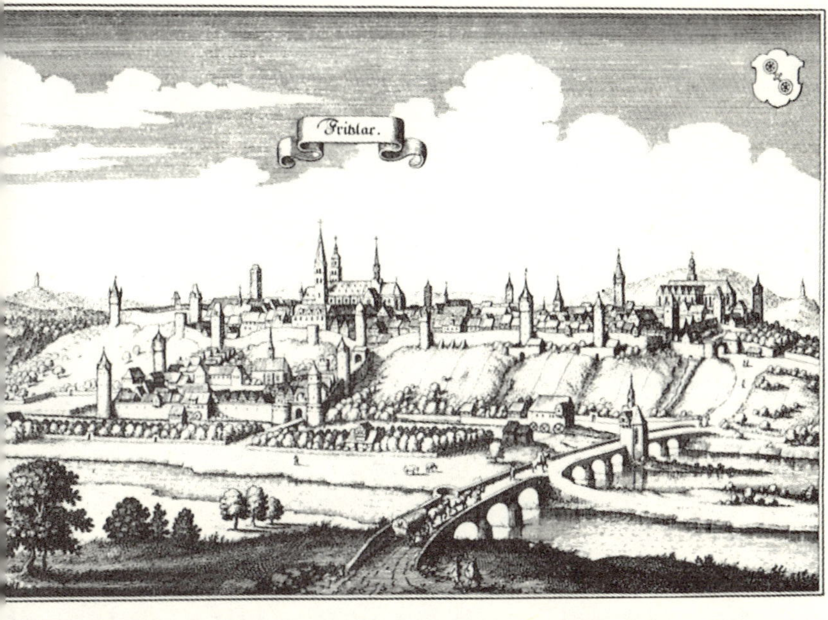

9 Ludwigstein und Hanstein über der Werra, Stich von Merian

10 Friedberg, Stich von Merian

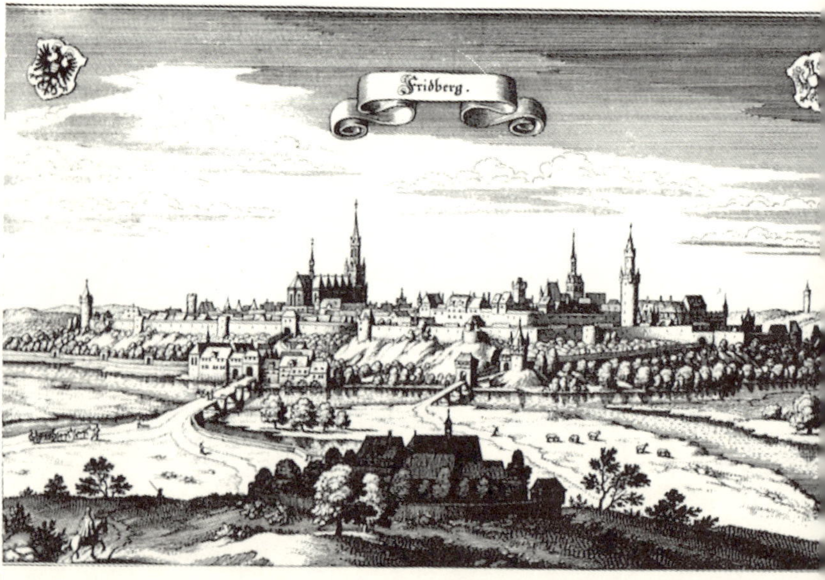

MARPVRG.

7 Marburg, Stich von Merian

8 Hersfeld, Stich von Merian (Ausschnitt)

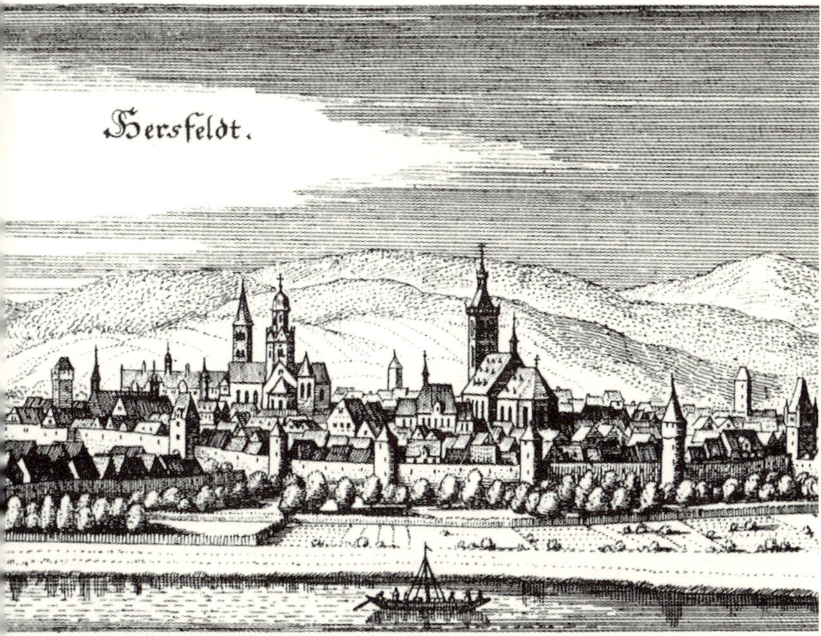

Hersfeldt.

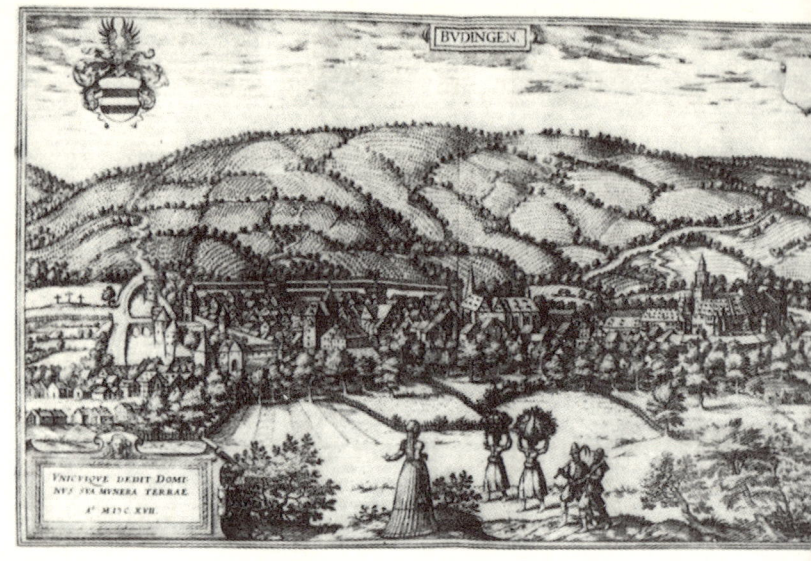

11   Büdingen, Stich von Georg Braun und Franz Hogenberg, 1574

12   Wetzlar, Stich von Merian

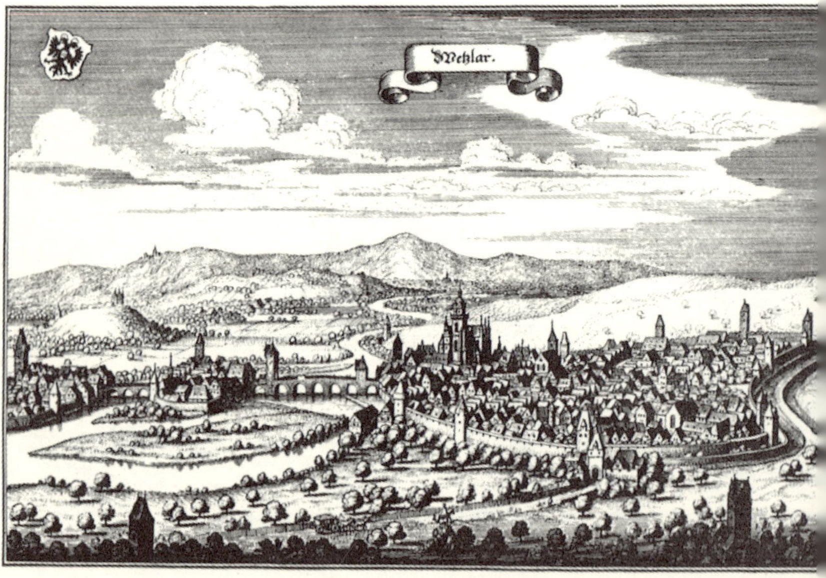

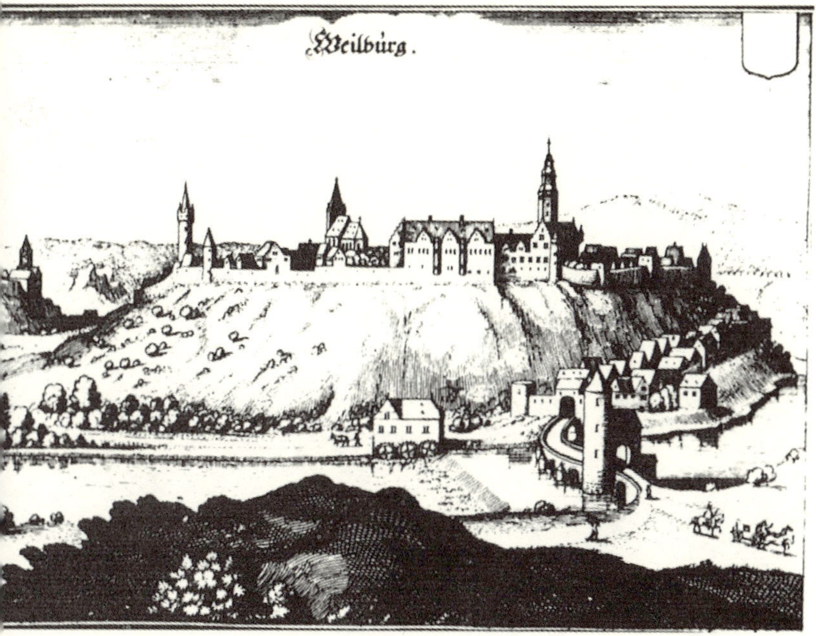

13   Weilburg, Stich von Merian

14   Limburg, Handzeichnung um 1800

15 Rheinlandschaft unterhalb Rheinfels, Stich von Chappuy, um 1800

16 Burg Katz, St. Goar und Rheinfels, Stich von Chappuy, um 1800

altem Privileg ihre Regierung, das »Regiment«, wählten, wie denn aus den zwölf Regimentsburgmannen durch Wahl der Burggraf als Oberhaupt hervorging. Ihre Verfassung, »wie sie untereinander leben und sich halten sollen«, entwickelte sich aus dem »Burgfrieden«, der 1337 ausgesprochen wurde.

Einen lauschigen Winkel findet man erst, nachdem man an der Burgkirche vom beginnenden neunzehnten Jahrhundert mit der hier fremd wirkenden Strenge ihres klassizistischen Stils vorübergegangen und in eine Gasse eingebogen ist. Aus dem Gewinkel der Enge steigt wahrhaft stolz der Adolfsturm auf, der alte Bergfried. Er führt seinen Namen nach dem Grafen Adolf von Nassau, der 1347 in der Schlacht am Alzenknüppel von den Burgmannen gefangengenommen wurde und mit dem Lösegeld den Bau des Turmes ermöglichte: einer der mächtigsten Bergfriede, seine Mauern 4,25 Meter stark und die Wetterfahne in der Höhe von 58,22 Metern. In diesem stillen, mit Blumen geschmückten Winkel um den Turm begegnete mir unerwartet ein Augenblicksbild aus der Welt vor 1914: Photographien, die bei der Turmstube ausgestellt sind, zum Kauf angeboten, der Zar von Rußland und seine Familie.

Eines der Bilder, als Postkarte gedruckt, trägt in deutscher und russischer Sprache die Aufschrift: »Zur Erinnerung an den Aufenthalt der Zarenfamilie in Friedberg-Nauheim August/September 1910.« Dazu in kleinen Medaillons die Sehenswürdigkeiten des Ortes und die Porträts des Zarenpaares mit seinem Söhnchen, dem Zarewitsch. Nikolaus II., vermählt mit Alix, Tochter des Großherzogs von Hessen-Darmstadt, traf am 30. August 1910 mit dem aus elf Wagen bestehenden Hofzug in Friedberg ein. Er trug, als er ausstieg, einen Promenadenanzug, die Zarin sah man in einem weißen Kleid. Begrüßungsküsse mit den zum Empfang erschienenen Verwandten, darauf Fahrt in offenen Wagen »unter den jubelnden Zurufen der vor dem Bahnhof wartenden Menge«; der Weg vom Rathaus bis zum Schloßportal eine Triumphstraße. »Wir Friedberger begrüßen die Zarin, die als Prinzeß Alix oft und gern hier weilte, sowie ihren Gemahl und ihre Kinder freudigen Herzens« ließ sich das örtliche Blatt, der Oberhessische Anzeiger, vernehmen. »Die hohen Herrschaften gedenken hier ganz der Ruhe und Erholung zu leben« – ihr Aufenthalt trage vollständig privaten Charakter und habe mit Politik nichts zu tun, die Zarin solle in Bad Nauheim eine Kur machen.

Die Zeitung hat Tag für Tag, aber mit wenigen Sätzen verzeichnet, was sie unternahmen. Wenn die Zarin ein Bad genommen hatte, wurde es mitgeteilt. Ob die Kur gegen Herzkrankheit oder Nervosität verordnet wurde, darüber verweigerte der Badearzt die Auskunft. Dafür erfuhr man: »Die Zarin weilt oft und gern in dem mit aller Pietät erhaltenen dreifenstrigen Eckzimmer des Schlosses, das sie als Prinzessin Alix bewohnte.« Der Zar ging wiederholt zu Fuß den Wiesenweg nach Bad Nauheim. Häufig wurden Spazierfahrten in die Nachbarschaft, bis hinauf auf den Hoherodskopf im Vogelsberg, unternommen; wenn es im Automobil geschah, wurde dies vermerkt.

Derart gingen die Tage dahin. Sie musizierten auch und spielten Tennis. Allerdings hielten sich auch die Gegner des Zarismus in ihren Zeitungen nicht zurück. Das Wort vom Henker-Zar wurde gesprochen. Worauf, in anderen deutschen Blättern, erwidert wurde: »Wollte der Zar seinem Volke heute eine freiere Verfassung geben, er könnte es nicht, denn ihn umgibt die mächtige Hofpartei, das einflußreiche Alt-Russentum.« Aus dem St. Petersburger Herold scholl es zurück: »Die deutsche Presse gräbt eine tiefe Kluft zwischen Russen und Deutschen, sie erweckt persönliche, rein menschliche Feindschaft.« Falls der Zar die Zeitungen las, konnte er erfahren, daß sein deutscher Vetter, Kaiser Wilhelm II., sich gerade heftige Vorwürfe wegen einer Rede in Königsberg gefallen lassen mußte, in der er zu viel Selbstherrschaft für sich in Anspruch genommen hatte. Noch ein paar Tage mit Tennisspiel und einem Ausflug »zu Automobil« nach Romrod, dann die Abreise.

Der Weg aus der Burg führt die Besucher gewöhnlich zurück in die Straße. Im Dahinbummeln drängte sich mir eine Häusergruppe auf, die ich über die Dächer parkender Automobile hinweg am jenseitigen Bürgersteig erblickte. Die Nr. 77, das Haus Zum Bornziegel der Wollweberzunft, zuerst genannt 1334 und neu gebaut 1423, wie die Inschrift an der Fassade bemerkt. Ihm benachbart die Häuser Zum Vogelsang von 1333 und Zum Wartberg von 1367. Das Bornziegelhaus hat einmal seine geschichtliche Stunde gehabt, denn in ihm bereiteten 1599 die evangelischen Reichsstände die Protestantische Union vor. Doch das ist Vergangenheit wie der Zarenbesuch. Mir erscheinen die drei Häuser wie eine Gruppe, deren Glieder sich in dem Bewußtsein des Gemeinsamen verbinden. Eine jahrhundertelange Nachbarschaft. Auch Häuser leben; sie leben durch die Menschen. Diese drei stehen in der Gegenwart und gehören zu uns; aber sie gehörten auch schon zu dem, was während vieler Vergangenheiten mit vielen Menschengeschlechtern und ihren sich wandelnden Lebensweisen über die Straße durch lange Zeiten dahingezogen ist. Mit ihren spitzen Giebeln schmiegen sie sich eng aneinander, so, als wüßten sie um ihre Eigenart.

Ein Jahrtausendbild

DAS SCHLOSS ZU BÜDINGEN

Am Anfang war der Wald. Mit ihm beginnt die Geschichte von Schloß und Stadt Büdingen. Der in frühen Urkunden genannte Wildbann Büdinger Wald und spätere Reichsforst ist mit dem Namen eines Dynastengeschlechts verknüpft, auf das Schloß und Stadt zurückzuführen sind. Sie nannten sich die Herren von Büdingen, sind aber von der Isenburg gekommen, ihrem Stammsitz im westerwäldischen Sayntal. Beides, der Wald und die Isenburger, sind der geschichtliche Faden, der an diesem Ort durch ein Jahrtausend nie abgerissen ist. Unter dem 10. Juni 963 ist mit Reginbold, der als Zeuge eine Urkunde über eine Schenkung unterschrieb, zum erstenmal von einem Isenburger zu lesen. Dies erklärt, daß 1963 Irene Fürstin von Isenburg in Birstein und Otto-Friedrich Fürst zu Ysenburg und Büdingen in Büdingen eine Gedenkschrift »zur tausendjährigen Geschichte des Geschlechts« herausgeben konnten. Aber auch der Wald hat seine tausendjährige Geschichte, ist aus Wildbann und Reichsforst zum Büdinger Wald geworden, heute teils städtisch, teils fürstlich ein weites Revier der Buchenhallen und Eichenhaine. Er ist der Quell des Luftkurortes, mit welchem Prädikat Büdingen sich samt dem Hinweis auf sein lebendiges Mittelalter empfiehlt.

Wer das Schloß besucht, darf das Empfinden haben, hier ein rundes Jahrtausendbild zu betrachten. Das gegenwärtige Schloß, wohlerhalten und von den Ysenburgern nach wie vor bewohnt, ist an diesem Platz freilich nur um achthundert Jahre zurückzuverlegen. Hartmann von Büdingen begann es im ausgehenden zwölften Jahrhundert zu bauen, damals als romanische Wasserburg auf einer Insel im Seemebach, die im Verband staufischer Burgen die Wetterau zu sichern, besonders aber den Reichsforst als Königsgut zu schützen hatte. Hartmann war ein Gefolgsmann Barbarossas, oft ist er im Gefolge des Kaisers und seines Sohnes Heinrich VI. zu sehen. Es scheint aber gewiß, daß seine Vorfahren den Wildbann im Büdinger Forst bereits unter Kaiser Heinrich IV. erhielten. Knapp hundert Jahre nach Hartmann sind die Herren von Büdingen erloschen, und der Name ihrer Herkunft taucht im Erbgang wieder auf: Ludwig I. von Isenburg erhielt im Mitbesitz die Burg, die später in den Alleinbesitz seiner Nachkommen kam und bei diesen bis heute verblieb.

Der Innere Hof der weiträumigen Anlage mit Vorburg und Kernburg ist der rechte Platz, das Bild zu betrachten. Man durchschreitet eine Torhalle der Zeit um 1400, bei der zwei Wilde Männer rechts und links der Einfahrt, die im achtzehnten Jahrhundert Dienst als Parkfiguren taten, seit einem nicht mehr bekannten Zeitpunkt symbolisch das Wächteramt versehen. Dann im Hof. Ein lauschiger Winkel. Ringsum eingefaßt von den mehrstöckigen Bauten, die im Laufe der Jahrhunderte aufgerichtet sind, eine Architektur aus Romanik, Gotik, Renaissance, Barock, die nördlichen Teile älter als die südlichen. Das Älteste ist der Bergfried, ein aus Bruchsteinen aufgeführter Rundturm, der mit seinem barocken Laternendach heute ein Wahrzeichen von Schloß und Stadt ist. Seine Anfänge sind zu Beginn des dreizehnten Jahrhunderts zu suchen, wo er Nachfolger eines noch älteren, in einer nicht mehr bekannten Katastrophe untergegangenen Bergfrieds wurde, der mit seinen Fundamenten aus Buckelquadern unter Brandschichten noch an anderer Stelle des Hofes im Boden steckt. Ich betrachte den Bergfried als meinen alten Freund aus den Jahren nach dem Krieg, der mich, indem ich ein- und ausgehen durfte, mit Lektüre versah, Büchern des achtzehnten und neunzehnten Jahrhunderts, die damals in ihm geborgen waren. Jetzt haben sie als geordnete Bibliothek ihre Unterkunft gegenüber in dem

Krummen Saalbau, einem mit seinem Erdgeschoß im Anfang des fünfzehnten Jahrhunderts errichteten und bald danach aufgestockten Gebäude. Mit seinem krummen Winkelcharakter paßt er sich dem von einer Wehrmauer umschlossenen Dreizehneck der Kernburg an. Ein zwischen Palas und Bergfried sich schmiegender Treppenturm trägt an der Tür die eingemeißelte Jahreszahl 30. April 1530; damals wurde er nach einer Teilung für zwei Familien als gemeinsamer Zugang zu dem gemeinsamen Bergfried gebaut. Der sich anschließende Palas, wie alle Bauten der Burg an die dreizeneckige Wehrmauer als Außenmauer gefügt, gilt als die beste Betonung des Staufercharakters der Büdinger Burg; mit nahezu zweiundzwanzig Metern erstreckt er sich über mehr als die Hälfte der nördlichen Hofseite. Bevor er neben einem Treppenturm der Zeit um 1500, gesetzt zwischen Kapellenbau und Krummen Saalbau, endet, weist er noch einen Bauteil auf, der fast in den Boden gedrückt ist, aber zu dem Kostbarsten gehört, das dieser Hof bewahrt hat: das Portal der romanischen Burgkapelle, aus dem Beginn des dreizehnten Jahrhunderts überliefert, im Tympanon zwei betende, sich dem Kreuz nahende Ritter. Dieses Symbol, wie es ähnlich in Gelnhausen zu finden ist, entbehrt der endgültigen Deutung, doch sieht eine der Auslegungen darin ein Gedenken an zwei vielleicht im Kreuzzug umgekommene Brüder aus dem Hause der Herren von Büdingen. Bevor im Spätmittelalter der Burghof des Grundwassers wegen aufgeschüttet wurde, ist das Kapellenportal in höherer Lage, und wohl auch durch eine Freitreppe betont, nicht von der Unscheinbarkeit gewesen, die es heute in die Gefahr bringt, übersehen zu werden. Es ist das Meisterwerk eines unbekannten staufischen Steinmetzen.

Die Südfront des Hofes nimmt der jüngere Küchenbau ein. An seinem ersten Obergeschoß nennt ein Wappenstein die Zeit um 1400 als seine Bauzeit. Damals wurde er aufgestockt, und er erfuhr weitere Aufstockung bis in die zweite Hälfte des sechzehnten Jahrhunderts. Vier Jahrhunderte lang wurde mit vier Stilepochen rund um den Hof gebaut. Hübsche Erker sind den Fassaden aufgesetzt, die in ihrer Vielzahl zu einem Charakteristikum des Büdinger Schlosses geworden sind. Malerisch ein Brunnen unter dem Laubdach eines Lindenbaumes, ein bereits 1529 erwähnter Bronn in der Form eines aus Sandstein gehauenen bemoosten und efeuumrankten Baumstammes vor dem Gemäuer des Bergfrieds. Als die Fehdezeiten vorüber und der Bergfried für kriegerische Zwecke ausgedient hatte, wurde in seinem Keller eine Brunnenstube eingerichtet. Ein Renaissancefenster, das man nun auch in seine Mauer einließ, verkündet mit lateinischer Inschrift: *Turris fortissima nomen Domini,* der stärkste Turm ist der Name des Herrn. Ein Flug weißer Tauben ist in dem Hof zu Hause, der für den Frieden dieses Ortes zeugt. Sie ruhen wie ein lebender Schmuck auf den Erkern.

Ein Teil des älteren Flügels ist museal genutzt und für Schloßführungen geöffnet. Man findet dabei Spuren des Grafen Ludwig II. (1461-1511) und Wolfgang Ernst I. (1560-1633), die mit besonderen Leistungen aus der Dynastenfolge herausragen. Ludwig hat viel gebaut, nicht nur am Schloß, sondern auch in der Stadt, die ihm ihr heutiges Gesicht verdankt. Ludwig und Wolfgang Ernst waren auch Bauherren an der Kapelle hinter dem romanischen Portal, das auf dem Hof zu sehen ist. Die ursprüngliche romanische Kapelle war eng und erhielt gedämpftes Licht nur durch zwei hochangebrachte Rundbogenfenster. Über ihr wurde vergrößernd gegen Ende des fünfzehnten Jahrhunderts eine gotische Kapelle mit vier Spitzbogenfenstern gebaut, und diese wurde in der zweiten Hälfte des sechzehnten Jahrhunderts noch einmal aufgestockt, als Wolfgang Ernst darin eine »Hohe Schule« unterbrachte. Die Schule war zunächst für die Kinder der gräflichen Beamten vorgesehen, wurde aber 1601 in die Stadt verlegt und den Bürgern zugänglich gemacht. Als Wolfgang-Ernst-Gymnasium besteht sie noch fort. Dieser Wolfgang Ernst verwandelte durch seine Schreibweise das isenburgsche I des Namens endgültig in ein Y, indem er fast durchweg unterzeichnet hat Wolfgang Ernst Graf zu Ysenburg und Büdingen. Auch Graf Anton, Ludwigs II. tüchtiger Enkel (1501-1560), wäre hervorzuheben. Ihm sind einige der schönen Erker zu verdanken, und als einem Renaissancefürsten wird ihm der Beginn einer »neuen Zeit« zugeschrieben. In einem Salon, Graf-Diether-Zimmer genannt, ist über einer schmucken Tür sein Monogrammwahlspruch zu lesen, der die Anfangsbuchstaben seines Namens und Titels die Wörter des Spruches anführen läßt: »Armut Vnd Yberfluß Gibt Zeitlich Betrübnis« – worin also außer jener Spruchweisheit verborgen ist Anton von Ysenburg Graf zu Büdingen.

Zu dem Sehenswürdigsten gehört jene Kapelle, die in der

Kunstgeschichte erst in neuerer Zeit die Wertung erfährt, die ihr zukommt. Ein sakraler gotischer Raum, hoch oben von einem Netzgewölbe überdacht, ausgestattet mit einer Sandsteinkanzel des Jahres 1610 und mit einem Chorgestühl, das den Spitzenleistungen spätgotischer Holzschnitzkunst gleichgestellt zu werden verdient. Unter seinen Heiligenfiguren lassen die Wappen des Grafen Ludwig II. und seiner Gemahlin Maria von Nassau auf diese als seine Stifter schließen, und das Antlitz eines älteren bärtigen und eines jungen bartlosen Mannes verraten den Meister und seinen Gesellen: Peter Schanntz aus Worms und Michel Silge. Eine Empore über dem Portal wird auf den Grafen Wolfgang Ernst zurückgeführt, mit der Deutung, daß dieser strenggläubige Calvinist, der die reformierte Religion für sein Land einführte, dem Gottesdienst wohl abseits der Heiligen am Chorgestühl beizuwohnen wünschte und sich dafür einen neuen Platz schuf. Man ist ihm heute dankbar, daß er in seiner neuen, strengen Gläubigkeit das Gestühl nicht als Teufelswerk hat vernichten lassen.

Die profane »sündige Welt« hat jetzt in die Kapelle einige Fahnen gehängt, große Kriegsfahnen und kleine Hochzeitsfahnen, die neben dem Religiösen einer Pieta und einem Kruzifix, beide vom Ende des fünfzehnten Jahrhunderts, belebender Schmuck der Wände sind. Ich sah auch, was mir noch nirgends begegnet war – eine Fahne des Rheinbundes, jener Allianz, zu der deutsche Souveräne durch Napoleon, als er der Usurpator Europas war, gezwungen wurden. Diese Fahne ist ein großes Tuch aus heller Seide, der Rand bestickt, ein farbiges Wappen mitten darauf. Sie wehte für das Rheinbundfürstenthum Isenburg zu der Zeit, da die Mainzer Zeitung schrieb: Es gebe kein Deutschland mehr, es sei ein Irrtum, an eine deutsche Nation zu glauben, das seien nur Klagen Weniger am Grabe eines Volkes, das sich überlebt habe.

Dieses unwirkliche, im Aufstand der Völker für ihre Freiheit schnell widerlegte Zitat aus dem Mainzer Blatt begegnete mir, als ich mich mit jenen Akten beschäftigte, die im fürstlich Ysenburgschen Archiv nachlesen lassen, wie nach der von Napoleon angerichteten Zerstörung für Deutschland eine neue Ordnung gesucht wurde. Es ist die Geschichte der Säkularisation geistlicher und der Mediatisierung weltlicher Herrschaften, das eine durch Napoleon, das andere durch den Wiener Frieden verordnet. Da war Fürst Carl I. von Isenburg-Birstein, der als Offizier in kaiser-

lichen Diensten am letzten Feldzug gegen die Türken teilgenommen hatte, später in französische Kriegsdienste trat und im Rheinbund Fürst aller noch einmal zusammengefaßten ysenburgschen
Territorien war. Er schrieb am 3. September 1806 aus Berlin »der
schönen Stadt, gegenwärtig ein Ort der Trübsal und des Kummers«. Seine Gemahlin war Charlotte Gräfin von Erbach-Erbach,
als klug und anmutig gerühmt, mit all den Eigenschaften, um als
Regentin des Fürstentums, in Abwesenheit des Gemahls, auf dem
Wiener Kongreß zu versuchen, ihrer Familie die Eigenschaft des
regierenden Hauses zu erhalten. Begleitet von der Tochter Victoire, reiste sie zu den Diplomaten. Was Victoire dem Vater
schrieb, war die Weltsicht eines jungen Mädchens: Vorgestern seien
sie und die Mutter der Kaiserin vorgestellt worden; unmöglich,
gütiger und liebenswürdiger, wie sie ist, zu seyn, »sie hat sehr
hübsche Augen und einen äußerst feinen Mund«. Die Mutter hingegen mühte sich mit der Diplomatie weiblichen Charmes um die
Zukunft. Audienzen, Gespräche, Noten; das reißt nicht ab. Metternich hat ihr gesagt, nicht den geringsten Einfluß werde die
Vergangenheit auf die Zukunft haben. Auch der König von Preu
ßen besänftigte das Gewissen wegen des Rheinbundes, als er ihr
versichern ließ, daß alles vergeben und vergessen sei. Ihre Denkschrift hatte hierfür schon vorgesorgt: »Wer wird den Eindruck
des tiefsten Schmerzes dem Fürsten verargen, der sich keines einzigen politischen Verbrechens schuldig wußte, der in seiner Lage
nichts that, als was die eiserne Ruthe Napoleons nothwendig
machte, und alle andern bey weitem größere Häuser, ja Mächte,
sich gefallen lassen mußten.« Auch der König von Bayern versuchte Trost zu spenden, indem er Charlotte sagen ließ, Ysenburg werde unter Bayern zu stehen kommen – was Charlotte im
Brief an den Gemahl mit dem Zusatz versah: »Letzteres wolle
der Himmel verhüten!« Die Umstände waren aber, daß jetzt die
kleineren regierenden Häuser ebensowenig sich als souveräne
Staatsgebilde behaupten konnten wie seit eh und je Gebilde, deren Zeit abgelaufen. Isenburg wurde durch die Schlußakte des
Wiener Kongresses der Gruppe der Mediatisierten zugeschlagen,
das Büdingensche fiel dabei als Standesherrschaft an Hessen-
Darmstadt, das übrige an Hessen-Kassel.

Die Zeit ist weitergegangen. Im Jahre 1941 brachte der als Mitspieler im Lebensablauf nicht hoch genug zu wertende Zufall et was an den Tag, was nun zu den Eigentümlichkeiten des Büdinger Schlosses gehört. Es wurden bei Wanderneuerungen Fresken und Bilder entdeckt (weitere kamen in den fünfziger Jahren zum Vorschein), die unter Malertünche verborgen waren. Wo wäre das sonst zu sehen: das Leben jener Zeit, die mit Anno 1546 über der Zimmertür genannt ist, in Musikantengruppen dargestellt. Die Schmiede hämmern im Dreiklang die Musik der Arbeit; am reichgedeckten Tisch spielen zwei die Tafelmusik; Trommler und Pfeifer lassen die militärische Musik hören; ein Äffchen flötet für Pan die Naturmusik; aus einem Wolkenloch klingt die himmlische Musik der Engel. Und es fehlt nicht, der dies als Gruppe im Freien hat gestalten lassen: Graf Anton, ein Herr mit Federhut, sitzt bei den Musikanten der kirchlichen Musik, bei Posaunist, Flötist und dem Spieler der Tischorgel. Gemahlin Elisabeth hat ihren Platz im Vordergrund bei der höfischen Musik. Was Graf Anton in der Lebensfreude früher Renaissance den Wänden hat aufmalen lassen, wurde von Wolfgang Ernst in der Bußfertigkeit des Calvinismus wieder ausgestrichen, indem er es übertünchen ließ.

Man sieht dieses in seiner Art einmalige Musikbild in einem Raum, der schon 1529 Gemaltes Zimmer genannt wurde. Damals hat er eine gotische Bemalung gehabt, von der sakrale Reste in den Fensternischen und eine Wappentapete geblieben sind. Ebenfalls erst in jüngster Zeit wieder freigelegt ist in dem Graf-Diether-Zimmer mit seinen Möbeln aus vier Jahrhunderten das flächendeckende Wandgemälde einer ländlichen Szene: vor einem Büdingenschen Dorf hetzen Hunde einen übermächtigen Keiler; das war wohl ein sagenumwobenes Wildschwein, das in Wald und Feld sein Unwesen trieb und mit diesem Ereignis des Einbruchs in ein Dorf vom Grafen Anton der künstlerischen Nachgestaltung für würdig empfunden wurde.

Im Gelaß der Burgmannen, zur Vorburg gehörend und heute wegen der darin gesammelten Trophäen Jagdsaal genannt, sah ich die »Summarische Pesttabelle«, die Anweisung, wie mit der »Pest-Essenz« gegen die Seuche anzugehen sei: Weinessig mit Angelica, Rauten, Ringelblumen angesetzt zum Riechen und Einnehmen, dazu »geistlich« durch die Gnade, den Glauben, das Gebeth, Psalm 91, 2. Buch Mose 23-25 – zuletzt dann: »Die Todten bald und stille begraben.« Gott, so lasen sie mit den Worten des Psalmisten, sei ihre Zuversicht und ihre Burg: »Seine Wahrheit ist Schirm und Schild, daß du nicht erschrecken müssest vor dem Grauen der Nacht, vor den Pfeilen, die des Tages fliegen, vor der Pestilenz, die im Finstern schleicht, vor der Seuche, die im Mittage verderbt.«

Aus grauer Vorzeit

GLAUBERG UND KONRADSDORF

Gleich nach dem Krieg bin ich oft dort hinaufgewandert. Nahe Büdingen, bei den Dörfern Rohrbach und Bleichenbach, steigt der uralte Glauberg bis zu zweihundertsiebzig Metern aus einer von bewaldeten Hügeln durchsetzten Ebene auf. Wer auf der Talstraße vorüberfährt, bemerkt nichts von den Geheimnissen seiner Gipfelfläche, einem Plateau von siebenhundert Metern in der Länge und einer Breite bis zu zweihundert Metern. Durch steile Hänge gegen die Niederung abgesetzt, war der Ort die natürliche Zuflucht für Menschen, wenn sie Schutz suchten, in Zeiten, in denen die Natur noch half, Sicherheit zu gewinnen. Von der Jungsteinzeit um dreitausend vor Christi durch die Bronze- und Eisenzeit bis in das Hochmittelalter hinein war diese kleine Hochfläche immer besiedelt; den Hütten der Steinzeitmenschen und den Wallburgen merowingisch-fränkischer Jahrhunderte folgte schließlich zu staufischer Zeit eine Reichsburg, die Glauburg.

Ich sah den Ort zum ersten Mal, als die Gegenwartsgeschichte sich an ihm vergriffen hatte. Auch den Strategen der Materialschlachten war seine Lage nicht entgangen, und obwohl der militärische Wert, gemessen an Panzern und Flugzeugen, nur Steinzeitrang hatte, war noch in den letzten Kriegstagen die Verteidigung des Glaubergs befohlen worden. Nicht nur Soldaten starben hier, auch viele Pferde, und ein kleines Museum, in dem mancherlei Funde aus Grabungen am Berg zu sehen waren, wurde zerstört. Erst 1932 hatte man, einem Antrag des Geschichtsvereins Büdingen folgend, begonnen, den Glauberg archäologisch zu erschließen. In dem Gießener Professor Heinrich Richter, der sich am Waldrand ein Holzhaus baute, um an der Grabungsstätte zu wohnen, fand der Berg den Mann, der seiner Vergangenheit die wissenschaftliche Lebensarbeit widmete. Was zutage kam, blieb sichtbar unter dem Himmel: eine Herdgrube aus der Frühlatènezeit und Pfostenlöcher eines Hauses aus jener Lebensperiode, ein Fundament der Späthallstattzeit, Herdgruben und Hausgruben nebst Resten eines Plattenpflasters der Völkerwanderungszeit, eine Gußgrube, eine Schmelzgrube, ein Urnenfelderfundament, schließlich auch das Pflaster eines mittelalterlichen Pferdestalles. Dies blickt nun mit einigem Mauerwerk aus der Grasnarbe.

Nach dem Krieg ist der Friede schnell wieder hierher zurückgekehrt. Es war an einem jener Nachkriegstage. Ich hatte mich auf einen der vom Moos überzogenen Steine gesetzt. Die Sonne hatte ihn erwärmt. In der Ferne, nach Osten zu, Vogelsberg und Büdinger Wald, der alte Reichswald, gegen Westen der Taunus, mir zu Füßen Dörfer im fruchtbaren Ackerland. Das Gras hat einen weichen Teppich über die Hochfläche gebreitet, den Eichen und Fichten säumen, einige vom Wetter gezeichnet, andere vom Krieg gebrochen. Vor mir im Hausfundament der Vorzeitmenschen ein paar Panzerfäuste, die schon der Rost zu zerstören beginnt. Kleine graubraune Vögel, Baumpieper genannt, schwingen sich aus den Laubkronen in die Lüfte und tragen im Flug ihr Lied vor, laut schmetternd und trillernd und melodisch endend, eine liebliche Sommermelodie. Das Postflugzeug braust im Tiefflug über mich dahin, der Schatten seines mächtigen Rumpfes mit den breiten Flügeln gleitet über die uralten Hütten. Aus dem Tal ruft der Kuckuck herauf, ein Bussard fliegt vorüber. Dann Stille. Nur noch das Lied des Vogels. Und die Hummeln summen. Manchmal verstummt auch das, dann regt sich nichts mehr.

Zu Füßen des Glaubergs liegt auch das Hofgut Konradsdorf. Daß auf diesem bäuerlichen Hof ein Kleinod von kunstgeschichtlichem Rang verborgen ist, weiß man so recht erst in jüngster Zeit. Eine Rinderherde wurde gerade aus dem Hof getrieben, als ich es zu Beginn unserer siebziger Jahre besuchte. Durch die Herde

der schwarzbunten Kühe erreichte ich eine Kirchenruine und einen
benachbarten Bau, den die Kunstwissenschaft (so Professor Günther Binding) als das einzige in Deutschland erhaltene Abtshaus
aus romanischer Zeit bestimmt hat. Kirche und Haus sind Reste
eines Prämonstratenser-Doppelstiftes, das vor 1191 von den Eltern Hartmanns II. von Büdingen gegründet wurde. Im Jahr
1581 wurde es aufgehoben. Es war wohl nie ein reiches Kloster.
Aus Maßabweichungen im Bau ist zu schließen, daß nicht Architekten, sondern die Mönche selbst gebaut haben, während sie zunächst noch in der vorangegangenen Burg der Herren von Konradsdorf gewohnt haben. Der Armut ist es auch hier wie andernorts zu danken, daß im Lauf der Jahrhunderte nichts verändert
oder verschönert wurde, die Bauten folglich in ihrer ursprünglichen romanischen Form erhalten blieben.

Nach Jahren einmal wiedergekommen, fand ich, daß Kirche
und Abtshaus nun nicht mehr als Stall und Scheune dienen, sondern nach ihrer Vergangenheit gewürdigt werden. Ein Rund-
bogenportal gibt im Bruchsteinmauerwerk der westlichen Giebel-
front Einlaß in die Kirche. Sie war ehemals eine Pfeilerbasilika
mit hohem Mittelschiff, der nun das nördliche Seitenschiff fehlt.
Quadratische Pfeiler sind mit Rundbogen verbunden und tragen
eine flache Decke. Gegen Osten steht noch der gerundete Chor aus
Sandstein, der außen zwei Neidköpfe zur Abwehr der Dämonen
zeigt. Nach der Nordseite ist die Kirche offen und geht über in
das Gras, das um sie wächst. Der Fußboden ist Lehm; zuweilen
verirren sich noch die Kühe hinein und hinterlassen Zeugnisse
ihrer Anwesenheit. In der Düsternis des lichtlosen Seitenschiffs
sind ein paar Grabsteine an die Mauer gelehnt, einige mit Wappen, einer mit zwei Steinböcken verziert. Im Gegensatz zur
Kirchenruine ist das östlich vorgelagerte Abtshaus noch immer
ein geschlossener zweistöckiger Bau. Einst besaß er eine eigene
Kapelle und Gasträume; seine Fenster sind mit Holzrahmen, die
mit Häuten bespannt waren, verschließbar gewesen. Jetzt bilden
Erdgeschoß und Obergeschoß ungeteilte Hallen, in deren Fensteröffnungen zierliche romanische Säulen mit schmückenden Kapitellen und Arkadenbogen gesetzt sind. Drei Baustile als Ausdruck
dreier Zeitalter sind seit dem Herbst 1974 auf dem Hofgut vereint und mit dem gleichen Blick wahrnehmbar: die Romanik des
Klosters, der Klassizismus des um 1800 gebauten Herrenhauses

des Gutshofes und der moderne Zweckbau einer Mittelpunkt-
schule, die man neben das Hofgut gestellt hat. Achthundert Jahre
des Menschenlebens an einem Ort, an dem nun junge Menschen
neuer Generationen auf das Leben vorbereitet werden.

Es ist, als hätte die Siedlung früher Menschen auf dem Glauberg auch ihren Gewinn von dem Wiederaufbau gehabt, der in
den Jahrzehnten nach dem Krieg der Zerstörung folgte. Sie ging
nicht leer aus. Als Denkmal- und Naturschutzgebiet wird der
Berg, den ich in den Nachkriegstagen so verlassen sah, jetzt seinen Besuchern vorgestellt. Diese, und es sind nicht wenige, erhalten dazu auch die auf eine Tafel geschriebene Ermunterung:
»Lauf mal wieder!« Wie nach einem Stadtplan vermag man zu
laufen, denn kleine Schilder nahe dem Erdboden bezeichnen, was
zwischen Gras und Kraut, Gesträuch und Basaltbrocken aus der
Frühzeit geblieben ist. Da wird man denn orientiert: Enzheimer
Pforte, frühfränkisch 5.–6. Jahrhundert nach Christi, Merowin-
gisch-fränkische Befestigung, fränkisch etwas vermörtelt. Der
Wall 4. Jahrhundert nach Christi, Handwerkerhäuser 5. Jahrhundert nach Christi. Querverriegelung durch Mauern 4. Jahrhundert nach Christi, spätgermanisch-alemannisch, zerstört durch
Valentian I., 364–375 nach Christi, welch Ereignis ich in seinen
Resten versteckt hinter einer Hecke fand. Man geht suchend ein-
her, entdeckt dies und jenes und findet sich ermahnt: »Bitte schont
die Mauerreste!« Von dem, was uns zeitlich am nächsten liegt,
sind auch Mauerreste nicht mehr vorhanden; lediglich ein Ur-
kundensiegel von 1247 bezeugt die Reichsburg Glauberg, die bald
nach der Ersterwähnung wieder zerstört wurde und schon nach
1258 nicht mehr genannt ist. Die Sage berichtet von ihrem Untergang; doch gewiß ist, daß in Frankfurt am Main im Jahr 1267
erstmals ein Herr von Glauberg erscheint, ein Schöffe, der das
Burgwappen als Familienwappen führt. Man darf fragen, ob die
von der Glauburg nach der Zerstörung in die Stadt abgewandert
sind. Ein Kapitelchen von der Liebe kann noch angehängt werden, denn Ulrich von Hutten trug sich um 1519 mit dem Gedanken, Kunigunde von Glauburg zu heiraten, Patriziertochter in
Frankfurt, bei deren Verwandten er sich gegen die Meinung verwahrte, er wolle die Auserwählte mit auf ein Felsennest in der
Wildnis schleppen, vielmehr gedenke er in der Stadt zu leben,
deren Vorzüge er zu preisen wußte.

Der wohl geheimnisvollste, am reichsten durch die Phantasie auszuschmückende Platz auf dem Plateau des Glauberges ist ein See – mehr ein Teich, der nun ebenfalls mit einer Tafel gekennzeichnet ist: »Der sogenannte ›Weiher‹, zentral gelegene Zisterne, jüngere Steinzeit 3000 vor Christi, mit drei abgesteinten Einfassungen verschiedenen Alters.« Allezeit an diesem Ort dieses Wasser, seit fünftausend Jahren, ein durch die Endlosigkeit der Zeit geweihtes Wasser, in einem weiten Becken still ruhend, eingefaßt von Weiden und Eichen. Von der Steinzeit an haben die Menschen es sich zunutze gemacht. Ich fand junge Menschen bei ihm, gelagert um ihr Zelt. Ob sie die Aussage des Weihers vernahmen? Der mit der Guitarre vielleicht, der mit dem Recorder sicher nicht, denn lärmende Musik tötet das Empfinden für das Geheimnisvolle, das der Stille bedarf.

Denkmal der Gewissensfreiheit

DIE RONNEBURG

Am alten Gemäuer ihres Hofes trägt die Ronneburg eine Plakette: »Geschütztes historisches Baudenkmal, registriert beim Internationalen Burgenforschungsinstitut, Rapperswil (Schweiz), eingetragen 18. 1. 1954 Burg Rapperswil.« In vier Sprachen ist es verzeichnet. Was heute ein so bewertetes historisches Baudenkmal ist, dem Schutz von Freund und Feind auch bei kriegerischen Händeln empfohlen, setzt mit seiner noch am Gestein abzulesenden Geschichte um die Wende des zwölften zum dreizehnten Jahrhundert ein. Damals baute der hohenstaufische Landvogt in der Wetterau, Gerlach II. von Büdingen, die erste Ronneburg auf dem Basaltfelsen des Fallbachtales, der zuvor eine Fliehburg trug. Ihren bis heute gültigen Namen bezog sie von jener

Fliehburg, die Roneberg genannt wurde, nach dem mit Ronen, das heißt alten Baumstämmen befestigten Berg.

Die Errichtung der Ronneburg gehörte noch zu den strategischen Planungen der Reichsgewalt und erfolgte auf königliches Geheiß. Noch stand das Befestigungsrecht allein dem König zu, freilich in dem Augenblick, da auch Gerlach II. als Zeuge die Urkunde unterschrieb, mit der im Jahr 1231 Heinrich VII., des großen Friedrich II. abtrünniger Sohn, das Befestigungsrecht den Grafen und Rittern zugestand – mit der Folge, daß nun Burgen gebaut werden konnten, wo immer eine Bergkuppe dazu verlockte. Die Ronneburg war als Sicherungsburg für die Wetterau und ihre Wege gedacht, dort, wo die vom Main nach Thüringen führende Hohe Straße in den weiten Büdinger Wald eintritt und mit der Bergstraße von Gelnhausen nach Büdingen einen Winkel bildet.

Die siebenhundertjährige Geschichte der Burg gibt ein mit unzählbaren Namen und häufigen Besitzwechseln versehenes Bild, einzigartig mit seinen Wechselfällen im Auf und Ab und in seiner Verknüpfung mit den menschlichen Schicksalen. Bereits durch die Heirat von Gerlachs Tochter Petrissa kam die Burg an Conrad von Hohenlohe-Brauneck. Dessen Nachfolger verkauften das Büdinger Erbe am 11. September 1313 an das Erzstift Mainz. Schon unter Friedrich I. Barbarossa hatte Mainz versucht, hier Fuß zu fassen. Wenn nun das Erzstift die Ronneburg auch bis 1476 besaß, so zwang doch Geldmangel zu wiederholten Verpfändungen. Den Pfandinhabern, weil sie mehr Geld als die Erzbischöfe zur Erhaltung der Burg aufwenden konnten, ist die Erweiterung der Feste durch ständige Neubauten zu danken. Einige, wie die Ritter von Cronberg, zogen die Ronneburg freilich auch in ihre Fehden mit der Stadt Frankfurt, und der mainzische »amtmann zu Ronburg«, Ulrich von Bergheim, gleichfalls in Feindschaft mit Frankfurt, befolgte von hier aus seinen Leitsatz »Kampf den Pfeffersäcken«. Gegen diesen Burggrafen verordnete König Ruprecht, »daz nyeman den Ulrich husin oder halden seld«.

In der Verpfändung von »des Stifts arme Leut im Gericht Selbold und den dritten Pfennig an demselben Gericht« an den Edlen Diether von Ysenburg in Büdingen, 1422, wird der erste Versuch gesehen, mit diesen seit altersher zur Kellerei Ronneburg gehörenden Rechten die Burg wieder in isenburgischen Besitz zu bringen. Aber erst vierundfünfzig Jahre später (wie hartnäckig man doch die Ziele verfolgte!) kam die Burg wieder zu Büdingen, mit einem am Donnerstag nach Pfingsten 1476 zu Eltville, wo die Mainzer Erzbischöfe ihre Schutzburg hatten, zugestellten Lehnsbrief, in dem Erzbischof Diether von Isenburg seinem Bruder Ludwig II. von Büdingen die Ronneburg mit allem Zubehör verschrieb. Ludwig hatte dafür auf Stadt, Schloß und Zoll zu Steinheim zu verzichten und Erhaltung, Bewahrung und Öffnung der Burg zu beschwören. Aus der Ehe von Ludwigs Sohn Philipp mit Gräfin Amalie von Rieneck ging die Ronneburger Linie des Hauses Isenburg hervor, die mit dem kinderlosen Grafen Heinrich am Pfingsttag des Jahres 1601, dem 31. Mai, wieder erlosch.

Der Grundriß zeigt die noch heute mit ihren Gebäuden mächtige Burg mit zwei Zugangsbrücken, Halsgraben, Zwinger, Sturmmauer, einem mittleren Hof und um den Großen Burghof gelagerten Wohn- und Wirtschaftsbauten. Der Burghof ist mit einer Betondecke belegt – ein Steinpflaster wäre stilgerechter. Mehrere Türme ragen hervor, so der 1540 vollendete Zyngel, ein Wehrturm, der im Fortgang der Jahrhunderte zur Vorratskammer und zum Hühnerhaus herabsank und 1956 einen neuen Turmhelm aufgesetzt bekam. Zehn Jahre nach ihm ist der Geschützturm errichtet worden, der (wieder im Fortgang der Zeit) am Ende des 16. Jahrhunderts zum »folter Thorm«, auch Hexenturm genannt, wurde. Überhaupt verdanken viele der heute noch stehenden Gebäude der Mitte des 16. Jahrhunderts ihre Entstehung. Damals begann unter Graf Anton, dem Sohn Philipps und der Amalie von Rieneck, jener Ausbau der Ronneburg, der sie unter ihm und seinem nachfolgenden Sohn Heinrich zum Schloß entwickelte, mit besserer Wohnkultur in neuen Gebäuden, Werkstätten für die Handwerke, Unterkünften für das vielköpfige Gesinde, Ställen für Zug- und Reitpferde, Gärten und Weinbergen. Vieles davon ist dann von einem großen Brand verheert worden, den 1621 Fahrlässigkeit des Burggrafen auslöste – »das (so heißt es in einer Urkunde des nun regierenden Grafen Wolfgang-Ernst) solch Unser Hauss Ronneburgk durch entstandene Feuersbrunst dergestalt schaden gelitten, daß solches nunmehr nicht wohl ohne sonderliche Ungelegenheit bewohnt, auch in kurtzen wegen der großen dazugehörigen Kosten von uns

nicht wieder Uffgebaut und in Vorige stand gesetzt werden kann«.

Aus der Anfangszeit kommt der untere Teil des Bergfrieds mit dem Verlies, der an der Schwelle seiner kleinen Tür die Konsole für die Einstiegleiter sehen läßt. Nach vorangegangenen Aufstokkungen ließ Graf Heinrich dem Turm 1581 die Kuppel mit den vier Erkern aufsetzen, die ihm seinen weithin sichtbaren charakteristischen Anblick geben. Um die gleiche Zeit wurde das aus dem Gebrauch gekommene Verlies in zwei Kammern umgebaut, von denen die eine seit dem neunzehnten Jahrhundert Alchimistisches Kabinett heißt. Bevor der Besucher bis hierher vorgedrungen ist, hat er schon das Brunnenhaus gesehen, die »Bronn Kammer«, die zu den ältesten Bauteilen gehört und seit dem vierzehnten Jahrhundert ihr großes, mehrfach erneuertes Wassertretrad enthält. Wohl niemand, der sich den Blick in den vierundachtzig Meter tiefen Schacht entgehen läßt, den er sich elektrisch beleuchten kann.

Eindrucksvoll in ihrer Raumweite ist die Hofstube im Palas des vierzehnten Jahrhunderts, dem »Oberst Steinern Stock« nach den alten Urkunden. Sie liegt im Erdgeschoß über dem Weinkeller, ihr Gewölbe ersetzte gegen Ende des fünfzehnten Jahrhunderts unter Graf Ludwig II. eine Holzbalkendecke. Den hübschen Erker hat der auf Verschönerung bedachte Graf Anton anbauen lassen; man liest dort das Baujahr 1546. Dem Charakter eines Rittersaales entsprechend sind jetzt an die kalkweißen Wände ein paar Waffen gehängt, so eine Burgundische Haube des fünfzehnten Jahrhunderts, eine Sturmhaube des siebzehnten Jahrhunderts, ein Pappenheimscher Kürass mit Helm. Das vereint sich mit eini-

gen Geweihen erlegter Hirsche und Pflanzenmotiven in Resten
von Wandfresken des fünfzehnten Jahrhunderts. Als am 12. Mai
1953 hier restauriert wurde, trat ein Wandspruch zutage, der nun
neben einem Porträt Kaiser Karls VI. zu lesen ist:

Ist Nahrung schon gering
So solen doch sein guter Ding
– dich und dank dem lieben Gott
und bitt ihn umb das taglich brodt
leb frum und gottfürchtig daneben
so wird dir got noch viel mehr geben

In der zweiten Hälfte des sechzehnten Jahrhunderts, als Graf
Heinrich während seiner vierzigjährigen Regierung den Umbau der
Burg in ein ansehnliches Schloß vollendete, wurde dieser Spruch
aufgetragen, ein zeitgenössisches Zeugnis für Gefühle, die damals
die Menschen erfüllten und die sie sich in dieser Hofstube als
Wandspruch vor Augen hielten: die Vorstellung vom frommen
gottesfürchtigen Leben, denn vom Walten Gottes wähnten sie abhängig, ob ihnen das tägliche Brot gegeben wurde. In dem gleichfalls vom Grafen Heinrich errichteten Kemenatenbau ist im
Herrengemach neben Fresken mit einem lebensgroßen Christophorus (dem ysenburgschen Schutzheiligen) zu lesen: »Fried ist
besser denn Krieg.« Der zweiten Gemahlin Heinrichs, Elisabeth
von Gleichen-Tonna, die sich frommen Gemütes zu Luther bekannte, wird dies zugeschrieben. Gerade damals aber wurde die
Ronneburg in Auseinandersetzungen zwischen ysenburgschen Linien gezogen, die in der Kinderlosigkeit des Grafen Heinrich und
in Glaubensfragen ihre Ursache hatten. Symbolfresken nach bib-
lischen Bildern spielen hierauf an. Es war nach dem Zweiten
Weltkrieg, daß dies »Fried ist besser als Krieg« unter der Tünche
hervorkam, mit der die Fresken in früherer Zeit überstrichen
waren; man hat den Spruch aufgefrischt.

Das eigentümliche Schicksal der Ronneburg, aus dem ihr die
Nachwelt noch Ruhmeskränze flicht, ist in dem Oberen Torbau
Stein geworden. Auch er wurde unter dem Grafen Heinrich, vor-
nehmlich aber auch im Namen seiner ersten Gemahlin, Gräfin
Maria von Rappoltstein, errichtet. Gebaut ist er als Neue Kirche.
Der Schöne Erker an seiner Hofseite nennt als Baujahr 1570. In
der Feuersbrunst von 1621 mitsamt der Kernburg ausgebrannt,
wurde er 1652 wiederhergestellt. Das Gebäude wird heute Zin-

zendorfbau genannt, und diese Erinnerung an den schlesischen Grafen und seine Brüdergemeine sichert der Ronneburg im Geschichtsbild einen Platz, wie ihn unter den Burgen nur sie vorzuweisen hat.

In den anderthalb Jahrhunderten nach dem Dreißigjährigen Krieg ist die Burg häufig zwischen den ysenburgschen Linien zu Büdingen, Marienborn, Wächtersbach und Offenbach hin und hergeschoben worden; nicht minder häufig wechselten die Pächter. Die Unterhaltung der Burg blieb ständige Sorge. Als um 1690 »Frembde« sich für ihren Kauf interessierten, lehnte man jedoch ab in der Meinung, daß es »vast rathsam wäre, ein solches Berghauss zu demolieren und zu einem Steinhaufen zu machen«, als Gefahr zu laufen, Fremde könnten es in Kriegszeiten zu einem Raubnest machen. Im Jahr 1746, bei abermaligem Pächterwechsel, wurde berechnet, daß über fünfhunderttausend Ziegel nötig wären, um die Dächer in Ordnung zu bringen. Aus solchen Kalamitäten erwuchs, was allmählich eine Tugend wurde. Um zu Geld zu kommen, nahm man Mieter in die Burg auf. Diese zunächst ökonomischen Gesichtspunkte führten zur verbrieften Toleranz, als Graf Ernst Casimir I. jenes Patent vom 29. März 1712 erließ, das zur Ansiedlung im Ysenburgschen einlud und Gewissensfreiheit zusicherte.

Wie der König von Preußen es ein halbes Jahrhundert später in seinem großen Lande hielt, daß nämlich jeder nach seiner Fasson selig werden solle, in der kleinen Grafschaft zu Büdingen galt dies bereits. Hugenotten, die Ludwig XIV. in Frankreich verfolgte, hatte man schon aufgenommen. Ihnen folgten die »Separatisten« unter ihrem Prediger Hochmann von Hochenau, und zu diesen gesellten sich die »Inspirierten«. Aus der Pfalz, Württemberg, Franken strömten sie »in dieses kleine Land der Gewissensfreiheit«. Der durch Hochmanns Beredsamkeit »erweckte« Bäckermeister Jakob Schatz aus Frankenthal bekannte, er sei ausgewandert »in die Grafschaft der Wetterau, da Gewissensfreiheit sei«. Alle Räume der Ronneburg wurden den Flüchtlingen geöffnet. Sie zahlten ein Schutzgeld, das der Erhaltung der Burg zugute kam, und sie beteten nicht nur, sondern betrieben in der Hofstube auch Spinnerei und Weberei, deren Produkte die in der Vorburg wohnenden Juden vertrieben. Hier fand für einige Zeit auch Nikolaus Ludwig Reichsgraf von Zinzendorf mit sei-

nen Herrnhutern Zuflucht, als er 1736 wegen neuer Lehre und
Nichtbeachtung der Obrigkeit aus Sachsen ausgewiesen war.

Der heute Zinzendorfsaal genannte Raum der neuen Kirche hält
jene Episode wach. Es ist ein nicht übermäßig großer, doch immer
noch geräumiger, rechteckig gestreckter Saal, in den Licht durch
Fenster mit tiefen Nischen an vier Seiten, gewissermaßen aus
allen Himmelsrichtungen kommt. Zwei Holzpfeiler mit Stütz-
balken tragen eine Holzdecke. Über dem Eingang befindet sich
eine der auf der Ronneburg so beliebten Inschriften: »Frau Maria
Graf Heinrichs Gemal / Den Ersten Steyn zu diesem Saal / Im
Pfeiler hat gelegt Allhie / Am Tag Sanct Bonifacii / Tausend
fünfhundert Sibntzig Jar / Nach Christi Gburt Geschrieben
war.« Hier hielten die Inspirierten und die Herrnhuter ihren
Gottesdienst, und es fügt sich der ebenfalls hier zu lesende Spruch
in solchen Geist: »Kommt her zu uns, Alle / hier findet Ihr /
eine kurzweilige / und ehrliche Gesellschaft. A. V. Y. G. Z. B.
Anno 1538« – welch Buchstabenrätsel sich auflöst in »Anton von
Ysenburg Graf zu Büdingen«. Die Gesellschaft, die Zinzendorf
vorfand, war ein zusammengedrängtes Völkchen von Sektierern,
kurzweilig sicher, aber auch arm und unrein, »eine Wohnung der
Eulen und Fledermäuse, wo wir waren«, schrieb eine Gefährtin
Zinzendorfs. »Christian David gings ansehen und referierte, da
könne kein Mensch leben und bleiben«, berichtet der Graf. Er
sagte zu dem zweifelnden David: »Bist du nicht in Grönland gewesen?«, worauf dieser Missionar der Eiswüste erwiderte: »Ja,
wenn es noch ein Grönland wäre.« Die Brüder wollten nicht in
dieses Raubnest ziehen, doch schreibt der Graf: »Alles Bitten und
Flehen ungeachtet, ging ich am 12. Juni stillschweigend auf die
Ronneburg und fand alles besser, als ich gedacht hatte.« Die
Herrnhuter blieben indessen nicht lange. Der Graf trug sich zwar
mit dem Gedanken, die Burg zu kaufen und bot, baufällig wie
sie war, ihre vollständige Wiederherstellung an, doch wurde ein-
gewendet, die Ronneburg sei ein Chur Mainzisch Lehen und die
dort »hergebrachte Gewissensfreyheit« sei nicht in einem »weitläufigen Sinne« zu nehmen, sondern dergestalt, daß dort einem
jeden erlaubt sei, Gott in der Stille zu dienen, aber keine besondere Gemeinde zu bilden.

Der Betsaal ist nun leer. Verhallt sind die Predigten, mit denen Zinzendorfs Gemahlin Erdmuthe Dorothea von Reuss so

viele Menschen herbeizog, daß sie schließlich ihren Gottesdienst im Burghof halten mußte. Ein kleines Bild zeigt »Graf von Zinzendorf vor der Königl. Sächs. Commission in Hennersdorf am 29. Juli 1748«. Er ist ein wohlbeleibter, bezopfter Mann, aufrecht und stolz steht er wie ein Bekenner, offenen Auges blickt er um sich, furchtlos. Vom Herrnhag, seiner Gründung im Schatten der Ronneburg, ist er nach Kursachsen gereist, wo der König, dem er ein Darlehen gab, sich nun zugänglich zeigte. Die Commission bestätigte die Übereinstimmung der Herrnhuter Lehre mit der Augsburgischen Konfession.

Die Besucher sehen die Ronneburg heute als Burg der Wanderer. Sie hat diesen Charakter gewonnen, nachdem sie zu Beginn unseres Jahrhunderts wie ein Aschenputtel aus dem Elend neuerlichen Verfalls erlöst wurde. Im Verlauf des 19. Jahrhunderts hatten die Inspirierten nach und nach die Burg verlassen; viele sind nach dem Land der größeren Verheißung, Amerika, ausgewandert, nur die ärmsten blieben zurück. Als die Armen von der Ronneburg fristeten sie ihr Leben. Um sie zum Abzug in die Dörfer zu bewegen, griff die fürstliche Rentkammer zu einem Mittel, wie es derzeit die Industriegesellschaft nicht anders in der Form der Abfindung anwendet: die Rentkammer zahlte für die freiwillige Aufgabe des Wohnrechts auf der Ronneburg ein Auswanderungsgeld. Der letzte Burgbewohner starb am 21. August 1885. Das Tor blieb verschlossen, der Verfall schritt in der Verlassenheit unaufhaltsam fort.

Dann der 1. Juni 1905! Für die Wanderer wurde die Burg an diesem Tag wieder geöffnet. Die Zeitungen berichteten vom neuen Leben, das dort entstehen solle: die Ronneburg werde ein mehr und mehr beliebtes Wanderziel werden. Dies geschah und setzte sich seither ungeachtet zweier Kriege und Revolutionen fort. Als 1959 die Burg ihre Siebenhundertjahrfeier beging, schrieb der gegenwärtige Burgherr, Fürst Otto Friedrich zu Ysenburg-Büdingen, in einem Geleitwort: »Ich bin glücklich, feststellen zu können, daß mein Haus und meine Familie dazu berufen ist, das einmalige Baudenkmal Ronneburg in entscheidender Weise zu gestalten und nach bedauerlichen Zeiten des Niedergangs allen Schwierigkeiten zum Trotz zu unterhalten und wiederherzustellen.«

Die Ronneburg zeigt sich nun in einem Glanze, wie er ihr kaum zuvor beschieden war. Dies jüngste Kapitel zu überschreiben: »Die Reichen von der Ronneburg« liegt als Wortspiel nahe, im vergleichenden Gedenken, daß im Augenblick eine reiche Zeit ist. Wer nicht wandert, fährt im Auto vor. Eine ansehnliche Gastronomie ist eingerichtet. Nur im Museum zeigen die Gebrauchsdinge früherer Zeiten noch, wie hart das Leben war, und von harten Zeiten zeugen auch alte Waffen. Sie sind aus der Sammlung des Prinzen Diether von Ysenburg-Büdingen und seiner Gemahlin Sigrid Gräfin von Blumenthal.

Die ausgestellten Gebrauchsdinge von einst sind zumeist aus Holz gearbeitet, denn mit dem Eisen ging man sparsam um. Holz, und darum auch der Wald, war ein kostbarer Besitz. So übersah ich denn nicht eine Skizze in den »Büdinger Wald-Acten«: Die Burg mit Grenzgraben, »daselbst der unterste theil der gefällten Eiche, welche der Phachter auf diesseitigem territorio geraubt u. über die Grentze hinüber nahe an das Schloß geschleppt hatt«. Die Holzrechte der Burg im Büdinger Markwald sind wiederholt Anlaß zu Streit gewesen. In den Archiven sind, damit an Wissen nichts verloren gehe, solche Vorkommnisse verwahrt. Nicht ohne Wohlgefallen blickte ich deshalb auf das älteste Ysenburgsche Archiv, das in der Ronneburg nun ein Schaustück ist: ein Stapel länglicher, gleichmäßiger Kästen, die im 17. Jahrhundert für die Urkundensammlung im Gebrauch waren. Ein jeder bunt bemalt – so klein noch (oder schon so groß?) war damals das Archiv. Ich zählte sie: es sind zweiundfünfzig. Was vorgegangen war, wurde geordnet abgelegt, und so enthielt der eine Kasten »Gemeine Rechnung im Hain«, ein anderer »Isenburgk«, wieder ein anderer »Reichs-Sachenn«. Wenn es auch nur eine kleine Grafschaft unter vielen war, darüber wurde doch »das Reich« als das gemeinsame Band empfunden.

Gemeine der Brüder

Am Wege von Büdingen nach der Ronneburg, in Sichtweite der Burg, liegt der Herrnhag. Wer ihn besucht, sollte nicht nur sehen, was ist, sondern auch wissen, was war. Auf der Ronneburg hatte der Graf von Zinzendorf mit seinen Herrnhuter Brüdern für einige Zeit Zuflucht gefunden, als sie des Glaubens wegen aus ihrem heimatlichen Kurfürstentum Sachsen verwiesen waren. Von der Burg schrieb der Graf am 10. Juli 1736 nach Büdingen: »Hochedler Hochgeehrter Herr Regierungs-Rath, weil ich hier zu Lande gantz unbekannt bin und nicht eigentlich gewußt habe, an wen ich mich adressieren könne, um einige *eclairiessements* zu geben . . .« Aus diesem Grunde wandte er sich an den die Regierungsgeschäfte führenden Rat Meyerhoff und unterbreitete ihm: da ihn der Herr Vetter Wilhelm schriftlich und mündlich auf die Ronneburg eingeladen, so habe er nun auch die Angewohnheit zu kommen. »Habe ich mich darinnen geirrt, so mögen die Herren Vettern meinen ehrlichen Sinn, der gerne jedermann obliget und niemand beschwerlich wird, gnädig pardonnieren.« Sein Aufenthalt, so fügte er noch hinzu, solle nur »ein paar Monath seyn«, und seine Frau würde allzeit Gelegenheit finden, die weitere Behörde zu observieren.

Wer war Zinzendorf? Einige Zeilen der Mutter und ein späterer Zusatz von seiner Hand erfassen den ganzen Inhalt seines Lebens. Die Mutter, geborene Charlotte Justine Freiin von Gersdorf, schrieb in die Hausbibel: »26. 5. 1700, Mittwoch abends gegen sechs Uhr hatt der allerhöchste Gott mich in Dresden mit meinem Sohne Nikolaus Ludwig in Gnaden beschenkt, welcher aber nach sechs Wochen zur vaterlosen Waise geworden, da mein herzliebster Gemahl, dessen Herr Vater, der selige Graf von Zinzendorf, mir von der Seite gerissen worden. Der Vater der Barmherzigkeit regiere dieses Kindes Herz, daß er in den Wegen der Tugend aufrichtig einhergehe. Er lasse kein Unrecht über ihn herrschen und seinen Gang gewiß sein in seinem Wort: so wird es ihm an keinem Guten hier zeitlich und dort ewiglich fehlen, sondern er wird in der Tat erfahren, was der König aller Könige und der Herr aller Herren von sich sagt: Ich bin der Waisen Vater.« Herangewachsen, setzte der Sohn den Text fort: *factum est!*, »Das ist geschehen«. Da die junge Mutter erneut heiratete, wurde das Kind von deren Mutter im Wasserschloß Großhennersdorf aufgezogen und nach zehn Jahren in das Pädagogium Regium von August Hermann Francke in Halle gegeben. Er erfuhr dort, wie er selbst berichtet, »die gewöhnliche Behandlung der unartigen Schüler«; die meisten seiner Lehrer hätten einen unzulänglichen Begriff von ihm gehabt »und wußten nicht, was sie vom Künftigen denken sollten«.

Obwohl er seine Erziehung im Rückblick absurd nannte, ist aus ihm etwas geworden. Die dem Religiösen zugewandte Eigenschaft der Vorfahren, die ihres evangelischen Glaubens wegen ohne Zwang aus dem katholischen Österreich abgewandert und damit die ihnen zukommenden Vorzüge des Hochadels am kaiserlichen Hof abtaten, diese Eigenschaft des Glaubenseifers trat auch bei ihm hervor und prägte seinen Charakter ungeachtet seiner leichtlebigen Umwelt, die ihn hätte verderben können. Noch jung, griff er schon nach der Bibel und sammelte Christen um sich. »Gott helfe mir von den Narrenpossen«, sagte er als Student in Wittenberg, und als unbesoldeter Hofrat zu Dresden gab er heimlich und der Zensur trotzend unter dem Namen eines »Dresdnischen und Teutschen Socrates« Flugblätter heraus, die er mit der Bemerkung einführte: »Bescheidene Gedanken eines christlichen Philosophen über allerlei Gutes und Böses in der Welt.« An zweitausend geistliche Lieder hat er im Lauf seines Lebens gedichtet, viele davon so einfach aus dem Stegreif geschüttelt, »hingeworfene Lieder«, wie Herder sie nannte. Eines von ihnen gibt zu erkennen, wie er sich selbst empfand:

Ich war ein Zinzendorf, die sind nicht lebenswert,
Wenn sie ihr Leben nicht zu rechten Sachen brauchen:
Drum hat die Sorge mich beinahe ganz verzehrt,
Zu früh, und ohne Nutz der Erden, auszuhauchen.
Nun hieß ich gar ein Christ, verdoppeltes Gesetz!
Die Christen dürfen nicht verbrennen ohne leuchten.
Der Glaube, der nichts tut, ist ein verdammt Geschwätz.
Wie in biblischer Zeit Saulus auf dem Wege von Damaskus

nach Emmaus ein Erlebnis hatte, das ihn zum bekehrten Paulus machte, so ähnlich widerfuhr es dem Reichsgrafen Nikolaus Ludwig von Zinzendorf, als er mit seiner jungen Frau am 22. Dezember 1722 in der Kutsche von Dresden nach Großhennersdorf fuhr. Nicht weit vom Dorf erblickten sie im Wald ein Haus, das dort bisher nicht gestanden hatte. Der Graf ließ anhalten. »Wir fragten«, so erzählt er: ›Wem ist dieses Haus?‹ Die Leute sprachen: ›Euer.‹ Da stiegen wir geschwind heraus und wärmten uns am Feuer. Wie war doch unser Herz entbrannt, da Pilger vor uns standen, die weit weg von ihrem Vaterland die freien Gnaden funden.« Zinzendorf bat Gott, seine Hand über diesem Haus halten zu wollen, und er hielt selbst die Hand über die Leute, die es gebaut hatten, aus dem Holz eines Baumes, den sie dafür fällten. Sie waren Flüchtlinge aus Mähren, die ihm an ihrem Körper die Narben zeigten, welche sie um ihres Glaubens willen erlitten hatten, Christen der Böhmisch-Mährischen Brüderkirche, der ältesten »romfreien Kirche«. Zinzendorf nahm sie in seinem Territorium auf. Sie bauten »Herrnhut«, und der Graf, aus dem Hofdienst ausgeschieden, wurde ihr geistlicher Hirt. Die Landeskirche sah es nicht mit Wohlgefallen, aber die größere Gefahr kam aus dem Politischen. »Wenn der kaiserliche Hof protestiert, müssen die Mähren Sachsen verlassen«, äußerte befürchtend schon 1725 der Oberhofprediger in Dresden. Und der kaiserliche Hof protestierte. Kaiser Karl VI. unterschrieb eigenhändig die Beschwerde bei dem sächsischen Kurfürsten, daß kaiserlich-österreichische Untertanen unerlaubt das Land verlassen und in Kursachsen Aufnahme gefunden hätten. Weil die Landesflucht nicht aufhörte und Zinzendorf nicht abließ, sich der Flüchtlinge anzunehmen, geschah es dann 1736, daß er aufgefordert wurde, »unauffällig und unverzüglich sich außer des kursächsischen Landes zu begeben«.

Vom Herrnhag aus erblickt man die Ronneburg. Dort bestätigte sich nach dem Eintreffen der Herrnhuter die Eigenart des Glaubenseifers, Menschen schier unlösbar an eigentümliche Auslegungen der christlichen Botschaft zu binden. Zinzendorf vermochte deshalb auf der Burg die dort bereits ansässigen »Separatisten« und »Inspiranten« nicht für sich einzunehmen; er stieß auf deren Ablehnung. Wenn er auch die Kinder der Armen zum freien Schulunterricht aufrief, sie durften nicht kommen, ihres Glaubens wegen. Bereits nach wenigen Monaten, am 11. Oktober

1736, verließen die Herrnhuter wieder die Burg. Während sie sich im benachbarten Lindheim und in Marienborn aufhielten, faßten sie den Plan, eine eigene Siedlung nach ihren Vorstellungen zu gründen. »Wir sind entschlossen«, so heißt es in einer Aktennotiz über einen Vortrag der Herren Doktor Krugelstein und Seniore Zitschmann, »mit Genehmigung gnädigster Herrschaft einen neuen Ort bey der Haager Kirche, oder an der Ffurter Straße, so nachher Büdingen gehört, anzulegen«. Am 24. April 1738 kauften sie vom herrschaftlichen Hofgut Vonhausen 234 Morgen Land, unweit der Haager Kirche an der Landstraße nach Frankfurt, und nannten die Siedlung, die sie bauten, Herrnhag.

Was in den folgenden Jahren entstand, zeigt ein um 1750 gemaltes Aquarell. Mitten in der Feldflur ein fast vornehm erscheinender Ort, mit Häusern von dort ungewohnter Höhe in klassischem Stil, gelagert um einen weiten quadratischen Platz mit einem Brunnenhaus, das Glockenspiel und Uhr enthielt. Das stattlichste Gebäude nannten sie »Lichtenburg«, eine vierflügelige Anlage mit einem Innenhof, die Kirchsaal und Wohnräume enthielt. Der Kirchsaal, tausend Menschen fassend, reichte durch zwei Stockwerke. Die Bänke waren verstellbar, denn nach Zinzendorfs Vorstellung sollte es keine Scheidung zwischen Alltag und Sonntag geben und der Betsaal sowohl dem Sakralen als dem Profanen, dem Gottesdienst wie den weltlichen Festen dienen. Man hat die von Ziergärten umrandete Siedlung ihrer Harmonie wegen mit einer Residenzstadt verglichen. Ihre Bewohner kamen auch aus der Schweiz, wo der Perückenmacher Friedrich Wilhelm Biefer, und aus Württemberg, wo der Schneider Johann Conrad Lange für die Lehre des Reichsgrafen warben. Es war eine um »Christi Blut und Wunden« kreisende Religiosität, die nicht den freudlosen Ernst des Pietismus kannte, sondern in Christi Namen heiter leben ließ, Musik im Gottesdienst und die Singpredigt, da man hintereinander fortsingt und aus einer Melodie in die andere fällt, wie Zinzendorf sagte.

Nochmals: Wer war er? Ein Prediger, dem er nicht gefiel, maßregelte ihn von der Kanzel: »Die Bibel unter dem Arm und den Teufel im Herzen.« Zinzendorf war ein Mensch, und so hatte er seine Schwächen. Auf dem Herrnhag, wenngleich er ihn als seine Residenz betrachtete, hielt er sich nur zeitweise auf. Seine Tage waren solche des Reisens. Fast immer war er unterwegs. Er reiste in Deutschland kreuz und quer, kam in den Westen und hernach in den Osten Europas und fuhr über das noch gefährliche Meer nach Amerika, dabei dreimal »zu den Indianern«. Wo er weilte, entstanden seine Brüdergemeinen. Er war reich und arm zugleich, manchmal fuhr er vierspännig mit gemieteten Postpferden, dann wieder wanderte er zu Fuß, allein und mittellos, gleich einem Apostel der ersten Christen. Dieses Urchristentum war es, das später Goethe auf einer Synode zu Marienborn für die Brüdergemeine und ihre »trefflichen Männer« einnahm. »Es wäre nur auf sie angekommen, mich zu dem Ihrigen zu machen.« Denn: »Jede positive Religion hat ihren größten Reiz, wenn sie im Werden begriffen ist; deswegen ist es so angenehm, sich in die Zeiten der Apostel zu denken, wo sich alles noch frisch und unmittelbar geistig darstellt; und die Brüdergemeine hatte hierin etwas Magisches, daß sie jenen ersten Zustand fortzusetzen, ja zu verewigen schien.« In Zinzendorf, der in den Jugendjahren noch sein Zeitgenosse war, spürte Goethe einen »frommen, vorzüglichen Mann«, unter dessen Schutz die »frühesten Zeiten« noch einmal Wurzel schlugen, »um sich abermals aus unmerklichen, zufällig scheinenden Anfängen weit über die Welt auszubreiten«.

Auch diesem Mann blieb in der »Streiterehe«, die er unter diesem Vorzeichen des Ringens für Gott mit Erdmuthe Dorothea von Reuss geschlossen hatte, das Leid nicht erspart – unsägliches Leid, wie Eltern unserer Zeit empfinden werden, denn war ihnen ein Kind geboren, haben sie es nach ein paar Wochen, Monaten oder Jahren wieder verloren. Da liest man: 23. Oktober 1730 Geburt von Theodore Caritas, gestorben 1732; 19. März 1732 Geburt von Johann Ernst, gestorben 16. Mai; 26. Januar 1733 Geburt von Christian Ludwig Theodor, gestorben 1736; 7. August 1734 Geburt von Anna Theresia, gestorben 1737; und dies setzte sich so fort. Sie bekamen zwölf Kinder; von sechs Söhnen blieb nur einer am Leben. Doch sie verzweifelten darob nicht und zweifelten auch nicht an Gott. Der Reichsgraf trat in den geistlichen Stand. In der Stiftskirche zu Tübingen hielt er am vierten Adventsonntag 1734 seine erste Predigt von der Kanzel. Drei Jahre später wurde er in Berlin zum Bischof der mährischen Brüderkirche geweiht. Im Jahr darauf predigte er unter großem Zulauf in Hausandachten, so daß man sagte: »Die Berlinischen Predigten sind vor der ganzen Welt gehalten worden.«

Im Fürstlich Ysenburgschen Archiv zu Büdingen machte ich mir ein Bild, wie der Aufenthalt Zinzendorfs auf der Ronneburg und auf dem Herrnhag in den Akten seinen Niederschlag gefunden hat. Fünf umfangreiche verschnürte Bündel verwahrter Handschriften: »Herrnhagische Acta in Specie der Böhmischen und Mährischen Brüder. Antrag wegen Anlegung eines neuen Orts im Ysenburg Büdingenschen für 40 bis 50 Familien. Die darauf gepflogenen Berathschlagungen und getroffenen Vergleiche wie auch Überlassung 8 Hufen Lands nebst geführter Correspondenz Ao 1737-1743.« Zunächst ließ sich für Zinzendorf alles gut an. Der neue Ort blühte schnell auf und sah ein reges Kommen und Gehen missionarischer Brüder aus vielen Gegenden der Erde. Kaum vorstellbar, wie aus dem abgelegenen Winkel fern der Städte der Einfluß ausging auf Europa und auf Übersee, die Welt umspannend von Ceylon bis Grönland. Aber es sind Menschen, von denen Wohl und Wehe abhängen. Alles ging gut, so lange in Büdingen der Regierungsrath Meyerhoff, ein verständiger Mann, die Geschäfte führte. Und es begann schlecht zu gehen, als die Regierungsgeschäfte in andere Hände kamen. Der Nachfolger war eng im Denken, sah die Welt juristisch, meinte, die Brüdergemeine verstoße mit den Extravaganzen ihrer Religion (und einiges an Exaltiertheiten hat es da oben auch gegeben) gegen das Reichsgesetz und beeinträchtige die Hoheitsrechte der Landesregierung. Kurzum, seine erst heimliche, dann offene Gegnerschaft führte zu einem Emigrantenedikt, das am 12. Februar 1750 eine dreijährige Frist für das Verlassen des Herrnhags setzte. Die Brüdergemeine antwortete, an der bisherigen Ordnung festhalten zu wollen und machte sich sogleich bereit, abzuwandern.

Noch im gleichen Jahr 1750 begann sie den Herrnhag zu verlassen. Die einen begaben sich nach Neuwied am Rhein, die anderen gingen nach Amerika, wo Pennsylvanien sie aufnahm. Dort war Germantown, wohin zu Beginn des achtzehnten Jahrhunderts schon Peter Becker als Haupt einer Gruppe von vierzig deutschen Familien ausgewandert war, nachdem er seine Äcker in Düdelsheim bei Büdingen des Glaubens wegen verkauft hatte. Er war ein Wiedertäufer, der drüben die *Church of Brethren*, die Brüderkirche, gründete. Auf welch verschlungenen Wegen so manches an den Tag kommt! Erst nach dem Zweiten Weltkrieg, an dessen Ende auch Büdingen von den amerikanischen Truppen besetzt wurde, entdeckten Mitglieder jener Kirche im Ysenburgschen Archiv Akten, aus denen die Herkunft Beckers zu ersehen ist – ein nachdenkliches Bild, wie so viele Nachkommen deutscher Auswanderer als amerikanische Soldaten zurückgekommen sind, nicht in ein fremdes Land, sondern in die Heimat der Väter. Auch Nelson Rockefeller sagte in einem Gespräch, das im Fernsehen zu hören war: »Meine Familie kommt aus Ihrem Land, aus dem Westerwald.«

Was eine Weile so großen Glanz hatte, ist nun erloschen. Es blieb ein Hofgut, auf dessen ländlichem Grund und Boden sich neben bewohnten Häusern zwei langgestreckte, mehrstöckige Gebäude von klassischem Stil seltsam fremd ausnehmen. Verfall kennzeichnet sie, Verlassenheit hockt hinter ihren vielen Fenstern, das Letzte von dem, was einst voller Leben war. Geistesgeschichtlich wird den Jahren Zinzendorfs auf dem Herrnhag zugeschrieben, daß in ihnen nach der Aufklärung des achtzehnten Jahrhunderts zu den Quellen vorgestoßen sei, aus denen nach ihm Herder, Rousseau und die Romantik geschöpft haben. Zinzendorf, so sagte Herder, »ging im Jahr 1760 als ein Eroberer aus der Welt, desgleichen es wenige gegeben hat«. Ich sah auf einer Koppel neben der verfallenen Lichtenburg einige Pferde sich der Freiheit freuen. Ein Blick auf das Nummernschild eines Autos aus Neuwied überraschte mich. Neuwied, wohin manche der Brüder vom Herrnhag abgewandert sind und wo es noch heute eine blühende Brüdergemeine gibt. So wäre der Herrnhag doch nicht ganz vergessen?

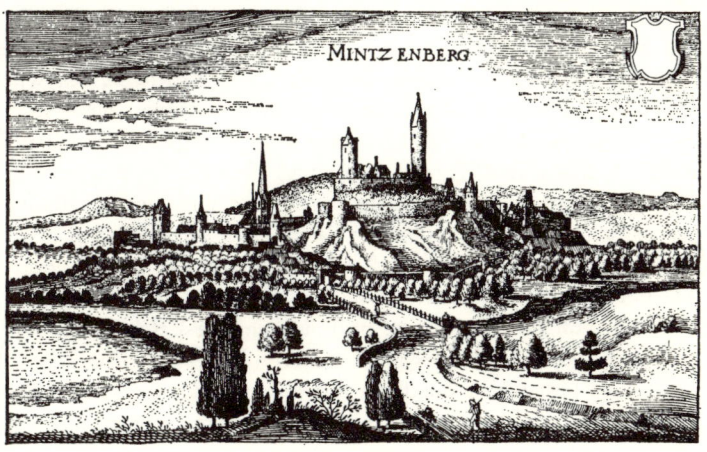

MINTZENBERG

Wahrzeichen der Landschaft

BURG MÜNZENBERG

Der Volksmund nennt sie das Wetterauer Tintenfaß. Mit ihren zwei runden Türmen gleicht sie denn auch jenem Schreibzeug der Zeit vor Füllhalter und Kugelschreiber. Weithin ist sie zu sehen, die Burg Münzenberg, unverkennbares Wahrzeichen einer Landschaft, die ein Kernstück des staufischen Reiches war und heute ihrer Fruchtbarkeit wegen geschätzt wird. Keinem anderen als Kaiser Friedrich I. Barbarossa verdankt die Burg ihre Entstehung. Es war vermutlich im September 1152, als er bei seinem Besuch in Fulda den Abt Marquard veranlaßte, dem Ministerialen Conrad von Hagen und Arnsburg den Minzenberg (so genannt, weil auf ihm die Minze wuchs) gegen einen Hof in Gülle einzutauschen. Bauherr der Burg war Conrads Sohn Cuno. Er begann den Bau 1153, und wohl 1165 war die Burg fertig. Es standen Palas, Kapelle, einige nach Norden zu gelegene Fachwerkbauten und der östliche Turm. Eingefaßt wurde das Ganze von einer Ringmauer aus Buckelquadern. Cuno nannte sich nun von Minzeberch.

Für jene Zeit wird der Münzenburg eine eindrucksvolle Fernwirkung zugeschrieben; sie hat wohl allen, die über die Straßen des flachen Landes heranzogen, über eine lange Wegstrecke als prächtiges Schloß vor Augen gestanden. Auf Ochsenkarren war buntscheckiges Baumaterial herangefahren worden: Basaltstein des Burgberges, gelber Sandstein aus Rockenberg und roter Tuffstein aus Michelnau. Zwei Jahre lang haben die Steinmetzen an Arkaden, Säulen und Kapitellen gearbeitet und einen Schmuck geschaffen, der zu den schönsten Zierstücken an weltlichen deutschen Bauwerken gezählt wird, gekrönt von einem Zinnenkranz, der ebenfalls als Schmuck gedacht war. Günther Binding, der 1960 Grabungen durchführte und sich um die Erschließung der frühen Burggeschichte verdient gemacht hat, sagt sicherlich zu Recht, die Südansicht der Burg müsse dem mittelalterlichen Besucher wahrhaft königlich erschienen sein: »Über einem hell verputzten Basaltsteinsockel die Ringmauer, die Kapelle und der Palas mit großen Buckelquadern verkleidet, die in der Morgensonne goldgelb leuchten und von der reichen Schattenbildung der weit vortretenden Buckel belebt werden.« Diese Burg war nicht für den Kampf gedacht, sondern Ausdruck des staufischen Kaisertums und seiner Ministerialen, deren der Burgherr einer war.

Die südliche Schauseite bietet heute ihr Photographiergesicht. Aus der Niederung erfaßt die Kamera, was glücklicherweise bewahrt wurde: über den grünen Baumkronen des Berghangs und einem im Tal gelegenen Bollwerk die zwei weit auseinander stehenden Türme, verbunden durch die zweigeschossige Buckelquaderwand des Palas, auf der sich die schmucke Säulengalerie des Festsaales mit acht Arkadenbogen offen gegen den Himmel abhebt. Dies sind Teile des romanischen Baus aus dem zwölften Jahrhundert, die auch als die kunstvollsten gelten. Eine Erweiterung erfuhr die Burg, nachdem sie um 1250 erobert, niedergebrannt und wieder aufgebaut war, durch die Herren von Falkenstein, die gegen Ende des dreizehnten Jahrhunderts gegenüber dem romanischen Palas einen zweiten, gotischen Palas mit anschließenden Wirtschaftsgebäuden bauen ließen. Diesen »Falkensteiner Bau« richteten sie nach Norden. Der noch von dem letzten Münzenberger bis zu einem Absatz in vier Meter Höhe gebaute westliche Bergfried erhielt durch die Falkensteiner einen Aufsatz aus kleinerem Gestein bis zur Tür. Erst um 1500 wurde dieser Turm vollendet. Der um vier Meter höhere östliche Bergfried ist bis zu einer Gruppe rundbogiger Fenster romanisch aus der ersten Bauzeit. Die Falkensteiner haben ein weiteres Geschoß mit vier Fenstern darauf gesetzt und das spitze Zeltdach mit vier Ecktürmchen geschmückt. Dilichs Zeichnung von 1605, die Merian in seine hessische Topographie übernahm, zeigt es noch. »Münzenberg«, so berichtet Merian herzu, »ist vorweilen ein fürtreflich Hauss oder eine schöne Burg gewesen, von welchem Schloß noch zween Thürme, aber verstört und verwüstet übrig seyn«. Der Dreißigjährige Krieg hatte kurz zuvor der Burg den Todesstoß versetzt, vielleicht durch den General der Liga Spinola, der sie 1621 eroberte. Nur das mittlere von drei Toren am einzigen Zugangsweg war noch bis in das 19. Jahrhundert hinein bewohnbar überbaut. Wenn die Amtleute der Familien, die im Erbgang Besitzanteile an der Burg erhalten hatten, alljährlich in Münzenberg zusammenkamen, »versammelten sie sich gewöhnlich in dem kleinen Stübchen zu freundlicher Erholung, aber auch dies ist jetzt zerstört«, wie es zu Beginn des vorigen Jahrhunderts zu lesen war.

Die staufische Ministerialenfamilie der Erbauer der Burg, die »von Münzenberg«, ist schon 1255 erloschen, als Ulrich II. in einer Fehde umkam. Mit ihm schied so zeitig eines der damals mächtigsten Dynastengeschlechter aus der Geschichte, Inhaber der Reichskämmererwürde und der Reichsvogtei im Königsforst zu Dreieich und in der Wetterau. Kinderlos den Verlust all dieser Besitzungen und Würden vor Augen, hat Ulrich seine Hoffnung auf geistliche Fürbitte gesetzt. Diese zu erhalten, übertrug er 1254 das Patronatsrecht der Kirche des Johannisbergs bei Nauheim dem Domkapitel in Mainz. Da Leibeserben dennoch ausblieben, erbten sechs Schwestern Herrschaft und Burg. Einer der Schwäger, Philip von Falkenstein, kaufte die Anteile – bis auf den hanauischen, der sich ihm versagte. Münzenberg wurde Besitz der Grafen von Falkenstein, bis er nach deren Aussterben 1418 neuen Erbteilungen anheimfiel. Noch heute fortdauernde Namen teilten sich nun in die Burg: Isenburg, Solms, Stolberg, Eppstein. Seit 1945 ist die Burg Eigentum des Landes Hessen und wird von der Verwaltung der Staatlichen Schlösser und Gärten betreut.

Zwischen den beiden so charakteristischen Türmen streckt sich lang hin der mit einem dichten Grasteppich bedeckte innere Hof. Eine Linde breitet ihr Laubdach wie einen Schirm aus, eine um ihren Stamm gezogene Bank erbietet sich zu ruhendem Verweilen. Da blickt man auch auf einen um 1500 errichteten Küchenbau mit einem hohen Kamin über einem Kellergewölbe, den Binding 1960 freigelegt hat. Er berichtet, daß auf dem zerstörten Herd noch die Aschenreste des letzten Feuers lagen; auf dem Schieferplattenboden fand man verstreut Messer, Löffel und Gefäßscherben, bei der Türschwelle lag ein Klingelzug, nahe der Küche vor dem Ostturm Küchenabfälle des sechzehnten und siebzehnten Jahrhunderts.

Es ist etwas Eigenartiges, wie so viele Menschen sich von den Burgen angelockt fühlen, und wie sie sich von dem alten Gemäuer ansprechen lassen. In eine der Sandsteinquadern am Wehrgang, der heute ein hoch erhobener Rundgang vor der südlichen Palaswand ist, fand ich eingeritzt: »Denkmal der Freundschaft 1795«, dazu vom Wetter verwaschene Namenszüge. Auch die Jahreszahlen 1819 und 1908 entdeckte ich, wo eine kleine Mauerraute, jenes bescheidene immergrüne Pflänzchen, in der Enge zwischen den Gesteinsquadern ihr Leben fristet. Der östliche Bergfried ist zu besteigen, seit er 1847 zum Aussichtsturm wurde. Eine Eichentreppe führt über viele Stufen hinauf. Die Turmspitze, die Dilich zeichnete, ist durch eine mit einer Brüstungsmauer eingefaßte Plattform ersetzt. Auf diese tritt man hinaus und befindet sich nahezu dreißig Meter über dem Hof, blickt weithin über die Wetterau bis zum Taunus und hat unter sich die Burganlage in ihrer Gesamtheit. Man sieht, wie die Ringmauer der Kernburg sich dem Basaltfelsen anpaßt, wie im Süden und Osten eine zweite, höhere Ringmauer sie übertrumpft, und erblickt über Zwinger und Vorburg hinweg die Stadt drunten, die zu ihrem Schutz mit einem Mauerring an die Burg angebunden war. Die Gründung der Siedlung ist einst der Burg gefolgt, denn im Schutz einer Burg ließ sich sicher wohnen.

Von der luftigen Höhe des Bergfrieds geht die Sicht weit bis zu allen Horizonten. »Eine freundliche Aussicht ergötzt das Auge auf der Burg«, schrieb 1825 der Doktor Usener in Frankfurt. »Butzbach, viele Dörfer und Höfe liegen herum, Hohensolms und Ullrichstein ragen auf fernen Höhen empor.« Die Straße von Frankfurt am Main nach Gießen, so stellte er die Lage der Burg vor, führe durch eine Gegend reich an Schönheit und durch Fruchtbarkeit berühmt. »Während die Vorzeit die angrenzenden Gegenden in Gauen vertheilte, nannte sie diese: die Aue, und setzte den Namen des Flüßchens Wetter vor, der ihre Fluren bewässert. Dörfer und Städte liegen freundlich umher, von hohen Saaten umwallt, unter ihnen, zwischen Friedberg und Butzbach, anderthalb Stunden von der Landstraße, rechts auf einer Anhöhe, zwei Thürme, die Gegend überragend. Es sind die Ruinen von Münzenberg.«

Aus jenen Jahren berichtet Carl Julius Weber in seinen launigen Briefen eines in Deutschland reisenden Deutschen, daß er hier auf Wegen, die kaum Wege waren, fluchend und zürnend einmal den Wagen zerbrochen habe, doch zu Friedberg sagte man ihm lachend: »Was? Damit dreißig Fremdlinge bequem reisen, sollen dreitausend Eingeborene frohnden? Unsere Wege sind Zeichen unserer Freiheit! Wir sind keine Franzosen, die Chausseen erfunden haben, wir sind Deutsche, und deutsch ist das Sprüchwort: Eile mit Weile.« Er gab dem Postillon im Nachhinein recht, der nachts nicht fahren wollte; sogar Postwagen mit sechzehn Pferden bespannt blieben hier stecken, und (so erzählt Weber) ein dänischer Courier nach Constantinopel weinte schon zu Coppenhagen über den Weg zwischen Butzbach und Friedberg.

Zum Galgen 1000 mtr – dies liest man am Fuße des Burgberges auf einer Tafel, im Rücken der jetzt an der Stelle der Vorburg stehenden Wirtschaftsgebäude mit dem Herrenhaus des sechzehnten Jahrhunderts nebst einem barocken Anbau von 1750. Um schneller zum Galgen zu kommen, fuhren wir die tausend Meter mit dem Wagen. Aber auch das Auto kam nur langsam voran, denn von der Straße zweigt ein Feldweg ab, der zerfurcht und lehmig ist. Der als besuchenswert angepriesene Galgen steht verborgen in einem verwachsenen Gehölz. Es ist kein Holzgalgen von der einfachen Art, die man Schnell-, Wipp- oder Soldatengalgen nannte, sondern ein Dreiholz: zwei hohe Steinpfeiler auf grobem Fuß tragen einen sie verbindenden Balken. Der Balken ist erneuert; man liest an ihm: »Recht und Gericht zu Münzenberg, Oberhorgern und Eberstadt.« Zwei Männer kamen hinzu. Einer von ihnen erwies sich als in den alten Bräuchen bewandert und erzählte, der Sünder durfte auf den Stufen zum Galgen einmal stehenbleiben und sich umdrehen, »um einen letzten Blick auf das schöne Land zu haben«. Mit nachdrücklicher Betonung fügte er hinzu, dies sei ein verbrieftes Recht gewesen. Gesetzliche Ordnung also bis zur obersten Stufe der Galgentreppe. Auch dem Übeltäter sollte ein Abschiedsblick auf die Herrlichkeiten der Welt nicht verwehrt sein.   *Kloster Arnsburg vor der Aufhebung*

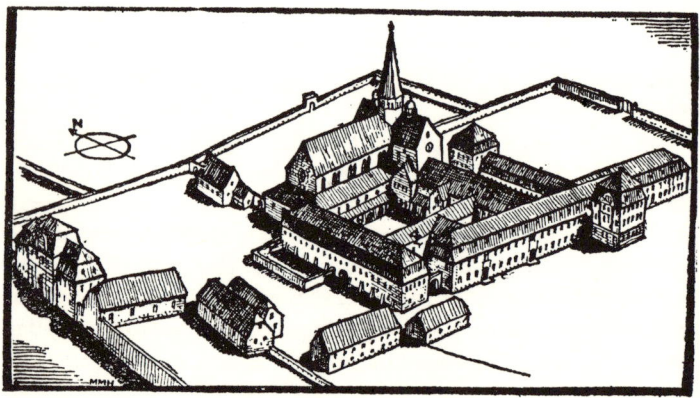

Castro Aquilae Cisterciensis

D ie auf Pergament geschriebene Urkunde blieb erhalten, mit der Fredericus »von Gottes Gnaden römischer König« die Stiftung bestätigte, die im Jahr 1151 der Ministeriale Conrad von Hagen und Arnsburg zugunsten einer Klostergründung gemacht hatte: »Gegeben zu Mainz an dem 2. Idus des Dezember im Jahr der Fleischwerdung Gottes 1152, in der 15. Indication, als Herr Friedrich, der ruhmreiche römische König regierte im 1. Jahre seiner Herrschaft. Glückhaft.« Dazu das Monogramm des Königs, sein Zeichen, und die Bestätigung: »Ich, Kanzler Arnold, habe anstelle des Mainzer Erzbischofs und Erzkanzlers anerkannt.« Am Fuße der Urkunde schließlich das Siegel Friedrichs auf dunkelgelbem Wachs, das den König sitzend auf dem Thron zeigt, in der Rechten das Zepter, in der Linken den Reichsapfel, noch nicht zum Kaiser gekrönt und noch ohne den rötlichen Bart. Wie die Klostergründung im Zeitgeist gesehen wurde, ist mit zweiundzwanzig sauberen, lang ausgezogenen Zeilen lateinisch geschrieben. Zu Deutsch: »Im Namen der heiligen und unteilbaren Dreieinigkeit, Friedrich, von Gottes Gnaden erhabener römischer König. Wir haben dazu nach göttlichem Ratschluß die Regierung des Reiches empfangen, daß wir allen Christgläubigen Recht und Gerechtigkeit gewähren und ihren frommen Willen und ihr gutes Handeln durch unsere königliche Autorität stärken. Deshalb wollen wir, daß allen gegenwärtigen und zukünftigen Verehrern Christi bekannt wird, auf welche Weise Konrad von Hagen, der tüchtige Reichsdienstmann, der mir durch Treue und Freundschaft ergeben ist, und seine Frau Luitgard, beide durch frommen Wunsch bewogen, einen Ort ihres Eigenbesitzes, der Aldenburg genannt wird, dem allmächtigen Gott und der ewigen Jungfrau Maria bei ihrer Burg Arnsburg geweiht haben.«

Mit dem frommen Wunsch war es freilich zu allen Zeiten nicht getan. Wenn etwas werden sollte, bedurfte es der weltlichen Beigabe und der menschlichen Ordnung der Dinge. Die Urkunde verzeichnet deshalb, was die Stifter an irdischen Gütern »den Gott Dienenden« übertragen – wofür dann die Verwaltung und Betreuung des Ortes der Stifterfamilie und später einem zukommen solle, der aus der Nachkommenschaft Konrads und Luitgards hervorgehe. Der Vogt (und hier wog man die Interessen von Abt und Vogt ab) solle nur einmal im Jahr, nämlich am Tage nach der Erhöhung des heiligen Kreuzes, den Ort betreten, um Recht zu sprechen. An diesem Tage habe der Abt die Dienstleistung in Höhe von drei Unzen zu besorgen oder ihm wenigstens drei Unzen für diese Dienstleistung zu geben. Er solle das ganze Jahr über kein Recht von dem Orte fordern, wenn er nicht gerade von dem Abt aus dringendem Grunde gerufen würde und dann nur mit zwei Rittern kommen, denen der Abt das Notwendige zuwende. In dieser Weise teilten sie Rechte und Pflichten. Sie trafen auch Vorkehrungen gegen die Sündhaftigkeit des Menschengeschlechts, dessen sie sich bewußt waren. Deshalb: »Wer diese Werke der Frömmigkeit, die der vorgenannte Konrad und seine Frau Luitgard Gott übergeben haben, oder von anderen Gläubigen in der Folge übertragen werden, durch leichtfertige Verwegenheit zu zerbrechen und zu erschüttern versucht, soll wissen, daß er unsere königliche Autorität verletzt und für eine solche Nichtachtung zwanzig Pfund zu unserem Gebrauch zahlt und weitere zwanzig Pfund Gold zu Nutzen der Kirche, die er beraubt hat, zur Erstattung.«

An seinem ersten Platz, in den Ruinen des auf einer Anhöhe gelegenen römischen Kastells Alteburg, bestand das von Benediktinermönchen der rheinischen Abtei Siegburg besiedelte Kloster nur zwanzig Jahre. Dann schenkte ihm des Stifters Sohn Kuno, nachdem er sich die Burg Münzeberg gebaut hatte, sein verlassenes Schloß Arnsburg in der Niederung der Wetter und tauschte die Siegburger Benediktiner gegen die Zisterzienser in Eberbach. Arnsburg und Eberbach, das blieb fortan durch die Jahrhunderte eine klösterliche Verwandtschaft. Aus Eberbach kamen auch die ersten sechs Äbte: Ruthardus, Mengotus, Henricus, Hubertus, Conradus, Gebuinus. Alle werden sie in der Chronik als wahrhaft gute Hirten gerühmt, mit Erfolg auf das Wohl von Kloster und Konvent bedacht. Erst der siebente Abt, Mefridus, wurde aus den Reihen des Arnsburger Konvents gewählt. Unter ihm »nahm das Kloster mit Gottes Hilfe einen großen Aufschwung«, wie zu lesen ist. Im Jahr 1228 wies Landgraf Heinrich von Hessen und Thüringen seine Ritter, Bürger und Schultheißen an, Personen und Besitz des Klosters zu schützen und zu verteidigen. »Der Landgraf Heinrich war nämlich den Klöstern und Mönchen des Zisterzienserordens wegen ihres religiösen Eifers ganz besonders gewogen.«

Als Tag des Beginns des zisterziensischen Arnsburg gilt der 16. Juli 1174. An diesem Tag hat Cuno Herr von Münzenberg in seiner neuen Burg dem Abt Gerhard von Eberbach Grund und Liegenschaften für den Klosterbau übergeben. Nach sechshundert Jahren, zum 16. Juli 1774, überreichten die Mönche ihrem Abt als Jubiläumsgabe eine Chronik dessen, was seither geschah; sie nannten sie *Commentatio historica*, »historischer Kommentar über das alte Castrum Aquilae, zu deutsch Arnsburg in der Wetterau, jetzt ein berühmtes Kloster des Cistercienser Ordens«. Hundertsechsundzwanzig Seiten, auf denen zu lesen ist, daß das Kloster viele Schenkungen und immer wieder Schenkungen erhielt, aber auch langwierige Prozesse um Vogteirechte führte, von Dauer bis zu einem Jahrhundert und bis hinauf vor das Reichskammergericht.

Beatus Henricus, der 9. Abt, dachte darüber nach, wie er die vorbeifließende Wetter so umleiten könnte, daß für Küche und Mühle daraus Nutzen entstand. Die ihm im Schlaf als Vision erscheinende Gottesmutter half, die widerstrebenden Brüder zu überzeugen. Im Jahr 1289, unter Helvicus dem 14. Abt, stellte die Generaldeputation des Ordens fest, daß die Einkünfte für den Unterhalt von sechzig Patres und gleichviel Laienbrüdern ausreichen. Als 1313 in ganz Deutschland die Pest wütete, zogen die Mönche sich in den Wald zurück. Die dem Wald benachbarte Wiese trägt seither den Namen Gottesacker, weil die Opfer der Seuche auf ihr begraben wurden. Im fünfzehnten Jahrhundert, als das Rittertum im Verfall war, wurde das Kloster »von mehreren Rittern, besonders von Konrad von Weitershausen und seinen Komplizen, mit Brand und Raub überzogen«, und »als ob der harten Prüfungen noch nicht genug gewesen wären«, überfiel 1437 Ruterus von Ruffenbergen mit bewaffneter Hand das Dorf Wickstadt und führte sechshundert Schafe hinweg. Heinrich von Schweinsberg raubte zudem die Pferde und den gesamten Viehbestand des Klosters. Vom sechzehnten Jahrhundert mit Kirchenstreit und Bauernaufruhr spricht der Chronist als dem »verderbten Jahrhundert«, in dem Valentinus, der 37. Abt, zwei Jahre nach seiner Wahl sich durch »das allgemeine Elend« so verbraucht und gebrochen fühlte, daß er um Amtsenthebung einkam. Nachdem er acht Jahre vergeblich gebeten hatte, resignierte er am 5. Dezember 1565. Mit einem ihm gewährten großzügigen Unterhalt, wie der Chronist hervorhebt, nahm er in Gelnhausen Wohnung. Der Konvent beschloß jedoch einstimmig, bevor er zur Wahl des 38. Abtes schritt, daß, wer auch immer zum Vorsteher gewählt würde, nichts über den gegenwärtig gewährten Unterhalt hinaus verlangen möge. Die Wahl mit der Verpflichtung, »die kleine Herde nicht nur zu schützen, sondern ihr auch zu nützen«, fiel auf Conradus als dem 38. Abt, »und es gelang ihm sogar – ein Wunder in dieser unheilvollen und wirren Zeit – das Klostervermögen zu mehren«. Die Vita von Conradus dem 39. Abt beginnt der Chronist: »Wir treten nun in das schlimme und verhängnisvolle Jahrhundert, in dem es schien, als sei es um das Kloster geschehen.« Die »Gottlosigkeit der Zeit«, angefochtene Schenkungen, endlich der Dreißigjährige Krieg – »nahmen doch die Drangsale in diesen Kriegszeiten kein Ende«. Der 44. Abt, Joannes Adamus, der 1631 den Hirtenstab übernommen hatte, mußte fliehen. Die Heerhaufen plünderten das Kloster und schändeten die Gräber. Erst 1672 unter Christianus dem 46. Abt wurde in der Kirche wieder die erste feierliche Vesper nach dem langen Krieg gesungen. Dann erscheint als »einzigartiger Abt« der 1746 gewählte Petrus in der Chronik. »Als ein aufmerksamer Beobachter seelischer Vorgänge hatte er erkannt, daß auch der Glaubenseifer gefestigter Menschen allmählich nachläßt, wenn sie ohne geistliche Nahrung bleiben.« Dieser 51. Abt Petrus verband deshalb monastisches Leben mit geistiger Tätigkeit, ließ die Mönche auf Universitäten studieren, Philosophie, Theologie und Recht unterrichten, Disputationen halten. Er baute eine Bibliothek und tröstete unter den Heimsuchungen des Siebenjährigen Krieges immer wieder mit dem Satz: *Dominus providebit*, Gott wird für uns sorgen. Doch schon nahte das Ende des Klosters, das unter dem 53. Abt der allgemeinen Säkularisation während der napoleonischen Kriege verfiel.

Wer heute nach Arnsburg kommt, findet ein Nebeneinander von Erhaltenem und Vergangenem, die Anlage insgesamt noch von großartigem Eindruck. Da steht noch der Pfortenbau von 1775, eines der letzten Bauwerke der Mönche, mit der Statue des Bernhard von Clairvaux über dem Torbogen. Schon fällt der Blick auch auf den langgestreckten Bursenbau, der einst das Haus der Laienbrüder war. Nach der Auflösung fand ein Kinderheim des Darmstädter Elisabethenstiftes, das »Rettungshaus für Mädchen«, dort Unterkunft, diesem folgte ein Altersheim und schließlich das heute dort unterhaltene Hotel. Der im dreizehnten Jahrhundert begonnene Bau vereint noch die Stilelemente von Gotik und Barock. Ein kleiner Turm nahe der einstigen Klosterschmiede läßt sein Baujahr 1693 lesen. Von 1675 ist das Fachwerkhaus der Klostermühle, das heute der Gastronomie dient. Barocke Baukunst zeigen noch der Prälatenbau von 1727, der ihm benachbarte Küchenbau von 1747 und das abseits gelegene Gartenhaus des Abtes von 1751. Aber die Kirche ist Ruine. Nur ihre westliche Vorhalle, das »Paradies«, steht noch unter Dach und ist jetzt evangelische Kapelle.

Die Kirchenruine ist wohl das Stimmungsvollste von Arnsburg. Welch hoch aufstrebende schmucklose Pfeiler! Sie teilen, durch Arkadenbogen vereint, das Langhaus in dichter Folge in drei Schiffe, von denen jedes ein eigener, in sich geschlossener Raum zu sein scheint. Steile, glatte Wände! Im dreizehnten Jahrhundert gebaut, kündet alles noch von der dem Schmuck abgeneigten Gottesgesinnung der Zisterzienser. Das Dach ging verloren, Wolken schauen herein. Der Boden ist mit einem Grasteppich belegt. Gesträuch hat sich auf den Mauerkronen und über den Kapitellen der Pfeiler angesiedelt. Verweilt man allein in dieser Ruine, ist sie auch im Verfall noch ein weihevoller Raum, ein Ort der Stille, an dem Kultur und Natur sich zum Erlebnis des Vergehens menschlicher Taten und immer wieder neuen Werdens göttlicher Schöpfung vereinen.

Aus dem südlichen Querhaus führt eine Treppe in das Dormitorium, den Schlafsaal der Mönche. Er ist wiederhergestellt, ein teils dreischiffiger, teils zweischiffiger Raum von sechzig Meter Länge über Kapitelsaal und Sakristei, in dem spitzbogige Gewölbe auf Rundsäulen und Wandkonsolen ruhen. Hier wurde des achthundertsten Jahrestages der Klostergründung, des 16. Juli 1974, gedacht. Der »Freundeskreis Kloster Arnsburg« hat mit mancherlei Veranstaltungen und einer Ausstellung im Dormitorium zu verstehen gegeben, daß das geistige Leben, auch wenn es nicht mehr das Mönchstum ist, am Klosterort erneut fortbesteht.

Hat der Besucher das überwölbte Eingangstor im Bursenbau durchschritten, führt ihn der Weg gewöhnlich zunächst durch eine kleine, an ursprünglicher Stelle erneuerte Pforte in der Mauer des Kreuzgangs auf den Innenhof. Es ist ein unendlich weiter Platz, eingefaßt von der Kirchenruine und den noch erhaltenen oder wiederaufgebauten Konventsgebäuden. In Gruppen stehen niedrige Steinkreuze gleichen Aussehens, aus Basalttuff gemeißelt, verbunden durch schmale Rasengänge, geschmückt mit dem Thymian. Dies ist heute der lebensnaheste Ort von Arnsburg. Die jüngste Geschichte ist hier mit einem ihrer traurigen Kapitel eingetragen worden. Der Kreuzgarten des Zisterzienserklosters, im Dreißigjährigen Krieg zerstört, wurde zum Kriegsopferfriedhof, zur Grabstätte für vierhundertfünfzig Opfer des Zweiten Weltkrieges und der Gewaltherrschaft, betreut von dem Volksbund Deutscher Kriegsgräberfürsorge. Über das stille Gräberfeld geht der Blick zu dem Kapitelsaal aus dem dreizehnten Jahrhundert, der vollständig erhalten und zur Gedächtnishalle geworden ist: ein nahezu quadratischer Raum, sein Gewölbe von einer Säulengruppe getragen, beiderseits der Spitzbogentür ein durch Säulen gedoppeltes Fenster. An der Mauer steht ein dorthin versetzter Grabstein des Johann von Falkenstein. Der 1365 gestorbene Ritter, im Relief zu sehen, ist nun Wächter bei den Kriegstoten unserer Zeit. Die Mensa soll das steinerne Mahnmal sein: *Mortui viventes obligant*, die Toten verpflichten die Lebenden.

Nachdem durch Ausgrabungen der Verlauf des Kreuzgangs festgestellt war, wurde die Gräberstätte so angelegt, daß sie sich in die alten Bauwerke fügt, als könnte sie schon zur Klosterzeit so bestanden haben. Viele der aufgefundenen Grabplatten früherer Jahrhunderte stehen jetzt wie Denkmäler an den das Kriegsgräberfeld begrenzenden Mauern. Auf den Fundamenten des Brunnenhauses wurde der Brunnen aus alten Werkstücken erneuert. Eine hohe Säule schöpft das Wasser aus der Erde und gibt es im Kreislauf der Erde zurück. Denn, so ist ihm als Symbol zugeschrieben: »Die Seele des Menschen gleicht dem Wasser – vom Himmel kommt es, zum Himmel steigt es – ewig wechselnd.«

Nach redlichen Ordnungen

DOM UND REICHSKAMMERGERICHT ZU WETZLAR

In Wetzlar ist eine alte Vergangenheit heute von moderner Industrie eingefaßt. Es ist eine neue und zugleich sehr alte Stadt. Das Alte legt sich um den Dom, zu dem aus der Tallage der Lahn viele Stufen einer breiten Treppe hinaufführen. Dort auf der Höhe wurde im 8. Jahrhundert ein Stift angesiedelt, auf das Dom und Stadt zurückzuführen sind. Treppen gibt es auch hier und da noch im Stadtbild, symbolisch, scheint es, für das auffallende Auf und Ab in der Geschichte des Ortes. Wiederholt hat Wetzlar eine Blütezeit mit weiter Ausstrahlung gehabt und wiederholt ist es in einen Abschnitt ärmlicher Bedeutungslosigkeit zurückgesunken. Mit Goethes Namen verbindet sich das Reichskammergericht, das höchste Gericht des Heiligen Römischen Reiches Deutscher Nation, und mit August Bebel, der hier Kindheitsjahre verlebte und dem die Stadt ein Denkmal setzte, öffnet sich der Blick auf die Gegenwart, das Zeitalter von Industrie und »Massengesellschaft«.

Der erste Anblick des Domes, ist man die Treppe hinaufgestiegen, scheint der wechselvollen Stadtgeschichte zu entsprechen. Kein Bau einfacher Linien und des Gewachsenseins nach angelegtem Plan, sondern eine Verwinkelung von Turm und Türmchen, Wänden, Giebeln und Kapellenvorbauten – erst allmählich schält sich die Ordnung des Baugesetzes heraus. Dem Limburger Dom wird Einfluß zugeschrieben, auch der Marburger Gotik. Als rheinisch-romanisch ist die Dachzone mit einem Zeltdach über drei Giebeln ausgewiesen. Vom romanischen Westbau wechselt der Stil zur kölnischen Hochgotik an Quer- und Langhaus. Immer wieder wurde daran gebaut: viermal allein ein Neubau des Chores, und zum fünften Neubau wurde hier schon angesetzt. Die jüngsten Bauten sind durch die Zerstörungen im letzten Krieg, die den Chor einstürzen ließen, erzwungen. Mächtig, schwer auf der Erde lastend, steigt jedoch seit dem fünfzehnten Jahrhundert an der Westfassade der Turm auf, auch er mit abgesetzten Stützpfeilern und einem dreifachen Helm aus allerlei Zierformen über einer Maßwerkgalerie verwinkelt in der Wirkung. Die vorgesehene Doppelturmfassade, im vierzehnten Jahrhundert begonnen, blieb unvollendet. Der zweite Turm gedieh nur bis zum Erdgeschoß. Zwischen ihm, dem nördlichen Turmansatz, und dem aufgeführten südlichen Turm, schließt ein gotisches Portal die Front.

Im Dom weilte zur Stunde meines Besuches außer mir nur eine Frau, die, an den Kunstwerken interessiert, durch ein Fernglas die reichen Säulenkapitelle eines Limburger Meisters betrachtete. Sie war ein Kurgast aus Bad Ems, eben »Wetzlars wegen«, wie sie sagte, zum Tagesbesuch angereist. Am eindrucksvollsten der Blick aus dem Chor in die Kirchenhalle. Im dunklen Chor eine zierliche Madonna aus der Zeit um 1500; in der Johanniskapelle eine steinerne Verkündigungsgruppe aus dem 13. Jahrhundert, spätgotisch ein kreuztragender Christus mit Simon von Kyrene. Von besonderer Lieblichkeit frei im Raum über grauem, abgesessenem Gestühl ein schmiedeeiserner Kronleuchter aus dem Anfang des sechzehnten Jahrhunderts, mit kleinen, holzgeschnitzten Figuren – die Madonna, begleitet von sieben kerzentragenden Engeln. Nicht wenig von den alten Schätzen hat der Krieg zerstört. Zwei Gabenbüchsen, einander benachbart und von gleicher Form, bitten »Für die evangelische Domgemeinde« und »Für die katholische Domgemeinde« und, wiederum einander benachbart, zwei Tafeln, die mit gleichartigen Lettern ihre Aufgabe nennen: »Evangelische kirchliche Nachrichten« und »Katholische kirchliche Nachrichten«. Der Dom ist gemeinsames Gotteshaus beider Konfessionen – und dies seit der Reformation.

Von den Kanzeln des Domes ermahnten die Geistlichen auch zur Befolgung christlicher Tugenden, als mit dem Reichskammergericht eine neue Zeit regeren Lebens in »des Kaysers und des Heiligen Reiches freye Stadt« gekommen war. Das höchste Gericht, unter Maximilian I. vom Reichstag 1495 eingesetzt, damit zivile Rechtsprechung an die Stelle des Fehderechts trete, ausgewiesen als Mitwirkung der Reichsstände an der Ausübung der Reichsgewalt, ist 1693 nach Wetzlar verlegt worden, da Speyer, sein bisheriger Sitz, von den Truppen des französischen vierzehnten Ludwig eingeäschert war. Auch Dinkelsbühl hatte sich beworben, Schweinfurt und Heilbronn hingegen verzichtet. Das

Gericht hatte nach den mehrmals angepaßten Reichskammerge-
richtsordnungen zu verfahren, »nach des Reichs und gemeinen
Rechten und nach ehrbaren und redlichen Ordnungen und Statu-
ten«. Die vom Kaiser ernannten Kammerrichter, die Beisitzer
(teils evangelisch, teils katholisch, von den Reichsständen gewählt),
die Assessoren und Bediensteten brachten durch ihre Kleidung
in das Wetzlarer Straßenbild bunte Farbtupfen und in das ge-
sellschaftliche Leben den Glanz würdevoller Vornehmheit. Anfangs hatte es ihnen in Wetzlar gar nicht gefallen, aber das ist
immer so, wenn eine Behörde in engere Verhältnisse umziehen
muß. Wetzlar war verarmt, und zu seinen sechstausend Einwohnern kamen mit dem Gericht tausend neue. In den Jahren des
Rokoko trugen die Richter das Schwarz der spanischen Tracht
mit kurzen Mänteln, seidenen Strümpfen und Schuhen mit silbernen Schnallen. Die Damen sah man mit hohem Kopfputz und
hellen, wippenden Reifröcken, in bestickten Röcken die Prakti-
kanten und in Livreen die Diener und Läufer. Im übrigen blieb
die Scheidewand des Dünkels zwischen den »Cameralen« und den
eingesessenen Bewohnern, die auch eine zwischen Adel und Bürger war – jene Luft, aus der »Werther« gedieh.

Wie das Reichskammergericht vor unserem Urteil bestehen
könnte, wenn seine Tätigkeit »ohne Vorurteil« und unter Zu-
billigung »mildernder Umstände« einmal erforscht würde, vermag ich nicht zu sagen. Immerhin waltete dieses Gericht durch
mehr als dreihundert Jahre, und dafür kann es nicht nur die
Beispiele unsterblicher, weil langdauernder Prozesse geben, mit
denen seine zeitgenössischen Kritiker und der Volksmund sein
Andenken überliefert haben. Zum Beispiel der Prozeß zwischen
Nürnberg und dem Markgrafen von Brandenburg, »der 1526 begann und noch nicht beendigt war, als beide Parthien und das
Gericht selbst zur ewigen Ruhe eingingen.« So »Democritos«
Carl Julius Weber in seinen freimütigen Briefen eines in Deutschland reisenden Deutschen. Er überliefert auch, was man sich als
»politischen Witz« erzählt haben mag: Ein Dichter, dessen Lust-
spiel getadelt wurde, weil es nicht genug Verwicklung habe,
gab zur Antwort: Warten Sie nur bis zum vierten Akt, da bekommt mein Held einen Reichs-Kammer-Gerichts-Prozeß. Zu
Wetzlar dachte Carl Julius Weber an jenen Saal in Paris, »der
da heißt *la salle des pas perdus,* der Saal der verlorenen Schritte«,

und hier zu Wetzlar, so sagt er, habe er auch den tiefen Sinn des Zentnerwortes *ad Acta* ganz begriffen, auch den ächt juristischen Waidspruch *Fiat justitia, pereat mundus*, es geschehe Gerechtigkeit, wenn auch die Welt darüber zugrundegeht.

Das Archiv des Kammergerichts, so vermerkt Weber, enthielt bei Auflösung des Reichs über achtzigtausend Prozeß-Aktenstöße, wovon die Hälfte unerledigt war. »Helas!«, ruft er, »die drei eigenen deutschen Sprachen sind nun ausgestorben, Wien, Regensburg, Wetzlar haben keinen Einfluß mehr auf unsere Geschäftswelt, die Frankfurter Sprache ist deutlich und vernehmlich, noch deutscher und vernehmlicher die Sprache der von jenen Banden entfesselten Souverains – keinem jungen Mann, der rein deutsch schreibt und kurze Perioden liebt, wird mehr gesagt werden, was mir 1792 ein Chef sagte: ›Ihre Arbeit ist gut und gedacht – aber Sie sagen alles so kurz weg! Kein Periodenbau! Kein Geschäftsstylus‹.«

An Bauten blieb nicht viel von dem Reichskammergericht. Das barocke Palais Papuis, das sich jetzt mit einer Möbelsammlung als Sehenswürdigkeit empfiehlt, der Archivbau des achtzehnten Jahrhunderts, der zum Rathaus wurde, erinnern daran – und das hohe graue Haus Nr. 13 an der Ecke von Fischmarkt und Schwarzadlergasse mit dem doppelköpfigen Adler auf goldenem Grund an seiner Fassade, das eine Inschrift als die Alte Kammer ausweist. Es ist ein würdiges, betagtes Gebäude, im vierzehnten Jahrhundert begonnen, mehrfach umgestaltet, eine Zeitlang Rathaus und 1693 an das Reichskammergericht abgetreten. Im Erdgeschoß befindet sich ein Café neben Läden mit großen Schaufenstern, ihm gegenüber ein Parkplatz an der Stelle abgerissener Gerichtsbauten. In der Alten Kammer tagte die K. K. Visitations-Commission, die Kaiser Joseph II. ausgesandt hatte, damit sie unter den Akten aufräume. Durch diese sind auch Karl Wilhelm Jerusalem, Kestner und Goethe nach Wetzlar gekommen, die Personen des »Werther«, die mit ihrer Liebesgeschichte unsterblicher sind als das Gericht mit seinem Akteninhalt. Aber immerhin, in der Entwicklung des deutschen Zivilprozeßrechtes wirken die Ordnungen des Reichskammergerichts unsichtbar fort.

Der junge Johann Wolfgang Goethe wohnte am Kornmarkt. Er war noch nicht viel mehr als »ein gewisser Goethe aus Franckfurt«, wie Kestner ihn in einem Brief vorstellt, »seiner Handtierung nach Dr. Juris, 23 Jahre alt«. Das Haus, in dem er sich eingemietet hatte, steht da noch. Es ist die Nr. 11, gleich neben dem »Römischen Kaiser«, der ein Gasthaus war: ein dreistöckiges weißes Wohnhaus, etwas schmalbrüstig neben dem »Kaiser«, der kurz zuvor um einen Saal für Geselligkeit und Theaterspiel erweitert worden war. »In diesem Hause wohnte Goethe im Sommer 1772«, liest man. Goethe fand die Stadt »klein und übel gebaut«; nach dem Zeugnis anderer waren ihre einst festen Mauern im Verfall. Die Türme standen ohne Dach, die Gassen hatten keine Gehsteige, aber in ihrer Mitte eine Rinne für den Abfluß des Unrats. Nirgends eine Straßenlaterne; deshalb war den Bürgern vorgeschrieben, sich in der Dunkelheit mit einer eigenen Laterne zu leuchten. Heute ist der Kornmarkt ein Platz noch abseits von der Geschäftigkeit. Manches seiner Häuser kommt aus den Jahrhunderten, in denen der Platz ein Marktplatz war. Von dem einen der zwei Fachwerkhäuschen am unteren Ende des Platzes ist zu hören, daß es das Stammhaus der Brauerei Schäfer sei, einer der größten Brauereien in den Vereinigten Staaten von Amerika. Einer der drei Stadtbrunnen steht nahebei und spendet noch immer das lebendige Wasser.

Barocke Residenz

DAS SCHLOSS ZU WEILBURG

Der junge Rechtskonsulent Johann Wolfgang Goethe, der von Wetzlar die Lahn abwärts wanderte, um Koblenz zu erreichen, sagt von diesem ihm so romantisch begegnenden Tal zwischen Taunus und Westerwald: »Mein Auge schwelgte.« Man schrieb 1772. Er ging zu Fuß. Noch gab es nicht die Eisenbahn. Die Lahn fand er »in Betrachtung der Nähen und Fernen« als einen »schönen, durch seine Krümmungen lieblichen, in seinen

Ufern so mannigfaltigen Fluß«. Vom Bilde Goethes ist vieles bis auf den heutigen Tag geblieben: »Die bebuschten Felsen, die feuchten Gründe, die thronenden Schlösser.« Und es blieb, nicht fern von Wetzlar, das anheimelnde Weilburg, einst fürstliche Residenz und nun Kleinstadt mit barockem Gesicht.

Obwohl jetzt Eisenbahn und Autostraße dem Lauf des Flusses folgen, ist das Tal still geblieben und wie abseits vom großen Verkehr. Es ist erschlossen und doch so manchen Zeitübeln verschlossen. Ich zähle es zu den urwüchsigsten Flußtälern, die unserer Landschaft noch geblieben sind, nicht zum Schiffahrtskanal geworden wie die Mosel, an Liebreiz allenfalls übertroffen von der Altmühl.

Alt-Weilburg beginnt, wo die Brücke über die Lahn führt und die Straße aus dem neuen Viertel in das alte mündet. Hier ist zugleich einer der schönsten Anblicke. Der Fluß fährt rauschend dahin, droben auf dem Felsrücken breit hingelagert das Schloß, und die Brücke ist Eingang in die barocke Stadt. Es ist eine Steinbrücke auf fünf Bogen, 1768 gebaut, nachdem Eisgang die Brücke des vierzehnten Jahrhunderts zerstört hatte. »Am 7. October 1769 fuhr zum ersten Mal der kaiserliche Postwagen darüber« verzeichnet die Chronik. Das Haus der Thurn- und Taxisschen Post von 1787 steht nebenan, und zwei Wachthäuser von 1789 bilden den Brückenkopf.

Wenige Schritte hinter der Brücke ist an einer Hauswand zu lesen: »Schöner Weg, schöner Blick / zum Schloß durch's Gebück«. Um nicht abzuschrecken, ist dem Reim hinzugefügt: bequem zu gehen. Das Gebück ist die Gesträuchwildnis, die an Burghängen wucherte, um dem Feind den Aufstieg zu erschweren. Hier nun, wo nur noch die Friedfertigen erwartet werden, ist das Gebück in eine Anlage mit einem zum Schloß sanft ansteigenden Fußweg verwandelt. Kaum bleibt beim kurzen Aufstieg Zeit genug, an das Vergangene zu denken.

Der geschichtliche Anfang dieses Ortes liegt vor der Jahrtausendwende. Als Wilineburch erscheint der Name 906 zum ersten Mal in den Urkunden. Es war eine Burganlage der Konradiner Grafen im Lahngau, die Zeit von König Konrad I. aus dem fränkischen Stamm, der dort im Jahr 912 ein Walpurgisstift gründete. Bei solch geistlichem Ursprung ist es naheliegend, daß der Platz bald in den Besitz der Bischöfe von Worms kam. Diese übertrugen die Vogtei den Grafen von Nassau, und was zunächst deren Lehen war, hat der 1292 gewählte König Adolf von Nassau als Eigenbesitz erworben. Den Burgflecken erhob der König 1295 zur Stadt. Wenn Adolf als deutscher König auch glücklos 1298 in der Feldschlacht bei Göllheim untergegangen ist, so verband sich der Name seines Hauses mit Weilburg doch bis in die Gegenwart. Unter seinen Nachkommen entwickelten sich Burg und Stadt zu einer Territorialherrschaft und schließlich zum Fürstentum. Von einer Teilung im Jahr 1355 blieb die Linie Nassau-Weilburg. Zwei ihrer Grafen waren neben den gewerbefleißigen Wollwebern und Eisenhandwerkern für die Entwicklung von Bedeutung: Johann 1., der im vierzehnten Jahrhundert die Stadtbefestigung anlegte, und Johann Ernst, kaiserlicher Feldmarschall und Großhofmeister, der nach 1703 mit großzügiger Bauplanung den Ort zu der Barockresidenz machte, die sich in ihren Hauptzügen erhalten hat. Nicht nur das Schloß, auch das ihm benachbarte Stadtbild wurde im höfischen Geschmack nach französisch-klassizistischem Vorbild gestaltet. Ein einziger Baumeister, Julius Ludwig Rothweil, konnte nach einem Gesamtplan bauen, die Gassen nicht ausgenommen. Der figurenreiche Neptunbrunnen auf dem Marktplatz, von Wilckens geschaffen, steht dort seit 1709. Er ist betonte Mitte eines von noblen Steinhäusern anstelle früherer Fachwerkhäuschen umrundeten Viereckplatzes.

Das Schloß untersteht der Staatlichen Verwaltung der Schlösser und Gärten und ist jeden Tag zur Besichtigung geöffnet. Keines besonderen Einlasses bedarf der Besuch des Hofes. Mehr eine Hofanlage als schlechthin nur ein Hof. Der quadratische Freiraum ist noch mit dem ursprünglichen Steinpflaster des achtzehnten Jahrhunderts belegt, Westerwälder Basalt und Kiesel der Lahn, dunkel getönt das eine, hell und farbig das andere, im Wechsel felderartig verlegt, so daß von ihm Wärme wie von einem Teppich ausgeht. Rundum der Vierflügelbau: das Renaissanceschloß, mit dem der Graf Philipp um die Mitte des sechzehnten Jahrhunderts die mittelalterliche Burg ersetzte, und der barocke Ausbau um die Wende zum achtzehnten Jahrhundert. Die Härte der Mauern ist gemildert durch Erker, Giebel, Portale und Türme. Vor den nördlichen Flügel ist eine zweigeschossige Galerie gesetzt, mit Arkaden zwischen weißen Säulen.

Der schöne Turm am Westflügel mit seinem Haubendach von

1572 und dem bunten Wappen über der Tür war der Stadtpfeiferturm. »Die vier Fenster der Pfeiferstube nach den vier Winden, hundertzwanzig Fuß über dem Straßenpflaster«, so hat ihn Wilhelm Heinrich Riehl in seiner Novelle vom Stadtpfeifer Kullmann und seiner Frau Christine beschrieben.

Im Obergeschoß, über dem gewölbten Gerichtssaal des sechzehnten Jahrhunderts, befinden sich die Prunkräume: das Arbeitszimmer des Herzogs mit einer Hirschjagd als Wandmalerei (um 1550), das Chinesische Zimmer mit der Jahreszahl 1695 im Fußboden, der Teesalon und der Speisesaal von 1788 im Stile des Louis-Seize, das Pariser Zimmer mit gedruckten Tapeten von 1816.

Das Kurfürstliche Gemach, auch Thronsaal genannt, ist mit Stukkaturen von Antonio Genone und einem Kamin von Andrae Gallasini der Zentralraum des Schlosses. Inmitten der Feierlichkeit der Thronsessel. »Unverändert seit zweihundertfünfzig Jahren«, sagte der Kastellan. Ich vernahm ein in gleichbleibendem Takt vorgebrachtes Geräusch, wie den Pendelschlag einer Uhr. Es sei die Radarpeilung, erhielt ich den Hinweis. Radarpeilung im Thronsaal, eingebaut als Alarmanlage zur Sicherung gegen Diebstahl. Den Zeitablauf mißt hier eine Sägeblattuhr, die mit ihrem ganzen Gehäuse an einem gezähnten Band hinabrutscht und sich auf solche Weise selbst aufzieht.

Der Thron ist verlassen, schon seit dem Jahre 1816. Damals wurde aus dem Weilburger Grafen der Herzog von Nassau, eines von Napoleon geschaffenen und vom Wiener Kongreß bestätigten Staatsgebildes mit Wiesbaden als Hauptstadt. Es war unter den Herrschern nicht üblich, nachtragend zu sein. So verargte man es denn beim Friedensschluß dem Herzog Wilhelm auch nicht, daß er seinen Gewinn als Rheinbundfürst im Dienst Napoleons gemacht hatte. Eine schöne Erwerbung, die aus den Beständen des zerschlagenen Heiligen Römischen Reiches zusammengebracht war: die rechtsrheinischen Reste von Kurtrier, Kurmainz und Kurköln, das kurpfälzische Amt Caub, das hessen-darmstädtische Braubach mit der Marksburg und das zweiherrische zwischen Darmstadt und Oranien geteilte Bad Ems, dazu Grafschaften, reichsritterschaftliche Besitzungen wie die des Reichsfreiherrn vom und zum Stein, die freien Reichsdörfer Soden und Sulzbach, worüber ihm durch Verfügung Seiner Majestät des Kaisers der Franzosen und Königs von Italien, gegeben zu Paris den 12. Juli 1806, die Hoheit übertragen sei, wie der Herzog bekanntgab.

Dem Herzogtum Nassau war nur ein kurzes Dasein beschieden, denn 1866 im deutschen Bruderkrieg zwischen Österreich und Preußen setzte Herzog Adolf zu seinem Nachteil auf den Sieg Österreichs und damit auf den Verlierer. »Er warf seine Krone mit eigener Hand in des Krieges gähnenden Schlund, und sie ist darin verschwunden«, erklärte in der Wiesbadener Kammer der Abgeordnete Braun. Die Landstände hatten den Herzog aufgefordert, neutral zu bleiben oder sich an Preußen anzuschließen. Er hörte nicht darauf. Er dachte an die Vergrößerung seines Landes mit Österreichs Hilfe am rechten Rheinufer bis hinauf nach Deutz und auch an seine Besitzungen in Böhmen. Indessen brauchte er nicht zeitlebens um den verlorenen Thron zu trauern. Preußen gab ihm einige Schlösser und eine Abfindung, und alles wendete sich zum Glück. Adolf wurde Großherzog von Luxemburg, 1890. Hieraus ergab sich, daß die Großherzogin von Luxemburg im Jahre 1934 das Weilburger Schloß an Preußen abtrat, von dem es über die Verästelungen der Geschicke 1945 an das Land Hessen kam, dem es nun gehört.

Das Schloß erweitert sich hangab mit einer Anzahl von Nebenbauten, die schon in die Stadt hineingreifen. Ein Regierungsgebäude, das jetzt Museum ist, Prinzessinnenhaus, Marstall und Reitbahn, Heuscheuer und Viehhof. Wegen der Staffelung bis zum Stadtkirchenturm wird dies in der Gesamtschau mit einer barocken Klosteranlage, etwa Melk, verglichen. Die Reitbahn wurde zum Bürgerhaus. Der Marstall (einst für achtzig Pferde) zeigt nach der Langgasse hin noch die ihn kennzeichnenden Skulpturen von Perdeköpfen und Reitzeug. In vier Terrassen fällt der Schloßgarten nach der Lahn zu ab. Obere Orangerie und Untere Orangerie flankieren und fügen ihn mit Schloß und Kirche zur architektonischen Einheit.

Die Obere Orangerie ist ein zweigeschossiger Pavillon mit zwei gerundeten ausgreifenden Flügeln, die untere ein eingeschossiger Saal nach dem Vorbild von Versailles. Hier atmet noch die Zeit des Bauherrn, des Grafen Johann Ernst, der hier sein Standbild hat. Eine Gruppe von Linden, geordnet in Reih und Glied, mit weißen Bänken darunter, geben der höheren Terrasse ein natürliches Laubdach. Es müssen an die hundert sein, wandte ich mich an den Kastellan, nachdem mein Zählversuch eher eine Schätzung geblieben war. Es seien hundertachtundzwanzig, die meisten um 1750 gesetzt, erhielt ich Auskunft. Zwei Freitreppen aus Lahnmarmor führen von hier in das Gartenparterre, den Lustgarten. Ihn füllen Rasenrabatten, von Buchsbaum eingefaßt, und Blumenbeete nach dem Muster französischer Gartenkunst. Auf hohen Sockeln ein Diskuswerfer und ein Musikant, zwischen den Beeten die gepflegten Wege zum Promenieren und Flanieren, wie es die gepuderten Damen und bezopften Herren des Rokoko liebten. Die Damen und Herren unseres Jahrhunderts werden im Gartencafé erwartet, in das sich im Lustgarten sommertags das Gewächshaus, nachgebildet dem Grand Trianon von Versailles, verwandelt.

Durch die Jahrhunderte

DAS SCHLOSS ZU DARMSTADT

Nachdem er aus dem Amt des Präsidenten der Bundesrepublik Deutschland geschieden war, schrieb Theodor Heuss im Rückblick auf sein Leben: »Für uns, als wir jung waren, begann das zwanzigste Jahrhundert, als Versprechen wie als Aufgabe, recht eigentlich in Darmstadt.« Mich, der ich einer nachfolgenden Generation, einer der Kriegs- und Revolutionsgenerationen, angehöre, hat dies mächtig bewegt, daß im Jahr 1901 junge Menschen, zu denen auch Heuss gehörte, den Ausdruck ihrer Zeit in einer Kunstgesinnung sehen konnten, und daß sie sich aufmachten, um in Darmstadt die Ausstellung »Dokument deutscher Kunst« zu besuchen. Für die jungen Menschen war es ein Dabeigewesensein, ein Aufgeregtsein um eine Kunstgesinnung, jenen »Jugendstil«, der in Darmstadt unter dem Schutz des Großherzogs Ernst Ludwig auf der Mathildenhöhe eine ganze Künstlerkolonie für seine Darstellung erhielt.

Wie anders setzte sich dann das Jahrhundert fort! Die jungen Menschen schon der nächsten Generation wurden im Denken und Handeln von den Kriegen und Revolutionen geprägt, nicht mehr das Künstlerische, das Weltgeschichtliche verlangte ihre Gesinnung und verlangt sie immer noch. Im zweiten der Weltkriege ging auch Darmstadt in Flammen auf. Wer es in seinen Ruinen sah, sah das Zerstörte neben den jugendstil-verspielten Blumen und Girlanden, die hier und da noch an zerbombten Mauern geblieben waren.

Auch das Schloß ist zerstört worden. Es war (und ist wieder) der Mittelpunkt der Stadt, als Bauwerk wie als Stätte der Geschichte. Wieder aufgebaut, steht es heute da, als sei nichts geschehen. Nicht genug mag man den Willen zum Wiederaufbau loben. Das Schloß ist eine weite Anlage mit acht Flügeln um drei Höfe, eingefriedet noch von dem Burggraben, als bedürfe es wie im Mittelalter der Abgrenzung und läge nicht inmitten der City. Seine Tore und Höfe bieten sich als Durchgang an. Über dem nördlichen Torgebäude sind in ihrer Farbigkeit die Wappen von Hessen und Sachsen nicht zu übersehen, denn Landgraf Georg ii. hatte Sophie Eleonore, Prinzessin von Sachsen, zur Gemahlin. Der schmale Torgang führt in das »Altschloß« mit Kirchenhof und Glockenhof. Wie ein Anruf ist mit großen Ziffern über den Durchlaß zum zweiten Hof geschrieben: 1595. Hier auch vernimmt man aus einer Inschrift schon den Wahlspruch des hessen-darmstädtischen Fürstenhauses: *Verbum Domini manet*, Gottes Wort in Ewigkeit. Dem Altschloß der Renaissance aus dem vierzehnten und siebzehnten Jahrhundert ist nach Süden und Südwesten hin, zur Marktseite, mit zwei langgestreckten Flügeln das Neuschloß des Barock vorgelagert, ein Bau des Remy de la Fosse der Jahre 1716 bis 1727, nach der Zerstörung 1950 wieder aufgerichtet.

Im hohen Torgewölbe des neuen Baues begegnete ich, während das Auge zugleich das fröhliche Getümmel des Wochenmarktes im Gesichtsfeld hatte, zwei Kolossalstatuen, gekennzeichnet »1845«. Es sind Schöpfungen von J. B. Scholl, die eine als Philipp der Großmüthige (1504-1567), die andere als Georg i. (1547-1596) vorgestellt, Vater und Sohn. Aus dem Testament des Vaters, als dieser sein Gesamthessen unter die vier Söhne verteilte, erhielt Georg, der Jüngste, etwa den achten Teil, die obere Grafschaft Katzenelnbogen, die durch Heirat erworben war. Durch diese Teilung entstand die Linie Hessen-Darmstadt, mit Georg i. als ihrem Begründer und der Residenz in einer noch unbedeutenden Stadt, gelegen auf »meistens Sand«. In älteren Beschreibungen heißt es, daß sie ihren Namen von einem ganz unbedeutenden Bächelchen Darm habe, wie man gewöhnlich annehme. »Das Darmbächlein, welches man allenthalben überschreiten kann, bewässert Darmstadt und verliert sich unterhalb dieser Stadt im Sande.« Wem solche Abkunft zu niedrig erscheint, mag an die neuere Ableitung von einem Franken namens Darimund glauben.

Bei diesem Georg i. mag man verweilen. Als er, »ein munterer, bildschöner Knabe«, zwanzigjährig nach Darmstadt kam, fand er ein niedergerissenes, aus einer Wasserburg hervorgegangenes Schloß, zerstört im Schmalkaldischen Krieg durch den Grafen von Büren. An Einwohnern hatte die Stadt 176 Bürger und 43 Witwen. Ein hölzernes Haus mit vier Zimmern mußte Georg für seine erste Unterkunft kaufen; dann begann er in der Armseligkeit mit geliehenen Gerätschaften seinen Schloßbau und die ihm nachzurühmende großartige Entwicklung von Stadt und Grafschaft. Am Ende hatte er in seinem Lande nicht nur viel Nützliches gebaut und kultiviert, er besaß auch ein Vermögen von einer halben Million und war mit seinen Gulden Gläubiger so manches Fürsten. Die Stadt hat von ihm noch den »Herrngarten« und die »Große Woog«, damals ein Löschteich, heute ein Freibad mit einer Jugendherberge. Einige seiner Sprichwörter verraten die Weisheit, die solch erfolgreiche Herrschaft erklärt. »Was man mit Bast binden kann, dazu soll man kein Eisen brauchen.« Auch pflegte er, wenn er Verschwendung bemerkte, zu sagen: »Laß gahn, laß gahn, ein kleines Gut ist bald verthan, wann wir dann nichts mehr hahn, so wollen wir dann betteln gahn.« Zweimal war er verheiratet; seiner ersten Frau, Magdalene von Lippe, 1587 gestorben, bewahrte er zärtliche Liebe über den Tod hinaus, und oft sah man ihn sich an die Brust schlagen und weinend jammern: »Allhier liegt meiner seligen Frauen Herz begraben.« Die Geburt seines Sohnes, der als Ludwig v. sein Nachfolger wurde, erfuhr er, als er von der Jagd bei seinem Schloß Kranichstein zurückkehrte. Zur Erinnerung hieran ließ er ein Eichenreis im Lustgarten pflanzen, das zu einem kräftigen Baum heranwuchs, dort bis in das Jahr 1711 hinein stand und danach mit einem Zweig als stattliche Eiche noch auf dem Schloßwall weitergrünte.

Die Fortsetzung dieser Geschichte ist in den Räumen des Schlosses zu erleben, in dem sich seit 1965 wieder das von Großherzog Ernst Ludwig begründete Museum befindet. Es ist mehr als schlechthin ein Museum: eine gleich einem bewohnten Schloß möblierte Zimmerflucht in mehreren Geschossen, die zu sehen sich der Besucher einer Führung anzuvertrauen hat. In der Eingangshalle, über einer Wallbüchse, zieht sich als Band von mehreren Metern Länge der getreulich gezeichnete Leichenzug für Georg II. die Wand entlang – eine hierarchische Ordnung der Stände, die mit Männern und Weibern »der fürstlichen Leich, gezogen von acht Pferden«, voranschreiten und folgen, mit ihnen die Blutfahnen und die Hauptfahne und ein »Geschmückt pferd«, das des Toten Leibroß war. Die Beisetzung nach seinem Hinscheiden am 11. Juni 1661 ist der reiche Abschluß eines armen Daseins gewesen, denn des zweiten Georg Regierung fiel in den Dreißigjährigen Krieg. Darmstadt hatte vor dem Krieg 2400 Einwohner, beim Friedensschluß noch tausend. Zu den Kriegsnöten kam die Pest, die viele Seelen forderte. »Eine Zeit der Leiden und Drangsale aller Art«, so steht seine Regierung im Geschichtsbuch. Es gehörten auch kriegerische Auseinandersetzungen mit Hessen-Kassel um Landesteile dazu. Dem Wiederaufbau galt der letzte Lebensabschnitt. Ungeachtet aller Nöte ist Georg II. ein frommer Mann gewesen. Die Nachwelt verlieh ihm, der auch eine Lateinschule gründete, den Beinamen »der Gelehrte«. Sein Testament empfiehlt das einträchtige Zusammenhalten mit der älteren Linie in Kassel, ferner Ehrfurcht und Gehorsam gegen das Oberhaupt des deutschen Reichs, gleiche Gerechtigkeit gegen Arme und Reiche. »Unser Sohn und Successor soll einen jeden Tag vor verloren halten, an dem er nichts Rechtschaffendes ausgerichtet.«

In Assembleezimmern, wie sie in der zweiten Hälfte des achtzehnten Jahrhunderts eingebaut wurden, findet man weitere Geschichtskapitel mit ihren Hinterlassenschaften wohlgeordnet. Einer der Räume ist dem Soldaten-Landgrafen Ludwig IX. gewidmet. Unter vielen Fahnen des sechzehnten und siebzehnten Jahrhunderts erblickt man ihn und seine Gemahlin Caroline Henriette, geborene Prinzessin von Pfalz-Zweibrücken, mit Porträts der

Hofmaler Fiedler und Strecker. Von seinen zwei ausgestellten Uniformröcken ist einer mit dem Stern des Schwarzen Adlerordens dekoriert. Ein Kupferstich zeigt das von ihm erbaute »Exerzierhaus«, nach dessen von den Zeitgenossen bestaunten Ausmaßen gleiche Häuser in St. Petersburg und Pirmasens gebaut wurden. Ludwig IX. war ein militärischer Sonderling, der nach französischen und preußischen Kriegsdiensten ganz seinen Grenadieren lebte. Mit diesen residierte er in Pirmasens, wo ihm auch ein Denkmal errichtet wurde. Da die Soldaten auch Ärger machten, mit der Schwierigkeit der Werbung und häufiger Desertion, wuchs in ihm der Mißmut, der ihn auch seiner Familie entfremdete. Sein Vater starb plötzlich, am 17. Oktober 1768. Der Sohn und Nachfolger hätte nun endlich nach Darmstadt zurückkehren müssen, doch wies er alle bittenden Vorhaltungen der Gemahlin »zuerst mit Ausflüchten, dann mit schweigendem Widerstand«, wie überliefert ist, zurück. Er blieb in Pirmasens. »Er hat auch komponiert, aber Märsche, er war auch Architekt, aber für Soldatenviertel«, bemerkte mein Begleiter.

Die Welt gefällt sich im Gegensätzlichen. Kein größerer Gegensatz als zwischen diesem Soldaten-Landgrafen und seiner Gemahlin. Von Goethe ist Caroline Henriette »die große Landgräfin« genannt worden. Wieland hätte sie gern zur »Königin von Europa« erhoben. Die Zahl der Zeitgenossen, die solcher Bewunderung Ausdruck gaben, ist groß. Caroline Henriettes Denken, ihr Fühlen, die Eigenschaften ihres Gemütes waren es, die so weithin Eindruck machten. Daß sie die erste Ausgabe von Klopstocks Oden ermöglichte, fügt sich in dieses Bild. Nach Aufenthalten in Buxweiler und Prenzlau, wo ihr Gemahl in Garnison für den König von Preußen lag und wo sie ihm vier Kinder gebar, ist sie 1765 nach Darmstadt gekommen, bereit, dort unter dem schon greisen Schwiegervater die Aufgaben der Erbprinzessin wahrzunehmen, wenn schon der Erbprinz nicht zu seinen Pflichten zu bewegen war. Sie fand das neue Schloß mit seinen Mauern weit über die Bürgerhäuser hinausragen, aber unfertig und mit offenen oder mit Brettern vernagelten Fensteröffnungen. Der alte Bau wiederum war so eng, daß er nicht genug Wohnräume bot und kleinere bauliche Änderungen vorgenommen werden mußten. Als das Schönste, das sie hatte erleben dürfen, war ihr die Erinnerung an Berlin und den dortigen Königshof, wohin sie zuweilen aus Prenzlau gekommen ist, geblieben. »Ich hatte ein Jahr lang das Glück, in der strahlendsten Gesellschaft zu leben.« Wenn sie mit dem Gemahl auch wenig verband, einig war sie mit ihm in der Liebe zum König von Preußen. Friedrich der Große war ihr Heros; seine Siege freuten, seine Niederlagen schmerzten sie. Aber solche Gefühle wurden am besten nur den Briefen anvertraut, denn der Schwiegervater entsprach ganz dem, was das Haus Hessen-Darmstadt auszeichnete, die Treue zu dem Kaiserhaus. Zwei Porträts Maria Theresias und ihres Gemahls, des römisch-deutschen Kaisers Franz I., sowie vier weitere Porträts des Kaiserpaares im Schloß bezeugen dies. Ich sah auch Friedrich den Großen, wenn auch mit einem bescheidenen Bild im Zimmer des Soldaten-Landgrafen.

Caroline Henriette ist man draußen im Herrngarten näher als im Schloß. Wenige Schritte abseits der Wege, die durch den Park führen, Durchgangswege für den Alltag, befindet sich ihr eigenartiges, von ihr selbst geschaffenes Grab. Der Schwiegervater, ihr so zärtlich zugetan wie sie ihm, hatte ihr im Jahre 1766 einen Obstgarten zur eigenen Gestaltung überlassen. Sie machte daraus einen Englischen Garten. Man mag, steht man vor ihrem Grab, sie sich vorstellen, wie sie ganz in der Nähe auf einer Bank sitzt,

in ihrer »Einsiedelei«, in der sie sich viele Stunden des Tages aufzuhalten pflegte, um ihren Gedanken nachzuhängen – benachbart der nach ihren Weisungen schon angelegten, doch noch verborgenen Grabesgruft. Viele der Gedanken wurden hier gedacht, die in ihre Briefe, die Tausende von Briefen eingingen, die sie bis zur Erschöpfung schrieb. Sie hatte viele Sorgen. Das Land hätte nach Ludwig VIII. Tod der Schulden wegen den Bankrott erklären müssen, hätte Maria Theresia nicht geholfen und der Kanzler Moser Abhilfe geschaffen. Bis zuletzt ihren Briefen hingegeben, starb sie am 30. März 1774. Da ruht sie nun im Herrngarten in ihrer Gruft, über die ein Hügel gewölbt ist. Efeu hat ihn ganz überzogen und ist wie ein dunkelgrüner Teppich darüber gebreitet. Ein paar immergrüne Bäume, Eibe und Fichte, steigen daraus empor. Und mitten auf dem Hügel steht die Urne aus hellem Marmor, die Friedrich der Große ihr setzen ließ. Zwei puttenhafte Engel halten eine Girlande, und eine Inschrift sagt *Femina sexum, ingenio vir*; an Geschlecht ein Weib, an Geist ein Mann. Die Anlage ist wie ein gerundeter Erdwall von mehreren Metern Durchmesser, ein mit einem Eisengitter eingezäuntes Rondell, das man auf schmalem Pfad umschreiten kann.

Es gibt im Schloß auch ein Bayerisches Zimmer, mit den Zeugnissen der hessisch-wittelsbachschen Familienverbindungen, und ein Napoleon-Zimmer. Der Korse hat den hessen-darmstädtischen Landgrafen zum Großherzog gemacht, aber auch in seinen Rheinbund gezwungen. Da er in Darmstadt erwartet wurde, hat man ein Zimmer mit eigens für ihn gearbeiteten Möbeln hergerichtet. Ein Tafelaufsatz von Tischlänge mit einer ägyptischen Figuren-Szenerie, aus Silber gearbeitet, sollte ihn an seine Siege am Nil erinnern. Das ihm zugedachte Bett ist zu sehen, ein auffallend kurzes Bett, denn der Tischler hat das Körpermaß genommen, nicht das, was in anderer Betrachtung diesem kleinen Mann als Größe zugesprochen wurde. Das kleine Bett blieb leer – denn Napoleon kam nicht. Schaustück sind auch die Kleider der preußischen Königin Luise, die mit ihrem Schicksal in Napoleons Kriegen so viele Herzen gerührt hat. In einem Glasschrank tragen jetzt Puppen ihre Kleider mit langer Schleppe. Auf einem Porträt ist sie mit ihrer Mutter Friederike Caroline Luise von Hessen-Darmstadt zu sehen, Luise noch ein Luischen, das die Mutter als Kinderbild in ihren Händen hält.

Dann das Russische Zimmer. Der Atem unserer Zeit. Mehrere Porträts großer und kleiner Formate weisen auf die verwandtschaftlichen Bindungen zwischen den darmstädtischen Hessen und den Romanows. Wiederholt wurden Ehen geschlossen. Caroline Henriette hatte, als wieder einmal ein Mädchen in der Familie geboren war, geschrieben: »Wo soll man Männer finden für die neun Prinzessinnen in Darmstadt?« Ihre dritte Tochter Wilhelmine wurde dennoch entdeckt, von der Zarin Katharina ii., die sie für ihren Sohn Paul bestimmte. Doch bevor Paul Zar wurde, war Wilhelmine gestorben, nach dreijähriger Ehe, kinderlos. Um die Mitte des neunzehnten Jahrhunderts wurde Prinzessin Maximiliane Wilhelmine als Gemahlin Alexanders ii. Zarin von Rußland. Und schließlich Nikolaus ii. und Prinzessin Alix, Tochter des Großherzogs Ludwig iv. –, das letzte Zarenpaar. Am 14. November 1894 war die Hochzeit, am 26. Mai 1896 die Krönung in Moskau. Ein Druck in russischer Sprache mit kleinen Bildnissen des Paares, hier jetzt an die Wand geheftet, erzählt davon. Ein Ölgemälde zeigt beide bei der kirchlichen Zeremonie: der Augenblick, da sie, jeder von ihnen eine langschäftige brennende Kerze in der Hand, vor dem Geistlichen stehen, den Segen erwartend. Die Zarin ist auch mit einer Photographie zu sehen, eine Frau von großer, schlanker Gestalt. Das sind sie, die dann das schreckliche Ende fanden, in Jekaterinburg, 1917. Die ganze Zarenfamilie ermordet. Hier in Darmstadt war dies auch Familientragödie, denn es war die Tochter, und es waren die Enkel, die von der Revolution verschlungen wurden.

Beim Rundgang durch das Schloßmuseum erfahren die Besucher zuletzt, was an Wert das Bleibende sein kann, die Aufrichtung der Seele in der Unruhe der Zeiten. Hier ist es ein Werk der Malerei, die »Madonna des Bürgermeisters Meyer zu Basel« von Hans Holbein dem Jüngeren. Auch sie hat ihren eigenen Raum, nachdem sie alles überdauerte, was sich seit den Jahren um 1526 ereignet hat. Im letzten Krieg zu ihrem Schutz nach Schlesien gebracht, konnte sie doch zurückgeführt werden. Auch die Kunstgeschichte kennt die Abenteuer, und um diese »Madonna« gibt es nicht wenige. Sie wird vorgestellt als das bedeutendste Kunstwerk aus dem Besitz »Seiner Königlichen Hoheit des Prinzen Ludwig und Ihrer Königlichen Hoheit der Frau Prinzessin Margaret von Hessen und bei Rhein«. Doch was ist

Hoheit, was Besitz. Das Unheil kennt keine Grenzen. Im Herrngarten befindet sich nicht nur das Grab der »großen Landgräfin«,
dort steht auch ein Denkmal, dessen im Jugendstil verzierter
Stein die Inschrift trägt: »Unserem Prinzeßchen die Kinder
Darmstadts«. Blumen sind davor gepflanzt, gärtnerisch betreutes
Gedenken an ein Kind, die Prinzessin Elisabeth, Tochter des
Großherzogs Ernst Ludwig, das am 16. November 1903 im russischen Skiernewice unter rätselhaften Umständen starb. Man habe ihr Gift gegeben, sagen die einen, und die anderen meinen,
man könne es nicht beweisen. Ein Anflug von Aberglauben nennt
den November den Schicksalsmonat der großherzoglichen Familie. Wieder war es ein 16. November, 1937, als bei einem Flug-
zeugabsturz, auf dem Flug zur Hochzeit des Prinzen Ludwig,
nahe Ostende ums Leben kamen Großherzogin Eleonore, Gemahlin des am 9. Oktober jenes Jahres 1937 heimgegangenen letzten
regierenden Großherzogs Ernst Ludwig, Erbgroßherzog Georg-
Donatus, seine Gemahlin Cäcilie und zwei ihrer Kinder. Das
überlebende Kind, Johanna, 1936 geboren, starb 1939 nach kurzer Krankheit. Prinz Ludwig, der Neffe, ist 1968 kinderlos gestorben; er war »der Letzte des Hauses Hessen-Darmstadt«.

In den Höfen und Winkeln des Schlosses umhergehend, vermag man mancherlei zu seiner Überraschung zu entdecken. Unser kriegerisches Jahrhundert begann mit Scharmützeln in ferneren Gegenden. Eine Tafel ehrt ihre Gefallenen. »Mit Gott für
Kaiser und Reich« starb während der China-Expedition im Jahr
1900 ein darmstädtischer Soldat in Tientsin und 1901 einer im
Feldlazarett in Peking. Einer fiel während des Feldzuges in
Deutsch-Südwestafrika im Verfolgungsgefecht von Keidorus. Ihre
Namen sind hier, an der Mauer des Schlosses, zu lesen. Noch
sind es einzelne, die gefallen sind. Doch am 11. September 1944,
in einem Nachtangriff englischer Bomber, wurde Darmstadt zu
achtundsiebzig Prozent zerstört.

Eine Treppe führt auf den Wall. Ein paar Bänke stehen dort,
zum Verweilen gedacht. Stille abseits des Lärms. Man blickt in
das Grün des Grabens und hinüber nach dem »langen Ludwig«,
dem Großherzog Ludewig I., dessen Standbild 1844 so hoch hinauf auf eine schlanke Säule gesetzt wurde, daß er aus dieser Höhe auch von den Stürmen des Luftkrieges nicht gestürzt wurde.
Vom Schloßturm klingt das Glockenspiel herüber. Es ist seit

dreihundert Jahren zu hören, denn Landgraf Ludwig VI. hat es 1671 herstellen lassen: »Gott zu Ehren und der fürstlichen Residenz Darmstadt zur Zierde.« Am 23. September 1943 verstummte es nach einem Luftangriff, einem von sechsunddreißig, ist aber beim Wiederaufbau nicht vergessen worden. So ist es alle halbe Stunde wieder zu hören. Die Melodien wechseln. Im Torbau wird jeweils für den Tag bekanntgemacht, was da gespielt wird. An einem der Tage, da ich kam, spielten die Glocken zu jeder halben Stunde »Da unten im Tal fließt's Wasser so trüb« und zu jeder vollen Stunde »Herzlich lieb hab' ich dich, Herr«. Dies ist das Lied des Martin Schalling aus Straßburg, das er 1569 schrieb, Melanchthons Schüler, verfolgt um des Glaubens willen, bevor er Pfarrer an der Frauenkirche in Nürnberg war. Seine psalmistische Bitte setzt den Liedertext fort: »Behüt mich, Herr, vor falscher Lehr«. Es ist damit auch in unserem von falschen Lehren heimgesuchten Jahrhundert die rechte Bitte.

Höfische Jagd

SCHLOSS KRANICHSTEIN

In dem für uns nur wenig erhellten vierzehnten Jahrhundert fällt ein Licht noch auf einen Vorgang, dem bestimmt war, bis heute Inhalt des menschlichen Daseins zu bleiben. Es war im letzten Jahr jenes Jahrhunderts, 1399, als Henne Cranich zu Dirstein, ein Burgmann des Grafen von Katzenelnbogen, ein Lehen erhielt, das »Einsiedel Rot am Messeler Weg« genannt wurde, später aber als »Kranich-Rod« in den Urkunden erscheint. Und der Kranich ist es, der noch heute dem Anwesen, das sich aus dem einsam in einer Rodung gelegenen Burglehen entwickelt hat, den Namen gibt: Schloß Kranichstein.

Das Schloß wird Jagdschloß genannt und von dem für diesen Zweck gegründeten Hessischen Jägerhof als Jagdmuseum unterhalten. Der Krieg hat es, gottlob, nicht vernichtet. Als Darmstadt in Flammen aufgegangen war, wurde es als Altersheim geführt, und mit Musiktagen wurde der Anschluß an den Frieden gefunden, in dem mittlerweile das Schloß zu jenem Kleinod entwickelt wurde, das heute zu den Sehenswürdigkeiten der wieder aufgebauten Stadt gehört. Die Stadt ist ihm nähergerückt. Im benachbarten Gutshof hat der Reiterverein sein Unterkommen gefunden, und nicht allzu entfernt ist auch das Freizeitzentrum, das vom Kuratorium Freizeit und Erholung eingerichtet wurde, damit es den Bürgern »für eine sinnvolle Nutzung ihrer Freizeit« diene, wie dies mit einem Begriff, der zu den Wortschöpfungen der Nachkriegszeit gehört, beschrieben wird.

Von dem mit Trubel erfüllten Freizeitzentrum führt einer der kürzesten Spazierwege nach Kranichstein. Wie schnell die Stille des Waldes beginnt! Und es beginnen die meilenweiten menschenleeren Forsten, die einst der Freizeitbelustigung der Landgrafen dienten, ihren Jagden, für die das Revier mit schnurgeraden Schneisen durchzogen, bunkerartigen Erdhütten für den »Ansitz« und kleinen Jagdhäuschen durchsetzt wurde. Hier stehen noch mächtige Buchen und Eichen im Alter von Hunderten von Jahren, lebende Zeitgenossen schon der Menschen, die das Schloß gebaut haben. Aus dem Waldesdunkel heraus erblickt man es dann: eine breit gelagerte Bautengruppe im Licht des hellen Tages, sich spiegelnd in dem Schloßteich, der schon vor dem Jahr 1600 kunstgerecht ausgehoben wurde.

Ein Kranich, wie er im Namen des Henne Cranich aus dem vierzehnten Jahrhundert liegt, ist zum Wahrzeichen des Schlosses geworden. Er sitzt seit 1874 als vergoldeter Vogel auf dem Giebel des im vergangenen Jahrhundert dem Mittelbau der dreiflügeligen Renaissanceanlage vorgesetzten Risalits mit neugotischem Treppengiebel, unter ihm im Giebelfeld zwei Uhren, die eine von der Mechanik, die andere von der Sonne bewegt. Ein älteres Wahrzeichen ist vom nahen Park aus zu sehen, ein Rondellturm als Eckturm, auf den in der ersten Hälfte des 18. Jahrhunderts ein Pavillon gesetzt wurde. Dessen dicht aneinandergereihte hohe Fenster gaben weiten Einblick in die »Wildfuhr«, in die von hier ausgehenden sechs Schneisen, die Parforce-Schneisen. Die Anfänge des Baues kommen aus den Jahren 1572 bis 1578, denn in dieser Zeit hat Landgraf Georg I. von Hessen das Schloß, so wie es sich mit drei zweistöckigen Gebäuden um einen rechteckigen Hof noch heute zeigt, errichten lassen.

Es ist das achtzehnte Jahrhundert, das im Schloß mit der höfischen Jagd zu erleben ist. Ein prall gefülltes Bild entlang dem Unteren und Oberen Hirschgang und in den acht Salons der zwei Stockwerke. Landgraf Ludwig VIII., 1691-1768, war ein wahrhafter Jagdfürst. Um die Erlebnisse im Bild zu bewahren, beschäftigte er mehrere Hofjagdmaler, die naturgetreu und vielfach zugleich künstlerisch ansprechend malten, was heute die Kamera photographieren würde. An die dreihundert Gemälde sind ausgestellt, und manches erzählt die Geschichte zu den »kapitalen Trophäen«, die an den Wänden hängen. Zacharias Sonntag zeigt einen von den Hunden gestellten Keiler und einen Hirsch, den Ludwigs Lieblingshund Cesar am Lauscher gepackt hat. Georg Adam Eger malte einige Jagdszenen nahe dem Schloß. Anno 1760, den 11. September, suchte bei einer Parforcejagd ein Hirsch zuletzt Zuflucht im Treppenhaus des Schloßhofes. Dort verhält er nun, im Rücken die Wand, das Geweih mit den zwölf Enden hoch erhoben, von der vielköpfigen Meute kleiner Hunde verbellt. Auf dem Hof läuft schaulustig durcheinander, was zur Jagdgesellschaft und zur Dienerschaft gehört, Reiter, Kavaliere, Küchenjungen, Stallknecht, ein Bild bunt gekleideter Menschen. Auf dem Bild ist auch der Mitteltrakt des Schlosses zu sehen, wie er zu jener Zeit Pferdestall war, noch ohne den heutigen Vorbau, aber schon mit zwei Uhren gleich jenen, die uns die Zeit künden. Im großen Hirschsaal befindet sich unter seinen Trophäen mit einem Porträt auch Ludwig selbst, ein schlanker Herr mit schmalem Kopf, von Johann Christian Fiedler in der Uniform eines habsburgischen Feldmarschalls gemalt, ein Ölbild von 1740 im Goldstuckrahmen. Dieser Fiedler bat einmal mit einem gereimten Gesuch seinen Landgrafen um die Erlaubnis, »hier um die Stadt herum zu schießen Lerchen, Raben, auch Schnepfen auf dem Strich«. Den möglichen Einwand, »es tut's ja auch ein Stock bey dem Spazierengehen«, weist er gleich zurück: »Die Flinte auf der Jagd dient zu gar vielen Sachen / Sie kann die schwersten Gäng ganz leicht und lustig machen / Sie treibt das Böse fort, ergötzet das Gemüth / Sie machet Appetit, Schlaf und ein gut Geblüth / Dies alles ist mir Noth. Drum laß dich doch bewegen / Du wirst an meiner Treu ja keine Zweifel hegen«.

Vielen der Tiere sind am Ort, wo die Kugel sie streckte, Gedenktafeln gesetzt worden – einzigartige Marterl, die als bemalte Tafeln am nahen Baum den »glückhaften Schuß« verzeichnen. Anderthalb Jahrhunderte, bis 1918, ließ man sie da draußen hängen, die eine und andere mag heute noch zu finden sein, die meisten sind jetzt Museumsstücke. Zu den Bildern der Maler reimte Oberförster Rautenbusch seine Verse. Dieser Grünrock sah nicht nur das Wild, er hatte auch den Blick für die Natur und ihre Launen. Zwei in sich verwachsen-verschlungene Bäume bedachte er mit den Zeilen:

Sehet doch diese Wunder Sachen
aus der Eich und Buch zu machen.
Was zu Cana war gethan
geht beim Holze auch noch an
Schauet die Verliebnuß ann
wie der ungestalte Mann
Mit dem zarten Weibe scherzet
und sie ihn umarmend herzet
Auch sie ihn entzückend Küßt
ob er gleich sehr Bucklicht ist.
Drum Soldaten laßt euch rathen
liebt die Krummen und die Graden

Die über den Forst verstreuten kleinen Jagdhäuser sind untergegangen. Man sieht sie nur noch mit ihren Bildern, die Fortunaburg zum Beispiel, ein vieleckiges Fachwerkhäuschen mitten im Hochwald, »erbaut im 17. Jahrhundert, abgebrochen im Februar 1805«, wie dazu vermerkt ist. Oder die Favoritenburg, »abgebrochen im Jahr 1813«. Die Flurnamen klingen bei den Trophäen noch in ihrer farbigen Wortmelodie. In der Steinecker Schneis, in der breiten Allee, im alten Wald an der Poststraße, am Hundsrück Forst Lichtenberg, im Strauch Zeller Forst – hier hat »Seine Hochfürstliche Durchlaucht Herr Landgraf Ludwig VIII.« am 24. September 1754 den Dreiundzwanzigender geschossen, dessen Haupt nun ebenfalls noch zu sehen ist.

Zur Jagdgeschichte drängte sich die Zeitgeschichte. Kranichstein ist hineinverwoben. »Dieses Altthier haben Se. Kaiserliche Hoheit der Großfürst Thronfolger von Rußland Alexander Nicolajwitsch den 12. Mai 1840 beim Pürschenfahren geschossen«. Man sieht die »Strecke« und denkt an die Geschichte und ihre Geschichten und an das, was über Herzenssachen und Staatsräson auf der Strecke geblieben ist. Alexander vermählte sich 1841 mit des Großherzogs Tochter Maximiliane Wilhelmine Auguste Sophie Marie, fortan in Petersburg Zarin Marie Alexandrowna. Als 1871 das Deutsche Reich neu begründet werden konnte, hat Zar Alexander II. Sympathie für die Einigung in Deutschland bekundet.

Die Forsten um Kranichstein haben noch einen reichen Wildbestand. Es kann sich ereignen, daß der Wanderer auf den stillen Wegen plötzlich ein Rudel Rotwild oder eine Rotte Sauen aus dem Holz brechen sieht, und wie die wilde Jagd stürmen sie vorüber. Sie sind gewöhnlich von den kleinen Pilzjägern, den Schwammerlsuchern, gestört und »hochgemacht« worden, freilich sehr zum Leid der Förster. Ich solle doch noch das Forsthaus Krause Buche besuchen, sprach mich der Kastellan an, als er mich das Bild der krausen Buche betrachten sah; dort beim Forsthaus könne ich ihn noch sehen, den alten Baum. Das Bild zeigt ihn und nennt all die Jahre, in denen er von seinen Ästen durch Bruch verlor, verzeichnet schon im vergangenen Jahrhundert. Es sei nur eine halbe Stunde bis zu dem Baum, meinte der Kastellan, womit er zeitgemäß eine halbe Autostunde meinte.

Aus den Reichsannalen

KLOSTER LORSCH

D ie Straße von Worms nach Lorsch ist die Bundesstraße 47. Es ist eine Straße der Geschichte. Worms und Lorsch – beide verbanden sich im Reich Karls des Großen zu einem Zentralraum der königlichen Herrschaft. Die Straße heute: nachdem sie den Rhein überbrückt hat, führt sie durch das Flachland des Ried, ihr zur Seite die Bahn, und Straße und Eisenbahn laufen über viele Kilometer schnurgerade nebeneinander her. Auf der Straße Auto nach Auto. Sonst Feldflur, durchsetzt mit den grünen Wänden hoher Pappeln; schließlich der Laubwald, dann Bürstadt und bald darauf Lorsch.

Lorsch ist eine kleine Stadt, die nach langen Zeiten ländlicher Geruhsamkeit den Anschluß an die industrielle Geschäftigkeit gefunden hat. Das prägt zwar noch nicht ihren Charakter, drückt sich aber im Gesicht der Stadt aus, das eben neuerdings mehr kleinstädtisch als dörflich sich gibt. Rund um das schöne Rathaus (von 1715) mit verzierendem Fachwerk an zwei Stockwerken und seinem kühn über die Fassade gesetzten Uhrturm gedeihen »auf den warmen Sandböden« (wie die Flur klassifiziert ist) nicht mehr nur Spargel, Tabak und Obst, sondern auch technische Erzeugnisse mannigfacher Gewerbebetriebe. Der größere Reichtum, der sich hieraus ergibt, hat es möglich gemacht, auch das längst Vergangene wieder nach Gebühr zu bewahren und in das Leben einzufügen – als historische Stätte, die auch hier mit dem Tourismus ein Teil des Gewerbes geworden ist und ihr Scherflein zum Gedeihen der Stadt beiträgt.

Mitten im alten Stadtkern, im Gesichtsfeld des Rathauses, hat sich jenes Geviert aus Karls des Großen Reich erhalten, das in der Königshalle sein bauliches Element besitzt. Es wird als das älteste, vollständig erhaltene Baudenkmal Deutschlands vorgestellt. Den Autofahrer leiten auffallende Richtungsweiser zu ihm hin. Vor der Halle, früher auch als Torbau bezeichnet, kreuzen sich die Straßen, halten die Verkehrsbusse, wird nach dem Parkplatz verwiesen. Ein wenig ist dieses Monument über die Straßenebene erhoben, denn es ist Teil eines im achten Jahrhundert auf eine Düne gesetzten Klosterbereichs. Wie es da als Bauwerk in der modernen Stadt steht, so haben es ähnlich auch schon die Zeitgenossen Karls des Großen und der Kaiser selbst wahrgenommen. Es steht an diesem Platz seit mehr als tausend Jahren. Die Kunstwissenschaft (so in dem von der Staatlichen Verwaltung der Schlösser herausgegebenen Amtlichen Führer) bezeichnet es als einen Bau karolingisch-kaiserlicher Monumentalarchitektur, in dem sich der Charakter der germanischen Königshalle westgotisch-angelsächsischer Prägung mit der Idee des römischen Triumphbogens vermähle. Die Fassadenfläche ist über drei breiten Torbogen mit einer teppichartigen Wandverkleidung bedeckt, in der kleine rote und weiße Platten ein Mosaik bilden, so wie dies auch von dem mesopotanischen Palast des Harun al Radschid in Rakkah bekannt ist. Diese Fläche wird aufgelöst in neun Felder, die Felder begrenzt von zehn Pilastern mit einem sie verbindenden spitzgiebligen Band darüber. Je ein kleines Rundbogenfenster ist im Obergeschoß in die Achse jedes der drei Durchgänge gesetzt, die rundbogigen Durchgänge über fünf Stufen flankiert von vier Halbsäulen vor den Arkadenpfeilern, die auf ihren Kapitellen das Stockwerkgesims tragen. Sandsteinquadern formen gleich kräftigen Stützen die Ecken; einige der Steine haben bereits römischen Bauten gedient.

Das Obergeschoß ist durch zwei beiderseits angebaute Treppentürme zu erreichen, von denen der nördliche, der 1842 beim Bau der Straße einstürzte, seit 1935 erneuert ist. Durch ihn steigt man auf und tritt dann in die karolingische Halle, – mehr ein Raum von Zimmergröße als ein Saal, dessen Fußboden sich nach der Stelle hin erhöht, an der vor der Mitte der östlichen Wand der Sitz des Königs sich befand. Die ursprüngliche Flachdecke ist im vierzehnten Jahrhundert einer Wölbung gewichen, die sich wie eine halbierte Holztonne über den Raum stülpt. Das Karolingische tritt auch mit einem Wandschmuck hervor, der in neuerer Zeit von darüber liegendem Verputz befreit wurde: jonische Säulen auf einem Steinsockel, überdacht von einem Gebälk. Es ist »Architekturmalerei«, die mit Vorbildern in Pompeji verglichen wird. Die Gotik hat um 1397 sakrale Malerei den Wänden aufgetragen. Man sieht eine Marienkrönung und Gottvater, der Christus im Himmel empfängt. Aber als lieblichste Gebilde zeigen sich musizierende und singende Engel, unter ihnen der »Engel mit der Schalmei«, die auf Mauerzinnen stehen, vor dem Sternenhimmel ihre Flügel breiten und mit dem Ausdruck der Innigkeit den Schalmeienklängen als der himmlischen Sphärenmusik lauschen.

Einige Jahreszahlen und Tagesdaten stützen wie ein sicheres Gerüst das Geschichtsbild von Kloster Lorsch. Es war der 12. Juli 764, an dem mit einer Schenkung die Stiftung zum ersten Mal urkundlich erwähnt wird, durch die wenige Jahre zuvor Cancor, Gaugraf des fränkischen Oberrheingaues, und seine Mutter Williswinda ihr Hofgut Lauresham dem Erzbischof von Metz und Primas des Reiches Chrodegang vermacht haben, damit er dort ein Kloster der Benediktinermönche ansiedele. Am 11. Juli 765 brachte Chrodegang als Gabe des Papstes die Reliquien des Nazarius nach Lorsch, die fortan den Namen des römischen Märtyrers mit dem Kloster verbanden. Schon war das kleine Hofgutkloster auf einer Insel der Weschnitz zu eng geworden. Am 1. November 767 schenkte deshalb Cancors Bruder Thuringbert dem Abt Gundeland den nahegelegenen Dünenrücken, auf dem sich vorzeiten eine römische Siedlung befand. Hierher verlegte Gundeland das Kloster und ging sogleich mit Tatkraft daran, es durch Neubauten zu vergrößern und eine Basilika zu errichten, geweiht den Aposteln Petrus und Paulus. Schon war die klösterliche Niederlassung auch mit dem Königshaus verknüpft – nicht erstaunlich, daß Karl der Große zustimmte, als Gundeland die der königlichen Pfalz in Worms so nahe geistliche Niederlassung ihm zum Eigentum gab. Am 29. März 772 nahm Karl das Kloster in seinen Schutz, das nun in der Reichsunmittelbarkeit auch Königspfalz war. Als am 1. September 774 nach siebenjähriger Bauzeit die dreischiffige Basilika von dem Erzbischof zu Mainz Lullus unter Assistenz der Kirchenfürsten Angilram von Metz, Weomad von Trier, Megingorz von Würzburg und Waldricus von Passau geweiht wurde, war dies ein Fest »mit großer Pracht und der tiefsten Andacht« im Beisein Karls, seiner Gemahlin Hildegard, seinen Söhnen und vielen Vornehmen des Reiches.

In kurzer Zeit ist Lorsch zu einer der angesehensten Reichsabteien geworden, eingefügt in das karolingische Verwaltungssystem und der besonderen Gunst des Königs sich erfreuend. Ihm Schenkungen zu machen, entsprach geradezu dem Zeitgeist. Der eine gab einen Morgen Land, der andere ganze Ortschaften. Die Klostereigentum gewordenen Schenkungen, von denen mehr als 3 800 im erhalten gebliebenen Codex verzeichnet sind, verbreiten sich von den friesischen Inseln bis zu den rhätischen Alpen, von der Scheldemündung bis nahe an Erfurt und Nürnberg. Eine 1913 in Berlin erschienene und 1965 in Vaduz neu gedruckte Schrift von Friedrich Hülsen nennt dieses Verzeichnis »eine Topographie Deutschlands im Mittelalter«. Manche Ortsnamen wurden schon damals geschrieben wie noch heute, oder sie sind in den alten Schreibweisen zu entdecken. Rohrbach bei Heidelberg blieb Rohrbach, Eberstadt ist in Eberstat zu finden, Heppenheim in Hephenheim. Bürstadt versteckt sich in Bisisstat und Rüsselsheim in Rucilesheim. Andere Orte sind untergegangen, ohne Spuren zu hinterlassen, einige in Flurnamen wiederzufinden. Der Weiler Hasalaha lebt in der Pfungstadter Gemarkung im Waldnamen Haselschlag fort, die Wüstung Lochheim besteht noch als »das kleine Flogheim« in der Flur von Biebesheim bei Stockstadt. Und manches hat sich das Meer geholt, wie die vier Orte im Gau Texel, die dem Kloster Lorsch schon im Jahr 772 gehörten und von denen die Nordsee nichts gelassen hat als ihre in den Codex Laureshamensis geschriebene Namen.

Das kostbarste Schreibwerk, das Lorsch überliefert hat, wahrhaft eine Reliquie an Scriptum, sind die *Laurissenses maiores,* die Lorscher Annalen, wie sie Pertz, die Reichsannalen, wie sie Ranke, die Königsannalen, wie sie Giesebrecht genannt hat, Aufzeichnungen geschichtlicher Begebenheiten im achten und neunten Jahrhundert, von 746 bis 829, und dann ergänzt mit kleinen Zusätzen aus Einharts *Vita Caroli,* an Ausführlichkeit übertreffend, was bis dahin mit wortkargem Stil von Annalisten als Begebenheit im Kalender vermerkt wurde. »Drei Hände« haben kundig daran geschrieben; unbekannt die Schreiber. Die Geschichtswissenschaft stellt die Frage nach dem Ursprungsort. Ist die Niederschrift im Kloster Lorsch, weil dort die älteste Handschrift gefunden wurde, erfolgt, oder sind die Annalisten am Hofe zu suchen und haben sie im Auftrag des Königs und zu dessen Nachruhm geschrieben? Zum einen enthalten die Annalen Nachrichten, die auf besondere Kenntnisse schließen lassen, zum anderen wissen sie nichts von Vorgängen bedeutender Art, die ein Hofannalist nicht verschwiegen haben würde. Die Sachsenkriege und der Fall des Bayernherzogs Tassilo nehmen in den Annalen breiten Raum ein; was fern in Italien und in den Pyrenäen geschah oder in diplomatischen Urkunden steht, blieb hingegen unbekannt.

Von den Historikern kommt Heinrich von Sybel, der das Für und Wider untersuchte, zu dem Schluß, daß der Inhalt der Laurissenses sich als gutes Lorscher Klostergewächs herausstelle und nicht Hofannalistik sei. Es sei doch, meint er, für einen Lorscher Mönch bequeme Gelegenheit gewesen, über wichtige Momente gute Kunde zu gewinnen, denn »es sind jedesmal diese Dinge auf einem Convente oder Reichstage zu Worms verhandelt worden, nur zwei Meilen von Lorsch entfernt, in einer Versammlung, zu der bekanntlich nicht nur die berathenden Großen, sondern auch deren Genossen und Begleiter Zutritt hatten, bei welcher zuhörendes Volk nach germanischem Brauch einen ›Umstand‹ bildete«. Zudem: »Mehrmals wurde der sächsische Feldzug von Worms aus begonnen; dann wurde nothwendig Lorsch durch die Truppenmärsche berührt; ohne Zweifel stellte das Kloster selbst bewaffnete Mannschaft zum Heere, und ausdrücklich wird bezeugt, daß auch viele Geistliche die Scharen begleiteten.« Der Wiener Professor Fichtenau verwies 1953 in den Mitteilungen des Instituts für österreichische Geschichtsforschung auf Abt Richbod von Lorsch, der seit 791 auch Bischof von Trier war. Diesen bringt er für die Jahre 785 bis 803 mit dem Annalenwerk in Verbindung, denn er hält ihn für einen Sammler von Nachrichten, für die er Korrespondenten gehabt habe, vor allem Richulf, Erzbischof von Mainz, auf dessen Beziehung zum Hof seine Grabschrift deutet: *Inclitus officio regis in aede fui*, »berühmt war ich durch meine Tätigkeit im Hause des Königs«. Richulf begleitete Karl 794 im Sachsenfeldzug und war Zeuge der Kaiserkrönung und der Ereignisse der Weihnachtsnacht im Jahr 800 in Rom. Aus Italien kehrte Karl, der nun die römische Kaiserkrone aus der Hand des Papstes empfangen hatte, über die alte Straße des Imperiums an Worms und Lorsch vorbei nach Aachen zurück. »Es wäre«, so folgert der Wiener Historiker, »sicherlich ein mehr als seltsamer Zufall, wenn Richulf seinem alten Schulkameraden Richbod nicht über die römischen Ereignisse in Lorsch Bericht erstattet hätte.« Ihm ist auch aufgefallen, daß jedesmal, wenn Richulfs Anwesenheit beim König nachzuweisen ist, die Lorscher Annalen jene »Sondernachrichten« enthalten, die sie so einzigartig machen. Es sind Kenntnisse von Augenzeugen.

Heute stellt der Klosterbezirk ein ausgedehntes, zum Teil noch von der alten Mauer umfriedetes Geviert dar. Grabungen und Rekonstruktionen in den dreißiger und fünfziger Jahren haben die Ausdeutung dessen, was gewesen, und die dauerhafte Einfügung des noch Erhaltenen in das Stadtbild ermöglicht. Nähert man sich vom Rathaus her, begegnet man im Gasthaus »Zum weißen Kreuz« der alten Klosterherberge vor dem Westtor. Vier Tore öffneten die Ringmauer. Die Königshalle war das Triumphtor, durch das der Weg von Westen her in den sakralen Bereich führte, mit hintereinander gereihten Bauten, die gleich

einem Weg der Heiligtümer die Anlage in nahezu der Mittel-
achse durchzogen. Nach Westtor und Königshalle mit großem
Atrium das Zweiturmwerk, dann das Paradies vor dem Westwerk mit dem Königschor, darauf die Kirche mit dem Hochaltar im Ostchor, und hinter diesem noch die Gruftkirche des
Herrscherhauses. Beiderseits dieser Mitte lagen südlich die Klau-
surgebäude mit dem Kreuzgang und südwestlich die Wirtschaftsgebäude. Von dem allen blieb außer der Königshalle die um 1140
fertiggestellte Vorkirche mit drei Arkaden des Mittelschiffs erhalten. Wer umhergeht, findet hinter der Vorkirche den Grundriß der Basilika durch eine mit einer immergrünen Hecke um-
zogenen Rasenfläche angedeutet, und östlich von dieser liest er
auf einer in den Rasen eingefügten Tafel: »Stätte der karolingischen Gruftkirche *ecclesia varia* / Erbaut 876-882 / Hier wurden beigesetzt: König Ludwig der Deutsche † 876 / König
Ludwig der Jüngere † 882 / Dessen Sohn Hugo † 879 / Königin Kunigunde Gemahlin Konrad I. † nach 915«. Die Stadt
Lorsch hat diese Gedenkstätte errichtet, als sie 1964 ihre Zwölf-
hundertjahrfeier beging.

Die Vorkirche (was von ihr blieb) ist jetzt eine museal ge-
nutzte Halle, nachdem sie noch in der jüngeren Zeit respektlos
als Tabakscheune und Fruchtspeicher benutzt war. Ornamentver-
zierte Steine der karolingischen Bauten, romanische Würfelkapi-
telle, auch einiges aus der Gotik; insgesamt sind es Grabungsfunde aus den letzten hundertfünfzig Jahren, die hier ausgelegt
sind. In der Mitte der Halle aber steht auf freier Fläche ein
offener Sarkophag, der sogleich durch die Schönheit seiner Form
auffällt. Er hat als Verzierung jonische Pilaster ähnlich denen
am Obergeschoß der Königshalle. Ein kurmainzischer Forstmei-
ster hat ihn 1802 bei Grabungen ans Tageslicht gebracht. Der
Tote darin trug ein Gewand aus braunkarierter Seide und hatte
bei sich eine Pergamentrolle. War es Ludwig der Deutsche? War
es jener »erste deutsche König«, der bei der Teilung des Reiches
Karls des Großen in Verdun den ostfränkischen, »diutisken«
Teil erhielt? Am Tag nach seinem Tode am 28. August 876 in
der Pfalz zu Frankfurt am Main traf sein Leichnam in Lorsch
ein, das er »über alles geliebt« und wo beigesetzt zu werden
sein Wunsch war, wie in einer Schenkungsurkunde König Ar-
nulfs, seines Enkels, vom 30. Januar 897 zu lesen ist. Sein Sohn

und Nachfolger Ludwig der Jüngere baute nun die Gruftkirche, die *ecclesia varia*, die »bunte Kirche«, die zur Ruhestätte der späten Karolinger wurde, auch für solche, die nicht regiert haben, wie Warinhar, Angilhelm und seine Gemahlin Moda, auch Ludwigs des Jüngeren Sohn Hugo, der 879 jung in der Normannenschlacht bei Thiméon gefallen ist.

In das Reich der Karolinger als Hauskloster verflochten, erlosch mit dem karolingischen Geschlecht auch die Reichs-Zeit von Lorsch. Die nachfolgenden Herrscherhäuser der Sachsen, Ottonen, Salier und Staufer wußten zwar Lorsch noch zu Aufenthalten oder Zufluchten in Kriegszeiten zu benutzen, aber es lag für sie doch schon am Rande ihrer Herrschaftsgebiete. Das besagt nicht, daß es in Lorsch neben unbedeutenden nicht auch weiterhin nahmhafte Äbte, Prälaten, mit Einfluß in der Reichsgeschichte gegeben hätte, wie den Udalrich, der ein Gegner des mächtigen Erzbischofs Adalbert von Bremen war und 1066 auf dem Reichstag von Trebur mit zwölfhundert gerüsteten Reisigen, dem Lorscher »Heerschild«, einritt. Oder auch Abt Sighard, dem kulturgeschichtliche Bedeutung zuerkannt wird, seit neuere Forschung in ihm den bisher unbekannten Dichter des Nibelungenliedes vermutet. Wie sonst wäre es zu erklären, daß »kloster unde munster zu Lorse« durch wiederholte Erwähnung einen Platz in diesem Heldenlied gefunden haben und von Lorsch sechsmal als Ahnengruft der Nibelungenkönige, der Ruhestätte Siegfrieds und der Königin Ute, gesprochen wird? Doch mit Konrad dem Lasterhaften, den Kaiser und Papst absetzten, ging die Geschichte der Reichsabtei zuende. Am 11. April 1232 wurde sie dem Erzbischof von Mainz übertragen, der die Benediktiner mit Waffengewalt verjagte. Mainz verpfändete Lorsch am 19. November 1461 mit Bergstraße und Ried an Kurpfalz, darüber kam es in die Reformation, die 1555 die Prämonstratenser, seine letzten Mönche, vertrieb, und über die Reformation geriet es in den Dreißigjährigen Krieg. Spanische Truppen im Bunde mit dem Kaiser brannten 1621 das Kloster nieder. Die Bibliothek, berühmt durch viele kostbare Werke, schenkte Tilly dem Papst.

Aus der Spätzeit steht auf dem Klostergelände neben der Zehntscheuer noch das Kurfürstliche Haus, einst ein Jagdschloß, das der Mainzer Kurfürst Lothar Franz von Schönborn um 1700

auf alten Fundamenten errichten ließ. Es enthält in einigen
Schauräumen Photokopien jener Handschriften, die dem Namen
Lorsch Weltklang geben, das Annalenwerk, der Codex, ein Evangeliar der Zeit um 800, dazu das Monogramm Ludwigs des
Deutschen. Ihre Originale sind zerstückelt. In das Evangeliar, das
schon im ältesten Lorscher Bibliothekskatalog des neunten Jahrhunderts verzeichnet und 1479 dort noch vorhanden war, teilen
sich heute die Vatikanische Bibliothek in Rom, die Nationalbibliothek in Bukarest, das Museo Sacro in Rom und das Vic-
toria and Albert-Museum in London, die Teile für kurze Wochen
noch einmal vereint in Aachen 1965, in der Ausstellung »Karl
der Große«. Blätter der Annalen, in denen eine Schreiberhand
Eintragungen für die Jahre 794 bis 797 und eine zweite für 795
und 798 bis 803 machte, befinden sich in der Österreichischen
Nationalbibliothek in Wien.

In Lorsch sah ich den Text aufgeschlagen, der von der Weihe
der Basilika am 1. September 774 berichtet. Abt Gundeland war
dem König bis Speyer entgegengegangen, um ihn einzuladen, die
Einweihung der Kirche durch seine Anwesenheit zu verherrlichen.
Am Tag nach der Weihe, dem 2. September, stellte Karl eine
Schenkungsurkunde aus, die dem Kloster das Dorf Oppenheim
zu eigen gab. Von diesem Abt Gundeland, der 778 starb, erzählt der Chronist auch, er habe, als er sein Ende nahen fühlte,
nach Aachen zum König geschickt und um Erlaubnis gebeten,
um des Heiles seiner Seele willen von den Gütern des Klosters
etwas den Armen zuwenden zu dürfen, worauf Karl ihm gestattete, den dritten Teil des beweglichen Klostervermögens nach
seinem Gutdünken unter die Armen zu verteilen. Wie es zu allen Zeiten doch auch immer um die Armen gegangen ist! Die
Armut konnte dennoch nicht aus der Welt vertrieben werden.
Gundelands Nachfolger, Richbod, bei dem so große Neigung zur
Nachrichtensammlung vermutet wird, war auch ein Bauherr, der
hölzerne Wohnhäuser der Brüder auf der Nordseite durch ein
Gebäude auf der Südseite ersetzte, Mauern zog und die Kirche
mehrfach verschönte. Er galt dem Chronisten als ein schlichter und
verständlicher Mann von vorzüglicher Gelehrsamkeit in den geistlichen und weltlichen Wissenschaften. Als er zehn Jahre später
unter dem Namen Macarius auch Erzbischof von Trier war, gehörte er dem Gelehrtenkreis an, den der König um sich versam-

melte. Zur Photokopie des im Bayerischen Hauptstaatsarchiv verwahrten Codex, 229 Blatt, bemerkt die beigefügte Legende, diese
Schenkungsurkunden seien »ein für die deutsche Gesamtgeschich-
te wichtiges und wertvolles, für die Kaisergeschichte unentbehr-
liches, für die Geschichte des Reichsklosters einzigartiges und un-
schätzbares Quellenwerk«.

Diese Vergangenheiten berühren sich mit der Gegenwart in
dem Kurfürstlichen Haus und in dem jetzt parkartig gestalteten,
von Wegen durchzogenen Klosterbezirk. Bänke sind hier und da
in dem weitläufigen Rund aufgestellt. Durch Baumkronen geht
der Blick hinüber nach Odenwald und Bergstraße, die wie eine
grüne Kulisse das Bild begrenzen. Nahe dem Dünensaum verzeichnet an der Klostermauer eine Tafel, daß der Kreisverband
Bergstraße der Europa-Union hier am Europa-Tag 1972 »diese
zehn Schurbäume im Hinblick auf die Erweiterung der Europäischen Gemeinschaft gepflanzt hat«. Es sind Bäume im jugendlichen Alter, mit noch dünnen Stämmchen, denen man wünscht,
daß sie sich über die Zeiten hin entwickeln mögen wie das gemeinsame Europa, jenes Europa des christlichen Abendlandes, zu
dem die Karolinger den Grund legten.

Die Königshalle
von Lorsch

Burgen im Odenwald

OTZBERG, BREUBERG, WILDENBERG

In Darmstadt setzten wir an, in den Odenwald zu fahren. Er ist die Nachbarschaft, das »Hausgebirge«. Gute Straßen wie heute überall, neue Häuser wie heute überall. Der Verkehr strömt gleich dem freien Wasser mit vielen Rinnsalen in die letzten Winkel. Vorbei, was noch um die Mitte des vergangenen Jahrhunderts in einer Encyklopädie der Wissenschaften von den Odenwäldern zu lesen war: »Mit der übrigen außer ihrem Gebirge lebenden Welt kommen diese Bergbewohner nur wenig in Berührung.« Man sah in ihnen, den Bewohnern stiller Täler, die Abkömmlinge der hier zurückgebliebenen und »in fränkische Knechtschaft geratenen« Alemannen neben eingewanderten Leuten aus fränkischem Stamme. Und es galt vor hundertfünfzig Jahren noch: »Sie besitzen ungeachtet ihrer Armuth ein zufriedenes und heiteres Gemüth und eine lebhafte Phantasie, wie die vielen in ihrem Munde lebenden Sagen beweisen. Es hat aber auch die Verfeinerung unserer Zeit verhältnismäßig noch wenig über ihre altdeutschen Sitten vermocht.«

Schnell bringt der Wagen voran. Zunächst die Feldflur, an deren Horizont auf einer Kuppe, ähnlich dem Hohenstaufen, die Burg Otzberg steht, zuweilen wieder untertaucht, dann wieder hervorkommt, bis wir den Ort ihr zu Füßen und sie selbst erreicht haben: »Otzberg Ortsteil Hering« nach jüngster Verwaltungseinteilung. Der bunte Prospekt des Fremdenverkehrsvereins fügt hinzu: Staatlich anerkannter Erholungsort im Naturpark Bergstraße – Odenwald. Am Haus des Verkehrsvereins steht über der Tür: »Rat nach Tat kommt zu spat«, ein immer brauchbarer Spruch. Die Burg auf dem Basaltkegel darüber ist volkstümlich durch die »Weiße Rübe«, ihren Bergfried aus dem 13. Jahrhundert, der sich rund und dicklich und kalkweiß als ältester Bauteil mitten im Hof aus dem Ring von Mauer, tiefem Graben und Zwinger erhebt. Im Lauf der Jahrhunderte wechselten die Abtei Fulda, Kurpfalz, Hanau und die Landgrafen

von Hessen im Besitz. Jetzt teilen Jugendherberge und Gastwirtschaft sich in die noch verbliebenen Gebäude. Ein Holunder
mit baumartigem Stamm steht einsam vor einer Ruine; erfreu-
lich, daß ihm sein Platz nicht streitig gemacht wird.

Wir durchfahren das offene Tal der Mümling, des größten
der kleinen Flüsse in den Odenwaldtälern. Sie ist die Mimilinga
und Minimingaha der Karolingischen Zeit – ihre Wasser erzählen davon, daß der Odenwald reich an alter Geschichte ist.
Mit des Frankenkönigs Dagobert Brief, der 628 der bischöflichen
Kirche zu Worms Waldungen aus dem königlichen Bann im
Odenwald als wahres Eigentum schenkte, taucht er in den Urkunden auf. Die Frankenkönige hatten hier ihr Jagdrevier. Kaiser Heinrich II. verfügte 1012, niemand dürfe ohne Erlaubnis
des Lorscher Abtes in dem Königsforst Odenwald, dem »Wildbann im Ottenewalt«, jagen oder fischen. Noch im sechzehnten
Jahrhundert erlegte Philipp der Großmütige Bären, und noch im
siebzehnten Jahrhundert gehörten die Wölfe zu den Tieren, die
hier zuhause sind. Hört man das Heldenlied, war es im Odenwald,
wo Siegfried meuchlings von Hagen getötet wurde, als er sich zu
einer Quelle niederbeugte. Ob der Wald seinen Namen von Wo-
dan oder Odin bezogen hat, oder ob er den Alten nach der Him-
melsrichtung der Osterwald gegenüber dem Westerwald war, das
sei dahingestellt.

Aus dem Tal der Mümling steigt auch jener Bergkegel auf, der
die mächtigste Burg im weiten Umkreis trägt, die Breuberg, die
aus einer Schutzburg des dreizehnten Jahrhunderts zu einer Festung
herangewachsen ist. Überraschend, an dieser Stelle solch mächtige
Veste mit Batterietürmen, tiefen Gräben und Zwingern anzutreffen, mit denen Breuberg zu den ausgedehntesten deutschen
Burganlagen gehört. Dem Ausbau zur Verteidigung ist ein kunst-
geschichtliches Kleinod zu danken: die Wappentafel mit der
Jahreszahl 1499 über dem äußeren Torbau gilt als die früheste
im Stil der deutschen Renaissance; sie zeigt das Wappen des Er-
bauers der Festungsanlagen, des Grafen Michael II. von Wertheim. Die ältesten Teile erreicht man durch ein rundbogiges romanisches Tor, das so wohlerhalten zu sehen einer der Glücks-
fälle ist, die dem Wanderer in den Ruinen begegnen können.
Das Tor führt mit einem Gewölbe in die Kernburg, auf deren
Hof frei als betonte Mitte der Bergfried vom Ausgang des zwölf-

ten Jahrhunderts sich erhebt. Seine Buckelquadern, zwischen denen hie und da ein Gesträuch sich anzusiedeln versucht, bezeugen die staufische Zeit, doch auch sein Dachaufbau kann sich mit 1610 noch eines ansehnlichen Alters rühmen.

Neben dem »alten Bau« gibt es den »neuen Bau«. Vieles ist zerstört, manches geblieben. Noch unter Dach steht der Johann-Casimir-Bau von 1613, der einen wertvollen Kunstbesitz aus der Renaissance birgt, die Stuckdecke im Rittersaal mit Bildern aus Mythologie und Sage, ein Werk des Eberhard Fischer aus Babenhausen, gewertet als eine der bedeutendsten Spätrenaissancedecken im südwestlichen Deutschland. Fischer wird auch die Stuckdecke im Einharthaus zu Seligenstadt zugeschrieben. Hier im Rittersaal erfährt der Besucher, daß ein »Breuberg-Bund« sich um die Erhaltung der Burg und über sie hinaus um die Erforschung des Odenwaldraumes bemüht. Vielerlei Leben ist in der Burg – Museum, Jugendherberge, Gastwirtschaft locken die Menschen an. Das Land Hessen ist seit 1948 der Burgherr, am Ende einer langen Kette von Besitzern. Den bereits im 14. Jahrhundert ausgestorbenen Herren von Breuberg folgten die Herren von Trimberg, Wertheim, Eppstein, Erbach, Löwenstein im Burgbesitz. Töchter-Heiraten brachten Teilungen und Wiedervereinigungen, zeitweilig war Breuberg eine Ganerbenburg mit kleinsten Anteilen. Was beim Aushub der Gräben als Erdreich angeschüttet wurde, heißt in bildhafter Wortschöpfung, wie sie der deutschen Sprache eigen, noch heute »die Schütt«.

Weiterfahrt; das Auto bewältigt schnell die Landschaft. Irgendwo geht es über die unsichtbare Grenze in das Bayerische, denn es gilt noch die Landkarte, die aus Napoleons Kriegen hervorging und »den Odenwald zwischen Main und Neckar in Grenztheile der Großherzogtümer Baden und Hessen und des Königreichs Baiern zerlegte«, wie es im zeitgenössischen Geographiebuch heißt. Heute teilen sich Hessen, Bayern und Baden-Württemberg dieses Gebiet. In Amorbach befinden wir uns schon im Bayerischen. Eine saubere Stadt der Gastlichkeit rund um die uralte, wohl schon im 8. Jahrhundert unter den Merowingern gestiftete Benediktinerabtei, die mit ihren im 18. Jahrhundert erneuerten Bauten heute die Stadt barock prägt. Zur Zeit der Staufer war der Ort Herrschaftszentrum eines Geschlechts von Ministerialen, der Edelfreien von Durne, denen Friedrich Barbarossa die Vogtei über das Kloster in Amorbach übertragen hatte. Von 1171 bis zu ihrem Erlöschen 1323 lassen sie sich in den Urkunden verfolgen – papierne Spuren, doch mitten im Wald haben sie die aus Stein gefügten hinterlassen.

Dorthin geht es nun. Die zwei großen, hier sich kreuzenden Fernstraßen vom Neckar über den Odenwald an den Main und vom Rhein nach Franken, die der automobile Fremdenverkehr zur »Nibelungenstraße« erhoben hat, bleiben zurück. Der Wald nimmt uns auf. Wieder ein liebliches Tal, das Uinglingertstal. Hoch an einem Lärchenstamm weist eine Tafel den weiteren Weg: »Zur Ruine Wildenburg«. Auf schmalem Pfad geht es am Hang entlang durch einen Laubwald, den die sommerlichen Schatten verdunkeln. Eine halbe Stunde – dann welch ein Bild! Zwischen den sich lichtenden Buchenstämmen tritt ein Bauwerk hervor, ruinenhaft und doch mit hohen Mauern, ausgedehnt über eine weite Fläche. Es war Herrlichkeit zu anderer Zeit, nun ist es der Natur überlassen, die es mit Baum und Strauch überzieht.

Eingefügt in den Torturm ist ein grauer Stein, dessen glatte Fläche die Inschrift trägt: DISE BVRHC MAHTE HER RVBREHT VON DVRN. Diese Burg schuf Herr Ruprecht von Durne. Es ist die glanzvolle Zeit der Hohenstaufen, in der dies in den Stein gemeißelt wurde, die Zeit Friedrich Barbarossas und Heinrichs VI. An die hundertfünfzig Urkunden verzeichnen Ruprecht von Durnes Teilnahme an den Ereignissen seiner Jahre, an Krönungen und Heiraten und an dem Mainzer Pfingstfest. Reisen führten ihn hin und her im staufischen Reich. Ein zweiter Stein nennt Burchert Durn; dieser führte wohl während Ruprechts Abwesenheit die Aufsicht am Bau. Ruprechts Enkel Konrad, der Mechtild von Laufen heiratete, hat mit deren Reichtum die Burg in einem zweiten Bauabschnitt zu jener Vollendung geführt, die noch in der Ruine Wildenberg als eine der prunkvollsten staufischen Burgen erkennen läßt, die Inschrift der Torsteine die älteste Bauherreninschrift in deutscher Sprache.

Vor dem Palas blieb mit hochragenden Wänden unter offenem Himmel das Erdgeschoß. Ein langgezogener rechteckiger Saal, in den noch das alte Portal Einlaß gibt. Die einundneunzig Säulen und Kapitelle, die zur Architektur dieses Hauses gehörten, sind verloren, doch einige Fenster als Zeugen hoher Steinmetzkunst öffnen sich noch. Bei dem einen steht: BERTOLT

MVRTE MICH VLRICH HIWE MICH. In Berthold, neben dem
Ulrich als Bildhauer arbeitet, erkennt Walter Hotz den Architekten des Palas wie der gesamten Burg. Wir standen da mit Walter Hotz, Pfarrer im Odenwald und kenntnisreichster Erforscher
wie liebevollster Schilderer der Wildenburg. Oberhalb der Namen von Architekt und Bildhauer die zwei Worte: OWE
MVTER. Geheimnisvoll ihr Inhalt, doch auslegbar als Lo-
sungswort der Ritter, das sie sich zuriefen und auf das Turnier-
gewand sticken ließen: owê muoter, was ist gôt? »Das«, so sagt
Hotz, »ist doch die dunkle Parzivalfrage, die den nicht mehr
losließ, der als ›tumber Tor‹ auszog und in Mühen und Gefahren
zum Ritter heranreifte, um sich im Höhlengespräch mit Trevri-
zent selbst zu erkennen, als Mensch, der auf Gottes Gnade angewiesen bleibt.« Wir blickten auf den großen Kamin vor der
Nordwand, der mit seinen Wangen und seiner mit Blattmotiven
verzierten Stirnplatte noch ein Schmuck des Palas ist. Die Gedanken leitet er in jenen festlichen Saal, in dem Wolfram von
Eschenbach Parzival vor den Gralskönig und seine Ritter führt,
einen Saal von hundert Kronleuchtern und vielen Kerzen erhellt, durchzogen vom Wohlgeruch des brennenden Holzes der
Aloe: »So groziu fiwer sit noch e / sach niemen hie ze Wildeberc«
– so große Feuer sah niemand jemals hier zu Wildenberg.

Der Kamin, der noch seine einstige Schönheit und die Größe
seines Feuers ahnen läßt, dazu der in dem Epos vom Parzival
erscheinende Name der Burg und dies »min hêrre der Graf von
Wertheim« gibt dem Gedanken Raum, Wolfram von Eschenbach
habe hier zu Wildenberg als Gast der Herren von Durne ge-
weilt, vielleicht hier an seiner Dichtung gearbeitet oder sie vor-
getragen. So wäre Wildenberg Stätte der Dichtung, die zur staufischen Zeit mit dem Parzival das schon von den Zeitgenossen
hochgelobte epische Werk schuf, das aus dem altbritannischen und
französischen Sagenkreis schöpfend in einem Heldenlied neuen
Klanges die Lebenswelt des tapferen und tugendhaften christlichen
Ritters als ein Idealbild zeigt.

Wolfram von Eschenbach: ein Ritter, dessen Lebensdaten mit
ihrem Anfang und Ende im Dunkel bleiben. Nach den Spuren
in seiner Dichtung weilte er am Hof zu Eisenach und auf der
Wartburg, sah Spessart, Schwarzwald, Odenwald, besuchte den
Rhein, die Donau, das Lechfeld und war Augenzeuge der Ver-

wüstungen in Erfurt, welche die Stadt in der Fehde zwischen König Philipp und dem Landgrafen von Thüringen erlitt. Seine Schilderung des höfischen Prunkes in der Gralsburg *Munsalvasche,* dem »Wilden Berg«, mit der Üppigkeit des Mahles in Goldgefäßen, begleitet er mit dem Ausruf, daß ihn seine Armut immer kümmere, er müsse »in Noth darben«, denn er sei nicht der Erstgeborene, dem alles Gut allein anheimfalle. Vom Einsiedler hört Parzival Wehklagen, daß die Welt den Menschen mehr Herzeleid als Freude gebe, es ist eine sündige Menschheit. Aber die Welt ist auch schön und das Menschenherz voller Gefühle. In seinen Tageliedern und Wächterliedern zeichnet Wolfram davon Bilder mit poetischer Empfindsamkeit: Das Aufsteigen des Tages, der, wie ein Adler, seine Klauen durch die Wolken geschlagen; zwei Herzen in Einem Leibe; weinende Augen haben süßen Mund; heimlich beglückender Minne Umarmung ist so fest, daß auch drei Sonnen nicht zwischen sie leuchten möchten. Vielleicht haben die Steine hier zu Wildenberg solches auch vernommen und auch Wolframs Vortrag gehört, wie er im Parzival auf die Einfalt der seichten Köpfe schilt, die nur Geschichte hören wollen, ohne zu merken, was guter Lehre darin sei. Bei ihnen, denen die Geschichte zum einen Ohr hinein-, zum anderen herausgehe, müsse ihm alle Mühe und Kunst mißlingen, »denn sie wollten mit gerader Sehne schießen«. Die Manessische Handschrift stellt Wolfram vor, wie es ihm zukommt: Ein Ritter ganz im Ringpanzer, darüber der blaue Wappenrock mit umgürtetem breiten Schwert, in der Linken der rote Schild, in der Rechten das rote Banner, der geschlossene Helm das Haupt verbergend. Er ist bereit, das tänzelnde Roß zu besteigen, das der Knappe am Zaume hält und, es zu beruhigen, in die Nüstern faßt. Unter diesem Panzer, das wiederum offenbart die Dichtung, schlug in Wolfram ein liebendes, Frau und Kindern zugetanes Herz, das der Liebe Glück in der Ehe erfüllt sieht, nicht mehr in der »verstohlenen Minne«, deren Helden nur mit Gefahr des Leibes und der Ehre zur Geliebten schleichen und durch den Morgen vondannen streben.

Im Jahr 1356 erschütterte ein Erdbeben die Wildenburg und fügte ihr Schäden zu. Sie befand sich schon im Besitz des Mainzer Erzbischofs, der sie 1271 von den Herren von Durne gekauft hatte und als Amtssitz des Erzstiftes führte. Am 4. Mai 1525 steckten die Bauern die Burg in Brand. Es geschah aus ihrem Unmut über den zur Mäßigung verpflichtenden Vertrag, den die Hauptleute des »hellen Haufen« unter Götz von Berlichingen nach dem Rat des klugen Wendelin Hipler beschlossen hatten. Götz ritt von Amorbach nach Miltenberg, dort den Grafen von Wertheim zu treffen, als er unterwegs gewarnt wurde: der Haufe hätte eine »Gemeinde« abgehalten und geschworen, ihn und diejenigen, die solchen Vertrag gemacht, totzuschlagen. »Wie ich schier zum Haufen kame, da sahe ich ein Schloß brennen. Das heißt Willenberg. Ist des Bischoffs von Maynz. Welches alles wider den Vertrag, den wir ufgerichtet hetten, gehandelt war!« schreibt er in seinen Memoiren. Das war das Ende der Wildenburg. In Flammen aufgegangen, blieb sie verlassen im Wald.

Gleich einer Grabschrift nennt eine Urkunde sie »das von den aufrührerischen Bawern zerstörte Bergschloß Wildenberg«. Es ist eine Prozeßakte, denn das Erzstift forderte von Götz von Berlichingen einen Schadenersatz von fünftausend Gulden. Der junge Goethe, als er sein Ritterdrama um den Götz schrieb, war sich des romantischen Geheimnisses der Wildenburg, denkt man an Parzival, nicht bewußt, denn er hätte sonst wohl nicht Miltenberg statt der Burg brennen lassen. Am Tag ihrer Zerstörung lag fern in Sachsen Kurfürst Friedrich der Weise im Sterben, der in der Sache Luthers und der Reformation eine so wichtige Rolle gespielt hatte und nun vor der Todesruhe noch den Bauernaufruhr erlebte. Am 5. Mai verschied er, während an der Wildenburg Flammen und Rauch zehrten. Zuletzt sprach er von Gott und sagte: »Lieben Kindlein, habe ich einen von euch beleidigt, so bitte ich ihn, mir es um Gottes willen zu vergeben; wir Fürsten tun den armen Leuten mancherlei, das nicht taugt.«

Seither erlitt die Wildenburg das Schicksal aller Ruinen. Mal Steinbruch, mal sich der Erhaltung erfreuend, liegt sie mit immer noch weitläufigen, wenngleich dem Himmel geöffneten Bauten in unserer Zeit. Aus Schildmauer und Ringmauer, Palas, Torturm, Kapelle steigt festgefügt noch der Bergfried auf, ein viereckiger Turm aus staufischer Buckelquader, in der Farbe rötlichen Sandsteins. Er kann der Aussicht bis Amorbach wegen bestiegen werden. Wen die Mühe des Suchens nicht verdrießt, findet an den Quadern in ungewöhnlich großer Zahl die Steinmetzzeichen: Runen, Blattwerk, Handwerkszeug, wie sie es am Bau gebrauchten. Insgesamt bezeugen an die achtzig solcher Zeichen, daß viele Handwerker an der Burg gebaut haben, in einem ersten Abschnitt zwischen 1168 und 1180 und in einem zweiten zwischen 1219 und 1226.

Es blieb ein Hauch jener Zeit, der nun über dem Orte liegt. Zu Fuß, wie es der Waldpfad verlangt, gingen wir den Weg zurück. Verstummt der Vögel Frühlingslieder. Wieder war es ganz still. Schon Wolfram von Eschenbach hat es gewußt: »die waltsinger und ir sanc / nach halben sumers teile in niemens ore erklang«. Der Waldsänger Gesang nach dem halben Sommer in niemandes Ohr erklang.

Lieblich und tapfer

KLOSTER EBERBACH

Zwei Wege führen aus dem Rheintal nach dem Kloster Eberbach; der eine beginnt in Eltville, der andere in Hattenheim. Wer nicht ortskundig ist, erfährt in Hattenheim durch eine Orientierungstafel, wo er sich befindet: in einem tausendjährigen Dorf, schon im 10. Jahrhundert urkundlich erwähnt, zuvor (was 1949 bei einem Schulneubau mit einem Befestigungswall an den Tag kam) eine bandkeramische Siedlung mit dem Ursprung zweitausend Jahre vor Christi. Der Ort nennt sich Ausgangspunkt für Wanderungen in den Taunus. Wer ins Kloster Eberbach will, erfährt, daß dieses »in einer kurzen Stunde zu erreichen«, und die Orientierungstafel gibt ihm den Zuspruch mit auf den Weg: »Der Genuß edler Weine vermittelt Besinnlichkeit und Freude am Dasein«.

Der Weg nach dem Kloster ist ein Weg mit dem Wein und zu dem Wein. Die Flur, aus der Niederung des Stromes sanft zu den Ausläufern des Taunus ansteigend, ist zwischen Feldern und

Wiesen von Reben bedeckt. Nußbrunnen, Steinberg, Wissel-
brunnen heißen die berühmten Lagen, die manchem nicht von
der Landkarte, aber von den Etiketten schlanker Flaschen vertraut sind. Für mich war indessen auch ein alter Weidenbaum
von Bedeutung, an den ich verwiesen wurde. Einsam, ohne
Baumnachbarn weit und breit, steht er an der Straße, an seinem borkigen Stamm eine ihn auszeichnende kleine Tafel:
»Naturdenkmal«. Bei dem Weidenbaum hatte ich den abzwei-
genden Weg einzuschlagen, wollte ich nicht nach Hallgarten
(auch solch ein weinfroher Name) statt nach Eberbach kommen.

Blickte ich zurück, sah ich drunten den Rhein, mal wie ein
helles Band dahingezogen, dann scheinbar aufgelöst in eine Kette
von Seen. Den Mönchen war der Rhein ein wilder, vielarmiger
Strom, den sie zu bändigen suchten. Sie erwarben viele seiner
inselartigen Auen, machten sie urbar und bepflanzten sie, und
»mit ihrer Vertheidigung gegen Fluthen und Eisgang erwarb sich
das Kloster ganz besonderes Verdienst«, wie eine Encyclopädie
der Wissenschaften zu Anfang des vorigen Jahrhunderts zu berichten wußte. »Wenn [so heißt es ebenda] viele solcher in
alten Nachrichten aufgeführten Rheininseln, großentheils durch
die Nachlässigkeit der Besitzer, vorlängst verschwunden sind,
dergestalt, daß ihre Lage nicht mehr zu ermitteln, haben sich
hingegen alle Rheinauen, welche das Kloster sich anzueignen
wußte, bis auf unsere Zeiten, ohne Ausnahme, glücklich erhalten.« Seitdem sind weitere hundertfünfzig Jahre vergangen, der
Rhein ist jetzt auch hier ein gefesselter Strom, der nur selten
noch mit der Urkraft der Naturgewalt aufbegehrt.

Ich durchschritt schließlich, durch einen Pfad von der Straße
fortgeführt, einen Laubwald, und als sich die Zahl alter Bäume
und junger Menschen häufte, schloß ich nicht zu Unrecht, daß
das Kloster nahe sein müsse. Da lag es auch schon: »Hinter einem vorspringenden Hügel (wie jene Encyclopädie noch für den
heutigen Tag gültig seine Lage beschreibt) dergestalt verborgen,
daß niemand ihm die Grundeigenschaft eines Cistercienserklo-
sters absprechen wird. Wie Cisterz, wie Salmansweil, wie Eber-
ach hat auch diese Abtei sich in einen tiefen Grund geflüchtet,
der einsam und schwermüthig, doch keineswegs reizlos, hin und
wieder einen Blick auf die reizendste der Landschaften ver-
stattet«.

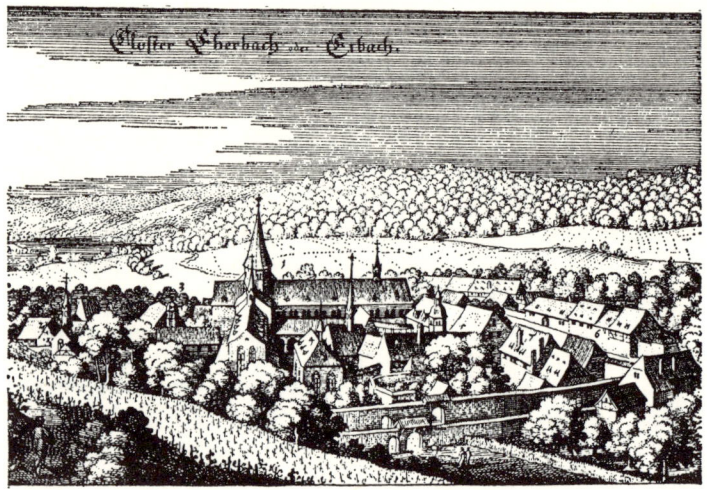

Man nennt Eberbach heute das Rheingaukloster. Seit Jahrhunderten führt die aus dem Kisselbachtal kommende Straße durch das Pfortenhaus in den Klosterbezirk. Dieses Torhaus, wenn es jetzt auch ein Barockgesicht hat, ist vermutlich schon im 12. Jahrhundert hierhergesetzt worden und somit in der Grundlage romanisch, mit zwei noch offenen Durchlässen, einem breiten für die Wagen und einem schmalen für die Fußgänger. Da ich nicht durch das Tal, sondern über den Bergrücken kam, fand ich Einlaß durch ein zweites, späteres Tor, das auf eine höher gelegene Terrasse gesetzt ist, ein Prunktor der Barockzeit, 1774 als letztes Bauwerk der Mönche errichtet. Maria Immaculata, die Patronin der Zisterzienser, begleitet von Johannes dem Täufer, dem Abteipatron, und dem heiligen Bernhard von Clairvaux, der als Klostergründer verehrt wird, empfangen hier den Gast, sie sind lebensgroße Standbilder über dem kunstvollen Torbogen mit dem Wappen des Abtes Adolf II., das seinen Wahlspruch lesen läßt *Svaviter et Fortiter*, »lieblich und tapfer«.

Mein Zugang vom Berg her hatte den Vorzug, daß ich plötzlich das Kloster wie aus der Vogelschau mir zu Füßen sah. Ich sah es in der Gesamtschau als eine ausgedehnte Bautengruppe, so wie es sich als nahezu vollständige Abtei des Zisterzienserordens erhalten hat und nun im Dienst der Gegenwart steht. Auch den vorgelagerten Fischteich als Requisit mönchischer Le-

bensweise und den kleinen Kisselbach übersah ich nicht, der Anlaß gab, hier so Großes zu errichten. Die Geschichte der Niederlassung beginnt im zwölften Jahrhundert. Zunächst siedelten Au-
gustiner-Chorherren; »die Chorherren waren aber träge und ließen den Gottesdienst allgemach wieder eingehen«, wie überliefert
wird. Der Erzbischof sah sich deshalb genötigt, ihr Kloster den
Benediktinern zu übergeben. Diesen folgten die Zisterzienser.
Mit ihnen beginnt 1135 die endgültige, noch fortdauernde Geschichte von Kloster Eberbach. Ist es heute auch keine Mönchs-
siedlung mehr, so blieb doch, was neben den geistlichen Aufgaben von Anbeginn an das so wichtige Ökonomische war: der
Wein. Seit mehr als achthundert Jahren, so denke ich mir, ist
Wein das an diesem Ort meistgesprochene Wort. »Gott«, das
war wohl einst gleich häufig in der täglichen Sprache, aber es
ist zu minderem Gebrauch gekommen, seit nicht nur Klöster, sondern auch viele Seelen säkularisiert, verweltlicht sind.

Nachdem ich durch das Barocktor eingetreten war, ließ ich,
der unzeitigen Stunde wegen, den Weinausschank zur Linken
unbeachtet und begab mich sogleich zur Ruine der Kirche. Der
Besucher erwirbt eine Einlaßkarte, die ihm gestattet, mit belie-
biger Muße die Abtei zu durchwandern. Anhand eines Faltblat-
tes kann er sich orientieren. Er findet eine Klosteranlage, wie
sie im getrennten Nebeneinander von Geistlichkeit und Laien-
bruderschaft den Ordensvorstellungen entsprach: die Klausur-
bauten der Mönche um den Kreuzgarten und an die Kirche gelegt, der Konversenbau der Laienbrüder davon durch die
Klostergasse getrennt, und seitwärts die Bauten für die Kranken, das Hospital, alles schützend eingefaßt von der Ringmauer,
die elfhundert Meter lang, über einen Meter stark und fünf Meter hoch ist. Früh-, Hoch- und Spätgotik, Renaissance und Barock haben ihre Stilelemente dem Bau der Romanik hinzugefügt. Die so weitgehend erhaltene und von parkartigen Gärten
umgebene Abtei gilt als das bedeutendste mittelalterliche Kunst-
denkmal im Rheingau.

Ohne weit in die Höhe zu streben, legt die Kirche sich bescheiden vor die Gebäudegruppe der Klausur. Ihr romanischer Körper, gegen 1145 begonnen, hat im vierzehnten Jahrhundert vor dem
südlichen Seitenschiff neun gotische Kapellen mit spitzen Dreiecks-
giebeln und zierlichen Maßwerkfenstern erhalten und im achtzehn-

ten Jahrhundert als Stilelemente des Barock ein neues Dachwerk mit zwei Dachrinnen unter zwiebelförmigen Hauben. So zeigt sie sich nun im äußeren Bild. Im Innern ist sie der Raum der Romanik, wie die Zisterzienser ihn im zwölften Jahrhundert errichtet haben: eine kreuzgewölbte Basilika mit drei Schiffen, nach Osten ein Querhaus und ein rechteckiger Chor, als Kirche 1186 geweiht. Gedrungene, vierkantige Pfeiler, die durch schlichte Rundbogenarkaden verbunden sind, tragen die Hochschiffwände, deren weiße Mauerflächen unter dem Gewölbe mit schmalen Fenstern enden. Die Vielzahl gleichförmiger Pfeiler teilt auch die sich lang hinziehende Kirchenhalle in drei Schiffe. Die Zisterzienser erstrebten die Askese auch in ihren Gotteshäusern; so bauten sie in einfachen Formen.

Drei Erzbischöfe ruhen hier, mit ihnen dreißig Äbte, und auch die Grafen von Katzenelnbogen bevorzugten diese Kirche für ihre ewige Ruhe. Die Grabtafeln der Äbte liegen eng beieinander in den gotischen Kapellen, wo sie den Boden bedecken. Die Erzbischöfe zeigen sich noch im Tode prunkvoll mit Grabmonumenten von Meisterhand. Die Geistlichen haben Krummstab und Buch, die Grafen stehen im Harnisch mit ihren Epitaphien vor dem grauen Gemäuer. Sie alle waren Lebende in einem langen Zeitraum, vom dreizehnten bis zu dem achtzehnten Jahrhundert. Die Klosterkirche ist ihnen ein geheiligter Ort gewesen. Wigand von Hynsberg, gestorben 1511, hat fromm die Hände zum Gebet gefaltet; sein Blick ist nach innen gekehrt, die Gedanken betend der Seele zugewandt. Ihm schuf der Meister Backoffen aus Mainz diese kunstvolle Grabplatte, die ihn so ausdrucksvoll in der ersten der gotischen Kapellen zeigt.

Dem Weg, den sechs Jahrhunderte hindurch die Mönche zu ihrem Gottesdienst gegangen sind, folgen heute die Besucher, wenn sie im nördlichen Querhaus die Kirche verlassen und über viele Treppenstufen steil hinaufsteigen in das Dormitorium. Zunächst noch zu ebener Erde der Blick seitwärts in kleine Kapellen mit barockem Deckenstuck, dann auf halber Höhe die karge Abtswohnung des zwölften Jahrhunderts und ein dem Prior zugeschriebener Raum. Steigt man weiter auf, fühlt man sich wie in den Saal hinaufgehoben, der zunächst mit seinen Gewölben, dann mit seinen Säulen in das Blickfeld kommt, um zum Schluß sich plötzlich zu der Weite zu öffnen, die zur Bewunderung herausfordert. Ein Saal, der als eine der größten Raumschöpfungen des europäischen Mittelalters, als einer seiner schönsten Profanräume gerühmt wird, erbaut nach 1250, zweiundsiebzig Meter in der Länge, zweischiffig mit hoch ansteigenden Kreuzrippengewölben auf niedrigen Säulen, die fast nur Säulenstumpfe sind, bedeckt mit laubverzierten Kapitellen – ein Raum gelöst aus der Einfachheit der Romanik durch die lichtere, geziertere Architektur früher Gotik.

In diesem Saal, ihrem gemeinsamen Schlafraum, ruhten die Mönche auf Pritschen, die Fenster gegen die Kälte nur mit Holzladen verschließbar. Erst nach 1500 wurden trennende Zellen eingebaut, und die Fenster erhielten verglaste Flügel. In den frühen Jahrhunderten suchten viele Schutz und Heil in der klösterlichen Gemeinschaft; »ihre Bitte um Aufnahme war so zudringlich, daß man auf Wege denken mußte, ohne eigenen Schaden ihnen zu willfahren«. Den Ausweg (so 1314) fand man mit Genehmigung des Generalkapitels in der Aufnahme von *praebendariis*, von Pfründnern. Das Kloster war um jene Zeit eine mächtige ökonomische Unternehmung, gewachsen aus Rodung und Verwandlung des Steinberges in einen Weinberg. »Diese Pflanzung«, so heißt es im älteren Schrifttum, »war der Mönche von Eberbach Werk, die vorher den ganzen, unter verschiedenen Besitzern vertheilten Bezirk durch Kauf, Tausch oder Schenkung erworben hatten«. Mancher gab auch um des Seelenheils willen von seinem irdischen Gut, so die Elisabeth von Idstein aus Kiedrich, die nach einer Urkunde vom 1. Oktober 1311 »dem Kloster verschiedene Güte in Heimbach und Oppenheim, dann was sie in der Nähe der Klosterhöfe Steinheim, Dreisen und Kidrich besessen, samt 150 Mark cölnischer Pfennige schenkte«. Nun fuhren eigene Schiffe den Klosterwein in ein eigenes Lagerhaus in Köln, wo er zum Verkauf angeboten wurde. Am 1. Dezember 1500 ist zum ersten Mal das riesige Faß gefüllt worden, dem man einen Inhalt von hunderttausend Litern nachsagte, ein »technisches Wunder« der Zeit.

Man geht wieder die Mönchstreppe hinunter und kommt in den Kreuzgarten mit Teilen des Kreuzgangs aus dem dreizehnten und vierzehnten Jahrhundert. Ein weites Geviert, darüber der Himmel als Dach. Vom Refektorium der Mönche, vor 1186 gebaut, blieb das Portal. Der Raum ist jetzt ein Speisesaal der Bauzeit von

1720. Ich richtete den Feldstecher gegen die rundbogige Decke und las zwischen Rankenwerk: Anno 1738. In diesem Jahr hat der Mainzer Hofstuckateur Daniel Schenk die Stuckdecke mit Akanthus, Affen, Vögeln, Wappen geschaffen, in den Ecken kleine Putten als Symbole der vier Jahreszeiten; der Herbst, wie könnte es hier anders lauten, die Weintraube als des Klosters schönste Gabe vorweisend. Lieblich gibt sich der hochgotische Kapitelsaal, in dem zwischen den romanischen Wänden der Jahre vor 1186 seit 1345 eine einzige frei in die Mitte gesetzte Stütze sich zu einem Gewölbestern entfaltet, der mit feinen, zu geometrischen Figuren sich wandelnden Rippen den Raum überspannt und, unsichtbar, einen Teil des Dormitoriumsgewölbes trägt. Auf den Steinbänken vor den Wänden saßen die Mönche, wenn ihnen »das Kapitel verlesen« wurde. Mancher blickte dabei wohl auf die Blumenmalerei, die um 1500 den Gewölbekappen aufgetragen wurde. Düster hingegen die Fraternei, ein zweischiffiger Saal, um 1240 entstanden, mit einem Kreuzgratgewölbe auf steinernen Säulen. Man betritt ihn aus dem Kreuzgang durch die ursprüngliche Pforte, doch bedarf es des Rufes »zur Weinprobe«, damit sie sich öffnet. Auch wer nicht zur Zeit solchen Rufes kommt, findet im Kreuzgarten genug Sehenswertes. Hart war selbst noch ihr Grab, ein Nischengrab neben dem Kirchenportal, in dem die ersten drei Äbte beigesetzt wurden, auch im Tode berufen, durch Askese die Brüder zum heiligmäßigen Leben zu ermahnen. Zu dem Schönsten zähle ich die kleinen Skulpturen, die auf Konsolen an den Kreuzgangwänden stehen, alttestamentliche Propheten und Könige mit weisen Spruchbändern, noch aus dem dreizehnten Jahrhundert, später die Heiligen, auch ein schreibender Mönch, ein knieender Engel, ein lesender Zisterzienser unter Bäumen, der als Sinnbild der Verbundenheit seines Ordens mit der Natur gedeutet wird, schließlich ein kauernder, von einer Last niedergedrückter Mann – der seiner Kleidung nach aber kein Mönch ist.

Zwei reisenden Mönchen, die 1660 nach Eberbach kamen, wurde erzählt, Abt Leonhard 1. habe vierhundert Fuder Wein zurückgelegt gehabt, um aus ihrem Erlös das Kloster neu zu bauen. Seltsamer Gedanke, daß es in diesem Fall dem Dreißigjährigen Krieg zu danken ist, wenn die Abtei, obgleich sie ausgeplündert wurde, mit den meisten ihrer aus der Romanik kommenden Bau-

ten bis auf den heutigen Tag erhalten blieb. Denn der zurück-
gelegte Wein wird durch die Kehlen geflossen sein, bevor er sich
nach dem Abriß des Alten in Neubauten verwandelte. So heißt
es denn: »Während der Kanzler Oxenstierna in dem geleerten
Bibliotheksaal tafelte und von dort aus die reichen Fluren über-
schaute, die künftig ein Theil der Dotation des schwedisch-rö-
misch-teutschen Reichserzkanzlers ausmachen sollten, war der Abt
Leonhard Klinckhart nach Cöln entflohen.« Auf diese Episode,
da Eberbach dem schwedischen Kanzler Oxenstierna geschenkt
war, wird zurückzuführen sein, daß der einstige Westflügel des
Kreuzgangs mit dem darauf gesetzten Fachwerkstock seit längerem Schwedenbau genannt wird. »Erbaut 1500, umgebaut 1751,
renoviert 1954 durch das Land Hessen« erfährt der Besucher
durch eine Inschrift. Der Bau ist als Bibliothek errichtet worden,
mit großem Saal und drei kleinen Bücherzimmern, denn zu der
Hände Arbeit im Weinberg war die des Kopfes für die Wissenschaften gekommen. Einige Patres beschrieben das Leben von
Heiligen. Der Pater Hermann Bär hat ein Buch über die »Cultur
des Rheingaus in den mittleren Zeiten« hinterlassen, erschienen
zu Mainz 1789, dem Jahr, in dem mit der Französischen Revolution die große Weltveränderung begann. Damit fällt auch für
das Kloster Eberbach das Stichwort: Säkularisation, das Ende.
Ein Erlaß des Fürsten von Nassau-Usingen, der Eberbach als
Entschädigung erhielt, hob am 19. September 1803 die Abtei auf,
nach nahezu siebenhundert Jahren ihres Bestehens und Wirkens.
Ein zeitgenössischer Chronist, Bodman, hat dazu die schönen
Worte gefunden: »So ging Eberbach mit dem Glanze der um-
wölkten Sonne an einem schönen Sommerabende unter und hinterließ eine sanfte Abendröthe, welche das Gefühl von Anmuth,
Dankbarkeit und Hochachtung noch lange in den Herzen manches Biedermanns erhalten wird.« Und er setzte hinzu: »Das
Hospital und die in der Folge an dessen Stelle getretenen reich-
lichen Ausspendungen an Rheingau's Kinder der Armuth verpflichten die Nachkommen, der Abtei den Tribut eines dank-
und ehrenvollen Andenkens zu zollen.«

Aus dem Schwedenbau überschreitet man die Klostergasse und
kehrt noch einmal an den Anfang zurück. Die Gasse trennt die
Klausur der Mönche von dem Konversenbau der Laienbrüder.
Durch das alte Portal betritt man zu ebener Erde das Laien-

refektorium aus der Bauzeit um 1200. Es ist ein zweischiffiger kreuzgratgewölbter Saal, und wenn auch die Zeiten Veränderungen brachten, indem sie die Gewölbe erneuerten und die Säulen ummantelten, so wird ihm doch nachgerühmt, in ihm sei wie in keinem der anderen Säle die ursprüngliche Lichtfülle zu erleben.

Ich wanderte zwischen den historischen Keltern umher, die dort im Ausgedinge stehen, nachdem sie die Jahrhunderte hindurch aus den Trauben den Wein gepreßt haben. Das Jahr 1668 steht an der einen, 1794 an einer anderen. Im Dienst des Klosters gingen sie der »Staatsweinkellerei« voraus, die heute in Eberbach das Werk der Mönche fortsetzt, wenigstens den weinseligen Teil. Cabinettwein, Spätlese, Auslese, Beerenauslese, so klingen die Namen, sei es bei den Weinproben oder den Weinversteigerungen, den Weinkonventen oder Weinseminaren, denn als Ort des Weines ist Eberbach so geschäftig wie eh und je. Im Umhergehen sog ich den Traubenduft der alten Keltern ein, den sie wohl nie verlieren.

Krone des Rheingau

SCHLOSS JOHANNISBERG

D as Städtchen Geisenheim am rechten Rheinufer sendet nicht nur aus seiner Staatlichen Lehr- und Forschungsanstalt alljährlich wohlausgebildete Gartenarchitekten gleich Aposteln des edlen Fruchtbaues in alle Welt; es hält sich auch etwas zugute auf seinen spätgotischen Rheingauer Dom und eine sechshundertjährige Linde, die am Lindenplatz steht und jedwedes Jahr an einem Wochenende im Juli Namenspatronin eines Lindenfestes ist. Schützend eingegittert, hat sie ihren Platz auf einer Erdreichinsel zwischen den Straßenkreuzungen, umgeben von bunten Ver-

kehrszeichen und Haltestellen der Busse. So vom Verkehr um-
brandet, ist sie dennoch Treffpunkt und Warteplatz für jung
und alt. Der betagte Baum gehört schon zu den Jahrhunderten,
in denen aus dem Kloster auf dem nahen Johannisberg über
mancherlei Ereignisse allmählich ein Schloß wurde, ein Schloß, das
auf Rebhängen thronend weithin sichtbar ist und so sich den
Namen einer Krone des Rheingaues erworben hat. Wahrhaft eine Dorflinde, um die sich viel zugetragen hat.

An der Linde vorbei führt die Straße auf den Johannisberg
hinauf. Unterwegs, nahe einer Mühle, ist einer Hauswand mit
großen Lettern aufgetragen: »Ludwig der Fromme nennt 817
Weinberge am Elsterbach«. Das war hier, und durch Weinberge
windet sich die Straße noch immer. Ich nahm wahr, daß sie
Kanzler-Metternich-Straße heißt, im Gedenken an den bemer-
kenswertesten Geschichtsabschnitt des Johannisberges, und ihr
folgt »Am Erntebringer«, im Gedenken an einen der edelsten hier
reifenden Weine. Das Geschichtliche ist wechselvoll dahingegangen, die Trauben blieben.

Es begann zwischen 1088 und 1109. Das Kloster Sankt Alban
in Mainz errichtete hier ein Benediktinerkloster, dem der Rhein-
graf Richold große Schenkungen machte. Nach dem Niedergang
im 16. Jahrhundert übernahm zu Beginn des 18. Jahrhunderts
der Fürstabt von Fulda die Niederlassung; diesem wird zugeschrieben, daß die Köstlichkeit der Spätlese entdeckt wurde, denn
die Trauben wurden spät gelesen, weil der Abt sich verspätet
hatte. Der Fuldaer Abt hat die alten Klostergebäude durch das
Schloß ersetzt, das schon bald seine eigene, von der Geistlichkeit losgelöste Geschichte begann. Napoleon schenkte es seinem
Marschall Kellermann, Herzog von Valmy, und was damit ebenso großmütig wie billig als fremdes Gut vertan wurde, war nach
Napoleons Sturz herrenlos. Da ist es dann beim Friedensschluß
naheliegend gewesen, es dem Hause Österreich zu geben. Dieses
wiederum machte es seinem Staatskanzler Clemens Wenzel Nepo-
muk Lothar Fürst von Metternich zum Geschenk, jenem Mann,
der die diplomatischen Fäden so fein zu spinnen wußte, daß
sich der Tyrann darin verfing. Den »Weinzehnten« allerdings
bedang das Kaiserhaus sich aus.

Metternich kehrte durch diese Dotation in die Heimat seiner
Familie zurück. Wenngleich er als österreichischer Staatsmann in

den Geschichtsbüchern steht, so war er doch ein Deutscher, geboren zu Koblenz. Seine Zeitgenossen bezweifelten nicht, daß er
in den europäischen Angelegenheiten das entscheidende Wort
sprach. Er selbst bezeichnete sich als eine moralische Macht in
Deutschland und selbst in Europa, die vollenden könne, was vorher unausführbar erschienen sei. Doch noch niemand hat politische Planungen zu allseitiger Zufriedenheit vollenden können.
Auch Metternich lief die Zeit davon, und so scheiterte er wie alle
vor und alle nach ihm zuletzt an den inneren Angelegenheiten.
Am 13. März 1848 stürzte ihn die Revolution. Er floh aus Wien.
Nach wenigen Tagen, am 20. März, schrieb er aus Feldsberg:
»Heute sind es dreiunddreißig Jahre, seit Napoleon seinen Einzug in Paris hielt. Damals war ich sehr beschäftigt; heute ist die
Welt in hohem Grade aufgeregt und ich ruhe mich aus.« In einem anderen Brief jener Tage, die für ihn Tage des Ungewissen
waren, stellte er die Frage: »Welches wird die Zukunft für das
herrliche Mittelreich sein?« Und er gab prophetisch die Antwort, die sich ein halbes Jahrhundert später, 1918, bewahrheiten
sollte: »Im naturgemäßen Verlaufe der Dinge liegt dessen Zer-
fallen in Theile.«

Nach längerem Aufenthalt in England, wo er sich an Wel-
lington, den »bewährten Freund«, hielt, denn die Erinnerung an
den Endsieg von Waterloo verband beide, reiste der Flüchtling
über Belgien nach dem Johannisberg. Im Juni 1851 traf er ein
und blieb bis zum September. Es war sein letzter Aufenthalt
dort. Aus dem Tagebuch seiner Frau Melanie und seinen Briefen an die Tochter Leontine läßt sich ein Einblick in jene Tage
gewinnen. Als sie auf der Anreise durch Köln spazierten, verfolgte sie »ein verdächtig aussehender Mann« mit dem Rufe:
»Ist das Er, ist das Er?« Die Fürstin fürchtete einen Augenblick,
daß andere sich »diesem Elenden beigesellen könnten«; er blieb
aber allein. »Wir kamen sehr glücklich in Bonn an, wo wir durchaus freundlichen Empfang hatten. Am 11. bestiegen wir bei
schönem Wetter das Dampfschiff.«

Die Fürstin vermerkte in ihrem Tagebuch, sie wolle nicht versuchen, die Gefühle zu beschreiben, die sie beim Anblick der
wunderbaren Aussicht vom Johannisberg überwältigten. »Ich
glaubte wohl nicht, dieses Schloß je wiederzusehen und nie erschien mir der Anblick so zauberhaft.« Nach vierzehn Tagen

meinte der Fürst, sie seien wie ebenso viele Stunden vergangen. »Täglich kommen Besuche aus Frankfurt und der ganzen näheren und ferneren Umgegend, ohne daß ich offene Tafel zu halten brauche. Conservative und Umsturzmänner strömen auf den Johannisberg. Vorgestern speiste der alte Gagern bei mir, der mich umarmte und mir schwur, er habe die »kühnen Griffe« seines Sohnes mißbilligt. Die Paulskirche wird geräumt und statt der politischen Ketzerei der religiösen wiedergegeben«. Der Sohn, Heinrich von Gagern, hatte als Präsident der Nationalversammlung in der Paulskirche von einem »kühnen Griff« gesprochen, den er tun wolle: die künftige Zentralgewalt solle einem Reichsverweser mit verantwortlichen Ministern übertragen werden, »und wir schaffen die Einheit unseres Volkes und Vaterlandes, nach der wir schon so lange uns sehnten«. Metternich hielt von solchen Vorstellungen nichts. Ihm war berichtenswert, daß man im Fremdenbuche »seltsamen Combinationen« begegne; die eine sei »eine Liste von ungefähr zwanzig Abgeordneten des Frankfurter Parlaments, lauter Mitglieder der äußersten Linken, die sich unter dem ausgesprochenen Patronate des Herrn von Itzstein eingetragen haben, meines rothen Nachbarn im Rheingau, der in den letzten fünfundzwanzig bis dreißig Jahren und beim Aufstande in Baden eine große Rolle gespielt hat«. Wegen eines unterstrichenen Datums, des 15. Mai 1849, scheint ihm eine andere Namensliste noch bemerkenswerter. »Du begreifst die darin enthaltene Anspielung; sie bezieht sich auf den Tag und das Jahr, in dem zwanzig Zeitungen die Forderung aufstellten, der Johannisberg solle conficirt und Herrn Heinrich von Gagern als patriotisches Geschenk dargebracht werden!« Die Zusammenstellung dieser Daten rief ihm auch die Aussage der Heiligen Schrift über die Zeder vom Libanon ins Gedächtnis. »Die Cedern sind gefallen und ich habe gelesen! Kein Mensch hat das Recht, mehr zu verlangen.«

Metternich meint, er sei »weder ein Geck noch ein Träumer, sondern ganz das Gegentheil dieser erbärmlichen Menschengattung«. Zu den Erkenntnissen, die er in seinen Briefen hinterläßt, gehört auch diese: »Eine Revolution ist niemals die Sache, sondern der Übergang von einer Sache zur anderen, welcher nie dem entspricht, was die Urheber des Umsturzes im Auge haben«. Die Zeit und der natürliche Lauf der Dinge, so sagt er, würden

die Stellungen regeln, »und Alles was die Menschen in dieser
Beziehung thun können, besteht darin, Thorheiten zu vermei-
den und mit offenen Augen auf dem geraden Wege zu wandeln«. Der Tag von Waterloo, der 18. Juni, ist ihm ein Datum all-
jährlichen Gedenkens; es ist zugleich der Jahrestag der Geburt
seiner Tochter. »Du und diese Schlacht, Ihr nehmt hervorragende
Plätze in meinem Herzen und meinen Erinnerungen ein.« Als
Metternich und Bismarck, der eine 78, der andere 36 Jahre,
sich auf dem Johannisberg begegneten, gab es noch keine Einsicht in das, was aus der seit dem Friedensschluß noch offenen
deutschen Frage werden mochte. Es war ein Augenblick der Leere
zwischen gestern und morgen. Melanie Metternich machte die
Tagebuchnotiz: »Der preußische Gesandte Herr von Bismarck
brachte einen Tag bei uns zu. Er hatte ein langes Gespräch mit
Clemens und scheint die besten politischen Grundsätze zu haben.
Mein Mann hat sich sogleich für ihn sehr interessiert. Mir schien
er angenehm und überaus geistreich.« Bismarck, Preußens Ge-
sandter am Bundestag zu Frankfurt, hat es nicht eilig gehabt,
Metternichs Einladung zu folgen. Ein paarmal fuhr er vorbei
und schob den Besuch auf. Am 11. August schrieb er dann seiner Frau Johanna, den Mittwoch und Donnerstag habe er »bei
dem alten Metternich« zugebracht. »Er war sehr liebenswürdig
und behaglich, erzählte ohne Unterbrechung, von 1788 bis 1848,
von Politik und Weinbau, von Literatur und Forstkultur.« Bismarck hörte nur »in schwermüthiger Zerstreutheit« zu, weil er
grübelte, warum von Johanna so lange kein Brief gekommen ist.
Sie tranken von Metternichs »bestem Johannisberger«.

Metternich ließ 1826 das Schloß umbauen, auch die Klosterkirche verändern. Beide brannten im Zweiten Weltkrieg bis auf
die Umfassungsmauern aus. Vom Bau des Fuldaer Abtes blieben
unverändert die zwei Pavillons im äußeren Hof erhalten. In der
Vorhalle der Kirche findet der Besucher das Geschichtliche des
Gotteshauses kurz verzeichnet: »Von 1100 bis 1803 Benedikti-
nerkirche und Kloster«. Ich sah, daß jemand die Jahreszahl 1803
mit Bleistift unterstrichen und dazu vermerkt hat: Säkularisation!
»Im Laufe der Jahrhunderte«, so liest man weiter, »mehrmals
teilweise zerstört bzw. abgebrannt und umgebaut. Durch feindliche Flieger mit Inventar und allen Paramenten zerstört August 1942«. Eine Dame aus einer Reisegesellschaft, als sie dies las,

flüsterte vor sich hin: Hier also auch! Schließlich die Schlußbe-
merkung: »Wieder aufgebaut durch Pfarrgemeinde und Schloß
1945 bis 1952.«

Die Denkmalpflege machte den als für die Bauzeit recht alter-
tümlich bezeichneten Grundriß, wie er von dem karolingischen
Mutterkloster Sankt Alban übernommen war, wieder deutlich
und gab der Kirche die romanische Substanz des Gründungs-
baues aus dem Anfang des 12. Jahrhunderts zurück. Man befindet sich in einer dreischiffigen Pfeilerbasilika mit flacher Holzdecke und drei sich an das vorspringende Querschiff anschließenden Apsiden – ein heller Raum romanischer Harmonie, auf
die auch die moderne Einrichtung abgestimmt ist. Auf einer an
der Mauer befestigten Tafel steht in goldenen Lettern: »Hier
wählte seine Ruhestätte Nikolaus Vogt, geboren zu Mainz 6. Dezember 1756, gestorben zu Frankfurt am Main 19. März 1836.
Dem treuen Verfechter des alten Rechtes, dem begeisterten Freunde des deutschen Vaterlandes, dem eifrigen Förderer der heimatlichen Geschichte widmet diesen Grabstein sein Freund und dank-
barer Schüler C. W. L. Fürst v. Metternich«.

Zugänglich für den Besucher ist die Terrasse des Schlosses, ein
Platz mit ein paar alten Bäumen, auf dem seitwärts noch der
Eingang zum Klosterkeller zu sehen ist, mit einer Jahreszahl des
18. Jahrhunderts an der Türwölbung. Nach Süden und Westen
hin öffnet sich die grenzenlose Weite, das, was Fürstin Melanie
»die wunderbare Aussicht« nannte. Der Fürst selbst sprach von
einer »prächtigen Lage mit trefflicher Luft«. Von dieser Terrasse
aus sah er im Kreise von Bundestagsgesandten die Sonnenfinster-
nis des 28. Juli. Sie wollten Zeuge sein, wie ein Lichtherd ver-
schwindet, wenn ein dunkler Körper sich zwischen ihn und das
menschliche Auge stellt. »Der Tag war prächtig und der Augenblick der Lichterscheinung von der Terrasse aus sehr interessant«.
Entgegen abergläubigen Ängsten fand er, nachdem der Mond
sich nicht mehr zwischen Erde und Sonne stellte, »daß Alles in
Ordnung geblieben« – woran er auf sich selbst schließend die
Bemerkung knüpfte, er könne sich nun einmal nicht von dem
System losmachen, das seinen Namen trage. Hier draußen sprach
er auch allein mit dem König von Preußen, als dieser ihn unerwartet während einer Schiffsreise von Stolzenfels nach Mainz
besuchte, am 17. August. Ein Feldjäger hatte erst am Morgen

den Brief mit der Anfrage gebracht, ob er willkommen sei. »Mein theuerster Fürst!«, so begann der König sich an den Mann auf dem »rebenreichen Hügel am Rhein« zu wenden, um ihm dann zu sagen: »Immer danke ich Gott, daß Sie in Deutschland, daß Sie auf dem Johannisberg sind und daß es anders in Deutschland steht als vor drei Jahren, wo Sie nicht da waren«. Fürstin Melanie schrieb in ihr Tagebuch: »Der König umarmte meinen Mann mit einer rührenden Wärme«. Als Regen die beiden von der Terrasse vertrieb, traten sie in den Saal, in dem alle Gäste versammelt waren.

Auf der Terrasse kann man in einem Weinausschank beim Johannisberger meditierend in Vergangenheit und Gegenwart blicken. Vor dem Schloß hatte ich zwei Zedern bemerkt. Es seien Libanon-Zedern, betonte ein des Weges kommender Mann, den ich der Bäume wegen ansprach. Ein anderer wußte nicht mehr zu sagen, als daß die Bäume uralt seien. Er konnte nicht wissen, was der Anblick der Zedern mir zu einem Ereignis machte. Denn an die Tochter Leontine hat Metternich geschrieben, daß die Pflanzungen, die er im Jahre 1845, als er zuletzt hier weilte, anlegen ließ, prächtig gediehen seien. »Besonders meine Cedern sind herrlich. Die größte ist wenigstens dreißig bis fünfunddreißig Fuß hoch und der Stamm zwei Fuß dick; die Zweige beschatten eine Fläche von mehr als vierzig Quadratfuß. Es unterliegt keinem Zweifel, daß Boden und Klima diesem wundervollen Naturproducte bestens zusagen.« In einem späteren Brief nahm er für sich in Anspruch, daß ihm die Verpflanzung von Libanonzedern in den Rheingau zu danken sein werde. »Der Rest des Gebüsches, das ich einen Wald nenne, besteht aus schönen Bäumen und Gesträuchen aller Art.«

Sein Wald ist heute ein waldartiger Park, eingezäunt und zu seinem Schutz nicht alle Tage zugänglich. Von den beiden in freiem Wuchs auf dem Schloßplatz stehenden Zedern trägt die eine an ihrem starken Stamm eine kleine Tafel: Naturdenkmal. Unter die andere ist eine Bank gestellt. Dies ist, was von des Fürsten Metternich Taten von Dauer blieb. Er würde es nicht gering achten, denn er war ein Freund der Gärten und der Natur. Eigentlich wollte er ein Naturwissenschaftler werden. Seine Berufung auf die »Ceder des Libanon« meint im Alten Testament Sacharja 11,2, wo es sibyllinisch zum Zusammenbruch von Weltmacht und zur Herrschaft törichter, weil gewalttätiger Hirten heißt: »Heulet, ihr Tannen! denn die Zedern sind gefallen, und die Herrlichen sind verstört. Heulet, ihr Eichen Basans! denn der feste Wald ist umgehauen«. Der Prophet, welcher auf Gottes Geheiß ein guter Hirte sein sollte, nahm zwei Stäbe, den einen hieß er Huld, den anderen Eintracht, und in diesem Zeichen strebte er nach Frieden zwischen den zwei Reichen.

Ein Tag im Mai

DAS HAMBACHER SCHLOSS

Wer der deutschen Vergangenheit im Hambacher Schloß begegnen will, kann es sich bequem machen. Gute Straßen führen nahe heran. An dem zu Straßen gewordenen Weg haben anfangs die Römer gebaut und zuletzt die Amerikaner. Mit Hilfe amerikanischer Truppen wurden die Autostraßen von Mittelhambach und Oberhambach auf den Bergsattel geführt, die dort unterhalb der Burg auf einem Parkplatz enden. Die Straße ist streckenweise die Deutsche Weinstraße, die zwischen Neustadt und Landau das gar nicht mehr so dörfliche Hambach berührt. Über dem Ort liegt auf einem Bergkegel der Hardt das Schloß.

Seine Vergangenheit wie die Gegenwart geben ihm im Sprachgebrauch den Charakter einer nationalen Gedenkstätte.

Ich machte mir den Zugang weniger bequem. Sobald ich am Straßenrand die bescheiden hölzerne Tafel »Fußweg zum Schloß« bemerkt hatte, entschied ich mich für den stillen Pfad. Es ist ein am Hang durch Laubwald führender Weg. Mir schien es nach geraumer Zeit, als wolle er kein Ende nehmen. Geht man solch einen Weg wohl schon eine Stunde, begegnet keiner Menschenseele, erhält keinen Ausblick zur geographischen Orientierung, ist verlassen auch von den Wegweisern und hat rundum nur Wald, dann beginnt man zu zweifeln, ob dies zum Ziele führt. Als ich an der Erreichung des Zieles, des Schlosses, zu zweifeln begann, legte ich mir den Weg symbolisch aus. Ich sagte mir, auch der Weg der deutschen Geschichte, sieht man ihn als Weg zum Ziel der nationalen Einigung, sei verschlungen und lang; wir gehen ihn immer noch, und können nicht die Zweifel kommen, ob wir das Ziel erreichen werden? Es ist ein Weg im Auf und Ab. Plötzlich, schon nicht mehr erwartet, auch nicht vorherzusehen, tat sich der Wald auf und im nun freien Blick lag vor mir und nur wenig über mir das Schloß.

Es ist die alte Kästenburg, die jahrhundertelang ihren Namen nach den ihr benachbarten Bäumen eßbarer Kastanien trug, bevor der Volksmund sie zum Schloß erhob. Sie war da schon Ruine und als Ruine Ausflugsziel. Über parkartigen Anlagen und den Resten eines dreifachen Beringes von Mauern und Zwingern steht sie frei auf einer Kuppe, mit einer dreistöckigen Palasfront und einem vierkantigen Turm dem aufsteigenden Besucher zugewandt. Es ist dies im wesentlichen ihr Gesicht des 19. Jahrhunderts. Mit der Fassade verbirgt sie beim ersten Anblick noch das Ältere, das Ruinenhafte. Auf ihrem Turm bemerkte ich sogleich, vom Winde entfaltet, die schwarz-rot-goldene Fahne, die hier nicht ohne Sinngebung aus dem Geschichtlichen aufgezogen wird.

An einigen Stellen des Mauerwerks lassen sich die Perioden des Baues ablesen. Sie zeigen sich von megalithischen Schichten, den schweren naturhaften Steinbrocken der frühen Bauzeit, über die bearbeitete staufische Buckelquader bis zu den kleineren, epigonenhaft nachgeformten Steinen der Neuzeit. Der Bergfried bietet sich als Objekt für solche Studien. Er sitzt auf megalithischen Quadern, die vielleicht noch aus keltischer Zeit stammen. Die darüber liegenden vier Schichten großer Buckelquader mögen um das Jahr 1000 gelegt sein; vielleicht sind es vorgefundene, schon von den Römern verbaute Steine. Auch der Palas in seinem östlichen Flügel, der an den Palas angesetzte Nordturm, der mit dem Bergfried verbundene Hohe Mantel und die äußere Ringmauer verzeichnen im sichtbaren Wechsel des Gesteins den Wechsel der Zeiten.

Verbindet man das Gestein mit den Menschen, die es verbaut haben, ergibt sich für die Kästenburg eine lange, an Bedeutung wie an Unruhe reiche Kette der Geschehnisse. Zu Beginn des 11. Jahrhunderts haben die salischen Kaiser den Bau als Reichsfeste begonnen. Über Erbschaft und Vermächtnis kam sie im Jahr 1100 in den Besitz des Speyerer Domstiftes und verblieb bei diesem durch sieben Jahrhunderte. Vornehmlich im 13. und 14. Jahrhundert haben, wie aus der Ruine abzulesen, die Bischöfe den Ausbau der Burg betrieben. Dann kamen die Zerstörungen: 1525 durch die aufständischen Bauern, 1552 durch den »wilden Markgrafen« Albrecht Alkibiades von Brandenburg, 1799 durch die Franzosen. Was noch da war, verfiel nun und wurde schließlich bayerisch, als der Wiener Kongreß die Pfalz dem Haus Wittelsbach zusprach. Vom bayerischen Staat erwarben 1823 einige Neustädter Bürger das Burggelände, das sie 1842, nachdem die Geschichte sich einige Paukenschläge an diesem Ort erlaubt hatte, dem Kronprinzen Maximilian von Bayern bei seiner Hochzeit mit der Prinzessin Marie von Preußen zum Geschenk machten. Die Kästenburg der Dienstmannen von Königen und Bischöfen, das Hambacher Schloß des Volkes, erhielt nun nach dem Kronprinzen den Namen Maxburg.

Bevor dies sich ereignete, war jener Tag in den Burgkalender geschrieben, von dem bis heute Bewegungen ausgehen, die ihn unvergessen machen. Der 27. May 1832, das Hambacher Fest. Es zu verstehen, ist ein Blick auf die Zeitverhältnisse zu werfen. Im Kampf gegen Napoleon, vereint mit den gegen die Tyrannei verbündeten Völkern, kämpften die jungen Deutschen für ein neues Vaterland, ein in Einigkeit und Freiheit zu erneuerndes Reich nach dem Untergang des Heiligen Römischen Reiches Deutscher Nation. Der mit dem Blut der Gefallenen geheiligt empfundene Wunsch blieb unerfüllt. Statt der Vereinigung der Vaterländer von dreiunddreißig Fürsten unter Einer Krone fand

Metternich auf dem Wiener Kongreß nur die Lösung im Deutschen Bund mit der Gesandtenkonferenz des Bundestages in Frankfurt als gemeinsamem Dach. Die Auflösung des alten Reiches, der Tag, an dem der letzte römisch-deutsche Kaiser die Krone niederlegte, lag erst elf Jahre zurück, als am 18. Oktober 1817, am vierten Jahrestag der Völkerschlacht von Leipzig, die Studenten auf der Wartburg ihr Fest der deutschen Verbrüderung feierten, den »Landsmannschaften« die allumfassende deutsche »Burschenschaft« entgegensetzten, zum Zeichen, daß alle Studenten *eins* sind, daß sie alle zu einer einzigen Landsmannschaft gehören, der *deutschen* (welches Wort die Zeitschrift »Isis« des Professors Oken in Jena in ihrem Bericht im Druck hervorhob als das, worauf es ihnen ankam). Sechsundzwanzig Jahre lag die Auflösung des alten Reiches dann zurück, als das Hambacher Fest begangen wurde – nicht mehr nur ein Bekenntnis der Studenten, sondern des Volkes.

»Alle seien darum eingeladen zum großen Bürgerverein, der am Sonntag, 27. May 1832, auf dem Schlosse zu Hambach stattfinden wird.« So der Aufruf freier Bürger. Es gelte der Abschüttelung innerer und äußerer Gewalt, der Erstrebung gesetzlicher Freiheit. »Wollen die Deutschen ein Fest begehen, ist es ein Fest der Hoffnungen.« Zwanzigtausend und mehr kamen, mit ihnen Franzosen und Polen. Der Landcommissär Philipp Jakob Siebenpfeiffer und der Journalist Johann August Wirth, dieser Herausgeber der Zeitschrift »Deutsche Tribüne«, der andere Schüler des Historikers Karl von Rotteck, hielten die Ansprachen, ausklingend in den Ruf: »Es lebe das freie, das einige Deutschland! Hoch das conföderierte Europa!« Sie sprachen auch von einem Völkerbund. In Wien schrieb Metternich in seinen Bericht für den Kaiser, der nur noch ein Kaiser von Österreich war, dies sehe sich an wie eine deutsche Nationalversammlung.

Von dem Übergang der Ruine an den Kronprinzen von Bayern und seine preußische Gemahlin führt, wenn auch über ein Jahrhundert, die Linie unmittelbar in die Gegenwart. Wie das so ist, wenn das Gewohnte sich ändern soll. Die Leute hängen am Überlieferten. Die Pfälzer sind deshalb ungern bayerisch geworden. Um das Königshaus dem Herzen des neu erworbenen Volkes näherzubringen, wurde die Kästenburg ausersehen, eine Sommerresidenz zu werden. Im Jahr 1844 begann man, die Ru-

ine zum Königsschloß »Maxburg« auszubauen, geplant als großartiges Bauwerk in neugotischem Stil – und dieses findet man
heute unvollendet neben und in dem Gemäuer der alten Burg.
Schon Ende 1846 wurde der Bau aufgegeben. Warum – das
ist die Frage, die sich aufdrängt. Die Mutmaßungen verwiesen
bisher auf bautechnische Mängel und das Geld, das man nicht
hatte, auch auf die Unlust am Hofe, die von der Revolution
hervorgerufen sein könnte. Mit dem Geld haperte es nach Aus-
weis der Abrechnungen in der Tat, aber die Revolution kam erst,
als die Arbeiten längst eingestellt waren. In jüngster Zeit hat
Oberbaurat Jakob Straub aus den im wittelsbachschen Archiv ru-
henden Akten gefolgert, welches der wirkliche Grund gewesen
sei, den Bau aufzugeben: der Kronprinz wollte ganz einfach nicht
mehr, nachdem er von vornherein nicht von der Idee begeistert
gewesen sei, in der Pfalz ein Schloß zu bauen. Der Platz wurde
verlassen, Baum und Strauch wucherten darüber hin, Gestein
stürzte zusammen und häufte sich hoch zu Schutt. Er lag so im
Verfall bis 1952. Da hat der Landkreis Neustadt den Platz aus
dem Besitz des Hauses Wittelsbach erworben und durch den Ausbau der Ruine dem Schloß seine Aufgabe für die Gegenwart
gegeben.

Seit 1968 hat das Schloß seinen Festsaal, eine Stätte der Begegnung zu politischem Gespräch, auch zu dem ganz Unpoliti-
schen, dem Serenadenkonzert. Der Saal ist ein langgestreckter
Raum mit Empore und Galerie und einer hölzernen Flachdecke,
eingefügt in das ältere und neuere Mauerwerk des Palas. Sein
einfaches Gestühl ist dem Rednerpult vor der Schmalseite und
einem großformatigen Wandbild zugewandt: »Zug auf das
Schloß Hambach am 27ten May 1832« – die Nachbildung einer
zeitgenössischen Sepiazeichnung, die sichtbar macht, wie tief das
Volk jenes Fest empfand. Die Tausende von Menschen winden
sich in langem Zuge den Berg hinan, auf dessen kahler Höhe
die Burgruine steht. Weit entrollt und von den Armen kraft-
voll emporgereckt ist die Fahne Schwarz-rot-gold, die Fahne der
»deutschen Farben« aus den Emblemen des Heiligen Römischen
Reiches, dem schwarzen Adler mit roten Fängen auf goldenem
Grund. Das Lützowsche Freikorps und die Burschenschaft hatten
sie schon in ihre Kokarden und Bänder übernommen, nun geschah es wohl zum ersten Mal, daß sie zum breiten Fahnentuch

gereiht waren, als Trikolore Symbol von Freiheit und Einheit und mit der Aufschrift: »Deutschlands Wiedergeburt«.

Natürlich, das »Hambacher Fest« hat die deutsche Landkarte mit den dreiunddreißig souveränen deutschen Fürstenstaaten und den drei Republiken der Hansestädte nicht verändert. Die Zeit war weder reif für Einheit und Freiheit unter einem Kaiser noch für eine »deutsche Republik«. Der »Tag im May« blieb ein Fest der Hoffnungen auf dem langen Weg von der Auflösung des Heiligen Römischen Reiches 1806 bis zu dem neuen Deutschen Reich von 1871, ein Weg von fünfundsechzig Jahren. So das Maßlose der »Unbedingten« auf der Wartburg und auf dem Hambacher Schloß in Erscheinung getreten war, rief es den Widerstand der Regierungen und Verfolgung hervor. Dennoch: es ist, als sei die dort entfachte Flamme nie zu löschen. An seinen Jahrestagen stand das Hambacher Fest immer wieder auf, nicht nur auf dem Schloß selbst, sondern vielerorts. Es wurde das Zeichen, begeisternd die einen, schreckend die anderen.

Am Tag der Hundertjahrfeier, 1932, in einer Ansprache beim Schloß, nannte der Reichstagsabgeordnete Theodor Heuss das Fest vom 27. Mai 1832 »die erste politische Volksversammlung der neueren deutschen Geschichte«, eine »seltsame und fast ein wenig erstaunliche Geschichte«. Am Tag der hundertfünfundzwanzigsten Wiederkehr und nochmals zur Weihe des Festsaales zwölf Jahre später sprach der Bundestagsabgeordnete Carlo Schmid davon, »wie wenig die Deutschen wissen, was sie eigentlich sind, wie wenig die deutschen Demokraten wissen, woher sie gekommen sind. Und wer nicht weiß, woher er kam, der weiß auch nicht, wohin er geht.« Er verwies auf Friedrich Engels, der anläßlich dieses Hambacher Festes die Nation entdeckt habe und die Bedeutung der Einheit der Nation für den Fortschritt der Gesellschaft. Noch ein anderer gehört in den Strahlungskreis von Hambach, Bismarck, der in »Gedanken und Erinnerungen« im Rückblick auf sein staatsmännisches Werk der Einigung sagt: »In mein erstes Semester fiel die Hambacher Feier (27. Mai 1832), deren Festgesang mir in der Erinnerung geblieben ist, in mein drittes der Frankfurter Putsch (3. April 1833).« Er, der junge Bismarck, hatte republikanische Neigungen und war zur Burschenschaft in Beziehung getreten, bis er dort den Eindruck »einer Verbindung von Utopie und Mangel an Erziehung« gewann.

Auch »diese Erscheinungen« wie die »tumultuarischen Eingriffe in die staatliche Ordnung« stießen ihn ab. Hiervon und von seinen Zweifeln an vielem vom hergebracht Gültigen spricht er und fügt hinzu: »Gleichwohl bewahrte ich innerlich meine nationalen Empfindungen und den Glauben, daß die Entwicklung der nächsten Zukunft uns zur deutschen Einheit führen werde; ich ging mit meinem amerikanischen Freunde Coffin die Wette darauf ein, daß dieses Ziel in zwanzig Jahren erreicht sein werde.«

Ein von Zeit und Vorzeit geheiligter Ort. Grabungsfunde bei den jüngsten Bauarbeiten führen weit zurück. Vielleicht, so die Vermutung, hat sich hier ein Tempel für den Römergott Merkur und vor diesem eine Kultstätte für den Germanengott Wotan befunden. Ein Bacchus-Relief wurde entdeckt, eine Münze des Kaisers Magnentius, 350 n. Chr., gefunden. Geblieben ist des Schöpfers Werk, wie es sich in der Begegnung von Gebirge und Ebene an diesem Ort zeigt. Für das Hinabschauen sind ein paar Bänke vor die Ruine gestellt. Drunten ist das Land flach und wie mit einem dunkelgrünen, aus Reben geflochtenen Teppich belegt. Dörfer hier und da, auch Hochhäuser ragen auf, und weithin geht der Blick über die Pfalz in die oberrheinische Tiefebene hinein. Ist die Luft klar, treten die Berge des Odenwaldes und Schwarzwaldes hervor. An das Mauerwerk der Ruine, die den Sturm fürchten müßte, würde sie nicht von starken Stützen gehalten, schmiegen sich Heckenrose und Brombeere, und das Efeu klettert an ihr hinauf. Wiederum war es ein »deutscher Mai«, der erste Jahrestag nach dem Fest, 1833, als ein Gendarmeriebericht der Behörde dahingehend Meldung machte, daß die Angabe, es habe sich jemand damit befaßt, die Efeublätter auf dem Hambacher Schlosse mit dem Wort Freiheit und ähnlich zu bedrucken, als unbegründet gefunden wurde.

Verlassen

Ein Blatt alter Grafik zeigt die Ruine der Burg Ehrenfels um die Mitte des vergangenen Jahrhunderts. Junge Menschen sind dorthin gewandert. Sie lagern neben der Ruine; einer der Männer, auf vorgeschobenem Fels stehend, schwenkt mit hochgerecktem Arm seine Kappe grüßend zum Rhein hinunter. Dort steht auf einer Insel der Mäuseturm. Kleine Raddampfer mit Rauchfahnen aus hohen Schornsteinen und Segelschiffe, vom Wind getrieben, ziehen vorbei, und jenseits des Stromes fährt ein Zug, der aus der Lokomotive eine Rauchfahne über alle seine Wagen bläst. Das Bild gleicht den Schilderungen der zeitgenössischen Reiseführer. Der Rhein, so liest man in Simrocks Buch, stürze hier über Felsen brausend dahin, und sein Rauschen tose erschreckend herauf zu dem Wanderer, der jetzt aus den epheubekleideten Fensteröffnungen des Ehrenfels niederschaue. Er fügte hinzu: »Wenn irgendeine der alten Burgen in den Uferfelsen des Rheintales Wiederherstellung verdiente, so wäre es diese; auch könnte es ohne großen Aufwand geschehen, da die zierlich gekrönten Thürme noch ganz wohl erhalten sind.«

Rüdesheim, mit seiner weinseligen Drosselgasse und einem Anflug des Mondänen das touristische Phänomen mit drei Millionen Besuchern im Jahr, war damals ein in den Reiseführern kaum beachtetes Schifferstädtchen. Wer mag, kann sich aus den Millionen lösen und nach dem Ehrenfels wandern. »Niemand versäume den Weg zu gehen«, hatte noch der Bonner Professor Karl Simrock geschrieben, »er gewährt eine der herrlichsten und am Ziel vielleicht die erhabenste Ansicht, die das Rheinland bietet.« Oberhalb der Stadt zweigt vom Fußweg nach dem Niederwalddenkmal der bescheiden gekennzeichnete Burg-Ehrenfels-Weg ab – ein Weg von Straßenbreite, unbefestigt, den man zu Fuß gehen muß.

Ein heißer Augusttag. Die Sonne heizte aus wolkenlosem Himmel. Trocken. Straßenstaub wie Pulver. Beiderseits die Rebhänge, scheinbar ohne Grenzen. Noch ganz so, wie es Simrock beschrieb: die steilste Lage in deutschen Weinbergen, der Hang gestützt durch viele Mauern. »Man hat den Rüdesheimer Berg mit seinen drei Lagen einen ganz gemauerten genannt. Er ist in unzählige Terrassen gebrochen.« Oder wie es in J. A. Kleins erstem Bädeker von 1828 zu lesen war: »Es ist der Berg, auf welchem die Blume des Rüdesheimer Weines, der Bergwein, vom Morgen bis zum Abende im vollen Sonnenglanze reift, wo der Fleiß des Winzers Terrasse an Terrasse gleich steilen Treppen erhob.« Mitten hindurch, entlang mannshoch sich türmender starker Mauern, führt der Weg. Ich ging ihn eine gute Stunde. Keine Menschenseele sonst. Hin und wieder flog ein Vogel auf. Dürstend zwischen kargem Gestein ein paar Pflanzen der blauen Wegwarte, des gelben Rainfarn, der Schafgarbe und der Kamille. Großartig jedoch der Blick hinab auf den Strom und auf sein Ufer drüben, das »linksrheinische«, wo Bingen mit seiner Burg Klopp und Bingerbrück begleitend immer zur Seite sind.

Die Ruine des Ehrenfels bleibt lange unsichtbar. Glaubt man ihr nach der Länge des Weges nahe zu sein, ist es immer eine Täuschung – bis sie dann endlich doch auf einer Felsnase hervortritt. Sie gleicht noch dem Bild, das Pauer vor mehr als hundert Jahren von ihr gezeichnet und Foltz in Stahl gestochen hat. Zwischen zwei Rundtürmen eine zwanzig Meter hoch aufsteigende Schildmauer; von diesen Türmen des 14. Jahrhunderts trägt der östliche einen achteckigen Wehrgang auf schmückenden Kleeblattbogen. Dies ist der noch aufragende Kern der Anlage. Aber die Fröhlichkeit der zwei Menschenpaare, die der alte Stich spüren läßt, ist verflogen. Statt des an der Schildmauer rankenden Efeu ist dort heute eine Warnung zu lesen: »Achtung! Einsturzgefahr! Betreten der Ruine und der Umgebung streng verboten«.

Die Nachdrücklichkeit des Verbotes scheint durch den Anblick der Ruine gerechtfertigt. Die Krone von Mauern und Türmen durch den Verfall des Gesteins zerklüftet. Ein Baum hat sich oben angesiedelt. So ganz verlassen, und welch ein Leben war doch hier. Die Mainzer Erzbischöfe hatten die Veste zu Beginn des 13. Jahrhunderts errichtet und in der Mitte des folgenden Jahrhunderts zu ihrem zeitweiligen Sitz ausgebaut. Häufig hielten sie sich hier auf. In Kriegszeiten, so 1374, verwahrten sie hier den Domschatz. Die größte Merkwürdigkeit berichtet eine Urkunde

des Erzstiftes aus seiner Kanzlei zu Aschaffenburg vom Tag
»Symonis et Judae Apostolorum« im Jahr 1344. Sie spricht von
der Anwesenheit eines »Furschutzen« auf Ehrenfels, eines Feuer-
schützen, der in der Lage war, mit Pulver große Verheerungen
anzurichten. Es mag dies der erste gewesen sein, der mit der
neuen Erfindung, dem Pulver, in Deutschland auftauchte, noch
vor dem sagenhaften Mönch Berthold Schwarz, der die wirksa-
mere Pulvermischung, das Schwarzpulver, entdeckt haben soll.
Der Erzbischof, kaum hatte er die Anwesenheit eines solchen Mannes vernommen, wünschte, daß er zu ihm komme, und wenn er
einen wisse, der solche Kunst auch verstünde, solle er ihn mit-
bringen. Im Jahr 1689 wurde von den französischen Invasions-
heeren auch Ehrenfels zerstört.

Die strategische Bedeutung des Platzes ist geographisch spürbar. Wie eine grüne Wand bilden die jenseitigen Waldberge eine
das Bild abschließende Kulisse im Rücken der Burg, denn der
Rhein verläßt hier den ost-westlichen Lauf und wendet sich in
scharfer Biegung für eine Weile nordwärts. »Der Felsen (so Simrock), in dem die Burgruine wie ein Schwalbennest hängt, ist der
Thürpfosten des mächtigen Bergthores, das sich der Rhein nach
dem Schauplatz seiner männlichen Thaten gebrochen hat«. Drunten der »Mäuseturm« auf einer Klippe im Strom. Gelb und rot
leuchtet er in frischem Anstrich über dem Grau des Wassers und
vor dem dunklen Grün der Wälder und Reben. Er war ein mit

PROPRIETAS TYRANNI

EHRNFELSER ZOLL

RHENUS.   PLUVIUS.

Principio, ut vulpes vivit palpando Tyrannus,   *Mox in mortales, ut Leo saevis, ugit.*

Ein Tyrann als ein fuchs listig,   *Nach dem als ein Löw wüten thut*
Im anfang zeugt das Volck akn sich.   *Und dürstet nur nach Menschen Blut.*

Geschütz, den »Musen«, bestückter befestigter Turm, der Signale gab, denn von ihm aus konnte man dorthin blicken, wohin von der Burg nicht zu sehen war. Zugleich mit dem Turm sieht man Bingens einst mainzische Burg Klopp. Sie deckt das südliche Ufer, und zusammen mit befestigten Zollhäusern am Ufer, von denen nur noch wenige Spuren zeugen, bildete die Gesamtheit der Anlagen ein Befestigungssystem, das für das Mainzer Erzbistum die nördliche Pforte des Rheingaus schützte.

Victor Hugo erlebte das Bild poetischer. Er zeichnete den Mäuseturm in sein Skizzenbuch, und als er von der Burg Klopp auf die Häuser ihm zu Füßen blickte, sah er, wie ein kleines beleuchtetes Fenster geöffnet wurde. Ein junges Mädchen lehnte sich heraus und sang mit reiner, frischer Stimme nach einer langsamen, traurigen Melodie. Plas mi cavalier frances / Et la dona catalana / E l'onraz del ginoes / Et la court de Castelana / Lou cabtaz provencales / E la danza trevisana / E lou corps aragones / La mans a kara d'anglas / E lou donzel de Toscana. Victor Hugo lauschte dem Lied des Mädchens. »Ich erkannte die schönen fröhlichen Verse Friedrich Barbarossas, und ich kann nicht beschreiben, welchen Eindruck es auf mich gemacht, in dieser römischen Ruine, die zur Villa eines Notars geworden, mitten im Dunkel, beim fernen Schimmer eines Kerzenlichts, zweihundert Toisen von dem zur Schmiede verwandelten Mäusethurm, diese Verse des Kaisers zu hören, die zum populären Liede geworden, dieses Gedicht eines Ritters, das jetzt zum Liede eines Mädchens geworden, diesen liebenswürdigen Strahl aus den Kreuzzügen, welcher die Schatten bis zu unserer Zeit durchdringt.« Die Sprache des Liedes ist untergegangen, alt-katalanisch. Ein spanischer Freund hat mir den Inhalt enthüllt. »Sieh dir an ein Kavalier aus Frankreich / sowie eine Dame aus Katalanien / In der Ehre wankelmütig / wie am Hof von Castellana / Mit der Haltung eines Provinzlers / beim Tanz Trevisana / Mit dem Körper eines Aragonesen / Hände und Gesicht eines Engels / Das ist ein Edelknabe aus der Toscana.«

Ein Ereignis, das in ihre Tage fiel, fanden die Reisenden des 19. Jahrhunderts in ihrem ersten Bädeker erwähnt: »Hier war es, wo im Sommer 1818 bei der Reise zur Fürstenversammlung nach Aachen, hoch auf der vergoldeten herzoglich nassauischen, früherhin kurtrierischen Yacht unter schwellenden Segeln ste-

hend, der letzte deutsche Kaiser, Franz der Zweite, an die herrlichen Naturschönheiten seines weiten Reiches gewöhnt, doch
verwundert stand. Unvergeßliche Augenblicke, den hohen Herrscher, dessen ehrwürdiges Äußere und herablassendes Benehmen
die zahlreichen Zuschauer auf Strom und Land unwiderstehbar
fesselte, für diese klassisch interessante Gegend, in welcher einst
Karl der Große, Otto der Große, Rudolph von Habsburg wan-
delten, durch seine Gegenwart die tausendjährige Reichsgeschichte
gleichsam abschließen zu sehen.«

Aus dem Binger Loch dringen die Geräusche unserer Zeit herauf zu dem Ehrenfels. Seit dem 5. September 1974 ist hier der
Rhein gezähmt. Ein neues Fahrwasser entstand, nachdem eine
»außerordentlich harte Quarzitrippe im Rheinbett, die für
Querströmungen sorgte und eine nächtliche Talfahrt unmöglich
machte, weggesprengt ist«. So liest man es. Frachtschiffe tuckern
stromauf, stromab. »Weisse Schiffe« fahren mit frohem Bord-
leben dahin. Lange Eisenbahnzüge, schier ohne Ende, eilen an
beiden Ufern. Auto nach Auto auf den Asphaltstraßen. Flugzeuge am Himmel. Um die Burg Klopp breitet sich die gewach-
sene Stadt und streckt sich bis an die Mündung der Nahe.

Beschreibung deutscher Nation

DIE PFALZ ZU INGELHEIM

Die Straße durch die Stadt ist lang. Sie heißt erst Binger Straße und wird ihrer Endlosigkeit wegen irgendwo zur Mainzer
Straße. Mit dem einen Namen weist sie nach Norden, mit dem
anderen nach Süden. Sie ist von jener Trostlosigkeit, wie sie
Straßen eigen, denen jeder Baum genommen ist, mit Häusern
ohne die Blumenzier der Vorgärten. Ich wurde von den Ent-
deckerfreuden an noch unbekanntem Ort erst berührt, als ich an

einer niedrigen, doch sichtbaren alten Mauer, mit der ein Seiten-
weg abzweigt, las: Am Pfalzmäuerchen. Die Verniedlichung des
Wortes steht in auffallendem Gegensatz zur Erhabenheit des
Ortes, auf den sie deutet, zusammen mit den benachbarten
Straßennamen Im Königsgarten und Hinter der langen Mauer.
Hier stand einst eine römische Villa, der ein fränkisches Königs-
gut folgte – der Beginn der geschichtlichen Zeit von Ingelheim,
dem Nieder-Ingelheim mit seiner Pfalz der Karolinger.

Von hier aus bis zu dieser Pfalz sind es nur noch wenige
Schritte. Zunächst zur Linken die Remigiuskirche, umgeben vom
Erdreich und Baumbewuchs eines kleinen Kirchgartens. Ich fand
die Pforte verschlossen, aber eine von der Kolpingfamilie dort
angebrachte Tafel gibt Auskunft: »St. Remigiusgemeinde und
Kirche schon zur Römerzeit. 750 geweiht St. Kilian. Um 1155
Turmbau durch Kaiser Friedrich Barbarossa. 1556-1705 reformierte Kirche. Umbau im Barockstil 1739-1740. Geweiht dem
Hl. Remigius.« Romanisch ist der Turm; seine drei unteren Geschosse sind im 12. Jahrhundert gebaut. Weniger gewichtig, aber
von der Dichtkunst flüchtig gestreift das Haus Mainzer Straße
67, das Gasthaus Zur alten Post, denn hier hat im Jahr 1814
der Wirt Ludwig Glöckle einen unvergessenen Gast bewirtet:
Goethe, der zweimal nach Nieder-Ingelheim kam.

Es ist nun auch nicht mehr weit bis zu dem ansprechenden
Rathausplatz mit dem 1811 dort aufgestellten, von dem Ingenieur in Napoleons Diensten Georg Arnold entworfenen Brunnen. Dahinter beginnt dann auch, was als Pfalzbezirk ausgewiesen ist. »Eingang zum Gelände der ehemaligen Kaiserpfalz«, so
liest man, und mit einem halben Dutzend Ziffern ist vermerkt,
was im nahen Umkreis noch zu sehen ist. Es ist nicht mehr viel
über der Erde, so daß die einstige Ausdehnung der Reichsanlage
und ihre Bedeutung zwar noch zu spüren, aber nicht mehr mit
dem Auge wahrnehmbar ist.

Die Historie rankt sich um Karl den Großen und seine
Königspfalz, die zu errichten er Auftrag gab. In den Urkunden
wird seine Anwesenheit in Ingelheim zum ersten Mal für das
Jahr 774 genannt. Es war das Jahr, in dem er den König Desi-
derius bezwang und das Langobardenreich einnahm und Kaiser
Hadrian ihm ein erstes Buch überreichen ließ: die beginnende
Verknüpfung des noch Kriegerischen mit der nun einsetzenden

Pflege von Bildung und Kultur in Karls des Großen Reich. Einen
Winteraufenthalt in der neuen Pfalz nahm der noch im Um-
herziehen regierende König 787 auf 788. Ein weittragendes Ereignis in diesen Monaten: dem Herzog Tassilo wurde durch die
Reichsversammlung das bayerische Herzogtum abgesprochen und
der Herzog nach der Todesstrafe zur Verbannung in das Kloster Lorsch begnadigt. Insgesamt weilte Karl dreimal in Ingelheim. Das ist nicht häufig im Vergleich zu sechszehn Aufenthalten in Worms und siebenundzwanzig in Aachen, dem Ort, wo
er zuletzt seßhaft geworden ist. Unter seinem Sohn Ludwig dem
Frommen wurde Ingelheim bevorzugter Sommeraufenthalt. Der
Ermoldus Nigellus hat beschrieben, wie sie hier 826 die Taufe
des Dänenkönigs Harald feierten, die dieser zuvor in St. Alban
im nahen Mainz empfangen hatte. Es ist dann bald stiller um
den Ort geworden, der 868 nur noch als Königshof, *Curtis Regia,*
Erwähnung findet, danach aber durch Ottos des Großen Oster-
aufenthalte wieder Bedeutung erlangte und während der hundert
Jahre von 936 bis 1043 zu seinem größten Glanz kam. Dann
geht nach Heinrich IV. auch die Zeit des Königshofes zuende.
Noch ein Aufleben als königliche Burg unter Friedrich Barbarossa, darauf ein Absinken über Territorialbesitz und Pfandschaft,
bis schließlich Kaiser Karl IV. um die Mitte des 14. Jahrhunderts
die Königswohnung aufgibt. Handwerker und Bauern rücken
nach und besiedeln den Pfalzbezirk.

Im Rathaus erhielt ich den Schlüssel zu dem, was geblieben
ist. Es ist vornehmlich der Reichssaal, ein Ruinengemäuer der
Aula Regia. Eine Pforte aus weitgestellten Eisenstäben, die un-
gehindert von der Straße aus Einblick gewährt, schließt den
Platz zu seinem Schutze ab. Ein paar Säulenschäfte, Kapitelle,
zum Torso gewordene Steinmetzarbeiten liegen umher. Auch
Grabungen erbrachten nur noch Ahnungen von Umfang und An-
ordnung der Anlage; schon staufische Neuerungen mit Mauern
und Zwinger haben die karolingische Pfalz verändert. Man blickt
in einen großen, offenen Raum mit zum Teil noch ragenden Mauern, einige Stufen führen auf seinen tiefer liegenden Boden. In
einer Apsis sind von vier Fenstern noch zwei erkennbar, am Ab-
schlußbogen steht der östliche Pfeiler noch aufrecht. Auf die einstige Innenausmalung, von der Nigellus berichtet, deuten farbige
Kalkspuren. Karolingisch wie der Reichssaal ist in der Nachbar-

schaft auch ein jetzt unter Wohnhäusern liegender Raum von nur wenigen Quadratmetern Umfang. Er wurde zu Beginn unseres Jahrhunderts entdeckt und ausgegraben. Eine Treppe führt hinab. So dunkel, wie es darin ist, bleibt auch die Deutung. Vielleicht war dies ein Wasserbecken, vom Grundwasser gespeist.

Eine Straße im Pfalzbereich führt heute den Namen des Sebastian Münster. Er ist der große Sohn der Stadt, der berühmte Kosmograph des 16. Jahrhunderts, zugleich Historiker, Theologe, Astronom, geboren zu Nieder-Ingelheim 1489. Nahe der Remigiuskirche stand das Heilig-Geist-Hospital, in dem sein Vater Spitalmeister war. Sein Leben zeigt ihn als armen Studenten, des täglichen Brotes wegen auch als Mönch im Minoritenkloster in Heidelberg, in Tübingen, im elsässischen Ruffach. Zu seinen Lehrern gehörten der greise Johannes Reuchlin und der jugendliche Philipp Melanchthon. Er war nach den Studien Lector und Lehrer der scholastischen Theologie und Mathematik bei den Franziskanern in Tübingen, Lehrer der hebräischen Sprache an der Universität in Heidelberg; schließlich führte ihn der wechselvolle Lebensweg nach Basel, wo er 1547 Rektor der Hochschule ist: insgesamt dort ein Aufenthalt von dreiundzwanzig Jahren und schließlich nach dem Tod am Himmelfahrtstag 1552, dem 26. Mai, das Grab im Basler Münster. Er wurde ein Opfer der Seuche, die in der Stadt in kurzer Zeit mehrere tausend Menschen dahinraffte. Zeitgenössische Porträts in Öl, Holzschnitt, Kupferstich überliefern sein Bild. Sie zeigen ihn als einen Mann von kleiner Gestalt, in der Jugend hager mit bartlosem Gesicht und schmalen Lippen, tiefliegenden Augen. Nachdem er die vermögende Witwe Anna Silber geheiratet hatte, war er der ihn lange drückenden Armut ledig und sorglos frei für die Wissenschaft. Seine Freunde nannten ihn einen friedliebenden, liebenswürdig-bescheidenen Mann, und wenn ihn das Studium der Bibel auch veranlaßte, sich dem Protestantismus anzuschließen, so hielt er sich doch von den politischen und religiösen Meinungskämpfen fern. Man sagt, daß er Freund eines ungestörten, stillen Lebens gewesen sei.

In Worms, wo er eine Zeitlang lebte, hatte Sebastian Münster die Idee, mit der er auf seine Weise die Welt ein Stück bewegte. Ihm kam der Gedanke, Deutschland in einem Buch zu beschreiben, zuverlässig nach Gelehrtenart und zugleich volkstümlich.

Was wußte man denn von Deutschland? Wie kommt es denn, so stellte er die Frage, daß die Kartenzeichner einen großen Bogen zwischen Straßburg und Mainz in den Rhein setzen, »der doch wahrlich nicht ist, wie ich manchmal das observiret habe«. Seiner 1528 gedruckten »Erklärung des neuen Instruments der Sonnen« fügte er folglich einen Aufruf bei, den er überschrieb: »Vermahnung und Bitte Sebastiani Münsters an alle Liebhaber der lustigen Kunst Geographia, ihm Hilfe zu thun zu wahrer und rechter Beschreibung deutscher Nation.« Die namhaften Gelehrten seiner Zeit sprach er mit ihren Namen an, auch die unbekannten rief er auf, und »die Städte deutscher Nation« bat er, sich einen Gulden oder zwei nicht dauern zu lassen, die sie etwa auf einen geschickten Mann legen würden, der sich des Fürnehmens unterziehen möchte, ihre Landschaften ehrlich zu beschreiben. »O ihr frommen Deutschen, helft mir unser gemeinsames deutsches Vaterland zu billigen Ehren erheben und seine verborgene Zierung an den Tag bringen, damit ihr mit mir bei unsern Nachkommen ein ewiges Lob und Gedächtnis kriegen werdet. Helfe jedermann, wer da mag, zu dem Werke, in dem man sehen würde gleich als in einem Spiegel das ganze Deutschland in seinen Völkern, Städten und Hantirungen.« Er wolle der Sache einen Anfang machen, erklärte er mit bündigem Wort. Helfer zu gewinnen, ging er auf Reisen, bis hinein in die Schweiz. Was dabei von der Idee zur Gestalt wuchs, nennt einer seiner Biographen die »bewundernswürdige Frucht achtzehnjährigen Fleißes«: seine *Cosmographia universa*, die »Cosmographey«. Sie erschien 1541 in deutscher Sprache, wurde von ihm selbst ins Lateinische übertragen, und als hundert Jahre später Merians Topographien folgten, sah sie schon auf sechsundvierzig Ausgaben in sechs Sprachen zurück. In dieser ersten großen, deutsch geschriebenen Weltkunde gab er auch Nieder-Ingelheim seinen noch vom Glanz der Kaiserzeit erhellten Platz.

Ich las in einer Ausgabe der Cosmographey, gedruckt zu Basel 1598. Münster berichtet mit spürbarer Liebe über seinen Geburtsort. Der Text ist ausführlicher, der Inhalt reicher an Begebenheiten. Ingelheim, der »Fläcken, da ich Münsterus erzogen und erboren bin«; er »ligt zwischen Mentz vnd Bingen auff dem halben weg, von dem in den Historien viel gefunden wird. Dann da ligt ein Schloß, das man jetzund den Ingelheimer Sal nennt,

dz vor achthundert jaren des Grossen Keyser Carles Pallast gewesen ist«. Münster nennt, was an Ereignissen an diesem Ort
bekannt ist, darunter Anno 1044 die Hochzeit Kaiser Heinrichs
III. mit Frau Agnesen. »Vnd da ein vnzehliche menge der Gauck-
ler, Spielleuten vnnd Schalcksnarren dahin kamen, gab er keinem
weder schencke noch Liferung, sonder schickt sie also von jhm
hinweg.« Er stellt sich die Frage: »Was die alten Teutschen Keyser bewegt hat, in diesem Sal so viel zu hausieren, kan ich kein
andere vrsach finden, dann daß das Landt darumb gar fruchtbar
ist.« Münster beschreibt die geographische Lage, wie sie noch heute
gültig ist. »Dieser Fläck ligt ein klein wenig an einer höhe, vnnd
hat ein frey gesicht in das Rheingow biß gen Bingen hinab, aber
gegen Mentz zu hat es eine höhe, auff der ist ein grosse weite,
vnnd da ist vor zeiten ein Wald gestanden, wie man es noch
auff dem Wald nennt, darinn die Keyser jhren lust mit jagen
haben gehabt.« Erstaunlich die Sprache seiner Texte, viele Wörter,
deren Schreibweise sich bis heute nicht geändert hat, zweifellos
die Sprache der Gebildeten seiner Zeit. Man würde es heute nicht
anders sagen, was Münster über die Bibliothek des Klosters
Lorsch schrieb: »Ich hab Bücher darinn gesehn, die soll Virgilius
mit eigner Hand geschrieben haben.«

Die Sebastian-Münster-Straße, sich mit der Karolingerstraße
kreuzend, führt auch an der Saalkirche vorüber, die als Gotteshaus der evangelischen Gemeinde im Dienst der Gegenwart steht,
aber in ihrem Ursprung auf die Zeit der Kaiserpfalz zurückzuführen ist. Die Anfänge liegen im 10. Jahrhundert. Durch Kaiser Friedrich I. Barbarossa, der die schon verfallenden Pfalzbauten
»auf das zierlichste wiederherstellen ließ«, erhielt sie ihre heutige
Form; in unseren sechziger Jahren wurde sie umfassend restauriert. Als Bauwerk mit drei Turmspitzen erhebt sie sich aus
den Ruinen des Reichssaales und des einstigen Mauerringes, mit
einem Glockenturm des Jahres 1881, aber insgesamt als »mar-
kantester Überrest der ehemaligen Pfalz« gewertet. Von der
Straße aus sind am nördlichen Turmeck und an der nordöst-
lichen Chorseite als romanisch figürlicher Schmuck ein Löwe mit
dem Lamm und drei Konsolsteine zu sehen, die lange Zeiten des
Verfalls überstanden haben.

Der Innenraum ist unter Mitwirkung der Denkmalpflege und
mit überlegtem Planen so gestaltet worden, daß er noch Beste-

hendes bewahrt und das Neue dem Alten nach überlieferter Form
anpaßt: ein Langhaus mit zwei kurzen Querarmen und einer
jetzt wieder flachen Holzdecke, wie sie die Romanik kannte. Von
der auffallenden Chorgalerie heißt es, daß sie in keinem anderen
Bauwerk ihresgleichen habe. Sie wird von zwei kleinen Türmen
begrenzt, die wie Pfeiler wirken und auf mit Masken verzierten
Konsolen ruhen – noch Anzeichen, daß dies Gotteshaus einst die
Hofkapelle war. Das als Eingang dienende Bronzeportal, das
Lesepult und das Altargerät (von Georg Nonnenmacher in
Worms), das Taufbecken (von Hans Philipp in Darmstadt) und
die drei Glasfenster im Chor (von Heinz Hindorf in Michelstadt) sind Arbeiten der modernen Kirchenkunst neben weni-
gem, das vom Alten der Ausstattung geblieben ist: so Kanzel
und Orgelprospekt mit musizierendem Engelchor aus dem frühen 18. Jahrhundert und Gestühlswangen mit reichem Schnitzwerk aus der Mitte des 17. Jahrhunderts, vor allem aber als das
Kostbarste ein gotisches Sandsteinrelief, das Karl den Großen
darstellt.

Dieser Karl der Große, der mit diesem Relief in der heutigen
Saalkirche immer gegenwärtig ist, wurde um 1400 für das einige
Jahrzehnte zuvor von Kaiser Karl IV. gegründete und in dem
Reichssaal und der Königswohnung angesiedelte Chorherrenstift
Karlsmünster geschaffen. Im südlichen Querschiff hat es seinen
Platz erhalten, auf der weiten Fläche der kalkweißen Wand ein
einsames steinernes Denkmal, einst der Anbetung des heiligge-
sprochenen Kaisers dienend, nun das Vergangene wachrufend bei
denen, die sich von ihm ansprechen lassen. Ansprechen soll aber
auch das moderne Altarkreuz, das wie der Altar frei im Raum
steht und dem Hauptschiff fünf wasserhelle Bergkristalle ent-
gegenhält, in ihnen widerspiegelnd das reine Wort Christi, so
wie der eingefügte Text der Offenbarung 21, 6 es lesen läßt:
»Ich bin das A und das O, der Anfang und das Ende. Ich will
den Durstigen geben von dem Brunnen des lebendigen Wassers
umsonst«.

Menschliche Schicksale

REICHENSTEIN UND CLEMENSKAPELLE

Es scheint das Schicksal der Burg über Trechtingshausen, daß ihr Name flüchtig ist. Wo denn die Falkenburg liege, fragte ich am Wege und erhielt zur Antwort, die Falkenburg gäbe es nicht, sie heiße Reichenstein, auch nicht Rheinstein, denn die Burg Rheinstein sei ihre Nachbarin, ein paar Kilometer rheinaufwärts. Von altersher heißt sie also Reichenstein, wenngleich der Volksmund sie auch schon vor mehr als hundert Jahren Falkenburg nannte, wegen der Falken, die das alte Gemäuer umflogen. Noch heute hat ein Paar des Turmfalken dort seinen Horst, und unter dem Gewölbe der Toreinfahrt haben in jüngster Zeit Schwalben ihre Nester gebaut.

Mit diesen ornithologischen Erkenntnissen begann mein Besuch auf Reichenstein. Ich hatte zu warten. »Nächste Führung 10 Uhr«, so zeigte die Nachbildung einer Uhr an. Der Kastellan harkte den kiesbedeckten Hof. »Stellen Sie sich vor«, so wandte er sich mir zu, »welch Überraschung es für die Dame war, als ihr der Falke eine blutige Maus auf den Kopf warf!« Eine englische Familie gesellte sich zu uns, deren Tochter filmte, was sich bewegte, und ein junger Holländer kam, der ein Wochenende in dem zur Burg gehörenden Hotel verbrachte. Er wolle mal in einem Schloß wohnen, lautete die Erklärung für seine Reise hierher. »Gestern war hier der Teufel los«, meinte der Kastellan, denn Schulklassen und amerikanische Reisegruppen seien gekommen.

Zur Besichtigung bietet sich die im 19. Jahrhundert wieder aufgebaute Burg an. Ihre Anfänge werden im 11. Jahrhundert vermutet. Damals hatte die hier errichtete Hangburg den Besitz der Abtei Kornelimünster um Niederheimbach zu schützen. Im Jahr 1214 erscheint sie zum ersten Mal in den Urkunden, die melden, daß die Reichsministerialen von Bolanden Vögte wurden. Und schon um die Mitte jenes Jahrhunderts gehörten die Herren auf Reichenstein zu den Raubrittern, die zuerst das

Strafgericht des Rheinischen Städtebundes und dann jenes des Königs Rudolf von Habsburg traf. Beide Male wurde die Burg zerstört. Dietrich von Hohenfels auf Reichenstein, dem Galgen entgangen, verkaufte Burg und Vogtei an Ludwig den Strengen, Herzog von Bayern und Pfalzgraf. Die Burgenstrategie zeichnet sich deutlich ab: Der Bayer wollte gestützt auf die von ihm wieder aufgebaute Reichenstein seinen Besitz bei Bacharach rheinaufwärts bis Bingen mit dem Anschluß an seine Pfalzgrafschaft erweitern; das Mainzer Erzbistum setzte diesen Plänen zu seinem Schutz die Heimburg über Niederheimbach entgegen, die 1305 als Burg Haneck, was Waldeck bedeutete, vollendet war. Diese Überlegungen entfielen, als 1344 ein kaiserlicher Entscheid Reichenstein der Mainzer Kirche zusprach und den bayerischen Pfalzgrafen damit nötigte, sein Verlangen nach mainzischem Territorium aufzugeben – am Ende eines mehr als siebzigjährigen Besitzstreites, in dem Reichenstein zweimal als Preis für die Stimme bei der Königswahl ausgesetzt wurde.

Vor diesem Hintergrund ihrer Geschichte mag man das Gemäuer sehen, das von der ursprünglichen Anlage erhalten blieb. Gewaltig steigt noch die Schildmauer mit dem Zinnenkranz auf, nicht weniger als sechzehn Meter in der Höhe und bis zu acht Meter stark, eine glatte dunkle Wand, deren Gestein am Fuße der Burg aus dem Fels gebrochen wurde. Die doppelte Ringmauer ist noch zu erkennen, nach dem Rhein zu mit zwei Rundtürmen des 15. Jahrhunderts durchsetzt. Aber ein Bergfried fehlt. Für die Verteidigung und notfalls letzte Zuflucht bot sich die Krone der Ringmauer. Man schoß, als Rudolf von Habsburg die Burg belagerte, noch mit der Armbrust hinauf und herunter, und es bedurfte des Aushungerns, um Reichenstein zur Übergabe zu zwingen. Noch in jüngster Zeit sind Pfeilspitzen aus jenem Kampf in den Weingärten am Burgberg gefunden worden. Versteckt im Winkel eines Hofes wächst ein ehrwürdiger Efeu mit baumdickem Stamm, der auf ein Alter von vielen hundert Jahren schließen läßt. Der Kastellan gab ihm nahezu ein Jahrtausend und nannte ihn einzig in seiner Art in Deutschland, selbst ein Feuer, das um ihn brannte, habe ihn nicht umgebracht.

Dieser Efeu grünte hier auch, als Victor Hugo die Burg, die damals Ruine war, besuchte. Seine in den Briefen an einen Freund verborgene Erzählung hiervon ist das lieblichste Kapitel der Burggeschichte. Victor Hugo ging in den Ruinen umher. »Was war das für ein Schloß? Ich wußte es nicht zu sagen, wußte ich doch nicht einmal, wo ich mich befand.« Viel Dorngesträuch bemerkte er, herabgestürzte Plafonds, ausgebrochene Fenster, »und um das Alles vier oder fünf Teufel von schwarzen, verschütteten und fürchterlichen Thürmen«. Von einer Grabplatte des 14. Jahrhunderts beseitigte er mit Händen und Füßen den Schutt; es enthüllte sich ihm die Gestalt eines halb erhabenen gehauenen Ritters, dem der Kopf fehlte. Unter den Füßen des Mannes las er, gemeißelt in großen römischen Buchstaben, ein Distichon, dessen Sinn er nicht enträtseln konnte, das er aber übersetzte und zur Seite der Inschrift mit Bleistift auf einen von der Kelle geglätteten Fleck schrieb: »Die Stimme schwieg, es schwand das Licht / Nacht brach und Schatten ein / Was hier dem Bild des Mann's gebricht / das fehlt auch dem Gebein.«

Der Dichter erzählt, daß er viele Stunden hier zugebracht habe. »Ich saß unter undurchdringlichem Gesträuche und ließ die Gedanken kommen, wie sie wollten.« Während er am Grabstein des kopflosen Ritters noch nach dem Lösungswort suchte, kamen »drei schlanke junge Mädchen, weiß gekleidet, drei blonde und rosige Köpfchen mit holdem Lächeln und blauen Augen«. Es waren Französinnen. Den Namen der einen hörte er nennen, als ihre Schwester sich zu ihr neigte und leise sagte: »Sieh doch, Stella!« Sie schien ihm die schönste der drei. »Lange blonde Wimpern bedeckten das blaue Auge, dessen Strahl dennoch glühend hindurchdrang. Zweimal blickte sie mich an, aber sie sprach kein Wort.« Die Begegnung ließ ihn ein Gedicht reimen. Wachtel auf dem Feld und Drossel still im Reisig fragten sich: Was schmiedet er so spät und fleißig? Rotkehlchen gab zur Antwort ihnen flink: »Was er noch so spät am Abend schmiedet weiß ich / Ist ein Blick, den er von Stella jüngst empfing.« Amor bemerkte schließlich: »Reine Blicke sind die tödlichsten der Pfeile / Sanfte Blicke mein gefährlichstes Geschoß.«

Auch ein Märchen schrieb Victor Hugo hier, um den Sohn des Burggrafen von Sooneck und die Tochter des Ritters von Falkenburg, beginnend: »Der schöne Pecopin liebte die schöne Bathilde, und die schöne Bathilde liebte den schönen Pecopin« – die alte und doch immer wieder neue Geschichte. »Ich schrieb dieses Märchen am Orte selbst, in der Grabensschlucht verborgen, auf einem Steinblock sitzend, der ursprünglich ein Felsen gewesen, im zwölften Jahrhundert ein Thurm und dann wieder ein nackter Felsblock wurde, – pflückte von Zeit zu Zeit, um daran zu riechen, eine wilde Blume, eines jener so süß duftenden und so kurz dauernden Windenglöckchen und blickte dabei bald in's grüne Gras, bald an den leuchtenden Himmel, indeß sich über den Ruinen der Falkenburg goldgeränderte Wolken zertheilten.«

Bald nach Victor Hugos Besuch hat Reichenstein begonnen, sich aus den Ruinen zu erheben. General Franz Wilhelm von Barfuss kaufte 1834, was von der Burg noch vorhanden war, und richtete sich Turm und Torgewölbe als Wohnung ein. Mehr und Endgültiges geschah am Ende des Jahrhunderts. Es findet sich dazu in den Rheinischen Geschichtsblättern des Jahrgangs 1907 ein Aufsatz von Dr. N. Kirsch-Puricelli, in dem es klangvoll heißt, im Jahr 1899 »ging die alte, epheuumsponnene und ins blühende Grün versunkene Veste an Dr. Nikolaus Kirsch-Puricelli über, der sie unter Leitung des Bauinspektors Georg Strebel aus Regensburg wieder im ganzen in den alten Formen neu erstehen ließ«. Nur Kapelle und Torgebäude sind hinzugefügt worden. Reichenstein sei »vor kurzem in neuer Pracht entstanden«, teilte der neue Besitzer mit, den auch die Schildmauer erstaunt, »die wie ein gewaltiger Kämpe es verschmähte, durch schwache Vorwerke sich schützen zu lassen, sondern stets bereit war, den ganzen Ansturm der Feinde direkt auf sich zu nehmen«. Vergangene Zeit! »Selbst der Mann ohne Kopf scheint endlich Ruhe gefunden zu haben, da man heute dort vergebens ihn erwartet«, so läßt sich der Erneuerer der Burg zu einer Sage um den Reichenstein vernehmen.

Weithin ist der Gang durch das Schloß ein Vorbeigang an Jagdtrophäen. Dreitausend Geweihe und Gehörne aus verschiedenen Jahrhunderten, von Hirsch, Reh, Elch sind hier versammelt. Ein Elchhaupt trägt den Vermerk: Geschenk von Grand Duc Nicolas, fils de Russie, 1875. »Er war ein Freund des Burgherrn«, bemerkte der Kastellan – und ich konnte nicht umhin, hierbei der Verwandtschaft des Zarenhauses mit den Fürstenhäusern von Hessen, Oldenburg, Württemberg und Weimar zu gedenken. Der Kastellan wies auf eine an der Wand hängende Jagdtasche, dann sagte er mit einem raschen Seitenblick auf die Wandertasche über meiner Schulter: »So wenig ändern sich manchmal die Dinge, denn die Tasche, die Sie tragen, sieht genau so aus wie die alte Jagdtasche vor dreihundert Jahren.« Diese Bemerkung rief den zustimmenden Beifall der amerikanischen Familie hervor.

Im Rittersaal zeigt ein Gemälde die Schlacht von Lützen mit dem Tod Gustav Adolfs von Schweden. Die Bibliothek hat eine Renaissancedecke, aus ihren Schränken blicken Bücher mit vergoldeten Rücken. Zu den Büchern gesellen sich römische Funde, am Ort ausgegraben, Scherben der verlorenen Geschichte, die dem Burgenzeitalter voranging. Mehrmals sieht man alte eiserne Öfen und viele schwarze Ofenplatten, die als Sammlung kulturellen Wert haben. Das Zimmer der Dame – ein schlichtes Bett darin, neben ihm eine einfache hölzerne Wiege, an den Wänden einige Porträts. Der Kastellan machte auf das Selbstbildnis des Malers Wilhelm von Kügelgen aufmerksam. Die aus mehreren malenden Gliedern bestehende Familie kommt aus Rhens und dem nahen Bacharach, ist nach Rußland ausgewandert und mit einem Zweig, dem Wilhelm von Kügelgen entstammt, in Sachsen seßhaft geworden. Von dem Porträt des Malers enteilten meine Gedanken sogleich für einen Augenblick nach Ballenstedt am Harz und nach Bernburg, wo Wilhelm zuletzt als herzoglicher Hofmaler lebte, jene Orte, von denen er in seinen »Jugenderinnerungen eines alten Mannes« erzählt. Dieses Buch erschien 1870, drei Jahre nach seinem Tod, und als ich den Titel hier unter seinem Porträt zitierte, konnte ich aus der freudigen Zustimmung des Kastellans schließen, daß der Maler mit ihm noch immer gegenwartsnah ist.

Wenige hundert Meter rheinaufwärts liegt zu Füßen des Reichenstein die Clemenskapelle, umgeistert von Frömmigkeit, Räubergeschichten und Strafgericht. Jetzt ist sie eine Friedhofskapelle und befindet sich so im Frieden, wie Frieden um alle jene ist, die neben ihr in der ewigen Ruhe liegen. Eben dort, wo der Rhein für die Schiffer gefährlich war und auch von Land her durch die Raubritter Gefahr drohte, hielt König Rudolf das Strafgericht ab. Die Räuber »wurden an den Ästen der alten Eichen aufgehangen, welche das Heiligenhäuschen beschatteten«, so heißt es in der Chronik des Rheinischen Antiquarius. Nach der Legende hat die Familie der an den Baumästen endenden Waldecke von Sooneck gegen Ende des 13. Jahrhunderts die dem

Heiligenhäuschen folgende Kapelle gestiftet und eine Eremiten-klause dabei, damit den Waldecken die Seelenmesse gelesen werde.

In Koblenz schrieb 1860 der Herr von Stramberg, als er den Text des alten Antiquarius für eine Neuausgabe fortführte, während des 16. und 17. Jahrhunderts sei die Clemenskapelle unverletzt geblieben. Kurfürst Clemens August von Köln habe sie restaurieren lassen, später sei sie von den Sansculotten geplündert. Dann aber kam noch einmal eine Zeit, da es rauh herging um die alte Kapelle. »Viele Wanderer wurden hier, wo weithin keine Menschenhilfe war, angefallen, geplündert, und die Sage bezeichnet den Rhein als Zeugen mancher schaudererregenden Gräuelthat, welche sein Schoß mit ewigem Dunkel deckte.« Verlassen lag die Kapelle im vergangenen Jahrhundert, bis die Gemahlin des Prinzen Friedrich von Preußen, Wilhelmine Louise, geborene Herzogin von Anhalt-Bernburg, sich ihrer erbarmte. Sie ließ sie 1835 restaurieren, nachdem sie Burgherrin auf Rheinstein geworden war. »So war sie gerettet vom Untergange«, schrieb Chr. v. Stramberg, »und an der Stätte, welche einst mit Furcht und Todesgrauen die Wanderer betreten, konnten wieder die Hymnen der Gläubigen und das Wort des Lebens und Friedens erschallen.« Inschriften würdigten das gute Werk: die Kirche sei wiederhergestellt zur Gottesverehrung der katholischen und evangelischen Confession und »dem Lenker der menschlichen Schicksale« geweiht.

Zu dieser Kapelle stieg ich von der Burg Reichenstein hinab. Ich fand sie verschlossen. Nur eine mit Eisenstäben vergitterte Öffnung in der Tür gestattete einen Einblick. Man sieht in eine dreischiffige Pfeilerbasilika der Spätromanik, mit einem Chorgestühl aus dem Anfang des 16. Jahrhunderts. Die Abgeschiedenheit ist so ganz von der alten Kapelle gewichen; sie ist umgeben von vielfältigen Erscheinungen des gegenwärtigen Lebens. Unmittelbar neben ihr liegen die Schienen der Eisenbahn, und Zug nach Zug fährt an ihr vorüber, denn es ist die linksrheinische Strecke zwischen Mainz und Koblenz, die große Linie zwischen dem Süden und Norden Europas. Nach den Schienen die Straße, nicht weniger befahren. Wo die Eichen standen, recken sich einige Pappeln am Rheinufer weithin sichtbar hoch auf. Um die Kapelle der Friedhof, diesem benachbart Weingärten, dann ein

Campingplatz. Alte und neue Zeit, Tod und Leben beisammen
auf engem Raum. Eine junge Frau aus einem der Campingzelte
sah ich von der Kapelle kommen. Sie pflückte ein paar rote Mohn-
blüten, zwei, drei aus einem Horst des Mohns am Wegrand, und
tat sie zu einem kleinen Strauß Sommerblumen. Zufriedenheit
strahlte von ihr aus, als sie da von der Kapelle mit ihrer alten
Geschichte zu dem leichten, vergänglichen Zelt langsam dahin-
ging, und die Freude an den kleinen Dingen sprach aus ihr.

Krieg und Frieden

DER RHEINFELS

E in freundliches Städtchen, dieses St. Goar. Im Reiseführer
des Herrn J. A. Klein, weiland Professor zu Koblenz, wird
es gegen die Mitte vergangenen Jahrhunderts als »Hauptort der
kurhessischen niedern Grafschaft Katzenelnbogen« vorgestellt; es
habe »von allen kleinen Rheinstädten das stattlichste Äußere, ge-
hoben durch die großartigen Trümmer der Festung Rheinfels«.
Der Bonner Professor Karl Simrock ließ um dieselbe Zeit in seinem Buch vom malerischen Rheinland lesen, St. Goar mache den
modernsten, blühendsten Anblick unter den Städten des engeren
Rheintales. Und dies ist es, was sich als der berühmte erste Eindruck, vielleicht sogar als ein wenig Liebe auf den ersten Blick
dem Besucher auch heute mitteilt: eine lebendige, saubere Stadt,
dieses St. Goar! Ich fand mich eines Tages in sie versetzt, ohne
daß dies mein Vorhaben gewesen wäre; denn die Flucht vor dem
Regen eines in Eilmärschen herangezogenen Tiefs, wie die Meteo-
rologen ihren Irrtum später erklärten, führte zur Einkehr.

Aus den Gassen der Stadt erblickt man auf der Höhe die Festung Rheinfels, heute nicht mehr drohend beherrschend, sondern
eine Ruine im Dienst des Fremdenverkehrs. Wiederholt hatte ich

sie schon im raschen Vorüberfahren in der Dunkelheit angestrahlt gesehen, ein zauberhaftes Bild, wenn sie in das Licht getaucht ist. Eine Autostraße führt hinauf, und oben findet man dann die ausgediente Festung um Hotel und Restauration, Andenkenladen und Parkplatz erweitert. Die spürbare Pflege des Platzes spricht auch aus den Einlaßkarten für das Ruinenfeld, die mit einer Zeichnung von der Burg hübsch geschmückt sind. Ich zahlte zwei Mark für den Einlaß. Victor Hugo, der hier vor anderthalb Jahrhunderten weilte, schrieb: »Man sieht Alles für zwei Sous.«

Der geschichtliche Beginn ist im 13. Jahrhundert zu finden. Man schrieb 1245, als Graf Diether V. von Katzenelnbogen die Burg zu bauen begann. Er dachte sie sich als Zollburg, und eine Erhöhung der Zölle führte denn auch schon bald zu einer Belagerung durch den Rheinischen Städtebund. Nach einem Jahr und vierzehn Wochen zog das Belagerungsheer von achttausend Mann, tausend Reitern und fünfzig bewaffneten Schiffen unverrichteter Dinge wieder ab. Rheinfels bestand fort und entwickelte sich von der Veste zur Festung; ein gewaltiger Ausbau vor allem unter den Landgrafen von Hessen, in deren Besitz es 1479 nach dem Aussterben der Katzenelnbogen kam.

Die Burggeschichte ist ein Beispiel, wie gern Herrscher zum Mittel der Teilung greifen, wenn sie sich anders nicht zu helfen wissen, und wie in den Teilungen der Keim des Streites verborgen ist. Als Besitz und Streitobjekt wechselte Rheinfels zwischen Hessen-Kassel, Hessen-Rothenburg, Hessen-Darmstadt; eine Zeitlang gab es auch noch Hessen-Rheinfels. Die Invasion der französischen Revolutionsheere machte der Festungszeit ein Ende. In den Jahren 1796 und 1797 wurden Außenwerke, Schloß und Bergfried gesprengt. Victor Hugo gebrauchte angesichts der Zerstörung das poetische Bild: »Es scheint, als ob die Erde unter dieser Ruine gebebt. Aber es war kein Erdbeben, sondern Napoleon, der daran vorüberschritt.« Und er fügte hinzu: »Sonderbar! Alles zerbarst mit Ausnahme der vier Mauern der Kapelle.«

Von der Hohen Batterie und dem Uhrturm, der noch seine Höhe von einundzwanzig Metern hat, bietet sich die umfassendste Sicht auf die nun zertrümmerten Werke. Man blickt hinab: ein ausgedehntes Ruinenfeld mit freilich noch vielen und darum sehenswerten ragenden Mauern, zwischen denen die Reste von

Kasematten, Kellergewölben, unterirdischen Minengängen, Hals-
gräben verborgen sind. Eine Lageskizze markiert zwei Besich-
tigungswege, denen der Besucher folgen kann. Der eine führt
durch die mittelalterliche Burg, der andere durch die Festungs-
werke. Es sind verästelte Rundgänge, und doch ist das begehbare Ruinenfeld nur etwa ein Drittel des einstigen Umfangs.
Victor Hugo empfand es als »ein großes Steingeröll«, und die
Reiseführer seiner Zeitgenossen sahen darin mit der empfindsa-
men Seele des Biedermeier »großartige Trümmer«. Der Regen,
leise und sanft herniederrieselnd, hielt weder mich noch andere
ab, darin umherzustreifen.

Die Burgführer erzählen, daß 1812 die Festungstrümmer als
französisches Eigentum öffentlich versteigert wurden. Der Kaufmann, der sie erwarb, verkaufte die Steine für den Ausbau einer
neuen Festung, des Ehrenbreitstein. Steine waren ein wertvolles
Naturgut, man hatte noch nicht den Kunststein des Beton. Vom
»Darmstädter Bau« des Rheinfels steigt die Rheinfront noch hoch
auf. Dies war ein weithin sichtbarer Renaissancebau, den die
Zeichnungen Dilichs um drei Stockwerke höher als die jetzige
Frontmauer und mit Giebeln in Fachwerk zeigen. Weiß verputzt,
Fenster und Türen von rotem Sandstein umrahmt, so blickte er
prunkhaft in das Tal hinunter. Sein Bauherr war Philipp II., der
sich von Hessen-Rheinfels nannte.

Dieser Philipp lebt im Andenken als ein um die Stadt und
viele ihrer Bewohner verdienter Fürst. Daß er schon mit zwei-
undvierzig Jahren starb, wird auf seine Neigung zum Alkohol
zurückgeführt. Sein Vater, Philipp der Großmütige, soll bei der
Teilung des Landes unter die Söhne gesagt haben: »Lipps, du
sollst St. Goar und Rheinfels haben, denn du trinkst gern«. Obwohl er sicher nicht immer auf festen Beinen in das Schlafgemach
kam, hat seine Frau Anna Elisabeth ihn sehr geliebt, wenn solch
Schluß aus der Anrede in ihren Briefen an ihn zu ziehen ist:
»Hochgeborener Fürst, freundlich herzlieber Herr und Gemahl«
– auch vergaß sie nie den Zusatz »und Herzensschatz«. Seine
Baufreudigkeit für den Rheinfels brachte Philipp tief in die
Schulden. Als er den Bruder Wilhelm von Hessen-Kassel wieder
einmal um Geld anging, machte der ihm in einem langen Brief
Vorhaltungen: Ausländische Hofpracht und überflüssige Diener-
schaft, dies habe es bei ihrem Vater nicht gegeben, obschon dieser

ganz Hessen besessen. »Denn unser Herr Vater Gottselig hatte
das ganze Land allein ... und wir, die wir S. Gnaden Lande in
so viel Theil zerstückelt haben, fahren so hoch daher ... wahrlich der Welschen und Teutschen Pracht dienen nicht zusammen.«
Seine Frau, geht man auf Reisen, so empfahl Wilhelm, lasse man
zur Ersparung großer Unkosten zuhaus: »Achten wir dafür, daß
wirs dem alten teutschen Brauch nach halten und dieselbigen da-
heim haushalten lassen.«

Einer Mauer zur Seite eines weiten, vom Gras zurückeroberten
Platzes sind ein paar Buchstaben aus Metall angeheftet: Görtz-
Platz. Der Marschall des Landgrafen Ernst von Hessen-Kassel
findet auf diese Weise eine späte Ehrung, denn er hat 1692 den
Rheinfels mit viertausend Mann gegen achtundzwanzigtausend
Franzosen Ludwigs XIV. erfolgreich verteidigt. Der Rheinfels lie-
fert auch das Gegenstück zu solch wackerem Heldenmut, denn
hundert Jahre später, 1794, wurde er ohne Widerstand den
französischen Revolutionsheeren überlassen, obwohl eine Order
des Landgrafen die Verteidigung »auf das schärfste anbefohlen«.
Was Frieden bedeutet, zeigt sich auf diesem Görtz-Platz. Frieden
ist Freude. Alljährlich am ersten Sonntag im August (nach dem
Schützenfest am dritten Sonntag des Juli) hält hier der Inter-
nationale Hansenorden sein Hansenfest ab; heute ein Brauch-
tum, dem sich Mitglieder in dreizehn Nationen zur Förderung
des Heimatgedankens und zur Erhaltung alter Baudenkmäler
verschrieben haben, zuvor seit der Mitte des 13. Jahrhunderts
eine Verpflichtung der Gemeinschaft der Kaufleute, in die jeder
ankommende Fremde genommen wurde: an das Halseisen geschmiedet, hatte er für die Aufnahmetaufe zwischen Wein und
Wasser zu wählen. Wählte er Wein, leerte »der Gehansete«, angetan mit Purpurmantel und messingner Krone, einen Silber-
becher »auf das Wohl Kaiser Karls des Großen, der Königin
von England, den regierenden Landesfürsten, die Paten und alle
Anwesenden«. Nachdem im ersten Viertel des vergangenen Jahrhunderts einige Bonner Studenten als Letzte in das »Hänselbuch«
eingetragen waren, ist der Brauch erloschen und erst in neuerer
Zeit wieder aufgelebt. Am Görtz-Platz befindet sich nun nahe
den Fundamenten von Bergfried und tiefem Brunnen aus dem
15. Jahrhundert das Halseisen, an das der Täufling geschmiedet
wird, bevor er Wasser oder Wein wählt.

Der Rheinfels

In der einstigen Kapelle wird heute ein Museum unterhalten. Eine liebevoll zusammengetragene, sehenswerte Sammlung, ein unterhaltsamer Einblick in der Menschen Alltag, illustriert durch Kupferstiche, Zeichnungen, Aquarelle von Burg, Stadt und Strom. Eine Vitrine vereint mit Dokumenten und Porträts »die Belagerer von Rheinfels« (und deren waren nicht wenige), eine andere versammelt Dichter, Schriftsteller und Maler, die wann immer nach St. Goar kamen. Der Schwedenkönig Gustav Adolf stellte dem Landgrafen Georg im Jahr 1631 einen Schutzbrief mit dem Versprechen aus, die hessischen Gebiete zu schonen. Sechs Stoffmuster wurden 1645 dem Marschall Turenne vorgelegt, denn mit achthundertfünfzig Uniformen konnte die Stadt sich von der Einquartierung loskaufen. Ein junges Mädchen sah ich fasziniert von diesen Mustern, es rief die Freundinnen herbei – nun, die Mythologien aller Völker schreiben die Erfindung der Stoffe einem weiblichen Wesen zu.« Niemand kann zwey Herren dienen«; auf dieses Sprichwort beriefen sich am 30. August 1794 vier Ratsherren in einer an den »Hochlöblichen Stadtrath« gerichteten Beschwerde, daß sie nicht zugleich Militärdienst leisten und ihr Amt versehen könnten.

In St. Goar war schon immer die Zahl der Gastwirtschaften bemerkenswert. Im Jahr 1658 gab es deren vierunddreißig, und das waren viel im Verhältnis zur Zahl der Einwohner. Victor Hugo empfahl, in dem sehr ansprechenden Gasthaus zur Lilie zu wohnen, in einem Zimmer nach dem Rhein hinaus, von wo man den ganzen Tag das Schauspiel haben könne: die Flöße, die Segelschiffe, die kleinen pfeilschnellen Nachen und die acht oder zehn Dampfomnibusse, die da mit dem Gekeuche eines großen schwimmenden Hundes rauchend und bewimpelt vorbeizögen. Die »Lilie« war das älteste Gasthaus, schon 1346 in einem Vertrag zwischen den Grafen Johann von Katzenelnbogen und Johann von Nassau genannt: »Käme es zum Bruch zwischen uns, so sollen wir zu St. Goar einreiten in das Haus zur Lilie, das gelegen ist am Rhein.« Dichterische Verklärung des Hauses fand ich im Burgmuseum in einem dort ausliegenden Gemeinschaftspoem von Simrock und Kaufmann: »Zu St. Goar in der Lilie, da gehn nach Speck die Mäuschen / Zu St. Goar in der Lilie – ihr Alle kennt das Häuschen / Hoch ragt es empor am Rheinesstrand mit zierlichen Erkern und Zinnen / Und köstlich läßt sich trinken da und lieblich läßt sich da minnen«. Auch Carl Julius Weber, der die »Briefe eines in Deutschland reisenden Deutschen« schrieb, verweilte hier. »Die süßeste Zufriedenheit in meinem Inneren saß ich hier 1826 vor dem Gasthaus zur Lilie ganz allein bis spät nach Mitternacht. Längst war ein Lämpchen um das andere in dem gegenüberliegenden Goarshausen erloschen – selbst das Bellen eines allzu wachsamen Schiff-Pommers, das mich belästigte, verstummte – das machte mir die Mitternachtsstunde höchst feierlich und rührend! Der Genuß war süßer als in den 1790er Jahren, selbst an der Seite einer Doris. Kein Laut in der ganzen Natur als das Plätschern des Rheins – aber Luna und die Sterne funkelten«.

Was einst an der Rheinseite der Stadt die von den Kanonen des Rheinfels bestrichene »Chausseestraße« war, ist jetzt eine Autostraße. Der Leinpfad wurde zum betonierten Spazierweg zwischen Straße und Strom; einige Grünanlagen von ihnen wie eine Insel umfangen. Auffallend ist noch immer die Zahl der Hotels und Gastwirtschaften, die sich das Ufer entlangziehen. Bacchus scheint hier eine Veste seiner Herrschaft zu haben, weinfroh und nicht ohne Vornehmheit. Dem Gasthaus zur Lilie vermag ich freilich nur als Nachruf die mir von der freundlichen Stadtverwaltung gegebene Auskunft zu schreiben: Die uralte Lilie brannte am 28. Januar 1872 ab. An ihrer Stelle wurde ein neues, größeres Gasthaus zur Lilie errichtet, das im Kriege 1914-1918 als Lazarett diente und später nicht mehr als Gasthaus genutzt wurde. In dem Gebäude befinden sich ein Elektrogeschäft und Wohnungen.

Die gleichfalls uralte Stiftskirche, von den Trinkstuben umschwärmt, tritt ein paar Schritte vom Ufer zurück. Ein Gotteshaus, das die Gedanken zu den Anfängen lenkt, zu dem heiligen Goar, dem Einsiedler, der hier um die Mitte des 6. Jahrhunderts weilte und dem Ort neben der Erinnerung an sein frommes Leben seinen Namen hinterließ. Vier Bauperioden sind an der in den frühen Jahrhunderten wehrhaften Kirche, die jetzt evangelische Pfarrkirche ist, sichtbar: romanisch die Krypta des 11. Jahrhunderts, spätromanisch der südliche Seitenchor und der Nordostturm, frühgotisch der Chor des 13. Jahrhunderts und später angebaut Haupt- und Seitenschiffe des 15. Jahrhunderts. Im Innern beleben vollständig erhaltene farbige Wandmalereien aus

den Jahren 1469 bis 1479 mit der Erzählung von Heiligenle-
genden den dreischiffigen, von roten Sandsteinpfeilern gestütz-
ten Raum. In einer Seitenkapelle stehen auf prunkhaften, an der
Mauer lehnenden Grabdenkmälern der Renaissance Landgraf
Philipp ii. (gestorben 1583) und seine Gemahlin Anna Elisabeth geborene Pfalzgräfin von Simmern (gestorben 1609). Es
sind Werke des Meisters Wilhelm Vernukken aus Kalkar, der
auch die Vorhalle des Kölner Rathauses schuf. Als ich sie betrachtete, fiel plötzlich ein Sonnenstrahl durch das Fenster und
legte sich auf die Denkmäler, so als sollten sie mir beleuchtet
werden; ich sah Philipp und Anna Elisabeth wie belebt, der Landgraf ein aufrechter Mann mit dem Schwert an seiner Linken. Um
mich schwärmte eine Schar Nonnen, denen ein Kapuzinerpater
die Kirche erläuterte; er entdeckte in den Wandmalereien Apostel
und viele Heilige und stellte sie vor. Mir sich zuwendend, als
wir einen Augenblick allein waren, sagte er, eine der Schwestern
heiße Goar, und es sei ihr Wunsch gewesen, ihres Namenstages
wegen an die Stätte des heiligen Goar zu kommen. Der Heilige
starb wohl schon im Jahr 611; doch noch ist er nicht vergessen.

Stimmen der Stille

BURG SOONECK

Bald nach den letzten Häusern von Niederheimbach mit der
Heimburg, auf Trechtingshausen zu, lädt rechts der B 9 ein
plakatmäßiges Straßenschild zum Besuch der Sooneck ein, einer
Burg im Besitz des Landes Rheinland-Pfalz, das ganze Jahr ge-
öffnet, mit Restauration, wie dies mitgeteilt wird. Eine bergwärts
durch Weingärten führende Straße zweigt hier ab; auf halber
Höhe mündet sie in einen Waldweg. »Sie kommen durch ein
Gatter, vergessen Sie nicht, es wieder zu schließen«, wurde mir

nachgerufen, als ich mich im Ort des Weges halber erkundigt hatte. Später wurde ich gewahr, daß außer der neuen Auffahrt noch der alte Serpentinenweg von der B 9 abzweigt, ein verwachsener, verlassener Zugang zur Burg, von den Schatten des Laubwaldes erfüllt, hier und da noch eine verfallene Steinbank.

Vor nun etwa hundertfünfzig Jahren wanderte Victor Hugo, der Dichter aus der französischen romantischen Schule, nach der Sooneck. »Träumet, ihr jungen Leute, und wandert!«, schrieb er, denn hier nahe Niederheimbach begegneten ihm drei Studenten, die auf Bacharach zuschritten. »Sie trugen classische Mützen, langes Haar, Degengehänge, enganschließende Röcke, Stöcke in der Hand, gemalte Porzellan-Pfeifen im Munde und, wie die Maler, das Ränzel auf dem Rücken«. So wanderten sie die Straße, die einst eine römische Rheintalstraße war und heute den Automobilen gehört, ein Streifen für die Fußgänger abgeteilt durch den Farbstrich, der die Mauer ersetzt. Sobald Niederheimbach hinter ihm lag, sah Victor Hugo »die Höhen des düstern Sann- oder Sonnwaldes« und aus ihnen herausragend die Sooneck, so wie wir das heute noch sehen. Sein Wandertag war glühend heiß, die Luft vom Rhein lau, auf der Straße erhob sich Staub. »Zu meiner Rechten bog zwischen zwei Felsen eine schmale schattige Bergschlucht hinein, ein Haufen kleiner Vögel zwitscherte darin zur Wette und vollführte ein lautes Geschwätz in den laubdichten Bäumen; ein frisches Bächlein, vom Regen angeschwollen, fiel von Stein zu Stein, gebärdete sich wie ein Wildstrom, verwüstete die Maasliebchen; längs des Wassers gewahrte ich im stillen Dunkel der Blätter einen Fußsteg, den tausend wildwachsende Blumen, Winde, Amaranth, Schwert- und Feuerlilie für den Layen verbargen und für den Dichter schmückten«. Hier war es, wo Victor Hugo von großen Gedanken berührt wurde, so daß er den Text fortsetzte: »Sie wissen, daß es Augenblicke giebt, wo ich fest an die geistige Einsicht der Dinge glaube; mir schien es, als ob sich in dieser Schlucht eine Menge Stimmen erhöben und mir zuflüsterten: Wohin willst du? Du suchest Stellen, wo es wenig Menschenschritte, aber viel göttliche Spuren giebt. Du suchst nach dem Orte, wo das Wort in der Stille aufblüht. Cäsar, so sprach ich zu mir, ging hier zu Fuße wie ich, sprang vielleicht über diesen Bach, und der Krieger mit seinem Schwerte folgte ihm nach. Fast alle großen Stimmen, die den menschlichen Verstand erweckten, setzten das Echo im Rheingau und am Taunus in Bewegung«.

Schon im 11. Jahrhundert wurde auf dem östlichen Vorsprung des Soonwaldes, dort, wo sich jenes steile Felsentälchen öffnet, eine Burg gebaut. Sie gehörte der Abtei Cornelimünster und war Vorburg zur größeren Burg Reichenstein. Burgmannen auf Sooneck (oder Saneck, wie sie auch hieß) waren die Ritter von Waldeck, und mit diesen kam sie zu ihrem berüchtigsten Kapitel. Sie wurde wie Reichenstein und viele andere im 13. Jahrhundert ein Raubnest. Nach dem Rheinischen Städtebund hat König Rudolf von Habsburg im August 1282 sich »in Person« mit Heeresmacht vor die Burg gelegt, sie genommen, niedergebrannt und »die ganze Besatzung, ohne Ausnahme, zum Galgen geschickt«, wie es in der Chronik des Rheinischen Antiquarius heißt. Zwar versuchte der Graf von Waldeck »der ritterlichen Leute zugute« Fürsprache, doch der König ließ sich auf solchen Handel nicht ein. Bei seinem Schwerte hatte er geschworen, daß er alle, die des Landfriedensbruches überwiesen wären, wie gemeine Diebe hängen lassen werde. So hielt er es. Noch acht Jahre später erklärte er am 1. Juni 1290, daß ihm, da er in Erfurt zu Gericht saß, die Frage gestellt worden, ob die Burgen Sooneck und Reichenstein, die vermöge Urteilsspruch geschleift worden, wiederherzustellen sein dürften, und sei in seiner Gegenwart entschieden worden, es habe keiner, wer es auch sei, die besagten Burgen Sooneck und Reichenstein jemalen wieder aufzubauen.

Das Niemals währte in diesem Falle ein halbes Jahrhundert. Als die Mainzer Erzbischöfe, die jenes Gebiet von der Abtei Cornelimünster kauften, dort unbestritten Herr waren, erlaubte Kurfürst Heinrich III. von Mainz 1346 »dem ehrbaren strengen Ritter Johann von Waldeck, unserm Marschalk«, und seinen Söhnen, daß sie zu Sooneck ein Haus bauen »als des Erzstifts offen Haus«; und drei Jahre später bestätigte Kaiser Karl IV. »dem edlen Johann von Waldeck Marschalk von Lorch, daß er das Haus Saneck genannt, das etwan von des Reichs wegen gebrochen ist, wieder bauen soll und es mit Graben, Mauern und Thürmen vestenen, wie ihme das allernützlichst ist, und zu halten zu rechtem Lehen von dem Stifte zu Mainz«. So erstand Sooneck noch einmal, machte nur noch mit Erbgeschichten von sich reden, und wie es wieder zugrundeging, das ist nicht recht bekannt. Vermutlich wurde es 1688 oder 1689 von den Franzosen zerstört, zu einer Zeit, da die Burg schon »von keinerlei Nutzbarkeit« mehr war und verlassen lag.

Aber noch einmal hat sich die Sooneck erhoben, und sie steht wieder auf ihrem Fels als vollständiges Bauwerk. »Sooneck«, so schrieb 1844 der Doktor Malten, »ist jetzt Eigenthum des Königs und der königlichen Prinzen Wilhelm, Karl und Albrecht von Preußen, auf deren Befehl es wieder aufgebaut wird. Die Wiederherstellung ist in der Art auszuführen, daß die Neubauten der Form und dem Styl der früheren Bauten möglichst entsprechend gehalten werden. Wenn dieser Bau dem Plane gemäß vollendet sein wird, dürfte sich nichts Schöneres zwischen Stolzenfels und Rheinstein bieten«. Dieser Vorausschau gemäß trifft man heute die Sooneck an. Überraschend, abseits der Straße ein so wohnliches, von der Verwaltung der staatlichen Schlösser in Rheinland-Pfalz unterhaltenes Schloß zu entdecken.

Zur frühen Tagesstunde nahm ein Mann sich meiner an, den ich seiner Erläuterungen wegen für einen Gelehrten hielt, der aber hernach sagte, er sei hier ein Arbeiter. Ein Ausschnitt aus der preußischen Geschichte tut sich auf. Der König hat Sooneck zum Jagdschloß bestimmt, neben Stolzenfels, das er ebenfalls wieder aufbauen ließ und zeitweilig bewohnte. »Das ist von seiner Mutter, der Königin Luise«, sagte mein Begleiter, auf ein kleines Sofa deutend. Auch anderes noch wird hier der Königin Luise zugeschrieben, deren Namen so eng und im Gedächtnis der Generationen fortwirkend mit Preußens Unglück durch Napoleon, seiner »tiefsten Erniedrigung«, verbunden ist. Ein Gemälde im Speisezimmer zeigt die Schlacht von Königgrätz; das war später, 1866, im Bruderkrieg zwischen Preußen und Österreich, der zum Verzicht des habsburgischen Kaiserhauses auf die Mitwirkung in den Reichsangelegenheiten führte. Zahllose kleine Bildnisse von den Burgen, Klöstern, Kirchen des Rheinlandes sind Wandschmuck. Maria Laach, die immer noch blühende Benediktinerabtei, entdeckte ich im Vorübergehen, auch die Chorruine der untergegangenen Zisterzienserabtei Heisterbach. Originell ist eine »Betecke«, die unter Verzicht auf eine Kapelle in den Winkel eines Treppenaufgangs eingebaut wurde. Der König, so erläuterte mein Begleiter, habe zwei Geistliche in seinem Gefolge gehabt, einen evangelischen für sich und einen katholischen für

seine Frau, die eine bayerische Prinzessin war; der Papst hätte
die evangelische Trauung erlaubt gehabt. Ich nahm es aus dem
Munde des einfachen Mannes als Lektion zur religiösen Toleranz,
die heute auch den kleinen Leuten nicht mehr verübelt, was früher nur den Mächtigen aus den Gründen der Macht zugebilligt
wurde.

Wir befanden uns im Zimmer des Königs. Auf einem vor die
Wand gerückten kleinen Tisch steht ein Schreibnecessaire aus
weißem Porzellan mit Tintenfaß und Streusandbüchse. »Das ist
ein englischer Außenminister«, warf mein Begleiter mit einem
Fingerzeig auf eine Lithographie so dahin. Ich merkte auf, und
ohne das Porträt noch recht gesehen zu haben, erwiderte ich:
es wird Lord Castlereagh sein. Das wisse er nicht, sagte mein
Begleiter, und als ich nähertrat, sah ich es, es war Lord Castlereagh. »Er war ein bedeutender Außenminister«, rückte ich
meinem Begleiter das Geschichtsbild zurecht, »er vertrat England
auf dem Wiener Kongreß«. Ich wurde daraufhin auf ein Baro-
meter mit englischen Wetterbezeichnungen verwiesen, kunstvoll
gearbeitet: das sei ein Geschenk des Ministers für den König
von Preußen gewesen. Der Wiener Kongreß! Er schloß die französischen Revolutionskriege und Napoleons Herrschaft über Europa mit einem Friedensvertrag ab, dem beide Parteien zustimmen
konnten, denn er glich die Interessen aus. Castlereagh befolgte
die Maxime des »europäischen Gleichgewichts«. Des Gleichgewichts wegen wünschte England eine starke deutsche Militär-
macht am Rhein, in der Lage, französische Ausdehnungsversuche
künftig zu verhindern. Schließlich war es auch ein Porträt des
Lord Castlereagh im Saal des Foreign Office, unter dem ein Jahrhundert später der Vertrag von Locarno unterzeichnet wurde,
der Beginn einer deutsch-französischen Aussöhnung nach dem
Ersten Weltkrieg, die Vertragsunterzeichnung unter den Augen
des Lords nicht ohne Symbolgedanken gewählt.

Sein Bild in der Burg Sooneck zeigt Castlereagh, wie ihn einer
seiner zeitgenössischen Biographen, in der Encyclopädie der
Wissenschaften und Künste, Leipzig 1826, vorgestellt hat: ein
Mann von schlankem, gefälligen Wuchs, sanften Zügen und ein-
nehmendem Wesen. Seine Diplomatie wird als eine Verbindung
von Geistesgegenwart, Klarheit und Gewalt über sich selbst beschrieben, eine Kunst der Vermittlung und des Ausgleichs der

Interessen. »Er übte sie gern und glücklich«. Als er 1793 Staats-
sekretär in Irland war, arbeitete er in einem Augenblick revolu-
tionärer Unruhen wirksam an der Vereinigung Irlands mit England zu einem Reiche, denn (so sein Biograph) »der alte Haß
zwischen Protestanten und Katholiken, die inneren Bündnereien
geschäftskundiger Revolutionsmänner mit dem armseligen ver-
blendeten Pöbel, selbst die Anforderung grausamer Gegenmittel
drohten mit der Losreißung Irelands von England zu endigen«.
Die Encyclopädie der Wissenschaften zitiert Castlereaghs Rede,
mit der er als Minister der auswärtigen Angelegenheiten im
Parlament seine »Sendung nach Wien« zum Friedensschluß auf
dem Kontinent darlegte – in jenem Augenblick, da Napoleon von
der Insel Elba entwichen und zur Fortsetzung des Krieges nach
Frankreich zurückgekehrt war. Hier nun erklärte Castlereagh vor
besorgten, aufgeregten Abgeordneten: »Es ist gewiß, daß von
dem Ausgange des Kampfes in Frankreich ein großer Theil des
Glücks und der Ruhe der Welt für die Zukunft abhängt. Gelingt
es Bonaparte, seine Herrschaft in Frankreich wieder herzustellen,
so muß man an dem Frieden verzweifeln«. Castlereagh vollbrachte eine gigantische Leistung des Geistes und der Tat. Seine
Gesundheit verfiel darüber. Er endete in Umnachtung. Seinen Tod
am 12. August 1822 beschreibt sein Biograph: »Er ward ärztlich
behandelt, man entfernte alles tödliche Gewehr von ihm, beachtete aber ein Schreibzeug in seinem Ankleidezimmer nicht. Der
Kranke sandte seinen Bedienten weg, um den Arzt zu rufen,
nahm das Federmesser, durchschnitt sich die Pulsader am Halse
und sank dem Arzt mit den Worten in die Arme: Es ist alles
unnütz!«

Meine unerwartete Begegnung mit dem Porträt des Lord
Castlereagh in der Burg Sooneck erfolgte wenige Wochen, nachdem eine Reise in Belgien mich auf das Ende der napoleonischen
Herrschaft verwiesen hatte. Ortsnamen auf Straßenschildern machen die Verkehrszeichen zu Geschichtstafeln. Nach Frichemont,
Wavre, Ligny, La Belle Alliance und schließlich Waterloo bei
Mont St. Jean. Als Castlereagh seine Rede hielt, lag die Schlacht,
die drei Monate später sich mit diesen Namen verband, noch
im Unsichtbaren naher Zukunft. Napoleon, der »große Würger«
im Urteil seiner Zeitgenossen, nun endgültig niedergeworfen, der
Frieden erreicht. Ein lebendes Wesen aus jenen Tagen traf ich

an: im Park von Schloß Hex des Comte d'Ursel ein Rosen-
strauch, vorgewiesen als von ehrwürdigem Alter. Die Schloß-
herrin hatte einen Strauß seiner Blüten zu dem Bild des Gärt-
ners gestellt, der ihn um das Jahr 1780 gepflanzt hat, zarte rosa-
farbene Rosen, verwandt noch dem Wildling, der Heckenrose.
Es waren die Jahrestage von Waterloo, an denen ich den
Strauch in voller Blüte sah, die Mitte des Juni. Wie heute, so
blühte diese Rose auch an dem Tag, an dem in der Nähe, in
der brabantischen Ebene, die große Schlacht geschlagen wurde;
sie blühte als ein junger Strauch und war wohl kaum zehn Jahre
alt, als die Französische Revolution die Welt umzustürzen begann, am 24. Juli 1789, und sie blühte seither in jedem Jahr
ungeachtet aller Begebenheiten, welche die Menschen aufregten;
bis auf den heutigen Tag, durch nun zweihundert Jahre.

Die Außenmauern der an den Hang gesetzten Burg Sooneck
sind mit hoch aufsteigenden Treppen verbunden. Aus dem Hof
geht es über viele Stufen zum Portal hinauf, auch auf Reste des
Wehrgangs und auf eine Terrasse, unter der sich nach steilem
Abfall die Tiefe des Tales auftut. »Das Schloß hat eine zweihundert Fuß unter demselben aus dem Felsen brechende Quelle,
deren gutes Trinkwasser nie versiegt«, verzeichnete der Doktor
Malten. Das ist der Ort, der Victor Hugo die geistige Einsicht
in die Dinge empfinden ließ, ein Ort »vieler göttlicher Spuren,
an dem das Wort in der Stille aufblüht«. Ich blickte hinab. Drunten die Kronen der Laubbäume in ihrem dunklen Sommergrün,
hindurchschauend ein graues Mauerwerk. »Sie können nicht hinunter, niemand kann hinunter«, sagte mein Begleiter, als habe
er meine Gedanken erraten. Die heiligen Spuren sind ausgelöscht.
Die Quelle, die Victor Hugo als frisches Bächlein sah, ist jetzt
in Stein gefaßt und unzugänglich; ein Steinbruch von mächtiger
Ausdehnung hat sich herangeschoben und den Fußsteg mit den
tausend wildwachsenden Blumen zerstört. Die Landschaft zeigt
mit nacktem Erdreich eine weite, klaffende Wunde. Doch die
Burg fand ich mit vielen Rosen geschmückt; sie klettern an ihren
Mauern empor, rote Rosen auf grauem Gestein.

Im Bopparder Reich

BURG MAUS

Wer in St. Goarshausen nach der Theuernburg fragen würde, bekäme keine ihn befriedigende Antwort. Fragt er hingegen nach der Maus, wird jeder ihm Bescheid geben. Und doch ist die Maus die Theuernburg, anfänglich auch Peterseck und Thurnburg genannt. Den volkstümlichen Namen erwarb sie aus ihrer strategischen Stellung zur Burg Neukatzenelnbogen, im Kurztext »die Katz« genannt. Wie Katz und Maus also liegen beide sich gegenüber, die eine einst trutzige Veste der Grafen von Katzenelnbogen, die andere von den Trierer Erzbischöfen gebaut, als diese das »Bopparder Reich« erwarben und damit ihren Schritt auf das rechte Ufer des Mittelrheins gesetzt hatten. Burgstrategisch gesehen, bedrohten sie mit diesem Territorium die kurhessische Niedergrafschaft Katzenelnbogen, der sie von der Maus aus in die Fenster des mächtigen Rheinfels auf der linken Seite des Stromes sehen konnten. Der Erzbischof mache sich recht mausig, soll der Katzenelnbogener gesagt haben, als er den Bau der Burg wahrnahm, doch wird seiner Frau zugeschrieben, daß sie den Unmut des Gemahls mit der Bemerkung dämpfte, ihre große Katze würde doch wohl mit der Maus fertigwerden – eine Bemerkung, wie sie der gottgesetzten dämpfenden Natur einer Ehefrau beim Aufkommen des Manneszornes entspricht.

Von St. Goarshausen aus wandert man auf betoniertem Fußweg am Rheinufer entlang; passiert sommertags ein Campingdorf, sieht ständig vor sich auf einer Bergnase die Burg, zu der man dann aufsteigt, nachdem das ihr zu Füßen liegende Wellmich durchschritten ist. Wo der einspurige Weg von der Fahrstraße abzweigt, findet sich auf einer Tafel nicht nur der Hinweis auf historische Führungen, sondern auch der verlockende Sirenenklang: Mittelalterliche Übernachtungsmöglichkeit. Daß dies gar in einem Himmelbett geschehen kann, das zu erfahren stand mir bevor.

Die Serpentinen des Weges am Berghang stieg ich burgwärts,

durch einen Wald, dessen Laubholz mit vielen Fichten durchsetzt ist Eine gute Stunde ist es von St. Goarshausen bis zu dem mit einem Adlerwappen bedeckten zweiflügeligen Burgtor. Da ich es verschlossen fand, drückte ich die elektrische Klingel, harrte geraume Weile, bis es schließlich hinter dem Tor zu rumoren begann und mir aufgetan wurde. Ich erblickte eine liebreizende junge Dame, die mich einließ, mir aber auch erklärte, daß der rechte Zugang zur »Maus« durch die Burgschänke führe – keine schlechte Pforte, wie ich hernach dort beim Rheinwein empfand.

Nach dem Gesetz der Geopolitik, das auf Ausbau und Sicherung entfernt liegender Stützpunkte drängt, haben die Erbauer der Burg viel Unternehmungslust aufgewendet, um ihrer rechtsrheinischen Erwerbung Macht und Glanz zu verleihen. Es war in der zweiten Hälfte des vierzehnten Jahrhunderts. Die zunächst Peterseck genannte Burg wurde 1356 von Erzbischof Boemund II. zu bauen begonnen; zugleich wurde auch mit Erlaubnis Kaiser Karls IV. das zugehörige Dorf Wellmich mit einer Mauer umgeben und zur Stadt entwickelt. Zwei der Trierer Erzbischöfe, Kuno von Falkenstein und sein Nachfolger Werner von Königstein, residierten nicht nur häufig auf Peterseck, sie starben auch dort. Schon zu ihrer Zeit wurde der Bau der Burg vollendet, die seither keine Veränderungen mehr erfahren hat. Namentlich der Falkensteiner erwies sich als eine mächtige Gestalt. Die Limburger Chronik nennt ihn einen herrlich starken Mann von Leib und Gebein und beschreibt, wie er ein groß Haupt, ein breit Antlitz, ein scharf männliches Gesicht und einen bescheidenen Mund hatte, dazu eine hohe Stirn und große Brust, »und stand auf seinen Beinen als ein Löwe und hatte gütliche Geberden gegen seine Freunde, aber wenn er zornig war, so bauseten und floderten ihm die Backen und stundem ihm herrlich und weislich und nicht übel«. Fast gleichzeitig regierte er die drei rheinischen Erzbistümer und beherrschte somit nahezu allein den Rhein von Speyer bis zu den Niederlanden. Doch was sich um Burg und Dorf wirtschaftlich und kulturell sprunghaft entwickelte, bildete sich nach einem halben Jahrhundert schon zurück. Katzenelnbogen und die Landgrafen von Hessen hinderten gleich einem sperrenden Riegel die weitere Ausdehnung des Trierer Erzstiftes nach dem Taunus zu. Dessen rechtsrheinischer Brückenkopf wurde nur ein entlegener Amtssitz, zu dem die Landes-

herren kaum noch den Weg fanden. Immerhin, er blieb kurtrie-
risch durch vierhundert Jahre, dann fiel er mit der Säkularisation
als Entschädigung für linksrheinische Verluste an das Herzogtum
Nassau.

Nassau, zunächst noch Grafschaft, verkaufte die Burg 1806 auf
Abbruch. Seit längerem war sie schon im Verfall. Victor Hugo,
der französische Dichter, sah sie zwei Jahrzehnte später als ein-
same, verlassene Ruine. In seinen Briefen hat er ein stimmungs-
volles Bild von ihr gegeben. Von den Dorfkindern ließ er sich
den besten Aufgang zur Burg zeigen. Er fand den Pfad steil,
aber nicht gefährlich, wenngleich mühsam für die Reisenden. Die
Dorfleute hatten ihm erzählt, der Ort sei voller Gespenster und
böser Geschichten, es gebe da lebende Flammen, die sich tagsüber
in den unzugänglichen unterirdischen Höhlungen verbergen und
des Nachts auf dem großen runden Burgturm sichtbar werden.
Vor der Ruine angekommen, erschien sie ihm in einem wüsten
und wilden Zustand, nichts als »das höhnische Pfeifen einer Berg-
amsel«. Er zog sein Notizbuch und vermerkte Schritt um Schritt,
was er sah. »Allerwärts große Mauern mit entformten Fenstern,
worin noch Säle, aber ohne Plafonds und Thüren, angedeutet
sind.« Die Pflanzen notierte er: Mohn, Winde, Glocke, Anis,
Pimpinelle, Königskerze, gelber Enzian, Erdbeere, Thymian,
Schlehdorn, Weißdorn, Brombeere, auch »zwei schöne Akazien«.
An einer Mauer, bei einem in der Mitte des Bodens nach einem
Keller führenden viereckigen Loch, las er zwei Namen: Phoedo-
vius Kutorga. Er schrieb mit einem spitzen Basaltstein den seinen
dazu. »Ich blieb in der Ruine bis zum Sonnenuntergang, die auch
eine Stunde für Geister und Gespenster ist. Ich schien wieder
ein heiterer Schulknabe geworden, so irrte und kroch ich überall
herum, hob große Steine auf, aß von wilden Früchten, versuchte
es, die übernatürlichen Bewohner aus ihren Schatten hervorzu-
reizen, und wie ich aufs Geradewohl hin und her laufend die
dichten Gräser zertrat, da verspürte ich wieder einmal jenen her-
ben und kräftigen Geruch der Pflanzen in Ruinen, welchen ich
in meiner Kindheit so sehr geliebt.«

Zu Beginn unseres Jahrhunderts hat der Kölner Architekt
Gärtner sich die Burg wieder aufgebaut und bewohnt. In einem
der Zimmer hängt ein kleines Bild, das ihn als bärtigen älteren
Herrn zeigt. Nach ihm gehörte die Burg einem Mexikaner, der

alljährlich für einige Zeit herüberkam, um hier Burgherr zu sein. Anekdotenhaft ging es weiter, als ein Berliner Kaufmann von den mexikanischen Erben einige Berliner Häuser erwarb und hernach aus der Immobilienliste zu seiner Überraschung ersah, daß er auch eine rheinische Burg, die Maus, erhalten hatte. Eine Pächterfamilie stellt sie seit 1973 in den Dienst des Fremdenverkehrs – bis dahin ist sie dreißig und mehr Jahre unbewohnt gewesen, abgeschlossen und sich überlassen, und keines Menschen Fuß hat sie betreten.

Aus Schieferbruchstein und Taunusquarzit ist das Mauerwerk geschichtet. Ein runder Bergfried ragt aus der Ostwand. Die von einem Wehrgang gekrönte Schildmauer hat eine Stärke von drei und eine Höhe von zehn Metern. Die Kernburg ist fast quadratisch, der Halsgraben in den Fels gehauen. Malerisch in seiner Ruinenhaftigkeit und mit wucherndem Gesträuch zeigt sich ein kleiner Hof. Nach Süden hin begrenzt ihn der Palas, zu dem ursprünglich ein Keller und zwei Wohngeschosse gehörten, mit einer Altarnische im Obergeschoß. Vor der Westfront steht ein Wohnturm mit vier Geschossen. Ein Brunnen und eine Zisterne –, ist dies der Ort, an dem Victor Hugo zu einem rätselhaften Namen den seinen schrieb? In einem Krypta genannten Raum befindet sich heute die Burgschänke, ein langgestreckter Saal, den

vier achteckige Pfeiler aus Lavabasalt in zwei Schiffe teilen, überdacht von einem Kreuzgratgewölbe anstelle der ursprünglichen
Balkendecke. Allerlei Sinnsprüche und Wappen sind bunt auf
das Mauerwerk und in die Fensternischen gemalt. Einstmals wie
heute galten Lebensweisheiten wie diese den Wänden aufgetra-
gene Sprüche: »Wo ist Feuer sonder Rauch, wo ist Leben sonder
Streit?«. Oder auch: »Der Jugend Lob sich mehret, wenn sie das
Alter ehret.«

Die Wohnräume, die jetzt als Schauräume gezeigt werden, sind
angefüllt mit altem Mobiliar und Sammlungsstücken aus der
»Ritterzeit«, auch mit einigen Erwerbungen aus den einst deutschen Kolonien. Ich merkte auf, als meine Führerin sagte, jetzt
befänden wir uns im Geisterzimmer – es solle hier wie in allen
alten Schlössern umgehen. Eine Magd habe es gesehen: die Tür
dieses Zimmers ging auf, und heraus schwebte eine helle Gestalt,
eine gespensterhafte Frau. Sie soll, damit Unheil kündend, zwei
Tage vor dem Ausbruch des Ersten Weltkrieges sich gezeigt haben. Die erschrockene Magd kündigte sofort den Dienst auf und
verließ das Haus.

Sei dies nun Wahrheit oder Dichtung; als Wahrheit wird es
berichtet. Ich vernahm nur die Stimme des Windes, hörte ihn
die Burg umjaulen, obwohl es doch im Tal ein windstiller Tag war.

In einer alten Stadt

DOM UND BURG ZU LIMBURG

E in Luftbild mit dem Panorama von Limburg an der Lahn
zeigt noch eindrucksvoller als die erdgebundene Sicht, was als
einzigartiger Anblick schon von Reisenden früherer Zeit empfunden wurde: der Dom ist hoch auf einen Fels über die Stadt
gesetzt. Diesen Fels hatte im zehnten Jahrhundert Konrad Kurz-

bold, Graf des Nieder-Lahngaues, erkoren, neben seiner Burg
Kirche und Stift darauf zu bauen: ein Kalkfelsen, wo das enge
Lahntal sich zu einem Kessel weitet, in den Taunus und Wester-
wald hineinblicken, unweit den Mineralquellen von Selters.

In der Stadt führen viele Wege zu dem Dom. Sie scheinen so
gezogen, als sollten alle Seelen der Kirche zugeführt werden: die
Domstraße, die sich als Fahrstraße breit hinaufzieht, die schmale
Pfarrgasse, die bei dem Bischöflichen Ordinariat beginnt, die
Große Domtreppe, die ich hinanstieg. Aus allen Gassen erblickt
man die Spitzen der sieben Türme, die diesem Dom als reiche,
dem Himmel entgegenstrebende Aufbauten gegeben sind. Steht
man dann auf weitem, freiem Platz vor dem Portal, erscheint
sein Baukörper auffallend gedrungen; die Türme rücken wie eine Zusammenhalt suchende Gruppe zueinander: das wuchtige,
durch die Mittelfassade und das Hauptportal miteinander vereinte Turmpaar der Westfront, der achteckige Vierungsturm und
die zierlichen Ecktürmchen, die auf den Querhäusern sitzen. Es
ist ein Bau, der in etwa drei Jahrzehnten in einem Zuge vor der
Mitte des dreizehnten Jahrhunderts errichtet wurde und hieraus
die ihm heute nachgerühmte Einheitlichkeit bezieht. Im Jahre
1235 konnte der Altar geweiht werden.

Als Stiftskirche St. Georg durchstand die Basilika die Jahrhunderte. Zeitbedingte Neuerungen griffen nie die Substanz an.
Erst seit 1827 ist sie als Hauptkirche am neuen Bischofssitz Dom,
das heißt Bischofskirche. Ihr äußeres Antlitz ist seit kurzem nicht
mehr das Grau des Bruchsteinmauerwerks, das sie seit dem Ende
des vergangenen Jahrhunderts trug, sondern eine freundliche
Farbigkeit, die ihr die 1974 beendete Außenerneuerung gab: ein
kräftiges Rotbraun der Kanten neben dem hellen Hintergrund
der Flächen, dem Schwarz der Säulen und dem Rot und Gelb
der Bögen, das die spätromanische Architektur plastischer her-
vortreten läßt. Ich kam in einem Augenblick, da nach der Erneuerung des Außenbildes die Restaurierung des Innenraums
in voller Entfaltung war. Der gesamte Kirchenraum eine Baustelle, auf die vom Portal her nur ein flüchtiger Blick möglich ist,
doch ließ Verständnis für meine Anliegen mich dennoch eintreten.

Ein großes Werk, eins von Jahrhundertbedeutung, ist begonnen worden. Nicht nur modernisierende Erneuerung veralteter

Installationen: die ursprüngliche Raumfassung der Kirche soll wiederhergestellt, die Freskomalerei des dreizehnten Jahrhunderts vollständig freigelegt werden. Nach dem Befund gelten etwa achtzig Prozent der spätromanischen Raumfassung als erhalten, aufgetragen auf einen sehr festen Verputz aus Sand und Kalk. Bis 1749, durch fünfhundert Jahre, ist sie sichtbar gewesen, dann wurde sie im Geiste des Barock übermalt – und fünf bis acht spätere Übermalungen folgten. Vieler Überlegung bedurfte es, bevor man sich für ein solches Unternehmen entschied. Dem Staatsbauamt Wetzlar obliegt in Verbindung mit dem Domkapitel die Leitung; für die Mitwirkung gibt es die Große Dombaukommission mit den Vertretern des Bistums, der Landesregierung, dem Landeskonservator und Sachverständigen aus der gesamten Bundesrepublik. Was als Ziel in Aussicht steht, ist die Freilegung der fast geschlossenen Innenausmalung einer als Bauwerk vollständig erhaltenen spätromanischen Kathedrale. Sie wird dem Limburger Dom den Charakter des Einmaligen in Deutschland geben – freilich ein Jahre beanspruchendes Unternehmen, das vorsieht, die Kirche 1977, wenn das Bistum Limburg hundertfünfzig Jahre besteht, wieder für den Gottesdienst zu öffnen. Aber bis zum Ende aller Arbeiten werden noch weitere Jahre vergehen.

Eine Baustelle. Der Kirchenboden, der wieder einen dem Ursprünglichen nachgebildeten Belag aus Tonfliesen erhalten soll, aufgerissen, bloßgelegt die Erde. Gerüste steigen bis unter das Gewölbe auf, stählerne Gerippe, durchzogen von Dielen als Laufsteg und Arbeitsraum, von Geschoß zu Geschoß über steile Leitern zu besteigen. Mein Begleiter säuberte eine Bodenplatte, die er uns zu Füßen staubbedeckt bemerkt hatte. Eine Schrift, ein Name trat hervor. »Das Grab des Konrad Kurzbold«, sagte er, »hier in der Erde ruht er«. Gaugraf Konrad Kurzbold ließ 910 hier die erste Stiftskirche errichten. Als jetzt Suchgräben durch den Untergrund gezogen wurden, gewann man eine Vorstellung von den Bauresten der zweiten, 1058 geweihten Kirche, eines dreischiffigen Baues mit Querhaus, dessen sechs Meter breites Mittelschiff mit seinen Mauern auf meterdicken Fundamenten stand, die Gesamtbreite der Schiffe fünfzehn Meter, gestützt von quadratischen, 82 Zentimeter starken Pfeilern. Hierunter wurden in tieferen Schichten Reste der Kirche des zehnten

Jahrhunderts gefunden und in ihrem Bereich drei karolingische Steinplattengräber. Es wurde entdeckt, daß der Dom auf einem mit Schutt aufgefüllten Gelände steht, in dem sich Architekturteile, Fliesen, Knochen fanden.

Wir stiegen im Gerüst hinauf bis unter das Gewölbe des südlichen Querschiffs. Hier, in »schwindelnder Höhe«, ist das Reich der Restauratoren, von Chefrestaurator Josef Weimer und seiner Helfer. Was die unbekannten Maler vor mehr als siebenhundert Jahren an Ornamenten und Figuren den Wänden aufgetragen haben, wird hervorgeholt. Skalpell, Pinsel, Schwamm, Spritze und Lampe sind die Handwerkszeuge, die mechanischen und chemischen Substanzen die modernen, ja im Augenblick modernsten Mittel, an die unterste Farbschicht heranzukommen. Zehntelzentimeterweise dringen die Restauratoren voran, jeder von ihnen mit Kunst und Können eine unsagbare Kleinarbeit bewältigend. Auch die Technik, in der die Maler des dreizehnten Jahrhunderts arbeiteten, verrät sich. So ist zu erkennen, wo sie vor dem Ausmalen die Umrisse ihrer Bilder in den frischen Verputz geritzt haben, denn der Pinselstrich mußte sogleich endgültig gezogen werden. Hier und da zeigen sich auch in die Wand eingehauene Heiligenscheine. Chefrestaurator Josef Weimer führte die Voruntersuchung und gab das Gutachten, was erwartet werden kann und nun mit Mut ausgeführt wird. Bei den Arbeiten im Limburger Dom, so meint er, sei man auf einige Entdeckungen gefaßt. Wir standen da oben, und nahe über uns im Rippengewölbe sahen wir in seiner alten und doch unveränderten Farbigkeit ein schon freigelegtes Ornament aus Blättern und Blüten, den Abschnitt des Raumes, für den es gedacht, ausfüllend, eine Verheißung, wie der Dom eines nicht mehr fernen Tages sich uns wieder zeigen wird, in seiner ursprünglichen Gestalt.

Mehr noch als bisher wird dann die kunstgeschichtliche Wertung des Kircheninneren Gültigkeit haben, daß es durch seinen Höhenschwung und den Reichtum seiner Gliederung den Besucher überwältige. Der Baumeister ist nicht bekannt. Stilistisch wird ein Zusammenhang mit der rheinischen Spätromanik gesehen, auch mit den Kaiserdomen des Mittelrheins, in denen der offene achtseitige Vierungsturm seine Vorbilder hat. Aber auch nordfranzösische Einflüsse etwa über die Kathedrale von Laon und

das wallonische Grenzgebiet sind erkennbar. Es wurden jetzt
Steine hier unbekannter Art gefunden, die vielleicht Bauleute aus
Frankreich mitgebracht haben. Neues für Deutschland wird darin gesehen, daß zum ersten Mal »der Übergang vom Wandbau
der Romanik zum Gliederbau der Gotik« vollzogen wurde, wie
er sich in der reichen Auflockerung der Architektur ausdrückt,
in der Gesamtschau auch an maurische Einflüsse denken läßt.

Limburg ist nicht nur sein Dom. Die Stadt ist voller Vergangenheit. Ein reizvolles Spiel, durch ihre Gassen streifend auf Entdeckungen auszugehen. Kaum mehr als des Stadtplanes bedarf
es dazu, denn vieles vom Alten wird dem Besucher durch erläu-
ternden Maueranschlag vorgestellt. Man schlendert umher, sucht
und sieht, ist erfreut, manchmal verwundert und wird gewahr,
daß die Stadt aus ihren Jahrhunderten für das eigene Auge auf-
ersteht.

Vom Dom sind es nur wenige Schritte bis zu der ihm benachbarten, an den Rand des Felsens gesetzten Burg. Um einen Hof
mit einem bescheidenen grünen Gartengeviert stehen hohe Gebäude, die am Tor beschreibend vorgestellt sind: romanischer
Mittelbau Anfang des dreizehnten Jahrhunderts durch Gerlach
von Ysenburg erbaut; der südliche Teil abgebrannt 1929, wieder
aufgebaut 1934/35; der nördliche Teil ein Renaissancebau aus
dem sechzehnten Jahrhundert. Vom romanischen Wohnturm, der
sich als Mittelbau fünf Stockwerke hoch und fast fensterlos mit
graubraunen Quadermauern zeigt, bis zu dem feinen Fachwerk-
giebel aus der Zeit um 1600 läßt sich der Fortgang der Dynastengeschichte ablesen. Dem Konrad Kurzbold folgte ein Graf von
Gleiberg, der eine Konradinerin zur Frau hatte. Nach den Glei-
bergern kamen die Ysenburger, bis einer von ihnen die Herrschaft dem Kurfürstentum Trier verpfändete, das sie 1420 ganz
in Besitz nahm und bis zur Weltveränderung durch die Französische Revolution behielt. Geistliches und Weltliches prägte die
Siedlung auf dem Felsplateau: in der Burg die Mannschaft der
Dienstleute des Kurfürstentums, im Stift des heiligen Georg die
Kanoniker mit der Stiftsordnung und vierzig Vikare für den
Dienst am Hochaltar und an zweiunddreißig Nebenaltären. Das
Leben ist auch heute nicht aus diesen Bauten gewichen; man fin-
det hier das Diözesanmuseum. Der Domschatz enthält als größte
Kostbarkeit ein byzantinisches Kreuzreliquiar, gearbeitet im dritten

Viertel des zehnten Jahrhunderts für den Kaiserhof von Byzanz.

Die Bürgerschaft der mittelalterlichen Stadt bezog ihr Auskommen neben dem Handwerk aus der Huld der Geographie. Man erfährt es an der Ecke von Fahrgasse und Kleine Rütsche: hier verlief der Handelsweg von Köln nach Frankfurt, und gerade hier hatte er seine schmalste Stelle. Eine Tafel am alten Fachwerkhaus, das mit überkragenden Geschossen die Gasse noch um einiges schmälert, verweist darauf: »In Köln am Rhein, an der Fuhrmannsherberge am Heumarkt, waren die Maße angegeben, die der beladene Wagen haben durfte, um an dieser Stelle Alt-Limburgs und am Brückenturm durchfahren zu können«. Die Straße war eine Landstraße; sie führte von Frankfurt über den Taunus nach Limburg und von dort über den Westerwald nach Köln, »einer der besuchtesten Völkerwege, die Deutschland aufwies«, wie es in einer älteren Schrift heißt. Nahe dieser engsten Stelle am einst einträglichen Handelsweg entdeckte ich, was mir als Zeichen unserer so viel angenehmeren Gegenwart und vielleicht noch bequemeren Zukunft erschien, nämlich der Aushang in einem Schaufenster: »Lieber Kunde! Ich habe mein Geschäft nur noch Samstags ab 9 Uhr geöffnet«.

Voller Stimmung der Fischmarkt, ein kleiner winkliger Platz, uneben, im Gelände ansteigend und von Fachwerkhäusern umstanden, von denen eins sein Baujahr mit 1533 ausweist. Man liest dort: »Schon 1292 als Markt genannt, erster Stadtkern«. Angrenzend an den Fischmarkt verbindet sich mit der Jahreszahl 1349 die »Plötze«, die freilich nicht den bei den Anglern beliebten Fisch dieses Namens meint, sondern auch solch kleiner Platz ist, eine »Pleitsche«, ein Plätzchen. Rosengasse, Fleischgasse, Salzgasse, das liegt darum herum, ein Chor von Straßennamen, aus dem die Stadtgeschichte klingt.

Eine der Gassen, mit ihrem Kopfsteinpflaster mich von der glatten Domstraße fortlockend, ging ich hangab. Der Flieder blühte hier in Gärten, die Spatzen schilpten, und ich kam an einen Platz, der »In der Erbach« heißt. Hier liegt der Eberbacher Hof, die Niederlassung des Klosters Eberbach bis zur Säkularisation, daneben die zu ihm gehörende St. Johannes-Kapelle. Der Hof wurde um 1300 angelegt, der Bau der Kapelle 1322 begonnen, der heutige Wohnbau 1777 errichtet. Zu diesen Daten erfährt der Besucher eine der Taten christlicher Nächstenliebe, wie sie im Mittelalter als Sozialwerke verbreitet waren: »Hier ab 1378 Armenunterstützung aus der Siftung des Limburger Bürgers Ruleman«. Eine Gasse, die sich als Fußweg zum Dom empfiehlt, zweigt hier ab; ein Entenpaar watschelt darüber hin; nahe ist auch die Alte Lahnbrücke, die man 1315 in Stein zu bauen begann und wiederholt erneuerte. Sie ist vom Verkehr im Tal in Anspruch genommen, so wie auf der Höhe die neue, Fluß und Tal mit einem weitgespannten Viadukt überspannende Autobahnbrücke. Ein paar Schritte auch nur bis zu dem Haus Brückengasse 9, das mit seinem Schnitzwerk am Hausbalken ins Gewissen redet. Es ist »das Haus der sieben Laster«, die sich aus holzgeschnitzten Menschengesichtern ablesen lassen, als keineswegs wohlgefällige Eigenschaften der menschlichen Natur: Hoffahrt, Geiz, Neid, Unkeuschheit, Unmäßigkeit, Zorn, Trägheit.

Die Tür der Stadtkirche St. Sebastian fand ich geöffnet. Ich nahm es als Einladung, einzutreten. Die Kirche gehörte einst dem Franziskanerkloster, das in Limburg eine der frühesten Niederlassungen dieses Ordens in Deutschland gewesen ist, ein Bau mit den Kennzeichen der Bettelordenskirchen, dem gleißnerischen Prunk fern. In der dreischiffigen, wegen ihrer schmalen Seitenschiffe fast hallenartig wirkenden Basilika aus dem vierzehnten Jahrhundert verbinden Spitzbogenarkaden graue Säulen, deren schlichte Kapitele jetzt mit zwei Goldleisten verziert sind. Als ich zu der gerühmten Orgel des Adam Oehninger von 1685 aufblickte, las ich über ihr: *Renivatasum 1743.* In jenem Jahr wurde die Spiegeldecke des Langhauses durch den Meister Angelus aus Homburg eingezogen. Mit seinem Bildnis auf der an der Mauer aufgerichteten Grabplatte bringt sich der 1312 verstorbene Johannes von Limburg in Erinnerung. Es gibt an Ausstattung auch noch Epitaphien aus Renaissance und Frühbarock, aber bedeutender als alle Grabplatten sind zwei spätgotische Seitenaltäre, ein Vesperbild vom Anfang des fünfzehnten Jahrhunderts und ein spätgotisches Kruzifix über dem Volksaltar. Mit der Kanzel gesellte sich das Rokoko dazu. Es ereignete sich, während ich in der Kirche verweilte, nicht mehr, als daß zwei Kinder eintraten, Bub und Mädel in dem Alter früher Lebensjahre, in dem sie noch voller Unschuld, weil voller Unwissenheit sind. Sie sahen sich staunend um, ein Bild voller Liebreiz, denn es schien das Christuswort hier erfüllt: Lasset die Kindlein zu mir kommen.

Ich kam zu dem Walderdorfer Hof, einem Bau, der nun nicht von der Armut zeugt, sondern vom Reichtum, berührt auch von der großen Welt. Eine Bronzetafel in Augenhöhe der Straßenseite verzeichnet es: »Erbaut 1359. Neu erbaut 1665 durch den Baumeister Giovanni Angelo Barella von Wilderich Freiherr von Walderdorff, Fürstbischof zu Wien, Reichskanzler unter Leopold I. Familienbesitz der Grafen von Walderdorff«. In den von Wohngebäuden umschlossenen Binnenhof eingetreten, las ich es am Maueranschlag als Wiederholung der Inschrift über dem Hauptportal noch ausführlicher: »Dieses Schloß wurde im Jahr 1665 auf der Stelle des alten, 1350 erbauten Schlosses neu erbaute und zwar auf Rat der Frau Mutter Maria Magdalena von Greifenklau auf Kosten des Herrn Wilderich Geheimrats Kanzlers Sr. Majestät Leopold I. und durch rührige Bemühungen des Herrn Archidiakons Johann Philipp und nach dem Rate der Brüder des Kaiserlichen Hofrates Emmerich Friedrich, Georg Friedrich und Herrn Adam Theoderich Freiherr von Walderdorff, Herrn in Isenburg und Molsberg. Unter Mitwirkung des Baumeisters Johannes Angelus Barelli, eines Mainzer Bürgers«. So sind sie mit ihren Verdiensten in das zeitlose steinerne Buch geschrieben: wer den Rat gab und wer die Ratschläge, wer alles bezahlte und wer als Baumeister mitwirkte. Das Anwesen, dessen Flügelbauten zwei Binnenhöfe einfassen, ist ein Adelssitz, von dessen mittelalterlicher Eigenbefestigung noch die Reste eines Turmes zeugen. Ein Städtisches Museum, das dort Unterkunft gesucht hatte, fand ich nicht mehr vor, dafür aber eine Städtische Ballettschule, mit dem Vermerk »nur abends«. Der Hof bestätigte das ihm nachgerühmte Malerische. Altes Steinpflaster, Beete mit Farnkraut, Fliedergebüsch und ein paar Fichten, schwatzende Frauen aus den Fenstern und zu den Fenstern hinauf.

An der alten Lahnbrücke schließlich stieß ich unerwartet auf einen Anruf der Gegenwart. Berlin, dieses Wort, begleitet vom Bären des Stadtwappens, steht dort seitwärts des Brückenaufgangs auf einem Stein, einer kleinen Säule gleich einem Meilenstein, eingefaßt von einem Blumenbeet. Berlin, es ist das Schicksalswort des geschichtlichen Augenblicks; in ihm findet Ausdruck, was die Gegenwart so böse zeichnet und die Zukunft undurchsichtig erscheinen läßt. Mit dieser Gegenwart verknüpft sich hier aber noch einmal die Vergangenheit, denn so wie man hier Berlin liest, so auch Konrad Kurzbold, im Namen einer Straße, die seitwärts des Katzenturms zur Lahnbrücke mit ihrem am jenseitigen Ufer noch stehenden Brückenturm führt.

Wer war er, der Konrad Kurzbold, der im Dom in der Erde ruht und dort auch noch sein Stiftergrabmal mit dem Bildnisrelief auf einer von Säulen getragenen Tumba hat? Ihn, den Grafen im Lahngau, umgeben Sagen und Lieder seines Jahrhunderts. Der Mönch Ekkehard von Sankt Gallen erzählt, daß er einen höckrigen Rücken auf krummen Beinen hatte, einen hinkenden Schritt, dazu einen Abscheu vor Weibern und Äpfeln, und wo er auf eines von beiden stieß, sei seines Bleibens nicht lange gewesen. Dennoch war er ein Held, der, ein Franke, in des gewählten Königs Heinrich I. Dienste trat, als nicht alle Franken den Übergang der Krone von den Karolingern an einen Sachsen billigten und Aufruhr drohte. Für den König vollbrachte Kurzbold ritterliche Taten, die Heinrich schließlich rufen ließen: »Dir dank ich Leben, Heer und Reich!« So jedenfalls reimt es der Dichter Wolfgang Müller von Königswinter nach des Mönches Ekkehard Erzählung, und er rühmt dem Kurzbold nach:

> Was hatten die deutschen Kaiser doch
> Nicht sämtlich solche Vasallen!
> Es stände das Reich hehr, herrlich, hoch
> Noch vor den Reichen allen!

ENDE.

Verzeichnis der Abbildungen auf Tafeln

1 Der erste Frankfurter Dampfer am Mäuseturm, 1844 (Historisches Museum Frankfurt a. M.).
2 Mainzer Marktschiff am Gutleuthof vor Frankfurt am Main, 1844 (Historisches Museum Frankfurt a. M.).
3 Gelnhausen, Stich von Merian.
4 Seligenstadt, Basilika und Kloster, 1700. Stich von Johann Stridbek.
5 Fulda, Stich von Merian (Ausschnitt).
6 Fritzlar, Stich von Merian.
8 Hersfeld, Stich von Merian (Ausschnitt).
9 Ludwigstein und Hanstein über der Werra, Stich von Merian.
10 Friedberg, Stich von Merian.
11 Büdingen, Stich von Georg Braun und Franz Hogenberg, 1574. ›Contrafactur und Beschreibung von dem vornembsten Stätten.
12 Wetzlar, Stich von Merian.
13 Weilburg, Stich von Merian.
14 Limburg, Handzeichnung um 1800.
15 Rheinlandschaft unterhalb Rheinfels, Stich von Chappuy, um 1800.
16 Burg Katz, St. Goar und Rheinfels, Stich von Chapuy, um 1800.

Verzeichnis der Abbildungen im Text

Seite
3 Weinkelter, Holzschnitt aus Sebastian Münsters »Cosmographey«, Basel 1598.
7 Weinstock, aus Sebastian Münsters »Cosmographey«, Basel 1598.
11 Vignette aus Merians »Hessen«.
12 Dom St. Bartholomäus in Frankfurt am Main. Großer dreiteiliger Stich (Ausschnitt) von Matthaeus Merian, 1617. Historisches Museum, Frankfurt a. M.
31 Höchst, Stich von Merian.
39 Königstein, Stich von Merian.
43 Gelnhausen, Bogenarkaden der Barbarossaburg, Zeichnung von Wolfgang Krüger.
60 Die Brüder Grimm. Zeichnung aus einem Brief von Ludwig Emil Grimm.
75 Burg Steckelberg und Ramholz. Zeichnung 2. Hälfte des 17. Jhdt.

87 Michaelskapelle in Fulda, Mittelpfeiler der Krypta, Zeichnung von Wolfgang Krüger.

117 Hessen, Karte aus Sebastian Münsters »Cosmographey«, Basel 1598.

163 Ronneburg, Zeichnung von Wolfgang Krüger.

175 Münzenberg, Stich von Merian.

180 Kloster Arnsburg vor der Aufhebung. Zeitgen. Plan.

201 Darmstadt, Stich (Ausschnitt) von Merian.

218 Königshalle von Lorsch, Zeichnung von Wolfgang Krüger.

228 Kloster Eberbach im Rheingau. Stich (Ausschnitt) von Merian.

240 Schloß Johannisberg, Zeichnung von Wolfgang Krüger.

250 Ehrenfelser Zoll. Stich des 17. Jhdt.

281 St. Goarshausen, Zeichnungen von Lasinsky, 19. Jhdt.

290 Vignette aus Merians »Hessen«, 1646.

292 Ordensritter. Holzschnitt von Sebastian Münster, Basel 1598.

Nachweis: Die im Text wiedergegebenen Stiche von Merian sind seinem Werk »Hessen«, 1646, entnommen.